易經明解

丁酉劉石鈞

易经明解

温海明 ◎ 主编

第二辑

孔學堂書局

山东省泰山学者、孔子研究院特聘专家温海明教授项目成果

图书在版编目（CIP）数据

易经明解. 第二辑 / 温海明主编. — 贵阳 : 孔学
堂书局, 2024.5
　　ISBN 978-7-80770-513-0

　　Ⅰ. ①易… Ⅱ. ①温… Ⅲ. ①《周易》—研究 Ⅳ.
①B221.5

　　中国国家版本馆CIP数据核字(2024)第071434号

易经明解　第二辑　温海明 / 主编

YIJING MINGJIE　　DIERJI

图书监制：祁定江
责任编辑：张发贤　周亿豪

出版发行：贵州日报当代融媒体集团
　　　　　孔学堂书局
地　　址：贵阳市乌当区大坡路26号
印　　制：宝蕾元仁浩（天津）印刷有限公司
开　　本：710mm×1000mm　1/16
字　　数：622千字
印　　张：31
版　　次：2024年5月第1版
印　　次：2024年5月第1次印刷
书　　号：ISBN　978-7-80770-513-0
定　　价：59.00元

学术顾问

学术委员会

新时代易学

（代序）

海明回国任教十多年来，尤其是最近几年作为国际易学联合会秘书长兼学术部部长，为推动《周易》的学理研究、普及易学知识、推动《周易》国际化做了很多工作。如今面世的《易经明解》一书三卷本，就是他多年来从事易学研究与普及工作的见证和结晶。

过去十多年中，海明在中国人民大学哲学院一直从事与《周易》和比较哲学有关的教学与研究工作，在易学和比较哲学研究方面硕果累累，是同辈当中的佼佼者。他在取得当代哲学研究前沿性成就的同时，没有忘记自己早年弘扬易道的志向，坚持通过研读《周易》来传播中国哲学与文化。过去几年，他用现代科技手段带领当代中青年易学家解读《周易》卦爻辞，形成了一个蔚为大观的易学研究团体，并主编完成了这部《易经明解》。此书在相当程度上代表当代易学研究的水准和风貌，是这个时代研究《周易》经传文的重要记录，所以希望海内外《周易》研究者都关注和留意此书。

《易经明解》一书的出版，对推动《周易》学术研究和在促进《周易》研究国际化方面有重要意义，可以后天八卦来说明八方面的意义。

首先，震惊百里——《周易》是绵延三千多年的古老学问，《易经明解》博采众长，可谓老树新枝，既是《周易》魅力经久不衰的证明，又说明江山代有人才出，如今这个时代《周易》研究后继有人。该书出版不仅标志着当代中国《周易》研究人才济济，而且标志着当代中青年易学家共同研究易学、弘扬易道的共同体已然成型，这个学术共同体基本上由国内高校和科研院所从事《周易》教学和研究的专家们组成，包括研究《周易》多年，造诣精湛、很有成就的学者们。相信这个易学共同体将继续以开放的态度研讨《周易》，继承中国文化之道，推动中国哲学国际化。

其次，巽风化俗——《周易》研究在当代开启了全天候共同研究的新模式。在微信学习群出现之前，全球同一时间几百学者共同研究同一问题并不容易，但微信学习群开启了研究学术问题的新模式。2015年10月，海明组建并运行至今的"周易明解——易学与哲学"微信群，自创立之初就是一个共同学习《周易》经传、研讨卦爻辞的学习交流群，群内学者和专家们的讨论在相当程度上致力于破解卦爻辞言象意之间的千古之谜。如今这些研讨的主要成果都记录在《易经明解》一书当中，不仅值得当代研究者重视，而且作为这个时代的易学研究记录，可为后世研究新时代易学提供非常宝贵的历史记录。

第三，离日光辉——《易经明解》对于当代参差不齐的《周易》研究起到了正本清源的作用。该书内容主要是微信学习群的研讨记录，从2015年10月12日开始，每周一卦，每日一爻，每周的主讲人都是海内外易学名家，他们同时同台串讲卦爻辞精义，并为群内师友们答疑解惑，碰撞出了很多灵感火花。整部书以卦爻辞为主线，以传统注释为正统，参照古今多种不同注释，如新时代的易学明灯，指引着当代《周易》研究前进的方向。

第四，坤德兼容——《易经明解》继承并发扬了义理象数兼顾、兼容并包的研易学风。"周易明解"微信学习群团结海内外几百位易学研究者，加上几个分群，前后参与学习者达千余人。就本书记录而言，一年多下来，在群里讲解卦爻辞的易学专家有三十多位，几乎占据当代易学界半壁江山，他们各自贡献出原创性的易学见解，或言义理，或谈象数，各展所长，精彩纷呈。2017年1月8日，在64卦384爻解读结束之际，该群在国际易学联合会的支持下，以群内导读专家为主，在中国人民大学举办了"明解《周易》的当代意义"学术研讨会，与会专家们为《周易》的当代研究和普及工作贡献了很多智慧，其兼容并包、厚德载物的学风取得了良好的社会影响。

第五，悦言正脉——《易经明解》对于鱼龙混杂的《周易》研究界，相当程度上起到了统一思想、加强周易研究的现代价值、增进文化自信的功能。几年来，海明与海内外易学同行对于传播《周易》哲学思想，弘扬《周易》文化，增进文化自信，起到了相当的推动作用。通过长期的公益讲学活动，《易经明解》的成果记录表明该群师友们的共同努力实现了最初定的目标，即通过解读卦爻辞，明易理，推人事。师友们立足经传互证，明白解读《周易》，深化易学基础，找回易学正脉，领悟易道哲理，提升人生境界。可见，《易经明解》所形成的易学团队是当代易学界的一股清流，协同着《周易》研究各门各派的不同说法，抓住古今易学正宗，海纳百川，有容乃大，其重易理、偏学术的易学正脉倾向在相当程度上引导着当代易学界向健康有序的方向发展。

第六，乾行古今——《易经明解》在这个时代有着经世致用的重要价值，对于推动易学国际化，为中华文明的世界化，为中国经典在国际舞台上焕发光彩作好了铺垫。虽然历代《周易》著作很多，但自唐太宗敕令孔颖达主编《五经正义》迄今，已近一千五百年了，这中间鲜有汇集当世易学家一同相与论学及攻坚克难的易学著作，几个时代很少有共同研读易学并为后世铭记的学术团体。当今之世，得益于信息传播技术，"周易明解"学术研讨群能够汇集全国乃至世界的易学家一同研讨许多易学千古之谜，以共同实化易学智慧的精神努力取得了如此丰硕的成果，实在可喜可贺。

第七，坎水洗心——《周易》是洗心之学，海明第一篇发表的论文就是研究阳明易学的，对于阳明洗心研易有自己独到的体会。这些年他与易学学术共同体和当代主要易学研究者读易研易，其状态犹如王阳明《玩易窝记》所载："此古之君子所以甘囚奴，忘拘幽，而不知其老之将至也。夫吾知所以终吾身矣。"在《易经明解》一书中，海明与师友们在导读卦爻辞之时，常常流露出享受读易、参透人生甚至超尘脱俗的情怀。过去几年中，他在离阳明悟道的龙场不远的贵阳孔学堂书局（《孔学堂》杂志）挂职期间，坚持引领当代师友们学易悟道。他在洗心炼志、退藏于密之时，不忘感而遂通，与师友们以忘我投入的精神研究易学，可以说再现了从孔子到阳明那种"斯文"在兹、传承绝学的努力和担当。

第八，艮止成德——《易经明解》一书中很多见解有明确的当下性和新时代性，发前人未发之处不少。海明带领他的研究生们不间断地收集讲课记录并加以整理编辑，又经导读易学家们多次修订。如今这部讲稿《易经明解》能够出版，对于推动新时代《易经》研究，可谓功莫大焉。海明早年在北京大学攻读硕士学位期间，除跟朱伯崑、陈来、余敦康、刘大钧、李中华、王博等教授学习《周易》之外，还得马恒君教授《周易正宗》之传，多位易学前辈对海明引领易学研究团体，打造《易经明解》的抱负、视野和方法等都产生过重要影响，为其成德树人打下坚实基础。山东大学周易研究中心和孔学堂书局的领导们眼光长远，都意识到这部书具有新时代价值和历史价值，对该书编辑出版工作给予巨大支持。作为国际易学联合会会长，我也非常乐意看到这部具有新时代意义的巨著编辑出版，希望海明继续协同海内外师友们和易学爱好者们共同推进易学的国际化事业，推广传播中华文化之道。

国际易学联合会第四届理事会会长

中国社会科学院哲学研究所研究员

2018年6月22日

甲辰再序

甲辰早春，杏花春雨，与恩师安乐哲先生同游江南绍兴，此地自古地灵人杰、文脉流长。幸得丁青君接引，来到兰亭花街洪溪鲜虾山南麓阳明先生墓前，门口安静清幽，流水潺潺，山上林木郁郁葱葱。烟雨蒙蒙之中，于山麓间诵读《玩易窝记》全文，其中有：

阳明子之居夷也，穴山麓之窝而读《易》，其间，始其未得也，仰而思焉，俯而疑焉，函六合，入无微，茫乎其无所指，孑乎其若株。其或得之也，沛兮其若决，联兮其若彻，菹淤出焉，精华入焉，若有相者而莫知其所以然。其得而玩之也，优然其休焉，充然其喜焉，油然其春生焉；精粗一，外内翕，视险若夷，而不知其夷之为厄也。于是阳明子抚几而叹曰："嗟乎！此古之君子所以甘囚奴，忘拘幽，而不知其老之将至也夫！吾知所以终吾身矣。"

正德三年（1508年）春，阳明先生三十七岁，初抵龙场，居夷处困，忽一夜大悟圣人之道，存乎一念之间而已，后人称此为"龙场悟道"。阳明先生悟道、成就心学，跟其研读《易经》的经验有很大关系。阳明先生因玩易、读易、悟易，打通了内心与世界，把艰险视作坦途，领悟古代圣人在生死关头视死如归、杀身成仁、舍生取义、乐天知命的精神，从此勘破生死，顿悟"心即理"，提出"格物致知"新说，进而创立"知行合一"的划时代新见。感慨阳明心学通于易学之时，眼前似乎浮现阳明先生在绍兴的讲学场景。

弘治十五年（1502年）八月，阳明先生告病归越，筑室会稽山阳明洞天，自号"阳明子"，闭门读书，默坐深思，自此离却早年出佛入老、避世成仙的意识倾向，洞彻儒家人性本自天良之善，形成心学建构之基础。自嘉靖元年（1522年）至嘉靖六年（1527年），阳明先生在绍兴阳明书院与稽山书院等处系统讲授心学理论，期间修复稽山书院建尊经阁，阳明先生应南大吉之邀撰写《稽山书院尊经阁记》，文中有言"故《易》也者，志吾心之阴阳消息者也"，明确说明其心学有易学根基。在嘉靖六年（1527年）出征广西前夜，阳明先生在会稽山上天泉证道，四句教留给后人无尽遐思。

阳明先生在贵州修文读易悟道，但归葬绍兴，以此纪念他生命中重要的讲学时光和传播心学的重要基地。阳明心学发轫自易学，五百年来，在其墓前读《玩易窝记》者，估计不多。我曾多次带学生们去参访"玩易窝"，体悟阳明先生悟道时通于易道之心意，记得学生韩盟参悟之后，即改微信名为"心即是易"。《周易明意》开篇"易本心易"，亦承阳明先生之教。该书《庚子再序》以"阳明龙场读《易》"开篇：

　　阳明龙场读《易》，悟通"心即理"之道，而后造心学。他悟道之后，感叹易道淆乱，自古已然。《传习录上》提到孔子不得已删述"六经"，并举孔子赞《易》为例……孔子颂赞文王周公之说以成《易传》，而后天下读《易经》者才知宗旨和入道门径。自孔子《易传》出世，后世学习《易经》当从《易传》入门。

本书是当代研易者讲读卦爻辞的汇编，读者阅读本书可以体会当代易学家们对易学的不同观点，如果希望从中揣摩共识，或许当试图理解接下来的这段话：

　　在阳明时代，易道恐怕尚未有如今之乱象，当时读书人至少要先读《易传》再解《易经》，此不易之论无须特别强调，可如今情形完全不同。百年以来，《周易》早已从五经之首、大道之源的神坛上被拉下来，而"孔家店"也被打倒多次，若谓孔子其人其学以"丧家狗"的姿态在现代化潮流中被边缘化亦不为过。其影响所及，连不明阴阳和八卦本意者都敢对《易传》乃至卦爻辞评头论足，一种浮泛空疏的学易之风，泛滥久矣。

这本书的缘起，其实也是希望对治几十年来空泛的研易学风。从2016年开始，我担任国际易学联合会第四届秘书长兼学术部部长，正是在此期间，我组织易学同道通过微信群线上共论卦爻辞，并由学生们对讲课者的记录加以整理修订。

时过境迁，没想到当时经常聚会、高谈阔论的学术顾问朱高正先生，如今已天人永隔。公元2023年10月10日上午10时（癸卯年壬戌月辛丑日），我在洛阳朱高正先生墓前的部分祭文如下：

朱熹世孙，宝岛云林，台大法学，负笈波恩；周易康德，融烩一炉，造诣精深，世罕其匹。高中时代，易兴复华，留德期间，偶读卫著；德译周易，深感震撼，融通经传，开悟易道。卫译回汉，本期指点，斯人已逝，阴阳分途。礼贤绝学，朱生洞见，学缘难续，惶恐离道。

周易大家，屈指可数，太极思维，通达易道。大衍筮法，少阴少阳，新见迭出，影响深远。孔子易传，人文传统，象辞一体，主旨穿贯。汇通中西，融铸今古，为前民用，开物成务。学兼汉宋，务求本旨，析疑释滞，深入浅出。得其要领，继承圣学，伸张易道，从未怠惰。直解经文，严守经传，求通为要，精髓透悟。振兴易学，再造文脉，我辈学人，自当继承。

弘扬圣道，著述宏富，通解系列，阐发哲思。圣人之道，孔朱夫子，造次颠沛，允执厥中。国际易联，厥功至伟，作序明意，游学四方。周易经传，倒背如流，博闻强识，信手拈来。人文国学，筼筜书院，文化传播，不遗余力。复造传统，重建文脉，阐扬道统，传播全球。

夜幕筼筜，天光乍现，先生英灵，显化世间。音容笑貌，永不消逝，呜呼痛哉，哀思永致：

成性存存，易道圣统，绝代华章，两岸皆伤；

行天健健，玉帛干戈，醒世豪雄，山河同悲。

朱先生遽然离世，令人感伤，而那些年曾一同导读的林文钦先生，如今也已羽化。师友仙逝，加上人世沧桑，更加感慨易道之传弱如游丝，回首这些年传播易道的艰辛，感通历代圣道行世的苦痛，更觉千言万语，无以名状。谨以此小序，纪念人更三圣世历三古之下，历代先辈披肝沥胆、舍生忘死传播易道的努力。

感谢张发贤兄和周亿豪兄为此书再印付出辛劳。龙年春节前后，学生韩盟、秦凯丽、鲁龙胜、邹紫玲、徐萃、唐军、庞子文、刘科迪、胡继月、赵宇男、边玉姝、高小慧、刘熳淳、陈建军帮忙校对，修正了初版时的一些问题。感谢师友们多年的理解和支持，让这套书有幸成为新时代读易研易的记录。

中国人民大学哲学院教授
尼山世界儒学中心副主任
山东大学兼职特聘教授
山东省泰山学者、孔子研究院易学研究中心主任
2024年5月4日

戊戌自序

　　2015年9月，在我主持的"中国哲学与文化复兴"微信学术交流群中，多位学友问学并讨论关涉《周易》的相关问题，我一一作答后，很多学友强烈建议一起成立一个专门研习传播《周易》的微信学术交流群。2015年国庆假期期间，"周易明解——易学与哲学"学术研讨群（以下简称"周易明解"群）正式创立，邀请国内高校正在开设《周易》课程的学者们每天在群内举办一场易学讲座，从2015年10月12日开始正式与学友们一起互动研学。该群从建立伊始，就以共同学习《周易》经传、打通卦爻辞言象意之间千古难解之谜为研习目标，持续至今已成为中国当代研习易学颇有影响力的学术共同体。学术群内授课的学习进度是每日一爻，每周一卦，每晚十点至十一点（半年后改为九点半开始）由众多海内外易学家同台串讲卦爻精义，并为群内师友答疑解惑。群内聚集近五百位易学家及易学爱好者，在中国人民大学中国哲学专业诸位同学的精心筹备和热心易学人士的支持下，很快开设了"南方""北方"和"海外"等学术研习分群。

　　近两载春秋，先后在群内相与论学讲解卦爻辞的易学家有三十多位，参与六十四卦讲解的导读老师有：林文钦（台湾高雄师范大学）、章伟文（北京师范大学）、孙福万（国家开放大学）、李尚信（山东大学）、曾凡朝（齐鲁师范学院）、余治平（上海交通大学）、谢金良（复旦大学）、何善蒙（浙江大学）、冯国栋（浙江大学）、郑朝晖（广西大学）、史少博（西安电子科技大学）、梅珍生（湖北省社会科学院）、黄忠天（台湾高雄师范大学）、刘震（中国政法大学）、赵建功（华中科技大学）、张国明（沈阳大学）、辛亚民（中国人民大学）、于闽梅（中国社会科学院大学）、张文智（山东大学）、张克宾（山东大学）、张丰乾

（中山大学）、翟奎凤（山东大学）、刘增光（中国人民大学）、谷继明（同济大学）、宋锡同（华东师范大学）、刘正平（杭州师范大学）、孙铁骑（吉林师范大学）、孙钦香（江苏社会科学院）、吴宁（中山大学）、寇方墀、尚旭等（课表详见附录二）。可以说，学者们在授课中一起贡献了这个时代兼具学术性和原创性的易学见解。

经过466日不间断的努力，在2017年1月8日，64卦384爻导读讲解结束之际，"周易明解"群基本实现了最初研学目标：通过解读卦爻辞，推天道以明人事。该群也基本兑现了其宗旨：明白解读《周易》，立足经传互证，深化易学基础，找回易学正脉，领悟易道哲理，提升生命境界。同时也升华了本学术团体的求道追求：积金千两，不如明解《周易》；救人以易，胜造七级浮屠。2017年1月后，"周易明解"群继续讲解学习《易传》。本书是对2017年1月之前64卦384爻研习内容的整理和加工。

这次聚会前后，师友们都逐步意识到，自唐太宗敕令孔颖达编纂《五经正义》近1500年来，易学著作多单独成书，或编辑拼接，鲜有汇集当世易学家一同相与论学及攻坚克难研读易学的学术团体。当今之世，得益于信息传播技术，"周易明解"群汇集了中国乃至世界各地的顶级易学家一同研讨许多易学千古之谜，并取得了丰硕成果。当代易学界的学者们聚在一起，本着和而不同，求同存异的原则，不盲目遵从古往今来任何一家一派的说法，尽力取长补短，折中百家之说。不少师友认为，本书经过热心同学们不间断收集讲课记录并加以整理编辑，又经导读易学家们修订，具有易学研习传播的崭新历史价值。在易学专家和师友们的要求下，在我挂职任副总编辑的孔学堂书局（《孔学堂》杂志）领导和我任兼职教授的山东大学易学与中国古代哲学研究中心相关领导和老师们的支持下，在中国人民大学哲学院二三十位研究生同学们长期不懈的艰苦努力下，本群的研讨记录经过多轮整理修改，终于成书。下面特把此书的成型过程，也就是本群研讨记录的整理修改过程略述一二。

本群建立之初，由于师友们在导读和论辩当中常有新见，提出一些历代易学家们没有注意到或者没有深入讨论的问题，师友们很快意识到本群研学成果有无可替代的珍贵价值，希望保存下来，以便其学术价值和历史价值为现世学人及后世学人所了解。在同学们的努力下，从建群第一天开始的研讨记录都原原本本地保存下来，并由当天研学的学生秘书（中国人民大学哲学院中国哲学专业的硕士研究生和博士研究生）及时整理，经过我校对修改之后，在周易明解微信公众号上发表出来，并在搜狐、头条等网站上推送，取得一定的学术影响和社会影响。第一遍的记录稿有每次发言的时间（精确到秒），有师友们讨论的表情、很多语气词和较为随意的内容，为了使本书简洁而凸显研学成果，这些有趣的内容在后来的修订过程中都没有保留，这是学生们对聊天记录的第一遍整理，庞大的工作量可想而知。参与这遍整理的研究生有：孙世柳、李芙馥、黄仕坤、周俊勇、陈志雄、李占科、黄桢、王璇、秦凯丽、贡哲、张馨月、王雨萧、赵晨等。他们是本书稿件的最早记录者和整理者。第一批整理研学内容的同学还兼任了课程秘书，在每天晚上开课之前把当天的预习资料准备好发进群里，他们往往需要选择几部经典和当代的《周易》注释，供大家参考。非常感谢以上同学的支持和配合，他们使得书稿能够完整地保存下来。

我多年来在中国人民大学哲学院给研究生开设易学专题研究课程。2016年秋季，在选课的多位研究生同学的热心帮助下，我们重新设计编排了讲稿的体例，把原先每天一爻的内容合并成一卦的内容，修改讲稿为"明解文本""讲课内容"和"讨论内容"三大部分，并加了小标题。学生们对讲稿做了三四次整理，到期末基本成形。参与这一轮讲稿整理的研究生有：孙世柳、陈志雄、裴建智、秦凯丽、贡哲、孙纯明、王鑫、刘杨、袁征、廖浩、赵敏、龚莲伊、董禹辛、张云飞、曹海洋等，是大家的辛勤付出让书稿具备出版的可能性。

2017年春季，我把同学们修改之后的稿子分别发给每卦的两位导读老师，大部分导读老师都进行了精心修改和整理，修改之后的稿子基本定型，可读性明显增强。这段时期稿子收发和整理的工作主要是由孙世柳同学完成的。

书稿经过学者们修改后，学术味道彰显，但老师们整理之后的稿子还有不少问题需要处理，尤其是诸多引文需要校对、文字和格式等细节需要统稿。2017年7月和8月，我带领孙世柳、秦凯丽、赵晨、周俊勇、黄仕坤、李占科、韩盟等研究生来到贵阳孔学堂，集中精力把一千多页的稿子又修改校对了五六遍。我们基本按照《周易研究》副主编李尚信教授提供的校稿范本，对全书进行整理修改，以震卦为例，校改包括：多处"《震》卦卦辞"改为"震卦卦辞"或"《震》卦辞"，震加书名号时应指书而言，是书就不是卦；"《震》卦初九"改为"《震》初九"，"《震》卦六二"改为"《震》六二"等；对讲授和讨论有误或不准确的地方，直接进行修改。本书384爻的小题目是对各爻哲理意义的概括，几乎每爻的题目都经过我和学生们交流讨论，也经老师们审定，尽量与导读和讨论主题相关，这也是本书的特色之一。

我和研究生们整理了大部分卦的体例并进一步修改文稿。导读老师们的讲法大多都有古代注本做依据，可是每天的研习记录内容实在太多，整理之后每卦有二三十页，为了减少书整体的厚度，只好删去大部分直接引用的古代注本内容，因为这些内容现在都很容易查到。直到8月底，经过五六轮反复修改后的稿子才算真正成型。书稿基本保留了"周易明解"群授课的特色，即当代学界正在教授《周易》课程的易学家们对每卦每爻的研读和心得体会。广大师友们研习时的积极参与和交流，碰撞出了很多易学史上前所未有的思想火花。

全书最大的特点当然是运用现代通信网络汇聚当代易学家一起交流讨论，发挥出微信群讲课的诸多特色：即时性，群内师友们可以随时把最新见解贡献出来与所有人研习讨论；全球性，全世界各地的学者和学生都可以不受时区和空间的限制一起交流讨论，很多导读老师在欧美研修和访学期间都坚持给大家导读，学友们的即时研学反馈也来自五洲四海；全面性，本群的研学讨论包容了各家视角，基本继承着古今各门各派的解读，加上不同地区不同背景的老师们轮流配合一起导读，常常新见迭出，令人振奋。群里学术讨论编辑成书之后，虽然算不上系统的理论建构和严格的学术论著，但对于解读恍若天书一般的卦爻辞来说，却显得既有学术性，又不失轻松活泼的气氛，对学习者深入了解易学知识，体悟玩索卦爻辞，有很好的参考价值。从最终的讲稿中，大家仍然能够欣赏到老师们深入浅出、娓娓道来的讲解，以及群友们生动活泼、有时甚至群情激昂的讨论。应该说，本书对于初学《周易》的学生和对《周易》感兴趣的各界人士，都不失为既通俗易懂，又生动有趣的入门读物。本书既有历代前贤的真知灼见，又有当代易学家们千锤百炼的智慧之思，更有各行各业群友们提出的千奇百怪的问题和师友们活泼动情的交流研讨，可以说本书因其独特性已经成为易学史上一片独特的风景。

易学自古门派众多，古有两派六宗之说，学易不可囿于一曲之见，要能够采众家之长。本着这种精神，"周易明解"群尽可能兼容并包，有容乃大，所以本书基本涵盖古今易学研究的各门各派：如义理派和象数派，包括术数派有道理的见解；学院派和实践派，包括生命实践派和实战运用实践派等。其他具体门派就不一一列举，师友们的见解都具体深入地体现在对卦爻辞解释的字里行间。此书可能还是两岸易学家历史上首次同时同台解释卦爻辞的记录。之前的两岸易学交流多为论文研讨形式，成果也以论文集为主，对于易学的文字、体例以及相关细节内容，还缺乏深入细致的同时性探讨。借助微信的形式，台湾地区的朱高正、杜保瑞等老师作为顾问时常对大家如何学易做指导，导读老师林文钦、黄忠天教授和台湾地区的其他师友一起贡献出非常精致细密的研究和心得体会，让此书成为这个时代两岸易学深入交流的见证。

解读各卦的学者们学养各异，授课风格不同，对易经的把握和理解也互不相同，所以本书可谓一部多角度研究卦爻辞的汇编。不仅每位学者解卦的角度有别，而且每位学者在跟其他学者一起配合授课的时候，又表现出风格上的变化，所以本书可以说是一部师友们在即时沟通基础上共同创造的著作。全书内容深入浅出，可读性强，本来就是讲课稿，内容还比较活泼灵动，互动性强，值得初学者和爱好者认真阅读和研习。

这本书是集体智慧的结晶，这个交流群在一个微信迅速普及的历史性机缘中诞生，聚集了这个时代热心的老师和学生们来解读这部中国历史上最神秘莫测的伟大著作，所有的解读者都本着继往开来的精神，力图解读出新意，这可以说是《周易》在21世纪微信时代的新意，也是《周易》三千多年解读史上不曾发生过的。师友们在世界各地，跨越时空限制，北京时间每晚定时借助微信聊天工具，开启对经典活生生的当下解读。其中虽有相当艰辛的阶段，但大家同舟共济，一起坚持下来了。因为坚持，我们站到了这个时代《周易》解读的前沿，既继承着传统经典注疏的解读，又消化并读出了很多史无前例的崭新意义，而这里记录下来的导读时师友们思想火花的碰撞，终将穿透《周易》解读史的时空，到达未来那些跟我们一样关注、解读、体悟《周易》的人们的心灵深处。

现在选取一些导读和讨论的片段，或能帮助大家一窥本群明解《周易》的特色。如2015年11月1日，在解读屯卦上六的时候，正好是"周易明解"群创建满月，大家心情激动，感到有幸来到这个学习乐园，天南海北，四海一家，着实难得。大家感谢导读老师们精彩而且辛苦的导读，有时老师们在喝过酒略有醉意的情况下都不忘参与导读，甚至因此解读出很多精彩的智慧火花，也感谢秘书们每天及时整理资料，感恩志愿者们维护群的日常运作，为群的宣传和推广付出努力，这样的感恩气氛一直维持着群讲课的始终。

自从曾凡朝老师2015年10月5日作了关于《周易》之"感"的专题讲座之后，一年多当中，师友们通过群构筑了一个感通的场域，彼此感通的能量越来越强，加上天时与形势的配合，很多外应事件对群内师友们来说，都有非同寻常的感应力和巧合意义，这也可以作为一个感通型"同人"集体的外应之象。本群讲解过程中，有一些时机点比较巧合，如学泰卦初九的那一天是冬至之时；2016年3月7日惊蛰过后，电闪雷鸣，风雨交加，卦象和气象正好配合；讲解复卦的那一周（2016年3月28日开始）正好是西方的复活节，等等。虽然这些可能只是偶然的巧合，但时机的选择，尤其是卦爻辞与时机的对应关系，有时候让师友们感觉到，学易就要去体会在世界和时间开始之前那种无法言传、深沉至极的感应关系。2016年4月4日正是清明节，师友们引用了叶采《暮春即事》等与读易有关的诗词，而清明节正好是物皆洁齐而清明之时，我们讲解无妄卦，体会心志干净洁诚感通的状态，确有神通之妙。4月18日导读颐卦的时候，正是雷出山中，春暖之际，谷雨时分，颐养万物之时。2016年12月31日讲解《既济》九五爻的时候，提到跨年之时，正好应该薄祭一下，爻辞提到"福"，而导读老师孙福万给大家带来万福。类似这样导读的内容和天时吻合的精妙时机，都一再让参与的师友们惊奇和感慨。

所有这些，都让大家从理智和实践上感知：易本天人之学，读易可见天心，学易就是参与天道的阐发过程。学习大壮卦的时候，师友们觉得，有《周易》桥梁在，鬼神人可相互感应沟通。似乎学易可以帮助大家开天眼，天眼自己开，天网自己看，心网自己能明结又能明解，收放自如。正如张文智老师所言，借助群的感应和交流，大家可以互相帮助开天眼。《周易》本推天道以明人事，师友们探讨出了其莫测之玄机。

这样似乎正好应了何善蒙老师对咸卦的讲解：天地万物之情，本来就是无心地感来感去，结果人非要给天地安一个心上去，是自己的心被感动了，加给天地。天地无心人有心，人用真心诚心正心去感，天地之心和我心同心同德。张载言："为天地立心"，实在是人太有心了。人心立时天地立，如果《周易》作者无心，这看起来没心的咸卦，怎么能够写到这个份上，读起来这么让人感动。当然，最后还是落在心如自在、通天通地的无心之境。

还有多处解读，虽带有戏说成分，但是幽默风趣。如解读屯卦和坎九二时都提到宫廷大戏，明夷六二时提到英雄救美，虽然有演义成分，但画面感很强。比如一对亡命天涯的男女在极度危险之中上演的情爱浪漫故事，女的比男的更危险，更没救，虽然自己都不行了，但临死前还舍命拉了男的一把，让男的终于有希望脱离险境，令人潸然泪下。解读大壮卦和贲卦时，也有类似的画面感。解读坎六三依"枕"待时之时，其实开出了履险如夷的新处险之道，相比之前的解读有新意。大家在群策群力，众志成城的状态下，对很多爻的解读有所突破，常有灵机乍现、别有洞天之感。

在师友们灵感迭出的解读当中，开发出来很有新意的解读内容，虽然未必合乎学术传统，但对于理解卦爻辞和爻象之意还是有帮助的。比如张国明、于闽梅一起解读贲九三"永贞吉"的时候，大家讨论道：坚贞不渝的爱情可以感天动地，超越时空，彼此精神之间的融合所带来的融汇天地的吉祥和幸福，最终甚至可以战胜世间一切沧海桑田的变迁。恋人之间心意相通的状态，好像彼此都是对方生命存在的前提一般。"永贞吉"的爱情，是人间爱的天堂、爱的绝唱，所以世间永流传。此爻阴阳相和，相濡以沫，表达出了感天动地之境界，好像《魂断蓝桥》那种动人心魄、坚贞不渝的爱情故事一般百转千回。

解读贲六四时，提到两段荡气回肠的爱情故事，最后以舍比从应，情投意合，皆大欢喜作为结局。九三爻下有六二，刚柔已经合为一体，不会成为人家婚姻道路上的羁绊，四爻看到三爻二爻如此恩爱，因自己身处坎险之中而对远方之应爻有所怀疑。最终疑心解除，四与初也是情投意合。一个"舍车而徒"志趣高洁，一个"白马翰如"贞洁自守，终成眷属。情感起伏如过山车，但结局圆满，皆大欢喜，如欢喜冤家，有莎士比亚戏剧的感觉。虽千年之后，也不禁为之喜也。古往今来讴歌不息的伟大的爱情故事不过如此。那天的解读解决了爻辞中的疑难，突破了王孔之论而有创新，又欣赏了两段伟大的爱情故事，参与者们都好有成就感，感受到历史性的大突破。

在解读贲卦上九的时候，突出了儒道合一的境界。一个表面看起来只是文饰和搞装修的卦，到顶之后，其实是经纶天地、与天地精神相往来、一种白茫茫与天地同体的弘逸境界。用儒家的进路解，是一路搞装修上来，境界越来越高，最后到了山顶，实现了极致的状态，才有点道家的气象出来。路上还闹出了两场令人魂牵梦绕的爱情史诗，这带有儒家入世的情怀。在山顶上搞顶层设计，达到儒道合一的境界，不但脚痛会忘，什么痛苦都可以放下，那种心通天地的自我实现境界，让人感到有点悟道的意味。整个过程合乎儒家从正心诚意到治国平天下的修身过程。

"周易明解"群的授课和讨论常有很多如此妙解，虽然有演绎的成分，学术的含量也不够，但可能因此在易学解读史上开创出新的意义。经典之权威性历经时空的磨砺而成，学者在老师的引领下打开思路，安心潜读，不断有新的体验和收获。总的来说，《易经》卦辞、象辞的取象基本没有超出《说卦》的范围，解爻不能顺通，是象上未通，如果象上不通，理上努力，以理述理，以字解字，反有离题之嫌。有很多时候，我们会感叹古人取象之玄妙，深感自己智慧灵感有限。解卦的路子很多，何者更有道理，是可以在尝试中探讨的。要从看卦象入手，上下卦观象，再解释各爻，中间乘承比应，互卦取象等都有帮助。随着自己的感悟加深，会触类旁通，加上点滴浸润，深思熟虑，逐渐就会茅塞顿开，别有洞天。

"周易明解"群帮助大家意识到：圣人作易取象，费尽周折，时间跨度应该超越千年。乘承比应之间，除了看得见的联系，还有很多看不见的联系，对应万物之间的联系都是客观存在的，不可陷入机械论中。易学的博大在于，好像没有关系的两爻，却又存在着千丝万缕的联系，如同现实的生活。圣人仁爱天授，心天合一，要认真琢磨易学智慧超越人的维度，仁只是儒家的思想基础，如仅以仁说易，易的气象就小了很多。

"周易明解"群希望通过当代易学家同台解读《周易》，继承前辈易学家的志向，延续传统易学的生机，希望传统易学的正宗路向能够为更多的学者们接受与传播，开启传统易学研究和推广的新阶段，进而开创以《周易》新释奠基的中国新哲学思想时代。在传统社会，四书五经是公共话语，好的经典解释足以改变时代，但今天互联网时代，经典诠释已很少进入公共话语系统，连边缘话语的位置都岌岌可危。本书不求进入当代话语的核心，但求继承传统易学正路，并将之发扬光大。

杜甫说"转益多师是汝师"，金庸小说里的那些武功超群者都是遍学天下奇功的人，"周易明解"群这个平台把五湖四海的学者和求学者都聚集起来，共同学习、参悟、交流，为这个时代培养了一批根底较为扎实的易学爱好者。到一周年的时候，在热心群友们的支持下，本群与国际易学联合会和中国人民大学孔子研究院合作，组织了一场线下聚会的庆典（见附录三）。后来在圣境尼山书院的支持下又搞了几次线下讲座和聚会活动，逐步把"周易明解"群落地，进一步推进线上的易学交流与研究工作。

本群除了需要感谢讲课老师和参与整理的同学们，还要感谢一些热心的群友和志愿者。感谢热心群友王力飞，因为他积极学易才有最初"周易明解"群的建立，感谢本群最初的组建者徐治道、尚旭等。感谢随后郑静坚持值守一年多，引导主持人和志愿者们积极参与，为本群聚集人气和活跃气氛付出了大量心血；感谢很多积极的群友自始至终热情高涨地参与学习讨论，如元融、张吉华、丰铭、姚利民、闫睿颖、瞿华英、刘久红、倪木兰、罗仕平、王昌乐、崔圣、叶秀娥、李伟东、靖芬、刘娜、陈鹏飞、汤兆宁、郑强、姜江等，他们发表了很多独具特色的见解，在一定程度上该群培育了一支当代认真研习《周易》的队伍。本群的日常维系和线下聚会与很多热心师友和志愿者的帮助分不开，如赵薇、黄胜得、萧金奇、程姝、侯川、林正焕、傅爱臣、陶安军、王眉涵、虞彬等。正是在热心群友的慷慨支持下，本群的线下聚会才得以成功举办，他们也通过自己的实际支持来表达对诸位学者公益讲学的诚挚谢意。

虽然稿子经历了五六次完整的修改和统稿，但毕竟是从微信群的聊天记录转化过来的，还有很多不尽如人意的地方，尤其是本书为了编辑成著作体例，不得已删除了一半以上的聊天记录，包括师友们引用的很多文献，一方面因为现在查文献较方便，另一方面因为很占篇幅。还有些师友虽然说了很有意思的评论，但因要以学术为本，不紧扣主题，即使非常精彩，也不得不忍痛割爱。所以编辑委员会全体成员要对那些积极参与并发言，但最后的书稿却不能充分体现其活跃度和参与度的师友们，谨致以非常诚挚的歉意。

不同老师讲课风格不同，形式各异，整理之后，虽经老师们亲自校对，仍然不可能把所有格式完全统一，所以适当保持不同老师的讲课风格和授课状态。如卦爻辞和象辞的断句，基本按照各个导读老师的倾向，以保留老师的讲述风格，体例也就不尽相同。考虑到讲稿基本都经过老师们仔细修改，一些具体的体例就不再强求整齐划一，比如既然讲课时老师们引述经典、转述观点之时的体例不同，最后也就不强求一致。

当然编辑们对聊天记录尽量编辑完善，比如加了很多书名号和引号，但总体来说，还是做了省略处理，只要不影响阅读理解，原稿状态就尽量保留。由于原稿是微信学习群的聊天记录，有大量口语化内容，虽然编辑们做了很多修改和辨正，但把两百多万字的原稿删到一百多万字，肯定还会有不少问题，请海内外同行和师友们包涵。本书各爻标题虽多次修改，但因概括能力与语言锤炼能力均有限，可能表达仍不够准确到位，有请读者提出意见，批评赐正。

本书能够成书，孙世柳（本书副主编）等研究生整理老师们的讲稿和连续两年不间断的编辑修改是基础。2018年年中，孔学堂书局的编辑们对书稿几乎每段每行都做了认真的修订，从六月到八月，孙世柳博士每天早晨五点从位于贵阳花溪区孔学堂教授宾舍出发，坐两个小时的车到位于贵阳乌当区的孔学堂书局编辑部与窦玥声编辑一起对着电脑校对修改，常常加班到晚上九点再坐两个小时车回到花溪，工作量可谓极其细密和繁重，他们都为书稿的编辑付出了巨大的辛劳。2018年秋季，校对好的书稿分别发给每位主讲老师进行最后的修订，老师们都予以非常及时的配合，从而使得书稿得以最终定型。

该书出版得到国际易学联合会会长孙晶教授、副会长朱高正先生等的热情支持；得到山东大学易学与中国古代哲学研究中心刘大钧教授、副主任李尚信教授（本书副主编）、刘震、张文智、张克宾等的热情支持，他们让本书成为"教育部人文社会科学重点研究基地山东大学易学与中国古代哲学研究中心资助成果"，刘大钧教授还专门为本书题写了书名；得到贵阳孔学堂书局负责人李筑先生和张忠兰女士、张发贤先生、窦玥声女士、陈真先生等的大力支持和帮助，他们让本书成为"孔学堂驻会学者"研究成果。本成果受到中国人民大学2019年度"中央高校建设世界一流大学（学科）和特色发展引导专项资金"支持，在此一并致谢。最后也要感谢我的家人的长期理解、支持和帮助，这使我得以付出大量的时间和精力完成这部书的组织和编辑工作。

中国人民大学哲学院教授
山东大学易学与中国古代哲学研究中心兼职教授
国际易学联合会秘书长、学术部部长
孔学堂书局、《孔学堂》杂志副总编辑
"周易明解——易学与哲学"微信读书会发起者兼主持人
2018年8月13日

目录

时　　间：2016年03月28日22：00 — 23：17
导读老师：何善蒙（浙江大学人文学院教授）
　　　　　辛亚民（中国人民大学国学院讲师）
课程秘书：李芙馥（中国人民大学哲学院博士生）

根绝往误 重回善道

——复卦卦辞明解

24 复卦

震下坤上

【明解文本】

复：亨。出入无疾，朋来无咎。反复其道，七日来复，利有攸往。

《彖》曰："复，亨"。刚反动而以顺行，是以"出入无疾，朋来无咎"。"反复其道，七日来复"，天行也。"利有攸往"，刚长也。复，其见天地之心乎。

《象》曰：雷在地中，复。先王以至日闭关，商旅不行，后不省方。

【讲课内容】

何善蒙： 复卦内震外坤，从卦象上来看，是一阳来复的造形。从卦德上来说，震为动，坤为顺，动而顺，故亨。卦辞上说："亨。出入无疾，朋来无咎。反复其道，七日来复，利有攸往。"这个解释大体上没有太多差异。我只解释一句话吧，"七日来复"，或者说一个字，就是"七"。历代注家对于"七"有很多歧见，说明这个数字是非常有意思的。《汉书·律历志》上说："七者，天地人四时之始也。"

自姤卦一阴生，经六爻至复卦第七爻一阳生，故称"七日来复"，这个解释当然没有问题，历代也这么讲，可是这里要注意前面有句话，叫"反复其道"。说明这不是数字游戏，六个爻加一个爻就等于七个爻。七是完成之数，6+1=7，是在六合加人的意义上完成整个意义系统的建构。因为是完成之数，所以可以作为周期之数。由此，才能够接后面说"天行也"。

有人认为"天行"就是律法上的规律，这个可以解释部分，但是不能解释全部。"大行"就是天道，由此才可以见"天地之心"，否则何来天地之心？

四时加天地人（4+3），按照《汉书》的说法那是成立的，不过我是把4+3和6+1当作中西不同传统的区别来说的。如果一定要按照时间上的差距来说，我认为七月应该比七日更合适。我之所以觉得以前的方式存在一些问题，关键在于"七日""道"和"天行""天地之心"的内在关联问题，如何在其中找到关联的方式，是我思考这个卦的立足点。

辛亚民： 卦辞里确实最难懂的是"七日来复"，用卦气说解释就是"十二消息卦"，每一卦主一月。自姤午至复子，历七月，所以称"七日来复"。一岁十二月，三百六十五日四分日之一。以坎、震、离、兑四方正卦，卦别六爻，爻生一气。其余六十卦，三百六十爻，爻主一日，当周天之数，余五日四分日之一，以通闰余者也。剥卦阳气尽于九月之终，至十月末，纯坤用事。坤卦将尽，则复阳来。隔坤之一卦六爻，为六日。复来成震，一阳爻生，为七日。故言"反复其道，七日来复"。

何善蒙： 说明七这个数字对古人有特殊意义。

辛亚民： 分卦值日之法，一爻主一日，六十卦分为三百六十日，余四卦震、离、兑、坎为方伯监司之官。孔颖达说："案《易纬》云：卦气起中孚，故离、坎、震、兑各主其一方，其余六十卦，卦有六爻，爻别主一日。凡主三百六十日，余有五日四分日之一者，每日分为八十分，五日分为四百分，四分日之一，又分为二十分，是四百二十分，六十卦分之，六七四十二，卦别各得七分，是每卦六日七分也。"就卦爻辞来说，"七日"不止一次出现，属于占卜术语，应该有其根据。

张丰乾： 《说文》："七，阳之正也。从一，微阴从中邪出也。凡七之属皆从七。"段玉裁《说文解字注》："《易》用九不用七。亦用变不用正也。然则凡筮阳不变者当为七。但《左传》《国语》未之见。"

何善蒙： 许慎的说法虽然晚出，但是这个说法有卓识。

张丰乾： 舒大刚、钟雅琼《〈周易〉复卦卦辞"七日来复"新诠》中说，考察历代易家关于复卦"七日来复"的各种解释，可以发现诸家之说虽然各皆有理，但是都未能切合上古社会的历史实际。通过探讨上古"十日并出""以火纪时"以及汉儒"十二辟卦"等说法，认为"七日来复"实际蕴含着一段人类认识自然、模拟自然的历史记忆，其中依稀保留着中国古代历法史上久被遗忘的"十日历（十月历）"的事实。所谓"七日"者，正是"七月"的古称，与临卦"八月有凶"正好前后呼应……（《周易研究》）

何善蒙： 那个十日历也不是什么新诠了。

【讨论内容】
【"反复其道"】

元　融： "反复其道"，"反"当何解？

何善蒙： "反"就是返、回的意思啊，这个应该没有问题吧？

辛亚民： "反"就是返回的"返"，与"复"同义。

何善蒙： 专指的意思是说，"反复其道"实际上是在讨论道的问题。

陈振宇： 复卦讲的是要回复到正道上来，"人之初，性本善"，人心迷得太久了，所以要返回复归到正道上来。

元　融： 复卦同时是正心的一卦，初正终修之卦。心念端正是果地端正的因，因地不正，果遭迂曲。在日常实践中，念念端正，是走向圆满的开始。"复，其见天地之心乎？"

温海明： 让心意的阳气顺从天道，生生不息！

元　融： 心念的端正好像很简单，其实要经历反复，生活中只有经历了挫折，才会回到正路。"人间正道是沧桑"，正是对复卦的形象描述，不远之复，无悔之复，元吉。只有经历过挫折，才会珍惜拥有；只有经历人性的苦难，才会心地光明。复卦是很实用的一卦，"雄关漫道真如铁，而今迈步从头越"。一阳初动处，万物未生时。面对环境的艰难，一颗真心是最宝贵的财富。

温海明： 人心当顺从天地之心，万化心生，无中生有，万有之源，缘生不息。

【"七日来复"】

孙福万： 七，多么神秘的数字！正月初七，人日？

何善蒙： 人日的说法是一个比较有意思的背景，初一鸡日，到初七人日，也在某种程度上说明了一个创世的过程。所以，把七理解成周期之数，大体是可靠的。

郑　强： 自姤卦一阴生，经六爻至复卦第七爻一阳生，故称"七日来复"。

裴健智： 这个"十二消息卦"是在汉朝才比配出来的吧？用来解释《周易》是否有点牵强？还是之前有渊源？

辛亚民： 对，这是汉《易》的解释，如果用十二消息卦解释的话，应该是"七月来复"。所以王弼讲："阳气始剥尽，至来复时，凡七日。"用"六日七分说"。

温海明： 十二消息卦可能也可以是《易》卦体系的基础，那就早啦。

裴健智： 这样的话，就可以用十二消息卦来解释，《尚氏易学》："十日数至七必相反。"

姚利民：　七字含有无量义，修行高者人天往返七轮回，成就阿罗汉。

张吉华：　周流六虚，反复其道，七日来复。

陈振宇：　如果每一爻算一日的话，"七日来复"实际上就是初爻在第七日返回到初爻而已。

元　融：　复卦有七，临卦有八。

辛亚民：　现在学界关于卦气说的起源意见不一致。

（整理者：王璇　中国人民大学哲学院硕士生）

速改返正　至为吉祥

——复卦初九明解

时间：2016年03月29日22：00 — 23：18

【明解文本】

初九：不远复，无祗悔，元吉。

《象》曰："不远之复"，以修身也。

【讲课内容】

辛亚民："祗"一本作"祇"，古注："大也"。没有大的悔恨。

王弼讲："最处复初，始复者也。复之不速，遂至迷凶，不远而复，几悔而反，以此修身，患难远矣。错之于事，其始庶几乎？故'元吉'也。"就是说，初九是复卦的开始，在开始的时候就能够及时返回正道，所以能够没有大的悔恨，而且是大吉。

《系辞》中孔子引用此爻赞叹颜回。子曰："颜氏之子，其殆庶几乎！有不善未尝不知，知之未尝复行也。《易》曰：'不远复，无祗悔，元吉。'"（《系辞传》）所以，孔子将"复"理解为返回正道。"不远复"就是不贰过，能够及时改正错误，回到正确的立场，所以得吉。后世王弼、孔颖达都顺着孔子的这一思路解释初九爻辞。

从儒家道德修养的角度解释复的含义，还见于《系辞》"三陈九卦"章，对复卦评价很高，称"复，德之本也"。如果说历代易学对卦辞"七日来复"偏重于从天道观、自然哲学的视角解释的话，那么初九爻辞则是偏重于人文价值视角的解释。当然这一源头来自《系辞》孔子对初九爻辞的阐发。《小象传》曰："'不远'之复，以修身也。"也是从德行修养的角度加以解释，和《系辞》是一致的。历代易学家无论象数派还是义理派都没有超出这一影响。

孔颖达释《小象传》："所以不远速复者，以能修正其身，有过则改故也。"后世讲勇于改过总是引用《周易》复卦初九爻以及《论语》"过则勿惮改"这两个典故。《魏志·文帝纪·注》引《魏略》："王将出征，霍性上疏谏曰：'兵者凶器，必有凶扰；扰则思乱，乱出不意。臣谓此危，危于累卵。昔夏启隐神三年，《易》有"不远而复"，《论》有"不惮改"。诚愿大王揆古察今，深谋远虑，与三事大夫算其长短。'"《后汉纪》卷十八《顺帝纪》："马融对曰：'《易》不远复，《论》不惮改，朋友交接，且不宿过，况于帝王承天理物，以天下为公者乎？'"

从爻位的角度说，初九与六四相应，又是全卦中唯一一条阳爻，用王弼的说法，初九爻就是复卦的卦主。一阳来复，最能体现复卦的核心思想。复卦在卦气说中为"十二辟卦"之首，对应建子之月，二十四节气对应冬至。这些都集中体现在初九爻上。

【讨论内容】
【"祇"】

元　融：　"祇"这个字念什么为好？

辛亚民：　有点读"只"，无点读"其"，二字经常混淆。

郑　强：　一说祇字，古与多字通用，"无祇悔"，就是无多悔。复后又失则悔，能悔则能复，复而又失则又悔。无多悔，故元吉。

辛亚民：　古注一般训大。

裴健智：　马恒君解释为"病""安""多"。他认为此字无义。《尚氏易解》释为"病"。

【失】

裴健智：　《程氏易传》："失而后有复，不失何复之有？"应是从剥卦而来。王弼似乎没讲这点？

辛亚民：　程子所说的失应该是过失。

裴健智：　失理解为从剥卦而来不可？

辛亚民：　不是过度引申，一为义理，一为象数，二者可以一致。

郑　强：　应该是反善为复，失为过失，为不善，过而能改，又为复。

裴健智：　按照过失的理解确实能和王弼的解释相通。"失"就相当于王弼的"悔"。

【一阳来复】

元　融：　复卦，一阳来复，冬至时分，万物萧条，地心中的一股暖流涌现，虽然力量
　　　　　薄弱，终究是阴阳翻转的一卦。

裴健智：　慢慢修身，慢慢修养，阳气就能不断增长了。

温海明：　一阳来复，绝境逢生，修身俟命。

裴健智：　从复卦里面是否能看到修身到平天下的雏形。

温海明：　剥卦上九硕果仅存，气息奄奄，到初九就复活过来了，走上了康庄正道。

罗仕平：　物不可以终剥，剥穷上反下，故受之以复。

裴健智：　《后汉纪》卷十八《顺帝纪》马融对曰："《易》不远复，《论》不惮改。"

元　融：　对应现实生活，一阳初动时分，可看作运气极差的人。为什么运气很
　　　　　差？根本原因是心地不正。心发了邪念，邪念增长，导致邪见、邪行出
　　　　　现，并与外部环境相互牵连，背运是必然的。背运时，要自己认识到错
　　　　　误，发心做一个好人，痛改前非。因曾经历苦难，深知一份真心的宝
　　　　　贵，坚守正道，即是转运时分。一个内在品质得到加强的人，无论前途
　　　　　如何艰难，坚守得住真心，天道运转，自然有春暖花开之时。

裴健智：　杨树达的《周易古义》引用了好多事例解释初九。

元　融：　复卦，在心性领域的指导意义很大，无论心学还是禅宗，终指向内在的一
　　　　　念。守住自己内心的一念，从善良开始，正念加持，必会到达光明的境地。

温海明：　一念回复正道。

陈振宇：　这一卦不可忽略"元吉"一词，那是最高的吉，浪子回头金不换。

元　融：　元吉，至善。

汤兆宁：　复像是说反省或反求诸己而回复正道……

孙铁骑：　私意：复见天地心，道也。不远复，离道不远而复，归根复命也。以生命
　　　　　言，少儿心智一开，已经开始离道而行，损害生命了，年愈长离道愈远而愈
　　　　　有悔，愈早醒悟愈少悔恨，愈对生有益，故不远复，无祗悔，元吉。复，回
　　　　　归生命之本也。

【解易方法】

孙铁骑：　卦辞、《彖传》、大小《象传》、爻辞皆当一体贯通解之，如此，《周易》
　　　　　才是个体系。

元　融：　以经解传，以传证经。

孙铁骑：　子曰："智者观其彖辞，则思过半矣。"（《系辞传》）《彖传》释卦辞，
　　　　　《小象》释爻辞，六爻分解一卦，不整体解读，就失《易》之全体大用。经
　　　　　传一体，《易》才可称大道之源。经早传大约五百年，是不同时代的产物，
　　　　　更重要的是二者用《易》的功用不同。大道之源，源于《易》理的思维方
　　　　　式，有了这个思维方式，既可用于占卜，也可用于义理。孔子作传，即是解

经，如无体系，无以载道。吾辈解《易》，如分裂之，意义何在呢？

元　融：设卦观象，圆融体悟。

孙铁骑：《易》理的思维方式是？

元　融：心与道融。

（整理者：张馨月　中国人民大学哲学院硕士生）

休于阻止　返正顺阳

—— 复卦六二明解

时间：2016年03月30日22：00 — 23：10

【明解文本】

六二：休复，吉。

《象》曰："休复之吉"，以下仁也。

【讲课内容】

何善蒙：从爻位来说，六二当位居中，是中正之象。又与初九相比，所以，休复之象很明显。二位尊位，比于初，为礼贤之象，所以，《象传》的说法也就好理解了。

初九里面"无祇悔"比较关键。不管怎么解释，都至少有"悔"的存在，按《周易》的一般表达，悔字的出现都是针对某种具体情形，也就是说，初九本来是有悔的，有悔在哪里？因为复卦唯一一个阳爻是初九，明显的动象，而初的位置一般戒动，故动而有悔，这也是常见的情形。

"无祇悔"是因为这个卦是一阳来复，主动，又九二相比，故虽动无悔。初九为卦主所以有元吉之断。另外，虽然很多同仁以"十二消息卦"来解释"七日来复"，我认为还是牵强。如果"七日来复"不同"天地之心"相关联，在意义上就没什么好说了。"天地之心"是什么？易有生生之德，故天地之心就是天地生物之心。生生不息，循环往复，故为复。

"七日来复"，就是古人建立在对于七的特殊认识上的一种宇宙图景的认识。

辛亚民： 爻辞很简单，关键是如何理解"休"字。休有二义：一为"美"；一为"止"。作"美"解，如《诗经》"何天之休"。孔颖达《疏》曰："得位处中，最比于初，阳为仁行，已在其上，附而顺之，是降下于仁，是休美之复。"孔颖达以"休美之复"解"休美"。之所以为休美，得联系六二爻位来看。

【讨论内容】

【"休"】

元　融：为何要"休"？

辛亚民：六二爻处下卦之中，由于与初九构成比，初九为阳，主仁，亲比于仁，归附顺从，所以为休美之复。这一解释是对《小象传》"休复之吉，以下仁也"这一观念的发挥。

何善蒙：如果作"止"，可以解释吗？

裴健智：马恒君认为"休"为"止"。

辛亚民：实质上，作"止"也是可以的，"休复"就是休止复返，似马王堆帛书《缪和》就是这样理解的，帛书《缪和》："子曰：君人者又（有）大德于［臣］而不求元报，……元在《易》也复之［六］二曰：休复，吉。"但这段话残缺不全，待博闻君子正之。《缪和》似乎把"复"理解为回报，报、复二字音同义近。"休~"句式还出现在否卦九五，"休否，大人吉"。可参看。

丰　铭："休复"与"休否"句式还不一样，不好对比。

何善蒙：不让复？不让复没有天道，而且，六二怎么可以止住初九呢，人家是一马平川啊。

裴健智：初九为阳，上面为阴爻。六二截住了初九的去路。

罗仕平：迷途未远，尽快复返？后面的也都是阻力？

裴健智：阳爻刚刚生息出来，没有足够的力量。而且也是谦谦君子，比较仁慈。

温海明：马恒君的意思我发挥一下，六二和众阴本有阻止初九复兴之心，但看到初九是贤人君子，良心大善，就会主动让道，有阻止之姿态而无阻止之实，其实是钦慕初九，有主动放弃而配合的味道。

何善蒙：就是本来想干掉，后来想想算了，因为后面抢的人太多，赶紧从了。

温海明：所以发心很重要，顺从天道的大善之心可以感天动地，改换阴阳。

何善蒙：其实，我还是觉得，细究起来，大概不能作"止"。因为"止"是一个动作性比较强的词，六二以阴居阴位，大概没有表达止的意念。

裴健智：《尚氏易学》："休者，俟也。"俟阳息至二，是典型的象数派。

何善蒙：尚氏的意思是，等初九到家里玩？

裴健智：变为临卦，应该是这个意思？就是六二变为阳爻，我理解的。

何善蒙：阳气渐长，所以，更不能是止息了，除非做做样子止一下。

罗仕平：尚氏此说倒是充分发挥消息之意了。

张丰乾：问"朋来无咎"。曰："复卦一阳方生，疑若未有朋也。然阳有刚长之道，自一阳始生而渐长，（砺录云：'毕竟是阳长，将次并进。'）以至于极，则有朋来之道而无咎也。'反复其道，七日来复，天行也'，消长之道自然如此，故曰'天行'。处阴之极，乱者复治，往者复还，凶者复吉，危者复安，天地自然之运也。"问"六二'休复之吉，以下仁也'"。曰："初爻为仁人之体，六二爻能下之，谓附下于仁者。学莫便于近乎仁，既得仁者而亲之，资其善以自益，则力不劳而学美矣，故曰'休复吉'。上六'迷复凶，至于十年不克征'，这是个极不好底爻，故其终如此。凡言'十年''三年''五年''七月''八月''三月'者，想是象数中自有个数如此，故圣人取而言之。'至于十年不克征'，'十年勿用'，则其凶甚矣！"（《朱子语类》卷七十一）

（整理者：黄仕坤 中国人民大学哲学院硕士生）

频蹙而复 履危返道

——复卦六三明解

时间：2016年03月31日22：00—22：48

【明解文本】

六三：频复，厉，无咎。

《象》曰："频复之厉"，义无咎也。

【讲课内容】

辛亚民："频"字不好解释，古注认为"频"通"颦"，皱眉头的意思。"颦复"就是愁眉苦脸地回复到正道上。结果是"厉而无咎"，是虽有危险，但最终没有灾祸。《小象传》解释这一爻说："'频复之厉'，义无咎也。""义者，宜也"，虽狼狈些，但毕竟还是回到正道上，这是适宜的情况。从爻位角度讲，六三处下卦最上一爻，以阴居阳，既不得正，也不得中，且与上六不能相应，上下相比之爻又都是阴爻，所以有颦、厉的情况出现。王弼曰："蹙而求复，未至于迷，故虽危无咎也。""频"解释为频繁也是一种意见，《程氏易传》解释为"频数"。

温海明： 开始受邪道的诱惑，是被动，之后享受邪道，是主动，而一再被拉回正道，又是被动，心里仍对邪道念念不忘。

何善蒙： 这个跟三的位置有关系，三多凶，又不当位，所以，天生邪道。

孙铁骑： 得道为吉，失道为凶。

何善蒙： 因为阴居阳位，所以不正。没有位，就没有时，没有时，就没有易。

孙铁骑： "频复"当指大道难求，虽志于求道，但须历艰辛反复之厉，但志于道，终会大吉。

温海明： 这一爻好像戒烟、戒赌、戒毒，对邪道魔道心存幻想，还很享受被诱惑的感觉，虽然总是被拉回来，没啥大问题，但想很好就难了。

孙铁骑： "无咎"，不是所求之终，人之所求在吉。

何善蒙： 此处"频"当以虞翻和王弼的说法为恰当，颦蹙之象是阴居阳位之兆。"无咎"是因为阴爻的进取没有那么强烈，所以虽危无咎。如果作"频繁"解，很难解释为什么三的位置要戒躁动，却可以频繁动。

孙铁骑： 孟子"求其放心"就是复，但求放心之过程需多方探索体证，可能会有各种困厄，故为"频复"，但此求放心之志无错，故"厉无咎"，而终得正果则会大吉。

【讨论内容】

元　融：　复卦本意是潜伏，潜龙勿用之爻位。二爻休复，是不让动的。到了三爻，是不起作用的，会躁动。"频复，厉，无咎，"动也正常的。复卦，一阳的力量太弱，到二爻还有影响力，到了三爻，影响很小了。临卦和复卦对应了，会有感受，想如何，是不行的。就像创业，没有模式，只有激情，还躁动，掉进陷阱是必然的。下卦为震，可以参考行动、迈步向前象；基础不牢固，迈步就是坑。可是吃了亏，就要回本位，就像创业之人，吃了亏，老实了；可是内心一阳还在，老实不了多久，还要创业，反复之间。复，就是这个样子，什么时候到临了，就好了。

温海明：　频繁地回复，心里总是还心不甘情不愿的，相通。

元　融：　频繁地动，受一阳的催动，外在环境实在不堪，每次出行，必定遭受挫折而回。

郑　强：　个人认为"频"解为"频繁"更符合爻义。六三以柔居动之极，性躁动，故屡复屡失为频复。从象变上看，初在震阳为复，二动又互震为再复，三动又互震为频复，屡失屡复，故频复。

元　融：复卦是明心之卦，单有明心不起作用；明心之后必须有正知正见，才有可能成功。只是有可能，三阳不具备，也是费劲。乾卦四德，"元亨利贞"；复卦只有亨，可否这里切入一下，或许有转机。

（整理者：李芙馥　中国人民大学哲学院博士生）

身居群阴 行中志复
——复卦六四明解

时间：2016年04月01日22：00 — 22：49

【明解文本】

六四：中行独复。

《象》曰："中行独复"，以从道也。

【讲课内容】

辛亚民：王弼认为，六四爻上下爻皆为阴，相对来说处中，这叫"中行"，而且独有六四一爻与初九相应，所以叫"独复"。《小象传》："'中行独复'，以从道也。"从爻位的角度来说，是说六四与初九相应，顺从初九。从义理的角度来说，之所以"独复"，是顺从正道。虞翻的注比王弼增加了六四以阴居阴"得正"的特征。郭沫若先生认为此"中行"为姓氏，即晋国中行氏，从而断定卦爻辞作于春秋，现在看来是不对的。高亨先生将"中行"解为行路途中，较为平实。

还有一种解释，"中行"，即持守中道而行。《论语》中孔子云："不得中行而与之，必也狂狷乎。"《易经》中有五条爻辞提及"中行"。泰卦九二："包荒，用冯河，不遐遗朋，亡。得尚于中行。" 复卦六四："中行独复。" 益卦六三："益之用凶事，无咎，有孚。中行，告公用圭。" 益卦六四："中行告公。" 夬卦九五："苋陆，中行无咎。"姓氏、中途，解这五个中行有些能通，有些不通，如果用《论语》中的"中行"来理解，都可以通，本人倾向于用"持守中道而行事"来解释这里的"中行"。所以这里的"中行"相当于吉凶一类的断占之语，只不过放在了前面。一般顺序应当为"独复，中行"，即占得这一爻，独与初应，故曰独复。在这一情况下，要求人应该秉持中道行事。

【讨论内容】

裴健智： 为何是"独复"呢？都是独能应初的解释，可是马恒君认为，三爻为上面五柔爻的中位，所以为独。二到五爻都有。

元　融： 此要用理来讲，会有凝涩，跳出本爻，回到全卦——复卦，一阳五阴。下卦为震，力壮青年。上卦为坤，盛年美妇。四爻与初爻相应，有心动之象，也只是心动而已，男子除了年轻力壮，一无所有之象，漫天的甜言蜜语，心有所动，也是正常。"中行"，是位置在高位，远离蛮荒初级阶段；"独复"，是只能心动，言行要端庄。

裴健智： 《程氏易传》："不言吉凶者，盖四爻以柔居群阴之间，初方甚微，不足以相援。"

元　融： 而且复卦，有"星星之火，可以燎原"之象。

姚利民： 六四阴爻在当位，又是五阴淤泥居中，有初九应，"中行"，不离正道，"独复"，为即将出淤泥而不染的莲花做准备，甚妙。

郑　强： 四多居五阴之中，独与初爻相应，是中庸其行而独能从于善。从卦象看，四爻变为震足，有行之象，与初应为"独复"。

元　融： 六四，只要你做的是正义之事，敌人内部也有应。

郑　强： 出淤泥而不染，有这意思。初爻《象传》"以修身"，二爻"下仁"，三爻"从道"，皆与修身有关，二与初比，四与初应，皆能从善而自修其身。

姚利民： 让我们始终有善心、善意、善行。

元　融： 一阳初动，天地有应，虽然力弱，阴阳悬隔，生活中，善念一起，善虽未至，恶已经远行，即是四爻之象。在明师的熏陶之下，淘去身心污垢，迎接光明之光。

（整理者：秦凯丽　中国人民大学哲学院硕士生）

敦厚于复 自考其身
——复卦六五明解

时间：2016年04月02日22：00 — 22：30

【明解文本】

六五：敦复，无悔。

《象》曰："敦复无悔"，中以自考也。

【讲课内容】

孙福万：现在还有"敦厚"的说法。坤土有敦厚之象。五虽与初无应，但以柔中居尊，因四之独复而能笃其行，厚其养，以复于善者，故为"敦复"。陈梦雷说："敦复者，善行之固。窃意此乃困知勉行，所谓人一己百、人十己千、百倍其功者。能如是，悔亦可无也。"我比较认同。

孙福万：《象》曰："'敦复无悔'，中以自考也。"这个"自考"很有意思！陈梦雷的解释是："五居中，中即天地之心。考，成也。以中道自成也。二四待初而复，学知利行者也，故曰'下仁'曰'从道'。五与初非比非应而复，困知勉行者也，故曰'自考'。自即人一己百之意。盖五本远于阳、但以居中能顺，因四自返，加厚其功，故能自成也。"梁寅的解释，似乎就是说六五有中德，故能考察自己的行为善与不善。所以，这个六五是很敦厚的一位。

温海明：六五敦厚，应该没有问题，取坤卦厚德载物之象。马恒君的意思，"中以自考"是居中能考察反省。

孙福万：临卦上六为敦临，艮卦上九为敦艮，也可以联系一下思考，都是自力更生的意思。

温海明：能自己反思的人，敦厚而且有德，能自己返回正道，所以不会有忧悔，自己执善固执。

【讨论内容】
【冷静敦厚】

元　融：六四是和初爻有应，心有所动；五爻，中以自考；自己审问自己，树起正念，才可免于危险！

温海明： 六五中正能顺，行为和内心都顺。

姚利民： 六五在君位，在外卦核心位置，即阴在阳位，外卦为大地，让我想起家慈。

元　融： 环境如何，自心不动，他又奈何。

孙福万： 四是"独复"，因为和初有应；五是"敦复"，自己靠自己。

温海明： 六四是被牵引而复，六五是主动自我反思。

元　融： 四爻有动向，五爻居中以德居之。

叶秀娥： 初九，不远复是复善能速，"敦复"是复善能固。

元　融： 四、五、六爻，本是一家，五爻居中，审时度势，对四爻有震慑，敦厚等待，不可躁动。一阳力弱，只有动象，不可被动象乱己心智。

温海明： 说得有理，六五比六四冷静敦厚。

孙福万： 敦复者，厚之至也。

姚利民： 六五已经是成熟，或者是一家之长，需要以德服人，方治理家务。

孙福万： 胡炳文说，"不远复"是"入德"，"敦复"为"成德"。

叶秀娥： 初九"无祗悔"，而六五直言"无悔"，差别在于入德，成德。

元　融： 五阴一阳，五比一，是歼灭战的范围。复卦，对应冬至，天寒地冻，大小寒到临，寒冬已至，能干什么呢？等待，积蓄。时机不成熟，等待的就是大德。

【"中以自考"】

孙福万： "中以自考"即是考察考试，而只有通过了考察考试才能成功。

叶秀娥： "自考"明白，但"中以自考"，如何解释更符合六五呢？

孙福万： 中国文化多含蓄啊，讲"敦伦"，讲"颠鸾倒凤"，讲"更衣"，讲"出恭"，现在的年轻人肯定不懂啊，这就是"敦厚"。

罗仕平： 破山中贼易，破心中贼难呀。

温海明： 有中正之位之德，本不需自考，结果还认真自考，实在是敦厚之至。

孙福万： 人欲横行，正需要我们"敦复"呢！大家都来个"中以自考"吧！

罗仕平： 莫非还是因为六五居阳位，所以得自我检验？

元　融： "中以自考"，自问其心，是儒学心性之学的落脚之处！

温海明： 致力于振兴《易》道，拯救世道人心，发心敦厚之至。儒家心性之学是其政治哲学的根本。

叶秀娥： "中以自考"，我理解为能以中道切时考虑，凡事不离中道，所以无悔。

元　融： 儒家心性之学，从此处可得验证，也是根源。

叶秀娥： 中以自考，"中"义大矣哉。

（整理者：孙世柳　中国人民大学哲学院硕士生）

迷而不复 十年不克
——复卦上六明解

时间：2016年04月03日22：00 — 23：12

【明解文本】

上六：迷复，凶，有灾眚。用行师，终有大败。以其国君凶，至于十年不克征。

《象》曰："迷复之凶"，反君道也。

【讲课内容】

辛亚民： 这句爻辞可以分为两部分，"用行师"前断开。"迷复"，一解为"迷而不复"，一解为"迷而求复"。结果为"凶"，似解为"迷而不复"为优，即内心迷惑而不知回复正道，导致凶。后半句讲若以此道行师征伐，将有大败，至于十年不得翻身，原因即国君内心迷惑，不能回归正道。爻位上讲，上六"最处复后，是迷暗于复"（王弼语）。《左传·襄公二十八年》："楚子将死矣！不修其政德，而贪昧于诸侯，以逞其愿，欲久得乎？《周易》有之……曰：'迷复，凶。'其楚子之谓乎？欲复其愿，而弃其本，复归无所，是谓迷复。能无凶乎？"《左传》引此爻，解为"迷惑于复"。

【讨论内容】
【"迷"与坤】

元　融：　六爻是点睛的一爻。

温海明：　首先，"迷"，应该跟坤卦有关，坤卦卦辞，先迷，上六在坤中。

姚利民：　坤为众生，迷之众生。

温海明：　也有解为沉迷于复兴，有点昏庸的感觉。

元　融：　坤，先迷失道，后顺得常，此处甚佳。

叶秀娥：　坤为迷，故为迷复，迷于复道。是不是？

王力飞：　复过头了，欲望膨胀，未必是好事。

尚　旭：　上六阴柔，居复终，乘重坤，无阳可应，无刚可比，是迷而不复之象，凶而难掩之道也。

温海明：　所以有陷入迷途不知复归之意。

元　融：　坤，本身就有"迷"的特质，男子为乾，失何道？天地之道。

尚　旭：　徐几曰："上六位高而无下仁之美，刚远而无迁善之机，厚极而有难开之蔽，柔终而无改过之勇，是昏迷而不知复者也。"居上六反观，则象剥。五阴消阳，所以凶也。

丰　铭：　所以有陷入迷途不知复归之意——那就是"迷不复"了。

叶秀娥：　亦可理解为，上六为小人所居极亢，终迷而不知复道。

尚　旭：　人欲乱心，所以迷也。

温海明：　孤独，惆怅，被人所迷，自己还沉迷不醒，所以复兴不一定都是好事，复兴也不能太执着。

尚　旭：　是的，乾象君之体，坤象对乾则失君体。震象王之道，艮体反震则失王道。

元　融：　坤体本虚，坤体，反君道。

叶秀娥：　此爻若以商鞅为例，和下面的有灾眚，用行师终有大败的爻辞，似乎比较能呼应，此解释迷复的小人。

尚　旭：　复者，君子改过迁善之道也。

【"有灾眚"】

温海明：　复卦是阳爻返下而后于阴中复生，上六阴爻居亢极之位，或迷糊不明地返回到初位，或糊里糊涂地执着于复兴，结果上六到初位之下，全卦会变成师卦，上六进入下坎之中，坎为灾眚，所以说"用行师""有灾眚"。

尚　旭：　这个解释甚妙。

温海明：　上六穷极，时与位都无力打仗了，如果还坚持要打仗，那就非常凶险。

元　融：　一阳来复，不是制胜之机会。

裴健智：　还是要慢慢等待时机，不要鲁莽。

尚　旭：　上六居极，据乘重坤，不能自考，昏聩迷复。

温海明：　轻易再动就很凶的，因为灾眚的灾自外边来，眚从内部造成，都是灾难。

元　融：　一阳太弱，和上六失去呼应。

【"用行师"】

罗仕平：　打仗总不太好，何况是迷迷糊糊的上六。

温海明：　打仗总是不得已，上六打仗要失败，打仗失败十年不能取胜，很可怜。

【"以其国君凶"】

温海明：　最凶当然是身死家亡国破，这里上六能苟延残喘很久，不简单了。

罗仕平：　复成乾阳，但下一个又成姤卦了，再等三阳开泰。

尚　旭：　"克"，能够，艮也。"征"，兴起，震也。

叶秀娥：　所有的错，都在于上六的迷。

温海明：　确实，不能太迷，尤其是身处艰难时势之中，就越要"明解"，不能迷解。

姚利民：　上六很想回归，方式不对，穷途末路。

温海明：　泰阳气上升，正应当前春机盎然。

元　融：　泰由复来。

王力飞：　其国君凶。

温海明：　要应在昏君身上。

【"十年"】

裴健智：　"十年"怎么取象？

辛亚民：　汉代象数《易》认为，坤卦对应天地之数为十，而上六处上卦坤上爻，
　　　　　故说"十年"。

叶秀娥：　"十年不克征"若理解为因其迷复，一错到底，故灾眚齐来，又师出无名，
　　　　　又违反君道，就算用兵十年，也不能胜出。十年是指很久，可能好几个十年。
　　　　　所以凶到极点。

尚　旭：　因为国力有限都被耗干了，需要休养生息，起码得十年，再等一阳来复。

【阳气初生　不可妄动】

尚　旭：　阳气初生，脆弱之际，要如呵护婴儿般，否则物极必反，回归坤阴了。

温海明：　下一卦无妄之灾，好像也是不要轻举妄动。

尚　旭：　但阳气向上，阴气向下，总体来讲前途还是很光明的，切忌急于求成。

罗仕平：　上升趋势还不够强大。

尚　旭：　正如刚到新工作岗位，一定要先低调，等待自己能力提升了，自然就出头了。

元　融：　四、五、六爻，中行独复；敦复；迷复。外卦，坤，十年之象。三爻居末，
　　　　　复满十年，慎之，慎之。

叶秀娥：　复意思为归来、回来、回家。但是指阳气之归，阳，美好的、有德的。上六
　　　　　迷复，可以理解为迷失正道。

元　融：　复卦是一阳初动之卦，也是内心躁动之卦。复卦不可以行师。用今日话讲，
　　　　　只有创业的激情，没有创业的模式，失败是肯定的；没有搞垮两三个企业，
　　　　　不能理解创业的真谛。六爻为卦终，是行动，"十年不克征"，实在凶险。

叶秀娥：　所以如温老师说的，要先不迷，才能复。

温海明：　复的前提是明，明要通《易》道。

（整理者：贡哲　浙江大学哲学系本科生）

（本卦校对：廖浩　中国人民大学哲学院硕士生）

时　　间：2016年04月04日22：00 — 23：22
导读老师：章伟文（北京师范大学哲学与社会学院教授）
　　　　　曾凡朝（齐鲁师范学院教授）
课程秘书：黄仕坤（中国人民大学哲学院硕士生）

心境清明　念念无妄
——无妄卦卦辞明解

25 无妄卦

震下乾上

【明解文本】

无妄：元亨，利贞。其匪正有眚，不利有攸往。

《彖》曰：无妄，刚自外来而为主于内，动而健，刚中而应。大亨以正，天之命也。"其匪正有眚，不利有攸往"。无妄之往，何之矣？天命不佑，行矣哉！

《象》曰：天下雷行，物与无妄。先王以茂对时育万物。

【讲课内容】

曾凡朝：清明节，分享首诗："南北山头多墓田，清明祭扫各纷然。纸灰飞作白蝴蝶，泪血染成红杜鹃。"（〔宋〕高翥《清明》）清明为祭节，常常引起人们对人生的思考，勾画出一幅背景开阔、形色浑然的扫墓图。再来首读书学习的："无花无酒过清明，兴味萧然似野僧。昨日邻家乞新火，晓窗分与读书灯。"（〔宋〕王禹偁《清明》）王禹偁出身贫寒，世为农家，三十岁方举进士。这首诗是他早年攻苦食淡读书生活的写照。从卦象上看，乾卦在上，震卦在下。上卦为乾卦，"乾为天"、为威，天威下行，令人不得不从。有一个故事，说的齐桓公称霸的时候，进行了葵丘之盟，周襄王得知后，忙派近臣宰孔送去一块祭祀用过的肉，以示优礼有加。面对如此重礼，齐桓公一见，慌忙下拜，宰孔说齐桓公功高年老，天子有命，无需下拜，齐桓公坚持要拜，并说："天威不违颜咫尺，小白余敢贪天子之命无下拜？"天威：帝王的威严。咫尺：八寸叫咫。咫尺比喻距离很近。这也就是两个成语"天威咫尺""咫尺天颜"的来历。乾上震下，天威下行，物皆絜齐，不敢虚妄。刚才说到清明，万物齐乎巽，物至此时皆以絜齐而清明矣。互体巽，《说卦传》曰："齐乎巽，言万物之絜齐也。"所以说，物皆絜齐，不敢虚妄。

【讨论内容】
【无妄之境界】

温海明：　叶采《暮春即事》："双双瓦雀行书案，点点杨花入砚池。闲坐小窗读《周易》，不知春去几（已）多时。"

曾凡朝：　对对瓦雀跳跃，影儿印上书桌，点点杨花飘起，不时飘落砚池。我们悠闲地坐在电脑和手机旁研习《周易》，春光离开多时，却一点也没感觉。还有一首："远钟入枕雪初晴，衾铁棱棱梦不成。起傍梅花读《周易》，一窗明月四檐声。"（魏了翁《十二月九日雪融夜起达旦》）和叶采的《暮春即事》同写研读《周易》的诗境。白雪（虽然没有明点）、皓月、梅花，组成了一个纯净、空明、幽雅的环境，学《易》多有味道啊！这样真的就"无妄"了。

丰　铭：　白雪，香梅，皓月，宁静，心静无妄。曾老师这么一讲，好像不用看卦辞我们已经知道"无妄"的意境了。做什么事情，只要能心静，不妄动，就是无妄了吧。

王昌乐：　至乎诚，明乎正，合乎道。由情入理入境，美啊！

曾凡朝：　《周易》内容虽深奥无边，研摩《易》理，掌握了天人合一，有了《易》境，多美。我们在这里一起学习无妄卦、复卦。《序卦传》说："复则不妄矣，故受之以无妄。"看卦辞："无妄，元亨利贞。"这是从正面说的。

王　璇：　复卦根绝过去的错误，重回善道，接下来就"无妄"了。

姚利民：　天下雷再大，心存正念便无妄，心静（净）自然世界静（净）。整个卦往上一走，好像是中孚卦，正好是讲诚信的。

元　融：　天威下行，令人不得不从。

温海明：　不虚不妄从正面讲可以是又清又明。以茂对时，清明时节，物与无妄，心与天一样清明，则家清国明。

元　融：　禅宗的开悟用清明的词语较多。

【"无妄"之功夫】

曾凡朝：　任凭人的私意而动，心无正念，那就不正了。不正则"有眚"，"有眚"则不利有所往，"有眚"是"无妄"的反面。

王昌乐：　达到"无妄"的境界要如何用？如何做？

姚利民：　上天已经垂象，人法地，地法天。此时放下万念，以不变应万变。

王昌乐：　"无妄"：要包含正，顺乎自然，还要实事求是，还要心有所宰。

丰　铭：　例如修炼的人，都须去除妄念，才能入静，这不就是无妄则清的作用吗？
　　　　　心无妄念，念念不妄。

温海明：　崔憬曰："物复其本，则为诚实，故言'复则无妄'矣。"《中庸》说：
　　　　　"诚者，天之道也。""天命之谓性。"

曾凡朝：　虚极静笃如何？

武彦平：　虚极静笃复初！人之始生，心本无妄。过分地追求钱、权、名利等等，欲
　　　　　望膨胀等，就妄矣！如果能复其本然之善，归于诚实，则又复于无妄。讲
　　　　　"度""中"，把握好平衡。

元　融：　"无妄"不是不动，是无妄而动。本卦上乾下震，乾为刚健，震为前行。就
　　　　　像现在有人创业，什么都不会，但人家有贵人扶持，只要自己不胡来，发展
　　　　　是必然的。留意二阴居下卦二爻三爻，虽有强援在外，非正有眚，自己信念
　　　　　如果不坚定，灾害是难以避免的。信念不坚定，即为否卦之象，可不慎乎！

（整理者：王璇　中国人民大学哲学院硕士生）

本乎初心　动合天理

—— 无妄卦初九明解

时间：2016年04月05日22：00 — 23：07

【明解文本】

初九：无妄，往吉。

《象》曰："无妄之往"，得志也。

【讲课内容】

曾凡朝：　无妄，刚自外来而为主于内。《象传》说"为主于内"，来了就成了卦之主。

初九，无妄，往吉。为什么？《周易集解》引用虞翻的说法："谓应四也。四失位，故命变之正，四变得位，承五应初，故'往吉'，在外称'往'也。"什么意思？刚才说了初为卦主，所以"无妄"，故直曰"无妄"。这是"初九：无妄，往吉"中的"无妄"。虞翻的"谓应四也"者，解释的是"往"。初九正应九四，四阳失位为敌应，四互巽为"命"，所以，虞翻说"命变之正"。这也是《象传》的"大亨以正"。初九爻辞说的与卦辞及《象传》说的有所不同。

【讨论内容】
【卦　变】

裴健智：　无妄卦从哪一卦变来？马恒君说，遯卦上九到初位？写错了？

郑　强：　遯卦上九到初位成泽火革了，应写错了，如果本遯卦，则是自内来，也不对。

裴健智：　我理解了，遯卦的上九到了初位，原来的初爻变成二爻，以此类推。

罗仕平：　复卦上六就想下来了。

郑　强：　那遯卦的九三呢？

裴健智：　变成无妄卦的九四？

郑　强：　那就应该是从否卦变来。

曾凡朝：　《周易集解》引用蜀才曰："此本《遯卦》。"遯上九从上返下，变无妄，遯的上九变成无妄的初九。读《易》，先进入经典解释的思路再走出经典可能好些。也有的说初九是坤之初爻由阴变阳而来。这个说法是根据《说卦传》"震一索而得男，故谓之长男"。

元　融：　这和剥复之变，一个逻辑。

曾凡朝：　刚才的说法，内卦震自坤体来，坤的初爻由阴变阳，由柔变刚，于是，坤生成震。震的初九这一刚爻来自卦之外，由于震之初九自卦外来，所以叫作"刚自外来"。还有的说，刚自外卦乾来。

王昌乐：　刚来自外卦，我是这样想的：易本来自天地，合乎自然，伏羲氏作八卦，雷来自天通于地。

【无妄之德】

曾凡朝：　卦辞讲了无妄的正反两个方面："无妄：元亨，利贞。其匪正有眚，不利有攸往。"守正则大亨，不守正则"不利有攸往"，《象传》也说"无妄之往，何之矣"，哪里有路可走呢？往有吉与不吉，利与不利，关键看能否守正。

姚利民：　《易》又一次引导我们向善走正道。

王昌乐：　本乎初心，动合天理。

瞿华英：　天地人合心，合德。

曾凡朝：　是啊，关键看能否守正，是否向善走正道。动之以天，行之以道。

王昌乐：　全心全意固然好，还要实事求是切合实际。全心全意自然是正的，但好心办
　　　　　坏事的也有，所以还要实事求是切合实际。

曾凡朝：　实事求是切合实际，求的是什么"是"？是不是来自于"本"？是不是符合
　　　　　于"天"？是不是切合于"性"？这很重要。

丰　铭：　很多人没有自性很容易在"切合实际"的时候迎合现实，愿望有时却与现实
　　　　　脱离，甚至上当受骗，可见无妄多么重要。

曾凡朝：　是啊，作为一卦之主，心意要合乎内在真正的本性和天道。真正做到很不容
　　　　　易，有的时候，很多人没有自性，很容易在"切合实际"的时候迎合现实，
　　　　　扭曲自己。所以，《象》曰："无妄之往，得志也。"

（整理者：张馨月　中国人民大学哲学院硕士生）

不问收获　坐享其成
——无妄卦六二明解

时间：2016年04月06日22：00——23：07

【明解文本】

六二：**不耕获，不菑畲，则利有攸往。**

《象》曰："不耕获"，未富也。

【讲课内容】

曾凡朝：昨天初九"得志"。发乎初心，依道而行，往前奋斗，大吉大利。尽己之性，依天而
行。今天有点麻烦。"六二：不耕获，不菑畲，则利有攸往。"《象》曰："不耕获，未富也。"

　　王弼是这样解释的："不耕而获，不菑而畲，代终已成而不造也。不擅其美，乃尽臣

道，故'利有攸往'。"简单地说，不为首，不出头，好好干活，尽了自己的做臣子的责任。为臣如此，则利有攸往，若不如此，则往而无利。程颐说："六二居中得正，又应五之中正，居动体而柔顺，为动能顺乎中正，无妄。"六二虽然得位居中，但是，无妄之时，以刚为主，动而健乃可有所往。六二居阴柔之正位，无阳刚之质，不可有所往，但埋头苦干，尽人事，听天命，可以前往。

【讨论内容】
【尽人事，听天命】

罗仕平： 虞翻说禾手？故为耕获？

曾凡朝： 是的，虞翻说禾手。震为禾稼，艮为手，禾在手中，故称"获"。田在初，一岁曰"菑"。在二，二岁曰"畬"。初爻非坤，故"不菑而畬"也。

郑　静： 埋头苦干，有希望？

曾凡朝： 有希望，利有攸往。

温海明： 埋头苦干没有痴心妄想。老黄牛啊，功劳都给大家，自己不富裕也不抱怨。

曾凡朝： 六二以阴居阴，比较安分。

温海明： 不劳而获就显得不太安分，也就自然而然容易有痴心妄想。

曾凡朝： 可以有想法，有正确的想法。

王昌乐： 因即是果，何用果来求因。

裴健智： 在遯卦初爻有威厉，然而到无妄卦的六二居中位，比较合适，所以安分守己就能有回报。

曾凡朝： 做好本分，尽己之性。

王昌乐： 无想之想，顺乎自然。

温海明： 尽人事，听天命。

元　融： 耕者，田也，二爻田位。简单分析，本卦上乾下震，得到贵人的扶持，而且贵人的能量极高，是很多毕业学生梦寐以求的事情。初爻是"无妄，往吉"；犹豫什么，干吧。二爻，是知见之爻；要想想，不能蛮干，但是到嘴的鸭子，也不能放过。本爻强调了一点，即使有利益，也不是自己付出而得；和天道是相违的，天道是平衡的，付出与得到成正比，自己不可一味指望靠贵人，自己多加努力才是王道。

温海明： 虽然到手的好像手到擒来，但还是不可指望太多，不应有非分之想。

曾凡朝： 之后，尽人之性、尽物之性。

郑　静： 命天定，运自调。

温海明： 只问付出，不问收成。只问是否永葆初心，不问能否地久天长。

王昌乐： 以时而往，水到渠成，不富亦不求，心安理自得。

曾凡朝：　初九自上来，无妄卦的六二原是遯卦的初六，是上九由上来到初位，把它推到了无妄卦的二位。

温海明：　按卦变是被推上去了，前往有利，但还在巽卦之下，还没有发财，所以未富。

裴健智：　前往有利，从卦象上看，就是下卦为震为行，互大离，前途一片光明。

曾凡朝：　朱熹是这样解释的："柔顺中正，因时顺理，而无私意期望之心，故有'不耕获，不菑畬'之象。言其无所为于前，无所冀于后也。占者如是，则利有所往也。"自始至终，没有计功谋利之心，所以，占曰"利有攸往"。

郑　强：　人之所以有妄，在于有所期冀希望，"不耕获、不菑畬，则利有攸往"，耕，而不是期望收获；菑，而不是期望畬，如此无妄，则利于有所往。

曾凡朝：　关于"耕获"，郭沫若说："关于耕种，全经中就只有这一句。此外关于耕种的器具找不出一个字来，关于五谷的名目也找不出一个字来。"

郑　强：　自始至终，没有计功谋利之心，所以，占曰"利有攸往"。

王昌乐：　一年耕想有三年收，岂不安逸哉？

姚利民：　无智无得反而最高明，终有收获。

【"未富"】

曾凡朝：　马恒君是这样解的。《象传》说"不耕获，未富也"，坤为不富，"富"指的是巽卦，巽为近利市三倍，为富。六二还差一位，到了六三就进入了互巽。故说"未富也"。

姚利民：　互巽。

裴健智：　"'不耕获，不菑畬'，解释为耕，而不是期望收获；菑，而不是期望畬。（古注很多这样解）而不是不耕种就有收获，不开荒就有熟田。"（马恒君语）

曾凡朝：　虞翻曰："四动坤虚，故'未富也'。"

裴健智：　虞翻的意思也应该是不劳而获。

王昌乐：　"未富"，就是不妄想得富，而是劳动自富，合道心富。

【读《易》方法】

温海明：　有人读《易》一定要找出什么来，这不是很合适的路径。学《易》也要就《易》论《易》，不要有妄想。

郑　强：　是啊，很容易形成文字障，现在很多人治《易》就是抠字眼。

温海明：　还是要文从字顺，逻辑清晰，义理分明，浑然天成。

元　融：　文字也是圣人的心意，落入文字障是不妥；强调文字无益，更是不佳。

郑　强：　为想当艺术家而从事艺术，为当大师而学《易经》，为了悟道而修禅，都是这意思。

罗仕平：　居士：师父，我要修佛。师：佛没坏，不用修。

姚利民： 继续尽人事听天命，埋头苦干，只问耕耘不问收获，把"周易明解"进行到底。

元　融： 用自心与卦心相应，用自心与圣贤之心相应，用自心与分享老师之心相应，用自心与同修之心相应，快意求学，惬意人生。

（整理者：黄仕坤　中国人民大学哲学院硕士生）

诚心实意　无妄之灾
——无妄卦六三明解

时间：2016年04月07日22：00—22：46

【明解文本】

六三：无妄之灾。或系之牛，行人之得，邑人之灾。

《象》曰："行人"得牛，"邑人"灾也。

【讲课内容】

章伟文：六三以阴居阳，不得其位，故有灾。六三无妄之灾，乃以阴居阳；九五无妄之疾，是否可以这样理解：九五变，则六三、九四、六五成坎，坎为疾。"或系之牛""行人"与"邑人"，关于象数大家有不同讨论，可参见《周易集解》等。

　　动之以天，则为无妄；反之，则有灾、有疾。动之以天则诚，然诚亦不可执为定式，如此，虽有所得，亦必有所失。就好比"系之牛，行人之得，则邑人之失"。我把"无妄"理解为诚，诚何以有灾？因为执着之而不能变通，虽有所得，亦有所失，好比行人与邑人。如王阳明所说："无善无恶心之体"，良知本心至善，何以说无善无恶？因为有时候良药苦口、忠言逆耳之故。故老子有云："天下皆知美之为美，斯恶矣！"

【讨论内容】
【卦象】

温海明：六三互震为"行人"，互艮为手，互巽为绳，是行人用手去牵。

陈佳红：六三取象：互离为牛，互巽为绳，有绳系牛之象；互艮为手，互震为大途，三在人位，三变为离又伏坎；为盗，是被大路上的行人盗牛，顺手牵走之象。

温海明：下坤牛变震，牛动不见了。

元　融：继续昨日的思路，本卦上乾下震，上刚健，下行动，用现实的例子就是一个毛头小伙子获得贵人支持，贵人能量极大，到了三爻，行人已有所得，刚才温师所述极是，震为行，巽为绳，艮为手牵之象；问题是牛从何来？温师认为下本为坤，为牛，变成震卦，牛象不在，末学深表赞同。联系整个卦象，后生小子占了便宜，把原本不属于自己的，比如合同、生意等，抢了过来。

【"无妄之灾"】

温海明：无妄之灾是莫名其妙、无缘无故的，这里用莫名其妙被怀疑偷牛来说明。

姚利民："清风不识字，何故乱翻书。"作者无意讽刺，却受无妄之灾。

张丽丽：无妄之灾也是常有的。

王昌乐：本不有灾，可偶然因素导致。无妄之人有亦哉？

王　璇：尤其是处在瓜田李下这种环境中，稍有不慎，无妄之灾就难以避免。

章伟文：天下皆知男女授受不亲，执着之，则可能嫂溺就难以援之以手。

温海明：过分执着，反而容易受灾，不过，人间成事贵在坚持，如果不坚持做不了事情，但过分坚持不变通，又可能莫名其妙受灾，好人可以一生做好事，但灾难却往往无法避免。

元　融：温师点评得到位。无灾祸就是违道了，问题是要明白灾从何来。

王昌乐："诚"都是要合天道的，不合天道就非诚。但无妄有灾也是合天道的，"君不见黄河之水天上来"。

章伟文：六三以阴居阳，亦可理解为行"诚"而非诚。或者说，行"善"而实非善，因其执其形式而不得其实质。

温海明：看到好人受灾，人们常常感慨命运不公。此爻的灾是不小的误会，古代丢了牛像今天家里丢了宝马奔驰，是要报警的。

章伟文：故得其一，而失其百。行人之得，邑人之失，亦复如是。

姚利民：六三祸福无门（妄），唯人自招。

王昌乐：人都有可能成为"行人"，也有可能成为"邑人"，也有可能就是失牛之人。我们应该防一、不当二、不看三。看好自己的牛别丢了，别存妄想心，邑人把牛槪拔了，也不对。

温海明：如章老师说的，无妄之灾是心已经无妄，诚心实意，可是好人也会遭殃，有时候是灭顶之灾，所以一个很好的问题就是，为什么好人不一定有好报？为什么这是我们生活中常见的现象？也是历史经验？

元　融：为什么好人不得好报，因为好人通常是习惯付出的；世俗之人对得到的不一定会珍惜，可能只有失去时才会醒悟。好人如何得好报呢？其实很简单，就是尝试给予周围人付出的机会，自己亦做付出，那就是光明的境地。好人的付出和世俗人性融合在一起，就是极乐世界。

温海明：从这个意义上说，传统修身哲学基本上是偏动机主义的，也就是人们所做的只能是拷问自己的良心和动机，确保其无妄平和中正，与此同时平静接纳多舛的命运。

（整理者：李芙馥　中国人民大学哲学院博士生）

乾天之体　无妄之心
——无妄卦九四明解

时间：2016年04月08日22：00 — 22：57

【明解文本】

九四：可贞，无咎。

《象》曰："可贞，无咎"，固有之也。

【讲课内容】

章伟文：九四爻言"可贞"，其意云何？愚意以为，初二三为震动，二三四艮止，四五上为乾天，依止于乾天之理而动，故曰"可贞"。又言"无咎"，因九四以阳爻而居阴位，不得其位，故曰"无咎"。固有之，因九四本居乾天之体，故其所得实自于天，天之所命、性之所赋，非由外铄我也，我固有之也。周公与孔子皆为圣人，周公得位，孔子不得位，故二圣功业有所不同。九四虽禀乾天之理，然阳处阴位，稍有遗憾，故只曰"无咎"，而非吉无不利！

【讨论内容】

【"无咎"】

温海明：马恒君从卦变角度来说，认为本来应该遘九四与初九换位，结果是上九到初下，九四没动。

元　融：周公与孔子皆为圣人，周公得位，孔子不得位，故二圣功业有所不同。九四虽禀乾天之理，然阳处阴位，稍有遗憾，故只曰"无咎"，而非吉无不利！老师已经提到，爻位置不同，自然结果不同！章老师强调四爻在上卦中，乾卦居上，乾天之体。

秦凯丽：九四为阴位，阴主柔顺，上顺于君，所以无咎。我理解的九四爻的无妄心很像阳明之大体心，顺其发用流行，也就无咎了。

温海明：阳明良知从百死千难中来，说明情境越是艰难危险，越能够反证出本心的历史性意味和超越的向度。接昨天无妄之灾的讨论，好人虽然可能遭遇厄运，但最后挺过厄运还是靠挺立和高扬本来就有的无妄之本心，而且风雨之后见彩虹，更显出本心的光辉灿烂。

元　融：沿着昨日的案例：毛头小伙遇到了大能量的贵人，前三爻都是分析了小伙子；从四爻开始，揭示了贵人的境遇；四爻直接面对毛头小子的冲撞，"可贞，无咎"；虽有不舒服，还是忍耐为上；自己虽然不舒服，整体无碍，无妄等待，没有过错。

【天道自然之善】

姚利民："固有之"我理解为九四居有佛性必无咎，可否？

章伟文：三教圣人皆首肯天赋善性！天命之谓性，一切众生皆有佛性，道之尊、德之贵，夫莫之命而常自然。西方文化讲天赋人权，东方文化讲天赋善性。

温海明：天赋无妄之本性。

郑　强：天之性即无妄，率天之性谓之道，合于道自无妄。

温海明：天道自然之善是起点。

秦凯丽：《中庸》："天命之谓性，率性之谓道。"天地有大德，人本其大德生，好自己生，也好物生。

章伟文：儒家修养功夫讲敬，实存乾天之理于心，犹如瓶中自有甘露，将之投于大海，亦无碍。九四与初九敌应，外无应与，存其固有之理即可。

温海明：这个比喻贴切到位。甘露就是无妄的本心，本可以不受滚滚红尘的污染。章老师的解读说明，无论外在的情境如何，都要守住自己无妄的本心，就可以基本没有过错和危害，是以不变应万变的法宝。

（整理者：秦凯丽 中国人民大学哲学院研究生）

无妄之灾 勿药有喜
——无妄卦九五明解

时间：2016年04月09日22：00—23：09

【明解文本】

九五：无妄之疾，勿药有喜。

《象》曰："无妄"之药，不可试也。

【讲课内容】

章伟文：九五居中得正，无妄之至！全真龙门派祖师丘处机作《青天歌》，以万里无云之青天喻人之清净本性，其云："青天莫起浮云障，云起青天遮万象！"云起青天，犹如九五所说无妄之疾。然本来无一物，何处惹尘埃？故"勿药有喜"。

　　九五居中处正，若其有变，则三四五成坎，坎为心病，为加忧，疾便由此而生。

【讨论内容】

【心诚通天】

元　融：龙衔丽珠，鱼虾不顾。卦象是无妄，上乾下震。以《易》入禅，也有一妙。

章伟文：动以天则无妄！其余何暇顾之！

温海明：心本如青天，不起浮云妄念。

孙世柳：按周敦颐的观点就是"诚"。至诚无妄，全此实理。

【"勿药有喜"】

孙福万：受章老师启发，又想起了"云在青天水在瓶"的禅宗公案，那是多么自在的境界！这个"勿药有喜"，真是很喜兴的句子，令人浮想联翩啊！

孙福万："云在青天水在瓶"，是药山禅师的"无药之药"！

温海明：青天之云，总会云开见日，所以不要乱开药，更不要乱吃药。

章伟文：前圣有言，"心勿正、勿忘、勿助长"，大概可以解释"无妄之药，不可试也"。

孙世柳：季康子曾经给圣人孔子送药，孔子拒绝。孔颖达在《周易正义》中说，该爻假病象以喻人事。

温海明： 无缘无故的小疾病，不必吃药，也不要试服，自然还会有喜庆。

章伟文： 前辈做功夫，静坐时，若心不清净，生起杂念，通常是观之而不扰，杂念自去。若生念去除之，则杂念转多，这也可以从一个方面解释"无妄之药，不可试也"。

罗仕平： 面对它，处理它，接受它，放下它。

【炼丹炼心】

温海明： 章伟文老师注过《周易参同契》，静坐观心，功夫高深。现在药太多，多是妄心杂尘。

姚利民： 疾由心生，自由心灭，无需试药，有灾也坦然面对，可否？

温海明： 您总是先谈外丹，后谈内丹，是内外兼修。解爻如炼丹，终是炼心。

李　硕： 我看有些书上讲"清、静、缓、曲"，此爻是不是也有"清"的意思，清专而自愈，用药反杂。

章伟文： 是的，尤其是治心！

罗仕平： 这个公案正好为章老师作注。

孙福万： 《易经证释》中的解释："此无妄九五爻辞也。九五为外卦正位。亦全卦主位。即乾九五爻。无妄之大用所存也。无妄无为。一顺自然。纯乎天命。宜若无疾之害。而此言无妄之疾者，以天道盈虚消息，气数自至。如岁有冬，如日有夜。后天之运，阴阳并行，善恶并见。则有生必有死，有福必有祸，因果相成，往复不已。无妄之疾，正以其盛时而至，亦犹日中则昃月满则亏之常数也。"又说："此无妄之疾，发于正位乘时也。夫无妄在中和之用，无过不及之害，方能免乎祸福之门。不求利，则害自消。不求祥，则灾自绝。佛戒造因，正以其不为善，则无恶。不求生，则无死。二者循环，但去其一，自拒其他。此无妄之可贵。"

温海明： 不求利害，不求生死，无欲无求，无妄何其难也。

孙福万： 《易经证释》又说："而超乎数命者，今以九五得正位。当盛时，虽罹于天命之变，而遭不时之灾，以为身之疾苦。仍以自觉之速，致诚之功，知疾之去来有因，不以生死系于心，不以苦乐萦于志，则不以疾而求药，不以身听于物。药物既无关于我，我亦自离于疾，则无妄之疾，仍宜以无妄治之。故曰勿药有喜。斯语也，有三义：一则不用药而疾自己，为可喜。二则不以药之能治我疾，为可喜。三则不资于药，亦不以疾愈，为可喜。盖明乎物我之情，达夫性命之愿，了于生死之义，泯于健病之相，则何时不为刚健之身，悠久之德哉。故天虽有变，命虽不齐，数虽多相，气虽随感，而吾心永不二也。此无妄之真，至诚之道，圣人所志者也。"

孙世柳： 超脱生死，圣人也！

温海明：连把心修到无妄境界的欲求都没有了，才能超乎命数。

孙福万："超乎命数"，已抵佛家境界！

孙世柳：九五处正位，也是尊位，为无妄卦之主。人处于世，难免祸福相伴，若自己洁身自好，修身而处，即使有些灾害，也不会是灭顶之灾。一个人如果刚正自修，身无虚妄，而遭遇了凶灾，但此灾非己所招，如果顺时修德，则会向好的方向发展。

孙福万：《象》曰："无妄之药。不可试也。"《易经证释》说："此申释爻辞之义也。言勿药有喜，正以药之不可轻试耳。苟无妄矣，奚假于药？药，物也，物之利，徒与妄济，设贪其利终受其害，此一也。人得其全，物得其偏，以偏济偏，乃名曰药。吾德苟全，奚待于药，此二也。故勿药者，正不可轻试之辞。"

【变卦】

元　融：无妄卦来自遁卦，刚自外来而主于内。从阴灭阳之象中转来，上九来到初爻，险象消除。可是两阴爻的威胁尚在，只是隐于二、三爻，而且并在一起，隐忧是在的。

温海明：遁变无妄，如拨云见日。

郑　强：遁是无法变无妄的。你去看看遁卦，遁卦上九来到初爻就变泽火革了，怎么会成无妄卦呢？

温海明：遁上九来到初六之下，变成无妄，变法有点特别。无妄求不得，一求就有妄。

罗仕平："慧能没伎俩，不断百思想；对境心数起，菩提作么长"。

姚利民：每一爻都向上移，最上面的回到初位。

元　融：不是遁卦的上爻来到无妄卦的初爻。是遁卦自己的上九来到自己的初位。

罗仕平：不是交换，是直接下来。

裴健智：一般都是爻位交换，直接把上九下到初九这样的情况不多见。朱熹认为是从讼卦来。从"十二消息卦"的角度应该是从大壮卦而来。

（整理者：孙世柳　中国人民大学哲学院硕士生）

无妄心行　有眚无利
——无妄卦上九明解

时间：2016年04月10日22：00 — 23：07

【明解文本】

上九：无妄，行有眚，无攸利。

《象》曰："无妄"之行，穷之灾也。

【讲课内容】

章伟文：本已无妄，若再行之，则有灾眚而无攸利，上九居无妄之终，居不得其位，失位而行，离于无妄，宜其有眚而无攸利！高亨先生以为上九爻辞之句读当为："无妄行，有眚，无攸利。""无妄行"可解释为勿妄行，勿妄行就是不要轻举妄动。

温海明：卦本身就是不应该行动，现在又在上位，动辄得咎，再动就麻烦大了。现在是上九虽然不能轻举妄动，但静坐炼丹也许还可以吧。

章伟文：修丹即修本来之真性，本来真性不生不灭、不增不减，是为无妄；若增之、减之，则"行有眚，无攸利"。

本已无妄，若再行之，则有穷之过，故有灾眚。

【讨论内容】
【全真南北宗】

姚利民：真性即金丹，每人都有，上九不但漠视自己的金丹，还做非分之想与行动，必有灾。

罗仕平：全真南北宗内丹有何区别呢？

章伟文：北宗于性命问题上重修性，强调真性呈现；南宗的张紫阳祖师从命功入手，但皆殊途同归。

罗仕平：那本质上和禅宗明心见性也同归吗？张祖师和吕真人都与宗门有一定渊源？

章伟文：内丹强调性命双修，性与命相互促进，性命圆融是其追求的目标之一。在方法与技巧上有自己的特色。

罗仕平：可能刚才的问题有些泛泛，毕竟同时实修三种可能性较小，可能文字上对这种最终极体验的描述应有近似之处？

章伟文： 一切圣贤皆以无为法而有差别。

罗仕平： 其实禅宗一样有修命成分，可能在文字上没道教讲得多？

陈鹏飞： 真性的本质是不增不减、不生不灭，只是有时似乎感觉每个人拥有的真性还是有多少之别，如把真性比作光的话，有的人好像光更多更亮，是这样吗？

姚利民： 真性不可比较，众爻皆有真性。

章伟文： 程朱理学讲理气，从理上论，皆平等；从禀气之清浊厚薄，则理之呈现会有差别。

陈鹏飞： 那练功的部分目的是使理性或真性更清更厚，对吗？

章伟文： 理学讲"变化气质"，就有这个意思。

温海明： "变化气质"偏向内丹功夫吧，《周易》不同爻位要求不同行动，讲究内心的改变能够导致外在行为的改变，算是练内丹以改变外丹吧。

崔　圣： 北宗好像注重性命双修。

章伟文： 是的！王重阳祖师与马丹阳祖师在一起时，常讨论炁法。

【通天人合内外】

王力飞： 元亨是天，利贞是人，易是天人合一。

温海明： 易是天人合一，炁是内外合一，学《易》通天人，合内外。

元　融： "上九：无妄，行有眚，无攸利。"六爻和三爻相应，就如一直举例，毛头小子获贵人扶持；六爻是站在贵人的角度，如何看待此事，是对于贵人而言，三爻为阴爻，如果采取行动是有不必要的麻烦的，对自己也没有好处的；义之所在，不得不为尔，全卦六爻，初爻为主爻，刚自外来而主于内，四五六爻，分别为"可贞，无咎""无妄之疾""无妄，行，有眚"。可以体悟到贵人的角色感受。

　　　　《道德经》第十章："载营魄抱一，能无离乎？专气致柔，能婴儿乎？涤除玄览，能无疵乎？爱民治国，能无为乎？天门开阖，能为雌乎？明白四达，能无知乎？生之，畜之，生而不有，为而不恃，长而不宰，是谓玄德。"本章可对大家了解性命双修有帮助，对道家、儒家、禅宗，都有所指。日本武士道的修行次第即是从本章凝练而成，也是修道的六部曲，有缘者得。

崔　圣： 这个必须在习练中逐渐体会，才能明白一二。不习者无知乎。吾辈只从气功健身角度出发，道家性命双修更为适合。

秦凯丽： 王门后学分出重本体和重功夫的两派，确实都有点偏离道了。

元　融： 道家的丹功，是性命双修之学，气功只得其表。生命的本体作用有二，一是长养身体，一是能觉能察。一者为命，一者为性；营魄抱一、抟气致柔、涤除玄览，分而述之，分而却不得之。后世之学，分而学之，分而修之，离道有些远了，三教合一，是有过修持经历的人特有之感悟；"顺则凡，逆则仙"，道祖分而述之，我辈当合而修之，这也是修道者需领悟的。

（整理者：贡哲 浙江大学哲学系本科生）

（本卦校对：廖浩 中国人民大学哲学院硕士生）

时　　间：2016年04月11日22：00 — 22：30
导读老师：张文智（山东大学易学与中国古代哲学研究中心副教授）
　　　　　孙铁骑（白城师范学院政法学院副教授）
课程秘书：贡　哲（浙江大学哲学系本科生）

蓄德健业　养贤应天
——大畜卦卦辞明解

26 大畜卦

乾下艮上

【明解文本】

大畜：利贞。不家食，吉。利涉大川。

《彖》曰：大畜，刚健笃实，辉光日新其德。刚上而尚贤，能止健，大正也。"不家食吉"，养贤也。"利涉大川"，应乎天也。

《象》曰：天在山中，大畜。君子以多识前言往行，以畜其德。

【讲课内容】

孙铁骑：卦名"大畜"，顾名思义，所畜者大也。而何为大？在人而言，生命本身为最大，而生命本于生生之道，道在人为德，故得道之谓德，言德不能离道。故大畜卦就是教人以如何畜德之卦，也就是教人以如何光大生命之卦。在中国哲学视阈之下，人之有德，非为西哲之外在道德律令，更非俗言之行为规范，而是内在生命之光大。故"大畜"之本重在言内而非言外，非俗言之发财致富也。

　　卦辞言"利贞"。生命为最大，而生命之本，在于生生。生命之生生不在于外，而在于内。现实人生则只知外而不知内，见外而不见内，故多纵欲而求之于外，"大畜"卦则要引导现实生命如何由外而返内，达于生生而已。综观整个中国哲学，尤其儒道思想，其所求之道与德皆非外求之道德说教，更非现代文化所批判之封建礼教，实乃内求于本心之良知良能，贞正于生命之道，光大自我生命之谓也。而就现实的生命修炼而言，欲光大生命，首在于知止，停止外时空之勃动，止于内时空之生生，即为《大学》"止于至善"之义也，"至善"即为生生也。故"大畜"卦辞言"利贞"。

《彖传》"大畜刚健、笃实、辉光，日新其德；刚上而尚贤，能止健，大正也"则是孔子编订《易经》之时对卦辞"利贞"二字的解释。"刚健、笃实、辉光"皆言生命之勃发的状态，生命何以能有此勃发之状态呢？那就要"日新其德"，也就是《大学》的"明明德"。"刚上而尚贤，能止健"是以卦象之理与爻性之义反复申言如何培育内在德性。"刚上而尚贤"接"日新其德"而有《大学》"亲民"义，"能止健"实乃生命修炼之法，止住外时空之生命盲动，止于内时空而使精气神合一，从而使内在生生之流健动不息，此乃生命之正，故言"大正也"。

卦辞"不家食吉"必联系《彖传》"不家食吉，养贤也"进行解释才可以有一贯之理解。因"养贤也"是对卦辞"不家食吉"的解释，通过对"养贤"的理解可以逆推"不家食吉"的隐含之义。

"养贤也"内含着《大学》"亲民"之义，由前言之"尚贤"更进而言之以"养贤"也。"大畜"育德，培育生命，光大生命，而生命之光大，本于生生之本体，他人之生命与自我之生命皆本于同一个生生本体，从而自我生命之光大还不足以实现生生本体之全体大用，故由"日新其德"实现自我一己生命之圆满还不是终极之圆满，更要推己及人，由一己之生生而达于他人之生生，因他人与我具同一生生本体。从而可推知"不家食吉"隐喻着教育他人，帮助他人，共同培育德性，增益生命。所以在中国哲学视阈之中，实现自我生命圆满之人必然会帮助他人，助成他人，甚至助成天地万物之成长，所以孔子才言说"己欲立而立人，己欲达而达人"，实有以《易经》为核心的系统哲学思想与本体论支撑。

卦辞"利涉大川"亦要联系《彖》辞"利涉大川，应乎天也"进行理解。"应乎天也"是孔子对卦辞"利涉大川"的解释，生命的修炼、德性的培育，并非人为的刻意与勉强，而是生命自然的天道运行本来如此，只是凡人不解性命之情而失之，圣人则能合天而得之，所以能兼善于天下也。所以孔子言"应乎天也"，而"利涉大川"也就是对应乎天而行的比喻。

《象》言："天在山中，大畜，君子以多识前言往行，以畜其德。""大畜"卦上卦为艮，其象为山，下卦为乾，其象为天。上下卦合而成天在山中之象。山之性静止不动，天之性健动不息，生生不已，外在静止，而内在却生生不息。在人之一身而言，就是停止外时空之生命盲动，培育生命内在的生生不息，正是生命修炼之象。君子之人读经典，读此也，学圣贤，学此也，此为生命之根本也。故《象》言："天在山中，大畜，君子以多识前言往行，以畜其德。"

【讨论内容】
【"无妄"与"大畜"】

张文智：　大畜卦须与无妄卦相参看才能理解更透彻。大畜以艮在上，一阳居上，二阴在中，阳升而外，与无妄"刚自外来"者恰相反。

王力飞：　"有无妄然后可畜，故受之以大畜。"

张文智：　盖大畜卦为乾刚由内往于外，下升于上，则当曰"刚自内出"，由内而外，即由近及远、由小及大之象。故在无妄为返求诸己，大畜则推己及物；无妄为立诚于中，大畜则为施德于天下。两卦虽异，而合之则为全德，则以内止至善，外明明德。先善其身，后善天下，实本末体用之道，性情仁智之功，不可阙一者也。故无妄为体，大畜为用；无妄为本，大畜为末。无妄为内止至善，大畜为外明明德。《中庸》说天道"为物不贰，生物不测"，"不贰"指无妄，"不测"为大畜。我们先看一下卦辞及其与卦象之联系。"大畜：利贞，不家食吉，利涉大川。"大畜上艮下乾。乾为天，主一切生化，艮为山，主藏畜万物。二者合而为用，则物得其生成，得所培育，此所以有大畜之称也。

　　乾刚在内而志在外，故有"不家食"之志。九三与上爻互颐，为养，为食。食以养生，畜重在养，所谓食者，非徒口腹之饫，实身心之养，而"不家食"者，非徒糊口四方之谓，实包远大修养之义。家食者，独处自臧之养；不家食者，行道天下之养，非必以食禄于官，营利于市，谓之不家食也。

温海明：　不吃家里的饭，得四方供养之福。

张文智：　大畜卦以上下相得，刚柔相调，九三六四，如既济泰之象，则所适无不宜，所交无不合。则时之所当，道之所孚，所之有亲，所止有主，此所以有"不家食吉"之占也。足以见大畜之用，在外不在内，贵行不贵守，以有无妄先立其本，则大畜自宜推之用也。

温海明：　大畜时势造英雄，时机难得。加上之前还把心智文化了一把，没有妄心妄念，水平显得又高了一层。

姚利民：　悬壶济世。

张文智：　有无妄先淑其身，则大畜自可善诸天下也。大畜互卦有震为动，互兑为泽，又相应相孚，有"利涉大川"之象。

【"刚健笃实辉光"】

张文智：　我们再来看一下《象传》。《象》曰："大畜，刚健笃实辉光，日新其德，刚上而尚贤能，止健大正也。不家食吉，养贤也；利涉大川，应乎天也。"

以上是《易经证释》的标点。大畜以乾在内，艮在外，故有"刚健笃实辉光"之称，以艮善止，体乾而用坤，一阳在上，如日之光明，内健而充实，外静而光明，阳之日升，比于德之日新，刚升而有应，比于上有圣人，亲仁而尚贤；乾卑以就下，如君之下士；艮高以止，如贤人之宾于王庭而尊者亲之，亲者尊之。止健为体，卦之本德，大正为用，道之所成。唯乾为大，唯艮乃止。故大畜之用，重在艮也。艮之用，重在本乾之道，推乾之用，而终达于上也。上能养贤，贤者自出，此不家食吉，明其非隐遁之时也。"利涉大川，应乎天也"，谓一则顺天之时，以成济世之功，如舟楫之渡川也。此天字指时亦指君，皆取象于乾也。

王昌乐：　固正保贞，动而好德，方可化生。

【艮代天而生万物】

张文智：　我们再来看一下《象传》。"天在山中"，乃乾居艮下，不曰下者，以天本非物，升则为高，降则为下，中犹下也。"山中"指"天德藏于山内，天气伏于山中"。

温海明：　如天一般的蓄止之力可以从认真研读经典得来。

张文智：　因为"天主一切生成，无物不丽，无处不入"。盖大畜以上一阳而统摄二阴三阳，上下交孚，内外并至，则天在山中，正以山能代天生成万物也。畜，育也。生之成之，育之功也。而天不自育，乃假山以致其功。山之育即天之育；山之畜即天之畜。乾虽无物，而物之所主，为生化一切，皆由天也，而山实代主之。《说卦传》曰"万物终始于艮"，即以山之功用，能代主一切生化也，能藏伏万物也，能积聚万类也。此大畜之象，必取艮乾合也。

温海明：　经典当中有前言往行，如山中伏有天气天力，可以孕育生发出无穷无尽的事物。

【畜德】

张文智：　"君子多识前言往行"二句，明人道之所重也。畜为育，畜其德以育其身心，较之畜物以育其事业，所育更重且大。此《易》教以畜德为先也。前言往行，足为模范，此学问之益心身，正如食物之悦口腹，愈多愈能辨正邪诚伪。

温海明：　艮成终也成始，收蓄万物，也是万物生发之起点。

张文智：　小人畜物，君子畜德。君子非去物，乃由物以成其德。德之成，必先言行。畜在天下，而始于己身，德明于天下而始于己之言行，此善推其所畜而已。君子除德外无他畜，除明德外无他成。

王昌乐：　蓄德止伪。

张文智：　畜之用在物，而其体在德。育其德至极，始能育物无尽。德有未至，物何由育。德之不育，而徒求物之畜，是反毒也。大畜小畜之义不殊，而大畜之需乎德又更甚焉。以其物之愈多而德之不称，其毒亦更烈。所谓德者，简言之即本乎诚，此无妄之为大畜本也。

孙铁骑：德者，得也，得道之谓德，故德不能离道。而道者，生生也；有德者，合于生生之道者也。故于中国哲学视阈之下，人之有德，非为西哲之道德律令，亦非俗言之行为规范，而是生命之光大。故"大畜"卦，育德之卦也，即如何光大生命之卦也。生命之本，在于生生。而生命之生生不在于外，而在于内。而现实人生则只知外而不知中国哲学之核心都在于引导生命如何由外而返内，达于生生而已。故儒家之德，并非外求之道德说教，更非所谓之封建礼教，实乃内求于本心之良知良能，贞正于生命之道，光大自我生命之谓也。生命之光大，首在于知止，停止外时空之盲动，止于内时空之生生，即为《大学》"止于至善"之义也。故卦辞言"利贞"，《彖传》释以"大畜刚健、笃实、辉光，日新其德；刚上而尚贤，能止健，大正也"。而生命之光大，亦不只在于一己生命之圆满，更在于推己及人，由我之生生而达于他人之生生，因他人与我同具一生生本体也。故只有自我生命圆满之人才能兼善于他人，真正做到"己欲立而立人，己欲达而达人"。故卦辞言"不家食吉"，《彖传》释以"不家食吉，养贤也"。大畜卦上艮下乾，天在山中之象。山静止不动，天健动不息，外静止而内生生。君子观之而思生命如何止于生生，效法圣人之言行而内蓄其德。故《象》言："天在山中，大畜，君子以多识前言往行，以畜其德。"

王昌乐：天刚健变动生，山止健为大正。

温海明：太极生生，本来大畜，教人蓄德以成事，蓄势待发。

张文智：大畜往外推行事业，要以"利贞"为基。"利贞"为内止至善之功，"元亨"为外明明德之行。

裴健智：老师，大畜卦具备利、贞二德？

张文智：由大畜卦之上九爻辞来看，大畜所主人道之"利贞"，终可至天道之"元亨"。人事既立，天道自见。利贞之德，即足致元亨之用。非先有利贞，不独元亨不易见，且或因畜之戾于道，而以招无妄之灾。如无妄六三爻之占，岂非以物而生之眚乎！小畜因所志较小，所行未大，仅有亨之用，而德未光大；大畜则所畜者多，所推者广，多则不齐，推则非暂，此志之远大，行之宽洪，必有厚力以达之，坚诚以致之，固非徒外施之备，而必先中德之充，故不重亨而重贞利也。盖元亨者天道。小畜因时以成其用，故云亨，见天时之所予也。利贞者人道，大畜因人以顺乎时，故云利贞，见人力之当勉也。以上是对为何小畜卦辞为"亨"、大畜卦辞为"利贞"的解释。

元　融：大畜卦和无妄卦为覆卦，大畜为大家描述了一个刚健君子，在外缘不具备的情况下应该采取什么样的态度。利贞，穷则独善其身，不要改变自己的，因为只是静待天时而不家食，有因取于敌的意思，"没有枪没有炮，敌人给我们造"。利涉大川，君子志在四方，内心刚健光明，外有一阳助力，应当建功立业，走向更广阔的舞台。三阳在内为因，一阳在外为缘，中有二阴阻隔，故大畜之象。

【蓄"止"】

张文智：　对人道来讲，艮止之意至为重要。这也是《大学》定、静、安、虑、得之初阶。而"儒教自秦汉后，其所传已非圣人之全旨。如'止至善''用极'及格致诚正诸义，均无实行之功，学者仅为文字解说，故其所成先失其本而病弊百出，世常以为诟病"（《大学证释》）。

王昌乐：　蓄，止也。

温海明：　《大学》以大畜，步步都是炼心，在天之当止之处炼心。

孙铁骑：　至善为生生，非善恶之善。

裴健智：　止于至善。

孙福万：　对，《易》讲"止"甚多！除了艮卦，贲卦《象》曰："文明以止，人文也。"也讲止。

王力飞：　"童牛之梏，豮豕之牙"，为止健之阐释。阴阳合德，太极止健，让健更加圆润。

孙铁骑：　《大学》由知止到定、静、安、虑、得，都是实修功夫。

张文智：　至善之境之太极之境，为生生之本。

温海明：　知天之生生，更知天之所止。太极之生难知，知其所止更难。天本有所止，胜天之人已不知止。

张文智：　"汉时各经博士及治经各家，皆仅就文演义，呻吟训诂之中，儒教真义已晦"，致使"后人不明止至善之境，又茫然于诚正之功，使圣人教人之本全失，一旦用世，遂至祸国病民，使后人以儒为诟病"。

裴健智：　刚健守正之人，才能做到止。

王昌乐：　蓄德生止健正，生生有德，正正有命。

郑　静：　太极之生难知，知其所止更难。越是艰难越向前，定叫日月换新天。

张文智：　要理解无妄、大畜大义及《大学》知止、至善之意，首先要了解乾之四德、乾元、坤元、先天太极之次第关系，《易经证释》有详解，大家可以参看。

（整理者：王璇　中国人民大学哲学院硕士生）

潜而自畜 不动避祸

—— 大畜卦初九明解

时间：2016年04月12日22：00 — 23：25

【明解文本】

初九：有厉，利已。

《象》曰："有厉，利已"，不犯灾也。

【讲课内容】

孙铁骑： 按"六爻成效"，初爻为一卦之始，爻效为"动"，"其初难知，其上易知"，故动而有险，事物发展之初不可不慎。所以"大畜"初爻言"有厉"，即警告生命存在的外在风险。"吉凶悔吝生乎动"，人于外时空中生存，每一言、每一行都会产生或吉或凶之结果，故言"有厉"，而怎样才能避免这种外时空的生命风险呢？自然是减少外时空的盲动，乾卦初爻为"潜龙勿用"，因乾为《易》之门户，其义理贯穿六十四卦所有初爻之中，所以畜德之始也要以"潜龙勿用"的精神止住外时空的生命盲动，自然会避免或减少风险，故言"利已"。"已"，停止之义，停止外时空之盲动对生命有利。

《小象传》是孔子对于爻辞的解释，故孔子对初爻辞"有厉利已"的解释为"不犯灾也"，也就是要小心谨慎，控制自己，把握自己，不要做伤生害性之事。

张文智： 今天我们讲大畜卦初爻及其《象》义。这里的"厉"与乾九三之"厉"相同。亦与乾初九"潜龙勿用"相应。但在大小畜中，阴爻为所畜之物。六四阴爻，牵引初九阳爻。在下为"潜龙勿用"之时，设求进过急，必乾危厉之眚，与无妄匪正有眚将同，是爻辞称"有厉"，言初九具奋励之志，有危厉之害，苟不反而自砺，则其用且损于畜，不独非大畜之志，抑违无妄之戒，乾惕之训也。夫大畜之用善于育。初九得乾之大始大生，果能育之无阙，则成必大，而以在下勿用，只宜求之于己，所谓"返身而诚"之时。"有厉"云者，明其有害在外，不得不自砺也。砥砺其行，戒慎其心，则性不感于情，身不役于物，而物我皆得，情性咸宜。是即"利"之所着。所谓"利已"者，非自利而已，且以利物，非一时之利而已，亦以利诸无尽，故"利已"。这就是"利已"之意。"有厉"二字，明其道重在自返，志重自贞。情重自固，而因此以成其利。即由"贞"致"利"之意。畜以育为本，万物并育而不相害，于此"利已"二字可以见之。

我们再来看其象辞。初九鉴于危厉而自砺，终能成其畜之利，故曰"不犯灾"，盖厉字已含有灾眚之意。无妄"匪正有眚"与"邑人之灾"，皆申不能自砺而不免于灾。初九本乾惕之训，不徇于物，正其性命，不偏于欲，乃不犯于灾眚也。由此可知畜之不易，如以畜为志，不先其德，而唯物是好，不求利于人而唯己之私利是图，则所谓畜者，徒以自灾而已。

"畜"有"育"与"毒"二义，育其身者，物与道并重。君子务德，小人务利，德之成也，利亦至焉。利之专者，害亦至焉。则"不犯害"正明畜之易招灾也。

【讨论内容】

【"利已"与"利己"】

孙铁骑：　大畜乃畜德之卦。内修德性，光大生命，必有一番克己功夫。故孔子教颜渊以"非礼勿视，非礼勿听，非礼勿言，非礼勿动"；宋儒讲"存天理，灭人欲"。以之为理论说教而言，此皆为对生命自由之限制，对欲望奢求之束缚。但以之为生命修炼之功夫论而言，则为合于生生之道，而于生命有利有益。故初爻言"有厉利已"，释以"有厉利已，不犯灾也"。此与现代文化相较，实有不可交融之处，不知传统文化生命之道者，实无以理解之。德为内生，非为外来。而人生之动则向外而非内，从而产生生命盲动，故初爻警以有厉。

裴健智：　是利已还是利己？

张文智：　后人有人将"已"释为"己"，利他最终可利己。

郑　强：　对您这句的解释有不同意见：所谓"利已"者，非自利而已，且以利物，非一时之利而已，亦以利诸无尽，故"利已"。这就是"利已"之意。窃以为，"利已"之已为止之义，"利已"即利于止也。

裴健智：　《尚氏易学》认为是"已"。

张文智：　"已"字有释作"己"字，其实古可通用。如无已义，则直曰"利"或"利矣"，不当作"利已"。

孙铁骑：　知生命之外时空之盲动，故要知止，故"已"为止义，利已即为以停止外时空之盲动为利。何者为利？利者，义之和也。何为义？合于道为义，道者生生也，故"利已"即昨天所探讨之止于至善，止于生生之义也。

郑　强：　初九为六四所止畜，故进而有厉，有厉则利于止，故《象》称"不犯灾也"。

张文智：　如仅作"利已"而不作"己"讲，则与爻象反求诸己之义不合，是后人释者，各有所泥也。《易》卦爻辞选字，均从象推得，作"利已"，即有"利己"之义。

裴健智：　《尚氏易学》："厉，威也。已，止也。初有应，似利往。然二三皆

　　　　　阳，遇敌，故曰有厉。初勿用，故利已。"

孙铁骑：　知所警惕而不盲动于外，则有小象辞之"不犯灾也"，不会有祸患发生，此为畜德之前提。

张文智：　此"有厉"二字，明其道重在自返，志重自贞。情重自固，而因此以成其利。既利己，复利物，仍本乾始以美利利天下之义。因此，"利已"有利万物之意，故自含"利己"之意，但大畜卦强调人之起心动念不只专为"自己"着想。要有"参天地之化育"之心，育德为基，才能真正实现"大畜"。"已"当止讲亦未尝不可，因为大畜之初与无妄相接，无妄即需知止。

王昌乐：　古之学者为己，今之学者为人。

姚利民：　要有"参天地之化育"之心，育德为基，才能真正实现"大畜"。将心量放大，有容乃大，妙。

【初九之训诫】

张文智：　大小畜初爻皆告诫人们畜物之初，不要忘道。

裴健智：　与《象传》的"能止健"亦可相合。

张文智：　所以首先要格物致知。且以六四之柔，相引以物，相诱以欲，物欲不格，性命奚正？所以在畜物之时一定要想到其反面为"毒"。

元　融：　主爻为谁？

张文智：　这一卦无所谓主爻，整个卦是一个由小畜到大畜的过程，至上九则直与天合一了。

裴健智：　《尚氏易学》认为，有厉，为二三阳爻所止。虞翻认为，二变为坎，故有厉。

张文智：　因为大畜与无妄为体用。无妄为体，大畜为用。大畜之成，皆由无妄外推而出。无妄为"成己"之功，"大畜"为"成人成物"之行。一体一用，由体达用，由用返体，体用一如。故"大畜"之初更不能忘道。

王昌乐：　初九进则险，已则利。

元　融：　无妄为"成己"之功，大畜为"成人成物"之行。

张文智：　无妄为能"止至善"，大畜为"明明德"。

王昌乐：　无妄、大蓄可互为体用。柔弱胜刚强，在于不可盲动。

张文智：　当今社会，许多富商以畜物为主，而忽视畜德。这样不仅不能育物，且害人害物，向其子孙喂毒。

王昌乐：　厚德载物是正道。

裴健智：　囤积居奇，看来这个蓄主要以德为主了。程颐也认为，有厉。初爻为四爻所止。

王昌乐：　初九在下，德之积不厚也。

张文智：　故在大畜，不"育"则"毒"，君子务其"育"，小人在不知不觉中荼
　　　　　毒社会与他人，而最终则会毒自己。

王昌乐：　所以不能健动。

郑　强：　"已"，多家皆以止为义。

张文智：　初九虽为畜之初，但其得正位，有跃跃欲试之心，又有四爻、五爻之相
　　　　　诱，故易"犯灾"。

王昌乐：　诸恶莫作，诸善奉行。

张文智：　有刚健之德即会"确乎不拔"之意志，初九、九二之辞皆告诫可以有刚
　　　　　健之德，而不可有躁动及刚愎自用之行。

裴健智：　在乾卦初爻都是勿用，大畜卦也一样。要顺应天时天道而动。

张文智：　是的，"大畜，时也"即有顺有天时之意。应时则育，违时则灾。

元　融：　大畜，初爻，"有厉，利已"；征进有危厉，最好停下来。在下乾之
　　　　　初，属于后备军的阵营；如果后备军向前冲，可以想象，大畜是何等的
　　　　　景象；初爻不畜，会出现后浪催前浪的景象，出现踩踏现象，整体畜的
　　　　　态势很难坚守；初爻的智慧提醒我们，要关注整体态势，要在后备军处
　　　　　踩刹车，才能更好地蓄止。

王昌乐：　六四可以止初九，原因何在？

裴健智：　乾为天，艮为止，天道有消有息之时，人也应顺应天道时止时行。有的
　　　　　认为六四止初九，有的认为二三爻止初九。后一种是尚氏《易》。

张文智：　大畜"多识前言往行"的目的是"蓄德"。初九见六四、六五所示前人
　　　　　或时人蓄物之丰厚，故亦有急于有所畜而易于犯灾。

裴健智：　前一种是大多数的注本。关键是太急于躁动，毕竟还有二三爻的阻隔，
　　　　　按照虞翻的讲法，二爻变为阴爻，互坎，坎为险，故有厉。

张文智：　六四不会止初九，而是牵引初九。

王昌乐：　为什么六四可以止住初九？

张文智：　初九、九二皆为阳爻，为"敌刚"，则有相阻之意，且易刚愎自用。

（整理者：张馨月　中国人民大学哲学院硕士生）

顺势而止 无尤无过
——大畜卦九二明解

时间：2016年04月13日22：00 — 22：59

【明解文本】

九二：舆说輹。

《象》曰："舆说輹"，中无尤也。

【讲课内容】

孙铁骑：按"六爻成效"，二爻效用为"齐"，齐于何处？大畜所育之德为生命内在之性德，而非外在之律令，故二爻所齐者为内在之德，初爻是止住外时空之盲动，二爻则由外时空而转入内时空，内修性德。在乾卦二爻为"见龙在田"，贯通大畜二爻，就是德性内育。

二爻辞言"舆说輹（fù）"，一辆车最关键的部位就是车轴，轴必中空才可以有车轮之转动。此车轴之中心就好比为人之内在德性，而整部车体则好比为人之整个外部构成，人生的外在皆在得失变幻之中，而内在之德性却应当有恒而不动。

"舆说輹"却喻人生外在之得失变幻，而如何面对这种人生问题呢？孔子以"中无尤也"解释之，就是要培育内在之德性，使其不受此外在得失之影响，故《小象传》言："'舆说輹'，中无尤也。"

张文智：其辞曰："九二：舆说輹。"从字面意思理解，舆有载物之功，而輹则犹丝之有系，衣之有领，为以聚合之用。舆与輹本应互成其用，互为其利。

今因舆輹，则两利之用已断，则所畜者，徒如一时乌合之类，而所育者，亦有为德不足之嫌。而爻辞不着吉凶悔吝，自有其深意在。从卦象言，虞翻以乾所通之坤为舆。卢氏则以乾为舆。可备一说。

从爻象言，九二居内卦正位，上与六五应，阴外阳内，其德易乖。且以刚行于柔，两情不协，九二在下卦乾之中爻，上下皆阳，其志易躁，虽畜而难和，育而难久，故爻辞有"舆说輹"之占。然爻辞不着其害，由其正位当时，虽毁其用，未见其害，譬之舆脱輹，不过不克行耳，而上应艮止之义，亦自成免愆尤。占得此爻者如不知止而强求进，不鉴于内之未和而希冀逞情于外，则犹驰脱輹之舆，其灾眚必立见。故爻辞只述其脱輹而不言其灾，诚以此时有可止之机，能止之地。果如所止而止，则仍无悔无尤。舆脱輹，亦犹众之分散，不复合于一组，是则因志之难合，道之难同，虽畜于前，不免散于后。由物言，则散之正所以育之。畜之为聚，将以散也。

正所谓"财散则民聚，财聚则民散"。君子将以天下之物成天下之用，将以一人之德成人物之性情，是其聚散不究，唯问我心之孚于道否。九二正位，其中已善，内省已不疚，尚何吉凶之足虑哉！以上是爻辞之基本义。

再来看其象辞。《象》曰："'舆说輹'，中无尤也。""中"字指九二行正位，能自守中不失，故物之利害不与焉。"无尤"可见原有尤，以九二之见道而克正性命，不随物欲而失其中守，则足为畜之内宰，推之生成之德，位育之功，皆于此"中"可见之。故九二之旨亦如初九之"不犯灾"，皆以己能全其刚、成其德、不役于物、不徇于欲所致。故有此说。

孙铁骑： 大畜育德之功，其修证、体验于生命内在，而不是生命外在。故于外时空存在而言，修道育德之人未必是人生之赢家，甚而可能遭遇种种生存困境，故爻辞以"舆说輹"喻之。但此外时空之得失于内时空之生命本质而言，实无所伤害。故小象辞解之以"舆说輹，中无尤也"。

【讨论内容】
【"舆说輹"】

温海明： 有说把车厢车轴分开，就是停车休整，不准备出车。

裴健智： 确实有两种解释。一种是没法出行；一种是自己暂时休整，不去出行。

温海明： 取上震为车，与九二脱离。

张文智： 是的，九二因内修仍不足，故应暂停行进，而将前之所畜，散与众人，以赢得更大之畜。

裴健智： 我想到了《论语》中，"人而无信，不知其可也。大车无輗，小车无軏，其何以行之哉！"这里的"輗"和"軏"也是有两种解释，可以和这里的輹相互联系着看。

张文智： 上震之车，亦有艮之止，故有"日闲舆卫"之辞。

温海明： 此中为适中停下来积蓄，与孙老师所言相通，可不必太在乎外在的功名利禄，要多培养内在的性命功夫。

裴健智： 究竟是形势上的不能行，还是主动地内在顺从形势？感觉两种都有。

张文智： 爻辞"舆说輹"有多层意思，已如前讲，而其象辞则主要为劝勉之辞，且九二亦自备此德。

秦凯丽： 修身之道关键还是在"自己"身上下功夫。

裴健智： 感觉就是顺应天道，顺应形势，然后自我修身。

王　璇：　孙老师的切入点别开生面，以"舆说輹"为外部环境不顺利。

姚利民：　先修身蓄德，后能齐家。

温海明：　当然要停下来的原因是自己驾驶的车好像要出问题了，或者年久失修，或者被人破坏，好像开车的人发现刹车失灵一样，此时此刻只有设法让车子停下来，所以既是被动又是主动的，而且属于发现得早，车子一动就感觉出问题，最后停下来大修，也多多反思蓄德。

秦凯丽：　九二处中位，有中庸之德，所以自行可以脱离困境。

崔　圣：　跑得太快了，车身与轴脱开，需要停下来修整。客观估计外在形势，主观作出响应。

张文智：　"舆说輹"的原因之一就是一开始九二想躁进而急于达至大畜之境，而六五还未予以配合。亦犹家未齐而不可能治国平天下，而其始则在格致诚正之功。

【"中无尤"】

裴健智：　初九和九二，都是要自守正，不能冒进。

孙铁骑：　二爻继初爻而言，人之德性，内生于"中"，此中为人性之中，即为《中庸》之"诚"，"诚者天之道也，诚之者，人之道也"，诚于中而形于外，此处内含儒家的功夫论。故虽"舆说輹"，却"中无尤也"。

裴健智：　程颐认为，初二为六五所蓄止。按照常理应该是初二与六五正应，老师怎么看？好像与昨天的初九和六四的相同。

张文智：　九二与六五相应，但二者皆不当位。

姚利民：　此爻给我们的启示：中庸为做人处事的应循法则，是不是这样？

张文智：　九二急于有所畜，而未得六五之谐应。

裴健智：　跟初九和六四还有所不同。

张文智：　又有九三之阻隔，初九之催促，故九二一开始有躁进之情。

裴健智：　乾阳确实有刚健，激进之义。

张文智：　初九与六四之情亦类似，故有"有厉"之占，故初九亦应先有乾惕之心。至九三与六四阴阳相邻而渐利于畜。

王　璇：　象辞说"中无尤"，是主动顺从形势的结果吧。

张文智：　因九二处中位，先有躁之情，而终归情之正，即《中庸》所云"中和"之境。

秦凯丽：　还是要主动停下来耐着性子积德积才，不要太躁动。

温海明：　感觉主动控制自己更加符合修身之道。

张文智：　如果真能把《周易》思想贯通，自无悔尤，其卦爻辞只是据卦爻象与气数之推衍而得出在此情势下一般之反应及规避之道。

秦凯丽：　大畜条件还不具备。

张文智：　是的。至九三以上才愈畜愈厚，至上九则直与天合一而"参天地之化育"，这才是真正的大畜大育。

元　融：　二爻和初爻可以联系下看，初爻，有厉，利已；初爻如果没停止，那么二爻要费点劲了，用今天的话讲，要拉手刹的。初爻二爻的位置还是低，能量级别不够，知止为上选。

温海明：　大畜是合内外之道，根据客观形势不断做主观调整能量不足，要主动充电。

裴健智：　到九三就利有攸往了。毕竟初爻二爻还是初始阶段，积蓄能量，准备待发。

（整理者：黄仕坤　中国人民大学哲学院硕士生）

畜德知止　操练生死
——大畜卦九三明解

时间：2016年04月14日22：00—23：17

【明解文本】

九三：良马逐，利艰贞。曰闲舆卫，利有攸往。

《象》曰："利有攸往"，上合志也。

【讲课内容】

孙铁骑： 按"六爻成效"，三爻效用为"见"，对大畜卦之育德而言就是使内在之德性外显出来。内在之德性外显于外时空的生命践行，必然会遭遇各种问题与困难，更需要进一步的内修性德。

故三爻辞言"良马逐"，以良马喻君子之德性，以良马之逐喻君子之修德成行。"利艰贞"言君子修德之意志专一，坚定不移，与乾卦三爻的"君子终日乾乾，夕惕若厉无咎"相贯通。

"曰闲舆卫"与"良马逐"相应，良马必能驾车行远，而意志坚定，一心修德之人亦必能把握外物，掌握情势，过好自己的人生，走得更好、更久远，故下言"利有攸往"。

"上合志也"是孔子对"利有攸往"的解释，君子之育德，志在于道，才能突破外时空局限，有所成就。

张文智：今天我们讲解大畜九三爻辞及其《象》义。虞翻认为，乾为"良马"。《周易证释》认为，坤为马，以乾之龙为行空之"天马"，坤为牝马。若据《说卦传》，所互之震为善鸣之马。震有备迅之势，而九三，既得初二爻之畜，又遇四五爻之协，内外同志，上下可济，实大畜将以大用之时。与初二两爻自不相同，以初二两爻时位未宜，不克前进，以畜之犹未大，用之不可躁，辞均诫之以自慎自返，以"不犯灾""无尤"为先。三与五同功，六五柔以下人，九三刚得上进，其势至顺，其行至迅，故有"良马逐"之象。良马之逐，非脱羁跌蹄之可比，虽疾而不害，奋而不躁，此以九三之德，刚中无蔽，有功以称其行健不息之道；和外不失，有德以孚于行地无疆之情。故九三有体乾用坤，阳克协阴之象。此所以称为"良马"也。坤为马，"良"本乾正性命、保太和以达于至善，故曰"良马"。而"逐"字亦含二义，一为"追逐"之义，以显其力；一为"相逐"，以称其竞而向上之德。以良马必德力俱也。而又包有"驱逐"之意，谓能备厉直前，驱逐他类，以独善其事、立其功也。然良马追逐，其行固当，其情必谨，为九三本乾之乾惕之时，必省于"若厉无咎"之戒。虽依震之奋迅，有一往不顾之志，仍当参坤之顺承，致力于静慎戒惧之心，故爻辞以"利坚贞"三字续其下也。

"利坚贞"乃本坤道，"日闲舆卫"亦本坤道。"日闲"即日习之意。以坤之德"不习无不利"，而后天代坤之坎则曰"习坎"。坤为先天，不习已能；若后天则必先习，习之又习，始无差虞。舆卫者，行之所重，即藉以善行也。舆以载之，卫以护之，则所畜者得以致之远，所用者得以达于大。此必日习之以为行之备也。"闲"字亦包防闲之义，犹卫也。预有所防，则无一朝之患，仍本乾惕之戒、艰贞之道而来。所谓"良马"者，就字言亦大畜之名。家畜以马牛为大。此亦大畜固有之义。小人先物，君子先德，各有所宜，不得偏弃其一也。

我们再来看其《象》义，九三上应六五与上九，得六五之下交，上九之终应，故曰"合志"。九三本乾，以得阴互成其用。三与五，一阴一阳，阳升阴降，又接六、四，刚柔相济，终于上九，返本复始，此九三之得时，恰与上三爻成交错往来之用，而能孚其志，无所阻，故占"利有攸往"。大畜志在用世，将以育成万物，化被一切，则畜业必以远大为期，而九三始发达之时，其所志更在顺进无阻，直前不回。今因六四、六五之相得有合，已足互助其进，又得上九之慎终如始，尤可襄助成功。此"上合志"句，直括上三爻言，非仅谓与上九相应也。

"合志"云者，实为同归于道之意。此大畜之用所见也。以上是《周易证释》之主要内容。

孙铁骑：总论：人生于世，外时空之诱惑何其广大，欲持守内时空之德性，必艰贞自守，知所以慎独修身之道，如良马之逐，不迷前途，方可行于正道，得生命之正。故三爻言"良马逐，利艰贞"。这就需要于日用伦常之中，于自我独处之时，常存心于德性修养，"闲邪存其诚"；于社会之中，求明师，访道友，切磋问学，志于求道，"无友不如己者"。故三爻又言"曰闲舆卫，利有攸往"，释以"利有攸往，上合志也"。由初爻之知止而畜德，到二爻之内修性命而畜德，到三爻则言如何于外时空修身养性之问题。外时空之特点就是物欲争夺，故言"良马逐"，竞争之谓也。在这种竞争之中，应当贞正于生命之道，以生命为本，故言"利艰贞"。如何利艰贞呢？克己复礼，闲邪存诚，求师访道，故言"曰闲舆卫，利有攸往"。最终所求者，道也，义也，圣人之志也，故言"上合志也"。

【讨论内容】
【"艰贞"】

王昌乐：　九三"艰"在何处？

裴健智：　上卦为艮为止，互震为行，故为"利艰贞"。但是前途是光明的，毕竟有大离卦在。前途是光明的，道路是曲折的。

张文智：　九三处重刚之位，易于躁进，故爻辞告之以"利艰贞"。

姚利民：　"合志"云者，实为同归于道之意，此大畜之用所见也。

孙铁骑：　最终所求者，道也，义也，圣人之志也，故言"上合志也"。

温海明：　前临艮止，有阻力，所以艰难。

王昌乐：　德蓄止何地？可有利？

张文智：　艮止为内止至善，而九三急于外明明德，幸有上九艮以止之，才能阴阳相携，内外一体。

裴健智：　用乾卦九三解释和下艮解释，好像有点差距。"曰闲舆卫"，王弼本，"曰"作"日"。

温海明：　一说大畜从大壮来，初九升到最上位，但本来九三与上六应，可以换位而不得，所以只得不动固守才合适。

张文智：　盖《易》之称合，必上一阴一阳。九三至上九四爻，二阳二阴，有夫一阴一阳之道，且其象有类乎颐、中孚。颐则宜于养正，中孚则致于中和。

裴健智：　九三上应六五与上九，得六五之下交，上九之终应，故曰"合志"。虽然也很合理，但感觉还是有点曲折。

王昌乐：　我为九三时，如何做到？如何谨慎？

裴健智：　一般是九三直接和上九来正应，不提六五。可这里，九三和上九并不正应。

温海明：　所以九三与上六本来相应，上合志，但没有升上去，利艰贞。

张文智：　初、二两爻因有九三之隔，不能与六四、六五相交合，而九三则与六四成既济、泰之象，但震又易于躁动，故诫之以"利艰贞"，幸有上三爻有艮止之义，故九三在有志于明明德之时，亦不应忘内止至善。

【"上合志"】

王　璇：　为什么说九三上应六五呢？

张文智：　大畜与中孚皆为四阳二阴之卦，故二者有相通之处。三与五同功而异位，亦有相应之情。中孚卦为阳包阴，亦如天包地，故吉；大过卦、小过卦为阴包阳，故为凶卦。

裴健智：　《尚氏易学》认为，"三遇重阴，阳遇阴则通，故曰'上合志'"。

姚利民：　原来上艮，为止至善。

元　融：　本卦到了三位，内因已成初爻，有厉，利已；初爻当止则止；九二，"舆说輹"，记得拉手刹；九三，"良马逐，利艰贞"；到了九三，三阳已备，内因已成；曰闲舆卫，利有攸往，刀马娴熟，技巧锻炼，为未来做好准备。

张文智：　由上下卦言，内健外止，九三健之极，自此以上，则渐期于止。知止者必善于行，不知止，行亦无功。九三之行，为其终能孚于艮止也，故曰"利艰贞"，明其非徒求行，而志在所止也。大哉止乎！止之所宜，行之道也；行之所利，止之功也。《大学》以"明明德""止至善"相为表里，实有取法于大畜卦。以上是《周易证释》义。

王昌乐：　止善？"止"具体是什么？

张文智：　在初二爻，先求知止，至上九，则止于至善。此与《大学》"知止而后有定"一节，义正相孚。读者苟细思之，则六爻爻辞，实含人道次第工夫，不独卜吉凶已耳。

裴健智：　《尚氏易学》：初六之上曰谓二三，三爻之上为四五。

温海明：　这样理解有道理，乾健要动，有所止方能有大畜，动得越厉害，止得越有力，生命的深度和厚度才能彰显出来。

王昌乐：　"至善"我个人理解为以不止精神追求无止境的善，"止"不仅仅是静还是动。

张文智：　我有两篇小文，其中对"止至善"有讲解，且对先天太极、乾元、坤元、乾坤四德等有所解释，可参阅。

元　融：　深挖洞，广积粮，缓称王，大畜之象。

温海明：　这样跟孙铁骑老师的修性修命之义也可以连起来了，修性修命其实需要大的竞争，大的起落，每天要操练，随时有上生死场的功夫，才能出大畜的状态。

姚利民：　闻、思、修，戒、定、慧，无善无恶为至善境界。

裴健智：　九三因为处于乾卦之中，为刚健（动），并无艮（为四到六爻，不懂止），故"利艰贞"。四五六爻，对于动和止都有深刻的把握，故能吉。或动或静顺应天道。初爻、二爻、三爻应该都有同样的毛病，都有过分动的成分。

元　融：　动而畜之，三阳皆畜，方为大畜。

张文智：　是的，下三爻为乾卦，其正面为刚健之德，其反面则为刚愎自用，若不"日闲舆卫"，则易于刚愎自用。大畜其表面之意为畜物。阳为气，阴为物，至

六四、六五乃为所畜之物。九三"良马"刚健，六四童牛柔顺，六五豮豕亦温顺。九三所畜之马与六四所畜之牛利于行，而六五所畜之豮豕则利于食。愈畜愈利于人类之食与行。畜物即育物，众人重畜物，君子重畜德，而参天地之化育，最终"君子亲其亲而贤其贤，小人乐其乐而利其利"，各得所需。

温海明：　大畜，不仅仅是蓄物，还是蓄包藏宇宙之机，吞吐天地之志。

王昌乐：　"畜"有止可蓄，蓄有动可静，蓄德蓄财，诚物为用，时蓄时流，动则气吞山河，静则修德进业，心蓄为天地长养。阴与柔，阳与刚，本无利弊之分，亦各有其利弊之德，斡旋天地之机，自可利而不害。

秦凯丽：　蓄天地大德，做大人之事。

元　融：　畜物即育物，众人重畜物，君子重畜德，参天地之化育，最终目标则为"君子亲其亲而贤其贤，小人乐其乐而利其利"，各得所需，观其所畜，明其心意。

（整理者：李芙馥　中国人民大学哲学院博士生）

化性养贤　天化地育
——大畜卦六四明解

时间：2016年04月15日21：30—22：37

【明解文本】

六四：童牛之牿，元吉。

《象》曰：六四"元吉"，有喜也。

【讲课内容】

孙铁骑：　按"六爻成效"，四爻效用为"悦"，于大畜之育德而言，合于生命之道方能得真正之喜乐，而生命之道必从童蒙知识初开时就进行培育，才会终得生命之圆满。

　　"童牛之牿，元吉。"喻德性修养，须从小就对儿童进行行为约束，因为除非是孔子一样的天纵之圣智，我等庶人皆必须经教育之启蒙与引领方能保证德性修养的正确方向。即为教育之启蒙期就应当限制孩童外时空之生命盲动，对于其生命成长本身是有益而无害的。于此可反思现代教育对于传统教育之批评，所谓束缚个性、抹杀创造力等种种批评皆为生命外在之评判标准，亦为西方标准，而非生命本身之标准。当代小孩入世即知竞争，可真知幸福滋味者又有几人与？更妄论生命圆满了。现代人终其一生也不知晓生命之道何在，只能在外物追逐与欲望陷阱之中抱憾终老。所以孔子对此爻给出的判释是"六四元吉，有喜也"。

张文智： 今天我们讲大畜卦六四爻辞及其《象》义。关于"童牛"之取象，虞翻认为，大畜与萃为旁通卦，萃坤为牛，艮为童。可备一说。在《周易》，坤、离皆有牛象。如果按十二地支去与卦相配，丑寅在艮位，丑即牛。当然，在《周易》成书时不一定有这种配应。愚以为，我们也没必要这样按文责卦。因为大畜从三爻之后至五爻所云之畜为马、牛、猪，皆为大畜，与民生最为相关。而从卦象本身来讲，二至四所互为兑为羊，上艮为狗，因此如果说畜羊、畜狗亦未尝不可。而大畜主要从与民生所关最紧密者出发，故列马、牛、猪等。

从爻象来看，六四居上卦之始，为艮之六四爻，下与乾九三合为中爻，一刚一柔，恰符既济之象。牛为土畜，艮亦土也，与坤相应。对于牿的解释，虞翻认为，其横于牛角之上之横木，以止其抵触之威。

《周易证释》认为，"牿"即如今之圈，以木成栅，使畜有所栖。以木为钩，使畜就范，而其用皆以成畜之用。从下面的"元吉"之辞来看，《周易证释》的说法更为合理。既称畜，则有异于野兽，必有以豢养之、驯服之而后致其用，以为事业之利。此畜之必有牿，牿不害畜，且以遂其畜也。童牛亦有二义：一是取其易养；二是取其壮大之后有利。此童牛之畜，实民生不可少者。今有其牿以驭之，是犹有术以驯才能之士，有道以羁豪杰之夫，则其为用必大，致功必果。是畜之成用也，而事无巨细，皆准此以达于大成，故爻辞指为"元吉"也。以上是爻辞之基本义。

再看其《象》义。其辞曰："六四之畜，不劳而获，不费而成，既利于前，复宜于后，故占'元吉'。"

【讨论内容】

王昌乐： 喜发于心，见于情。六四应九三，刚柔相称，性情以和。九三"利艰贞"，乃自正其性；六四"元吉"，则推之以和其情，是曰"有喜"。明其用之利而顺，为之易而成也。然曰"有喜"，则可知喜之由人善用也。有九三之艰，方获六四之元吉。若九三刚愎自用，则六四非童牛之牿，将变为野牛之出柙，更何喜哉？初九应六四。

张文智： 案：小畜九三因不能艰贞，故有"夫妻反目"之占。故"有喜"者，明其由九三之艰贞所致也。且六四近于六五，重阴连接，失中则易蹶，若非善于用，不知乘时预为之力，则失童牛之资而忘牿牛之备。是虽天予之而不善承受，失时之害，将福为灾矣。

【"童牛之牿"】

王昌乐：　既然是童牛为何还要牿？

张文智：　所谓"玉不琢不成器"。童牛亦可喻敦厚而有发展前途之才俊。就像刚留校之青年学者，或在读之大学生，乃至博士生，必有道以使其成长。

王昌乐：　童有柔，野牛有刚，克柔刚牿如何？

张文智：　以导其参天地之化育。

温海明：　大畜是大有前途的蓄积。

张文智：　象辞之所以说"有喜"，就是说在上者所制定之政策要让青年才俊心悦诚服地发挥其才干。如此，对整个社会有利。

温海明：　前途光明无量。

张文智：　所以《周易证释》才说"今有其牿以驭之，是犹有术以驯才能之士，有道以羁豪杰之夫"。

王昌乐：　不抑生，尽长养，合本性，得天道。

张文智：　所以如果把"牿"解释为只是约束童牛的横木，就不会"元吉"而"有喜"了。

瞿华英：　役童牛而成长，需合道得法，刚柔相济。横木之势，旨在调和，属半牿半御之途。牛之六四后阴合天之九三元阳，吉也。

张文智：　如果能有道让青年才俊能尽其力，对才俊们来讲是明明德，对圣人来讲是尽其性以尽人之性。

温海明：　这一柔爻是刚健心灵的横木，可以比喻有大心力的人，需要有柔术有柔道来驯化和牵制，使他的潜能得以彻底合理地释放出来。

元　融：　本爻，"童牛之牿，元吉"；上艮为童，牛从坤得，上九来自无妄之变，童牛之牿象具备；元吉，四爻和初爻有应，下三爻为阳，三四爻相比，故元吉；从根本上说，是好事，因为外缘不具备，还需要大的蓄积，才可薄发；外卦，心意已动，还是要有所制约，磨砺心性，才可成就伟业。

【"元吉"】

张文智：　"牿"是为了使"童牛"止至善。明明德与止至善合而为一才能称得上"元吉"。元吉者，吉之至也，不求自至，不期自成，乃曰"元吉"，谓处六四之畜，正如以牿加于童牛，所施所措，无不如意。

温海明：　有术以驯才能之士，有道以羁豪杰之夫。比一般的横木厉害多了。

张文智：　既得其力，又收其利，无抵悟之虑，鞭策之劳，而不费于心力，不妨于作息，此正畜之自然，用之自大，是无在不吉，而称为"元吉"也。此亦与《象传》"不家食吉，养贤也"相应。如果将有才之士牿住，就不会"养贤"了。

温海明：为成就大事、大功业而养贤大畜。

张文智：所以《周易证释》将"牿"释为如今之牛圈更为合理。

王昌乐：六四蓄止初九，元是不是指讲不好的念头行为止住后，便可以亨通了？

张文智：《周易》所说"元吉"为至吉，无以复加之吉之意。与乾元、坤元等有内在联系。

温海明："明明德"与"止至善"合而为一，确实是"元吉"之境。

张文智：六四为上艮之始，已有艮止之义，牛本属坤为柔顺，过柔而不行亦不能有所作为，故六四之"元吉""有喜"与九三之"艰贞"奋迅亦密切相连。

王昌乐：社会上若年轻人能尽力，年长者能道之，这样的社会必激发出无限创造力。

张文智：如果九三不能"艰贞"而过于躁进，六四就不会有喜悦顺从之情。小畜卦九三就因"重刚而不中"，与六四不洽，故有"夫妻反目"之占。故必有道以引导"童牛"才能获"元吉"之占。

温海明：是不容易，所以顶层设计者必能明道且身体力行，才能识贤、养贤。

（整理者：秦凯丽 中国人民大学哲学院硕士生）

调教贤良 普天同庆
——大畜卦六五明解

时间：2016年04月16日22：00—23：16

【明解文本】

六五：豮豕之牙，吉。

《象》曰：六五之"吉"，有庆也。

【讲课内容】

张文智：我们今天讲大畜卦六五爻辞及其《象》义。虞翻认为，据豕称"豮"，令不害物。

崔憬持这一观点。认为豕本刚突，剧乃性和，虽有其牙，不足害物，是制于人也。

而《周易证释》认为，豶者壮也。豕之肥壮者为豶，俗称狸猪豕。以畜豕之用有二：一为母猪，为生子也；一为豶豕，为食肉也。故豶豕即山东农村所说的"肥猪"，与为生仔之母猪相对。豶豕乃壮豕而阉者，为不欲其生息，乃去其势，便于豢养，易肥壮也。若不阉之牡豕，则不堪畜。从大畜全卦来看，《周易证释》所说更为合理。六五以阴得正位，其畜及时，故有豶豕之喻。如六四为稚而称"童牛"，今则以壮而称"豶豕"，其时有异，其利亦殊，而所以为畜之用则同也。对于"牙"的理解，诸儒多将其释为牙齿之牙。而《周易证释》则认为，牙犹牿，亦为豢豕之用，即今之豕栅也。以其叉牙不整，故曰"牙"。或曰栅栏，为范豕以备其栖也。畜必有所，牙者豕之居，因木而成。

从卦象来看，所互之震之上爻如木之杈丫，正篱栅之象，所以居豕者也。六五在外卦中位，而阴居阳爻，上接上九，下邻六四，刚柔参差，亦如牙。而卦以畜名，用以畜着，畜之利，在初以用为先，在终以食为贵。盖如人之积德，将以食报也。君子虽不重报酬，而大畜之用在育，以食为重。六五象在颐中，如噬嗑六五。噬嗑占噬得肉，此亦以豶豕为得食之象，故其占吉，为其利不独成用，且得果腹也。

而六五与下六四，皆取家畜之易豢养者，牛、豕实人民常畜之物，且易得易育，其用亦匪薄。牛能助耕耘，任载负，其利在前；豕则有肥甘之肉，能以供祭祀、宴宾客、养老年、壮身体，则其利在报酬之日、休养之时，是为畜用已成，畜道已着之象。此在六五正位而以豶豕为喻也。顺天之时，因地之利，假人之力，以终始于畜，则其吉可知矣。

以上是六五爻辞之基本义。我们再来看其《象传》。六五之占吉，正与六四同，故曰"有庆"。庆亦喜也。言畜之顺成，推而及于天下，其喜非一人所有，故曰庆，言天下同庆也。以六五正位，天下望之，如人民四时勤劳，盼冬至而有大酺之庆，以见天下同乐之象，是大畜之成，正如大有之庆也。以上是其象辞之基本义。

孙铁骑：按"六爻成效"，五爻效用为"劳"，继四爻之以德育人而言如何以德治国，国之本在家，家之本在身，身之本在德，故德为天下之大本。故五爻以"豶豕之牙"喻之，抓住了这个根本，自然由个体到社会、国家无不治也，故言"有庆"。

【讨论内容】

温海明：　六五像颐卦的牙齿。

孙铁骑：　私意：五爻接四爻之"明明德"，而继言育德为本，此为生命之根本利器。所谓"得其一，万事毕"，外物与之相比，皆为末事。得此根本，则生命吉而有庆矣！故五爻喻以"豶豕之牙，吉"，释以"六五之吉，有庆也"。

张文智：　《周易证释》："豶豕之牙"，指畜豕之地与其利也。牙以范豕，如人之有道以养其身，有方以育其德。初爻知止，二爻内修，三爻外行，四爻教育他人畜德，五爻则为政以德。豕以牙为利以保其生，人应当以德为利以育其生，人之有德如豕之有牙，故吉而有庆也。五爻为君位，而德不配位，必有灾殃，故只有大德在位，才能行事有成，无往不利。故在高位者尤当畜德，否则害己害人。

姚利民：　此卦的主爻是哪一爻？个人感觉非五即六，请老师指正。

张文智：　早前说过，此卦无主爻，是一渐次由小畜至大畜、由畜物到畜德、最终至天人之合的过程。若非要找一个主爻，则非上九莫属。因为大畜卦继无妄卦而来，无妄为止至善，大畜为明明德。明明德则渐次由修身而至平天下。《周易证释》："九三良马以阳爻不易畜，故必有艰贞之行，舆卫之技而后成其用。至六四、六五皆阴爻易畜，乃比之牛豕。且举其利溥而用弘，育之易成，豢之易长者，如童牛豮豕，以见其事之顺而用之便，故皆占吉。"大畜与大壮、中孚皆有相通之处。大壮上无所止，故卦辞诫之以"利贞"，且爻辞多以羊为喻。

元　融：　大畜与大壮、中孚皆有相通之处。三阳和四阳，力度还是稍有差别的。

张文智：　中孚初上无位，所孚应者，主要指二爻与四爻相孚应，三爻与五爻相孚应。

张国明：　《周易证释》有详解，请参看。这样就不必非拘泥于初四、二五、三上之应。

元　融：　九三良马以阳爻不易畜，故必有艰贞之行，舆术之技而后成其用。至六四、六五皆阴爻易畜，乃比之牛豕。

裴健智：　九三只行，没有止，有妄动之嫌。六四、六五时动时静，随天道而行。又有畜止之功。

温海明：　确实是大畜天下的抱负。

姚利民：　老师将卦与卦爻与爻的走势互动，打开了新天地。

张文智：　六四童年之吉象征青少年得以茁壮成长，六五之吉则有青壮年得到重用之象。在六五之时，诸贤才得到重用，社会呈现出勃勃生机，乃天下并育之象。

裴健智：　九五下面互巽为顺，臣民大顺君王之蓄。

元　融：　本卦的两个阴牿爻，一是童牛之牿，一是豮豕之牙。细品自有妙处，童牛虽看似个头大，但是小牛，一眼便知；豮豕，公猪虽性子猛烈，无奈去势，牙威尚在；横木和獠牙，质地自有不同。大壮的羝羊触藩之象，还是有本质的不同，这是学习本卦需注意的细节。

温海明：　青壮年得到重用，社会就有喜庆。

张文智：　《周易》虽尚刚健，但戒躁进。震有奋迅、躁进之势，故震卦为上卦者，鲜有为吉卦者。《周易》又特重艮止之人道，故上卦为艮卦之卦者，鲜有凶卦。

张国明：　现实与理想有距离。

裴健智：　朱子认为六五不如六四吉利。

温海明：　艮止易吉，震动易凶。六四元吉。

张文智： 现在大学乃至整个社会非但不是"万物并育"之象，而是多有"交相害"之象。

元　融： 两阴爻的位置不同，一个是殊死搏斗，以命相搏；一个是见好就收，当止
则止。

温海明： 确实，社会需共建"万物并育"的良性机制。万物不能并育，大畜的理想只
是纸上谈兵。

元　融： 三阳在心，顺时而动。

张文智： 《周易》凡称"元吉"者多为天地交合、天人合一之卦爻，以体现《易》道生
生之旨。《周易》为儒家密理，推演至大畜卦而有此象，能否实现"万物并育
而不相害"之境，则多在人为。人为三才之一，现大家多不按天地之道而行，
故多悖乱。这也是吾辈学人志于体认并传播圣人之教的当代价值所在。

张国明： 读《易》重要。不晓阴阳对待之理，纵然学富五车，亦可能是盲听盲信盲从之人！

秦凯丽： 六五和九二为正应，为什么爻辞上没有体现呢？

张文智： 你回头看一下《易经证释》对中孚卦之解释，就容易明白这一问题了。

温海明： 《易》道和圣人之道今生今世能否彰明于天下，全在你我之努力。

（整理者：孙世柳 中国人民大学哲学院硕士生）

通天化境 育化万物

——大畜卦上九明解

时间：2016年04月17日22：00 — 22：51

【明解内容】

上九：何天之衢，亨。

《象》曰："何天之衢"，道大行也。

【讲课内容】

孙铁骑：按"六爻成效"，上爻效用为"成终成始"，在大畜卦上爻为德性修成，生命圆满。"何天之衢"喻大德修成，生命圆满，生生不息，外在表现为生命之"亨通"，内在则是对生命之道的修炼与把握。故孔子以"道大行也"解释"何天之衢"。

张文智：《周易证释》认为，原文"何"字有误，乃"向"字之讹。从整个大畜卦卦义来看，《周易证释》说得更有道理。从爻象看，上九为大畜终爻，亦艮上爻。艮以一阳在上而得承乾，今大畜以乾在下。艮之一阳顺承乎天，如山之向往天上。大畜乾在艮下，至上爻变而反于上，是艮之上仍为乾，其象与天山遯同，以六爻周延，自为终始，所谓"终则有始，天行也"。艮之终，复转向乾以承天。且艮一阳，原出于乾。以乾归乾，终变为始。

温海明：山向往天，越来越高。

张文智：爻辞曰"向天之衢"，"衢"犹道也。天衢即天行之意。道之四达曰衢，言行无阻，随所去而得达也。艮本以止为用，至上爻极则变，止变为行，以应乎乾。乾所谓"天行健"者，以行之无止也，故人法之而"自强不息"。此恰孚大畜"不家食"之义，以往于天下，周乎无尽。顺天之道，不失其序，如时之代谢，终古若一。春夏秋冬，随日月之明而流于六虚，此所谓"向天之衢"也。

温海明：大畜到上六，积蓄已足，可以止变为健行，利益众生。

张文智：山已崇矣，再升将御风；地已尽矣，再行将凌云。此达天德者之所造，更将奚往而不亨哉！故爻辞称曰"亨"。以合乎前之"利有攸往"，且以"应乎天"也，而非徒"利涉大川"之快志耳。至此可见大畜之道，实已超乎物外，而上如鸢之戾天，下如鱼之潜渊，无往而不自得矣。

温海明： 大畜其德而达天德，臻于中庸所言之化境。

张文智： 此亦孔子"不逾矩"之境。此大畜上九爻用，有殊于他卦，实以艮始能终而仍返乎乾，知止而能推之无尽。上以达无妄之诚，下以开颐养之正。则物格而知至，意诚而心正，斯明明德于天下，而至善不失于性命者矣。

以上是其爻辞之基本义。我们再来看其《象》义。

张文智：《象》曰："'向天之衢'，道大行也。"上九居极位，乃功成德立之时，而大畜之道大行之日也。盖他卦上爻无位，均不适于用。大畜以艮知止，止则能行。为培畜之厚，积累之丰，足以充其用于不尽，推其德于不竭，故虽苍极位，不独无害于道，且为大行之期。以止而后行，静而后动。行动出于静止，则行者有本，动而有源。本源不失，乃无尽无竭，此所以上九之占为"道大行也"。今能上行天衢，且超物外。物不足以拘之，则凡天上下，莫不可达，故称"大行"。这时所说的"道"即"天道"。

天道自天衢行，则天下无不随所至而至，随所施而布，随所取而得。是凡天以下者，均在道中以生以成以育以化，此诚畜之至也。

温海明： 人道通于天道的化境。

张文智： 君子以之成德达道，见性正命而与人物同成同育。此所谓位育之至也，故曰"大畜"。《序卦传》称"大畜，时也"，谓如天时，生成化育，无不宜也。无不宜，故无不得。此大畜之成，实为推乾大生之用而广坤代终之功。人道于是明，天道于是明。

温海明： 大畜有成之时，当可致于中和位育之化境。

张文智： 近者易者，唯物生之得育，远者大者，并天地而同春，是上九之大行其道而爻辞独占其"亨"也。

温海明： 此儒家修身成事的最高理想境界。

张文智： 全卦大旨，不外成性达生而已，所谓"利有攸往，不家食吉"，无非期道之大行而与物同育同成！

【讨论内容】
【"大畜育德"】

孙铁骑：　此大畜育德，本之于内而非外，此"道大行也"，指内修而言。外在社会之中大道能行与否，取决于具体历史时空境遇。故孔子、老子之道，非不遇其时，但对于其自身性命而言，仍然是道大行也。

裴健智：　如果是《逍遥游》的话，还有很多问题，比如"怒而飞""九万里""三千里"之类的很多在这卦不好解释。

孙铁骑：　庄子诸多比喻都是内丹修炼之法。上爻言大德之生命必亨通，如孔子于其时似不得意，但于其自我生命则得圆满，并流泽万世，举世何人能比？故上爻辞言"何天之衢，亨"，《小象》释之以"何天之衢，道大行也"。六十四卦上爻多不吉，而大畜能亨，因其是畜德之卦也，德乃为人之道，故言"道大行也"，而以"何天之衢"喻此理。

裴健智： 庄子诸多比喻都是内丹修炼之法？卦辞有利贞，爻辞有元亨，大畜卦元亨利贞都具备了。六四有元吉，上九是亨。

张文智： 大畜以乾故，而备乾元亨之道，以艮故，而先利贞之行。在内先其德，在外尽推其功。

裴健智： 程颐认为，"何"乃误字。马恒君认为，"何"同"荷"，意为负荷，担负。

张文智： 乾虽主元亨利贞，乾坤生成之后，乾主元亨，坤主利贞，坤道亦为人道言，人道亦应从"利贞"自修之道起。

温海明： 德福一致，内大畜而外大行。

张文智： 虽然前人将"何"作各种解释，但总觉得有很多牵强之处。

温海明： 黄寿祺、张善文认为"何"是感叹词，之前的解释很多，好像确实不如张老师讲得通。

张文智： 我讲的主要是《周易证释》的说法。这一爻单从爻辞及其《象传》来看，确实比较难解。

元　融： 本爻度过了"童牛之牿""豮豕之牙"的两个阶段的蓄止，到了六爻，终于驶上阳关大道；回头看过去，六四、六五二阴爻的蓄止只是成功路上必须经历的小小阻碍而已；初爻又是大壮卦的变化之爻，有点像先锋部队先期到达，有点像刘邓大军千里挺进大别山的壮举；虽然到达，大部队仍在蓄止的状态；四阳爻对二阴爻的绞杀状态已然生成，故亨。

（整理者：贡哲 浙江大学哲学系本科生）

（本卦校对：曹海洋 中国人民大学哲学院硕士生）

时　　间：2016年04月18日22：00 — 23：47
导读老师：张国明（沈阳大学文化传媒学院副教授）
　　　　　孙福万（国家开放大学教授）
课程秘书：秦凯丽（中国人民大学哲学院硕士生）

颐养天和　自食其力　养贤及民
——颐卦卦辞明解

27 颐卦

震下艮上

【明解文本】

颐：贞吉。观颐，自求口实。

《彖》曰："颐，贞吉"，养正则吉也。"观颐"，观其所养也；"自求口实"，观其自养也。天地养万物，圣人养贤，以及万民；颐之时义大矣哉！

《象》曰：山下有雷，颐；君子以慎言语，节饮食。

【讲课内容】

孙福万：今晚先讨论颐卦之整体，也就是主要讨论卦辞、《彖传》和《大象传》。但《周易证释》文字浩瀚，只能挑些文字来讨论。

张国明：卦辞、《彖传》和《象传》都和卦象相关，上卦为艮，艮为山，下卦为震，震为雷，雷出山中，正是春暖之际，天地养育万物之时。《大象》上看，颐类中孚，阳包阴。

孙福万：恰好应景！《周易证释》说："颐卦上艮下震，为二阳四阴卦。阳在两端，阴居中。上下始终皆阳，而内包四阴。卦象颇类中孚。不过中孚阳多于阴。颐则阴多于阳耳。"

温海明：春暖花开，大快朵颐！

孙福万：《周易证释》将颐卦和中孚卦作了这样的比较："《易》之卦象最善者，莫过于中孚。中孚即中和也，外刚以成其中，内柔以达于和。如人性、情两正，体用兼善，则在己克止至善，以成其性。在物克明明德，以推其道，此圣功王道仁智备至者也。故曰'中孚'。而颐亦有似焉。颐虽阴多于阳，而阳贵，取物以养性，而性不役于物；因情以见道，而道不蔽于情。是能孚中孚之义，而成颐养之道也。"

张国明：春暖花开，大快朵颐！看《动物世界》最明显，雨季一来，万物复苏，生机无限。上下刚中间柔，有龟象。大龟，灵龟，万年龟！养生之象。颐者养也，养生之道存焉。

孙福万：龟是宝物啊！起码唐以前，龟都是吉祥物，可能是在宋吧，才变成了骂人的话。《周易证释》又将颐卦和噬嗑卦作比较：噬嗑下震上离，"九四一阳，如物在颐中，示人之食在口中，即以养生为义也。颐则以艮易离，中连四阴，既非如噬嗑之含物，不得为口食之象，而反释为养者，是非重在食也，食或重矣，亦非必在口中。虽非口含有物，而仍不失于养，则以口颐既具，即有食物之用。虽不见其食，而必需可知。故辞明示之曰'观颐，自求口实'。"

既志在求食，则尽不见其食，如噬嗑之含物，而可测其必充颐之用，以达夫养之之道，是食不食，不在见物，而养之有待于食已甚明。故颐不徒具也。故为食而有颐，为养而有食，是颐者养也。用颐即以成其养，无养不足以孚颐，无颐不足以称养。而养之为道，亦非徒颐。

孙福万：颐卦接大畜卦。人之生也，赖食饮以为养。食饮须物以为料，此颐养之先必畜物也。而颐之志亦在取物以充其养，故曰"自求口实"。

张国明：颐、养，一也。《象传》和卦辞侧重从整体理解，爻则不同。

孙福万：卦辞："颐：贞吉。观颐，自求口实。"《周易证释》说："颐取象于人之口颐，故字从页，明在面也。颐居颊间而夹口，口主饮食；言语之道，颐亦与其责。卦取外实内虚，以象如口，口之中空，合下动、上止之用（上艮下震，正此象也）。如齿牙之司出纳，故颐用为养。"

关于"贞吉"，《周易证释》说："颐处于物之先，即物之主。有物则利着，颐以物为利，乃有贞吉之占。盖贞与利，一主一宾，一内一外。贞者主也，内也。利者宾也，外也。由食言之，则口为主，物为宾。养在内，畜在外。此贞吉者，正以成其利用也。如人无口，将何以食？无养，将何用畜？我之不存，何有于物？此贞乃先利，而为颐之所本也。唯贞乃吉，故贞吉即养正之功。譬诸蒙养，必先保其天性，全其良知，而后克就于正。"

孙福万：《周易证释》释《大象》："颐以艮震合，山下有雷之象，山静而雷动，山阴而雷阳。"颐卦《象传》曰"君子以慎言语节饮食"。此义不独关乎养生之道，且为处世接物，趋吉避凶之要旨。盖言语饮食，为人事日用所系，偶不慎节，则灾害随至。多饮误事，酗酒招尤，贪食受毒，纵嗜贾祸。历来史册，时时见之。此饮食不节之关吉凶也。

至于言语，则更甚焉，詈骂叫嚣，固非君子之行，逸诡阿谀，亦属正士之耻。即令能言取誉，雄辩称才，而一语足以生是非。片词可以贻忧悔，所谓快人快语者，多为仇怨之媒，直口直言者，辄致身家之累。是虽理得气壮，事正心公，犹不宜径见夫言，广留其语，所谓驷不及舌，固不仅为失言者责也，故《传》曰"吉人之辞寡"，以见言语之慎，实为君子纳吉之道，而其所成，则亦养之一端。

此《象传》以之明人道之所贵，明易教之所本。唯口舌之所司，即善恶之所别，一出一入，或灾或祥，是皆颐之所包，而在人之善为辨耳。

【讨论内容】
【颐养正道】

尚　旭：　颐卦：固守正道吉祥，瞻观颐养。

裴健智：　噬嗑下震上离，九四一阳，如物在颐中，示人之食在口中，即以养生为义也。

张国明：　颐上下两爻象上下腭，中间四阴爻象牙齿，很形象，吃在其中。

孙福万：　《周易证释》又将颐卦和蒙卦作比较：蒙卦辞"蒙以养正，圣功也"。今颐卦亦为"养正"，足见颐之为养，直彻始终。其初为生命之需，口腹之养，其至则性道之学，圣贤之养，一以贯之，原无二致。

张国明：　用东北话说，就是吃好喝好。

温海明：　颐卦特别像张嘴，里面有牙齿，上唇艮不动，下唇震老动。

裴健智：　一般吃饭也是下唇动得比较多吧。

孙福万：　对，这个"下动、上止"最有趣，最形象。

张国明：　不像噬嗑中间有硬物，颐无硬物，柔软的东西好消化，养生。

裴健智：　吸风饮露，不食五谷。

王力飞：　下动，上止，吃好喝好。

张国明：　下卦动，上卦静，一动一静，养生之道也。

尚　旭：　上下二阳像唇齿，内含四阴虚而求食，外实内虚，上止下动。

温海明：　这个柔硬的区别到位。

裴健智：　《象传》有五个养，而爻辞、卦辞却无，这一现象可以深思。养是不是只有《象传》和《序卦传》的理解？

【"观颐"】

孙福万：　关于"观颐"，《周易证释》说："此观颐者，为审其养，而慎于所接耳。

虽口不能无食，生不能无养，而必先明其所宜，察其所安，方求之以应其所需，纳之以孚其所容。故曰'观颐，自求口实'。实者诚也，情也，不虚也，不伪也，中也，宜也，不偏也，不过也，恰如其分也，各得其所也。此乃颐养之道。而首在自观自求也。如人食饮必饥渴之时，取物必洁好之品，方合于养生，而毋害于物，毋伤于己。此利用也。不然，非病则苦，非费则殃。同一求口实，而有颐与过之别焉。故重在观颐，谓必孚于颐养之道，而后求之也。"我觉得《周易证释》对"观颐"的解释很妙！

王　璇：　"观颐"是说审查颐养之道，这个解释好。不过爻辞里的"颐"就是比较具体的两腮的意思吧？颠颐，拂颐，由颐，感觉所指比较具体。

张国明：　"贞吉"，贞者，静也定也。养生以静为要，静为躁君。龟为静象，颐，有灵龟之象，亦必有贞吉之辞。

温海明：　天书妙不可言。吃的东西要好，要精细，引申为养的人要好，要养好人。

【"自求口食"】

张国明：　观颐养之道，首在口食，民以食为天。口食何来？观《动物世界》，口食皆自求也。吃自己的饭，流自己的汗，靠天靠人靠祖上，不算是好汉。

孙福万：　有人认为，颐有离象，故观。

姚利民：　原来修行需要自证自悟。

孙福万：　颐则以观其养为用，盖不贪于物，不恣于情，则所养合道，非如鸟兽，徒求饱饫也。此自求口实，即观其自养之意，自养不待外物，则为真养。苟需外物，而不免于贪求，是养反为害。所谓自求口实，必反省口之所宜，而辨其实之之道。

张国明：　自求口实，不仅在动物界，在人类社会亦是如此。世上本无救世主，夫子不语怪力神。

温海明：　任何人的饭最后还是要自己吃，没法请人代吃。师父领进门，修行在个人，学《易》也是如此。

孙福万：　天地养万物，即在此虚实得宜，冬寒则继以春和，夏暑则承以秋清，皆虚实之推移，即所谓盈虚消息之数理，天地不待于外，而物得其养。则人之为养，亦不得求诸外，而贵在自养。

张国明：　自求口实，未必亲自耕田，在社会分工日益精细之后，做好自己的本分即是自求口实。

温海明：　有些事别人代不了，吃饭，读书，享受天伦之乐，天地之大乐，都要自求口实。

【"养贤"】

孙福万：　圣人则不独自养，且因而推及于养贤与万民，此即《中庸》"诚者成己成物"之义。以充性之德，而体天地之道。固不止养己，必兼养天下也。养己，养也，养天下，亦养也，同一道而无二致。故圣人养贤以及万民，虽养人之大，恰如其自养之小。

张国明：正是如此。

孙福万：这里讲到圣人了！很妙！这一段可以反复温习！"虽养人之大，恰如其自养之小。"

温海明：圣人不是想做或要做的，我们只能努力继承发扬圣人之道吧，能做多少做多少。

张国明：《象传》是对卦辞的进一步发挥，既然讲到养，那就有层次之分了！有养己、养家、养贤、养万民之分。当然也有养情人的。一个人的能力越强，财力越大，养的人也就越多，这就出现了另外的层次：养与被养，别以为养人的本事大，被养的更有层次要求。

裴健智：二三四五爻互坤，为虚，是否可以从道教的角度理解为，不食五谷，吸风饮露？可能不吃饭也很实，我只是试图加一些道教易的内容，不知是否恰当。

张国明：才学、美貌、德行、勇武，至少得有一技之长吧。

温海明：养的人要养好人，被养的人还挑好人养，所以以德正不正是衡量养与被养的关键。

裴健智：养己、养家、养贤、养万民，儒家讲得多；养生道家道教讲。

元　融：本卦，离不开一个"观"字。观和颐，有何关系？除了观望，审查，还有无其他玄妙？颐卦和临卦或观卦的关联是密切的，到底来自哪一卦的变化呢？从文本的字义中，可以得知是观卦的卦变结果，观颐，这样的意义会丰富很多；自求口实，中间四阴爻成为阳爻即为实，颐卦的方向是四阴爻向阳转换。颐，贞吉。

温海明：要养好人，先要观好人，看得出哪个是好人。认真看。

张国明：德正自然重要，但相貌、才学等都重要，鸡鸣狗盗之徒亦可养也，一味重德有失养万民之气度。

裴健智：朱熹认为颐颐是观其养德的正不正。《朱子语类》："下体三爻皆是自养，上体三爻皆是养人，不能自求所养，而求人以养己则凶，故上三爻皆凶。"

温海明：气魄大！养万民，基本就是啥人都养。还是要先养贤，挑德性好的人养。

张国明：都有用，管仲、陈平之类，德皆有损，不碍成为贤相。

温海明：想要养的，看被养的怎么说话、怎么吃饭就知道了。

张国明：子曰："躬自厚而薄责于人。我欲正则民自正矣。"（《论语·卫灵公》）

温海明：德性好的人言语谨慎，饮食有节，所以可以观察出来。

张国明：慎言语、节饮食吧。君子作为有地位有德行的人，又把饮食之道外延了一步。节饮食推广到慎言语，"言行，君子之枢机。枢机之发，荣辱之主也"。

罗仕平：祸从口出，病从口入，管好这一动一静，一辈子麻烦就少掉大半了。

孙福万： 关于卦变，我研究不够，看过潘雨廷先生评《虞氏易注》讲过，但理解不透。我个人觉得，卦变有点乱。刚查了下，虞翻于颐卦说："晋四之初。"那就是颐由晋变来的了，但又说："或以临二之上"，那又是由临来的，所以觉得乱。

裴健智： 马恒君认为是观卦变来的，根据爻辞界定初九是从九五而来。

元　融： 明天的初爻有结果。《易》学就是如切如磋，如琢如磨。

孙福万： 我认为《易》学没有标准答案。

元　融： 是的，多方印证，才是学《易》的态度。

（整理者：王璇　中国人民大学哲学院硕士生）

舍贵从贱　垂涎难看　气动命薄
——颐卦初九明解

时间：2016年04月19日22：00—23：15

【明解文本】

初九：舍尔灵龟，观我朵颐，凶。

《象》曰："观我朵颐"，亦不足贵也。

【讲课内容】

张国明：初九之动，是吉是凶呢？判辞为凶。何也？不知大家小时候有没有这样的人生经历，即看着别人吃饭香。如此下去，小时贪食羡慕人家的饭菜，及长大后欲望亦多，如羡慕人家的房子，人家的钱财。

孙福万：张老师的话，让我想起了《左传》里的那个著名故事。《左传·宣公四年》："楚人献鼋于郑灵公。公子宋与子家将见。子公之食指动，以示子家，曰：'他日我如此，必尝异味。'"食指大动，是要出问题的！

温海明：舍弃自家宝藏，转而艳羡他人，没有出息。

张国明：以感情举例最为通俗而易记忆。有的人为什么出轨？因缘？如此，则必生二心。

温海明：一说是观九五下来，舍弃尊贵的地位，到民间讨吃喝，亏了自己的高贵出身。

孙福万："染指"和"食指大动"的典故出于此。可见贪吃，多么危险！

　　《周易证释》说："爻辞取喻突兀，人多未明，为其依震奋之气，不克自制；舍尔灵龟。"又云："初九即震之初爻。一阳居下，本奋迅之象，怀升腾之志，与震卦用。夫初九本震动之用，苟充之，则足以顺乾道之行健，成天下之大生，因万物之出。"

张国明：温老师说初九本来就爱动，机会又多，正是如此。

孙福万：今但就初九一爻，不能顺遂其大用，克充其大养，徒快一时之欲，而图小体之养。颐卦全卦，均以养为用，而以养之大小殊其吉凶。大抵就其小体之养，图夫目前之安者为凶；明乎大体之养，志在修成之道者为吉。故在下卦三爻多凶，上卦三爻则吉。为下卦徒用震之动，而不克制其物欲；上卦则能用艮之止，而反以全其性天。一刚一柔，一动一止，天理、人欲之辨，性命、情欲之分，即在震、艮二者之间。读者苟就六爻占辞细思之，当可了然圣人之意矣。

温海明：初九本可以有高贵的精神追求，结果去追求低俗的快乐，真不应该。

【讨论内容】
【垂涎欲滴】

温海明：如果看别人吃饭，垂涎欲滴，很不好。

孙世柳：垂涎于食。只图口腹一时之快。

尚　旭：养口腹而害大体，执人欲而捐道心。

张国明：羡慕发展下去如何？

武彦平：嫉妒。

张国明：嫉妒再发展下去呢？

武彦平：恨。

张国明：恨则凶。如之何？请循本返原！凶因在舍内而观外。

赵　薇：不舍灵龟。

张国明：内照还是外观，可是大问题！舍灵还是贪食？

孙福万：而且里边还有"黾"呢！

汤兆宁：是否也可以理解为应该少言，但却乱说话而引来灾难。

张国明：慎言是《大象传》，与卦象相关。无关爻象！

孙福万：有时不让人吃东西，也有危险！

张国明：写此爻辞者，其知道乎？

【返本归原】

张国明： 后世修行界多叫人返本归原，返内观己，明心性之灵，寻自家宝藏！

武彦平： 不要舍本逐末。

张国明： 若有修行人读此文辞，一定会大为赞叹！本与末，内与外，己与人，灵与食，静与动。

温海明： 修炼内丹比艳羡外丹靠谱。

汤兆宁： 灵与食，精神和物质，道和利。

温海明： 补药吃了很多未必有用，不如把身体元精元神调理好。

张国明： 静为躁君，此四字不亦与此相通乎？

孙福万： 陈梦雷说："上宜养下，然阳又宜养阴。初阳在下，不能养人，故以自养言之。"

孙世柳： 周敦颐的体系里也是主静。

王昌乐： 圣人为腹不为目。

张国明： 然，初九为什么会出现两边选择的行为呢？

姚利民： 舍本逐末。

王昌乐： 阳刚之德，能动不用说。

张国明： 圣人为腹不为目，此言亦与此爻合。

王昌乐： 不能静，有问题。

温海明： 内心安宁，养气内守，收视返听，可以像灵龟一样，不用羡慕外在的美味。

尚　旭： 初九内舍己之大体而外观人之小体，为人所贱。

汤兆宁： 灵龟以养气为正，或说以养道为正。

王昌乐： 动合德自然可以。

汤兆宁： 但是灵龟以静制动。

孙福万： "上宜养下，然阳又宜养阴"，且初九为震体，或许就是原因。

张国明： 何以此爻会面临选择？

汤兆宁： 不顺天命。

姚利民： 心有甘露不尝，外求野味，必凶。

【收视返听】

王昌乐： 动不合德，虚极守静。

姚利民： 一念无明。

张国明： 远有四应，近有二比，是也！

汤兆宁： 要减少欲望，安贫乐道为好。

张国明： 至少会活动活动心眼吧。

温海明： 这是说初九本来就爱动，机会又多。

姚利民：　初九是美男子，喜欢他的人很多，选二，可选四。

汤兆宁：　如此说来，初九是易动的，那么还要克服自己的天性了，需要忍耐。

温海明：　"存天理灭人欲"用在这里合适。

裴健智：　马恒君认为舍弃了灵龟，看着人家流口水，有从贵到贱，也就是从上爻到下爻的。

元　融：　本卦是颐养之卦，二阳分离，四阴横亘，需要调养元阳，积蓄能量。

罗仕平：　血气未定，难以拒色，其实欲望调适，除了依于理性，或可改变血气。

（整理者：张馨月　中国人民大学哲学院硕士生）

下求颠倒　往求不得　凄苦无比
——颐卦六二明解

时间：2016年04月20日22：00—23：15

【明解文本】

六二：颠颐，拂经于丘。颐，征凶。

《象》曰：六二"征凶"，行失类也。

【讲课内容】

张国明：今天研读六二。这段爻辞不长，理解却不易。

　　"颠"字，有争议。颠有顶义，有山颠义，又有颠倒义，还有上下颠动义。诸君认为二爻之"颠"取何义为佳呢？再有，断句争议也很大，上文是我的断句法。"丘"也有争议。

孙福万：《周易证释》是这样说的："颠，犹倒也。拂，犹逆也。邱，犹厚也。经，犹历也。爻辞文义甚奥。后人多不识之。盖六二以阴柔居正位，阴者逆行，故皆取倒逆之义。"

张国明：王弼、孔颖达取颠倒说。孔颖达疏曰："颠，倒也。"马恒君说，象是颠动，义是颠倒，比较全面。如取颠倒义，则接下来还有纷争。

孙福万： 陈梦雷的解释："上之养下，理之常经也。然阴不能自养，必欲从阳求养。今二求养于初，则颠倒而违于常理矣。上九最高，有丘象。二求养于上，则非正应，往必取凶矣。六二在他卦为柔顺中正，在颐则为动于口体。上动于下，下动于初，皆自养之不以正者也。"

张国明： 是养下为颠倒，还是受下养为颠倒？这涉及到阴爻能否自养的问题！阴爻能否自养进而养人？还是阴爻不能自养只能受养？

孙福万： 矛盾就在于，上应养下，阳应养阴，但二为阴、在上，初为阳、在下，所以就有了颠倒之象。

张国明：《程氏易传》认为阴爻不能自养。程颐："女不能自处，必从男，阴不能独立，必从阳。二，阴柔，不能自养，待养于人者也。"王弼："养下曰颠。拂，违也。经犹义也。丘，所履之常也。处下体之中，无应于上，反而养初居下，不奉上而反养下，故曰'颠颐拂经于丘也'。以此而养，未见其福；以此而行，未见有与，故曰'颐贞凶'。"

孙福万： 我也认为阴爻不能自养，必须从阳来养。古话说："嫁汉嫁汉，穿衣吃饭。"此之谓也。但女权主义者，肯定反对这样的说法！

张国明： 王弼注则认为阴二养初而非养于初。

孙福万： 以上是开玩笑。阴阳，不能单从男女来说。

张国明： 六二柔中，近比于初，颠仆而有待于下，方不失颐养之道也。苟舍近求远，动而求诸上，则遇三四相嫉，行失其类，而征凶失道矣。这个解释也不错！

孙福万： "六二爻居正位，而不得协于上，则反求于初。以阴志近阳，而恃以为养也，反求为逆，故曰颠颐，犹倒相养之意。"和程子的意思差不多啊！

《周易证释》："此爻辞予其多积，而许其独养，虽道小无见于外，究因其自返，而克全其中，是在颐为尚无讹。而求之于行，则不可得，故占为征凶，以其失同类之情。违大众之志，所为自给，不足以养天下。则虽欲行，亦无功，且有咎，故曰征凶。明其既返求于内，自不能再推及诸外，既独赡其身，自不得再施及于物。一大一细，一狭一宽，为道不同，吉凶自异也。六二颠颐之象，固自阴返求阳见之，而合全卦言，则以六二之变，当为山泽损，损下益上，即损人利己，与益相反，故其象为颠拂。其成为邱，言其虽求于初，而逆初之志，虽就于阳，而违阳之行，阳升而志在外，今六二实与之反，故取颠拂之辞。而物由之聚，财由之多，是邱颐之成，即在颠拂之效。盖物以好聚，财以志招，六二得正位，众之所望，苟一意求之，天下未有不应者。……故六二之克自存，实赖有其正位耳。"

温海明： 本爻辞争议不小。

【讨论内容】

【"颠"】

王力飞： "颠"，我取抖动意。

王昌乐： 要想颠倒就要动，不动倒不了。

姚利民： 上明为山，众生迷其倒影，不取正道，故凶。老师我这样理解可否？

王昌乐： 嘴不动心动，心不动嘴动，都是颠倒。

王力飞： 上下抖动日颠。

张国明： 说下取抖动义的理。

温海明： 颠动，颠倒，差得很远。

王力飞： 吃饭，下巴颏就在抖动。

尚　旭： 颠同"瘨"，跌倒，仆下，震也。阴不能独主，必宗于阳。颠颐，有待于震初也。

丰　铭： 颠颐，直译应该什么意思呢？

王昌乐： 颠倒了奉养关系。

张国明： 《程氏易传》说得清楚。

【养】

王昌乐： 阴需要阳养，阳，阴中就有，自贵，同贵阳取阳要专一，颠三倒四不好。

张国明： 王注认为正理是：下奉上，下供养上。今二爻上奉下则为颠倒。

汤兆宁： 是的，阴如果是坤，阳是乾。那么，没有阳光雨露，就不会有大地的繁茂。

王昌乐： 君养民，还是民养君？

汤兆宁： 互养吧。

张国明： 《程氏易传》认为正理是：上养下，上给食于下。今二爻居上，反求食于下，故为"颠倒"。

汤兆宁： 女人就算独立也是从爸爸那里来的，有妈妈没爸爸，怎么有女儿。

孙福万： "阳恒借阴为养，而阴亦赖阳以养。"

张国明： 《周易证释》认为是阴阳上下互养。

汤兆宁： 但没有说孤阳不生，阳生阴。

张国明： 依《易》理和古时社会状况，我倾向《程氏易传》。

王昌乐： 阴阳互养，固然不错，可要具体情况具体对待，阴不足，自然补阳。

秦凯丽： 如果阴阳互养的话，怎么解释"颠颐"呢？

尚　旭： 六二柔中，近比于初，颠仆而有待于下，方不失颐养之道也。苟舍近求远，动而求诸上，则遇三四相嫉，行失其类，而征凶失道矣。

王昌乐： 六二求上为正道。是先巅颐后拂经凶，还是拂经于丘就凶？

张国明： 向下求养（颠颐）有违正道（拂经）。

王昌乐： 这样就是求上太远不好，求下颠倒，不吉，总是凶。

周小然： 颠颐为何是向下求养的意思呢？

【"丘"】

张国明： "丘"，《程氏易传》认为指山丘为艮之上爻，取象合理。王弼注："丘，所履之常也。"不解其意，未言象之依据。

孙福万： 此说，六二之养，为小人之养也。

张国明： 向上求艮养（于丘颐），前往不得（征凶）。

周小然： 哪里有求而不得的说法呢？

张国明： 丘为山丘为艮。

孙福万： 张老师对"丘"的解释，采取的程子之说，也和陈梦雷的解释相同。

张国明： 往求而不得，人生常事。

周小然： 六二，化兑求养于艮于丘颐。这个可以理解。但是哪里有求之不得的说法呢？

孙福万： 那没问题。《易经》是讲阴阳互补的，但总有个主和辅的问题。

王昌乐： 你说的不错，问题是阴不足，自要阳养。

【求】

温海明： 向下求颠倒，向上求又往求而不得，所以这一爻位置本来不错，可是内心凄苦无处诉说。

周小然： 艮为山丘兑为金。没有见到不得之象，爻辞亦无不得之言，故而不解。

王昌乐： 阴中自然有阳，并不是说女要靠男养，这不对。想要得到的得不到，得不到的更想要。

王力飞： 看来，想整明白"六二"，还真不容易。"丘颐"是鼓起来的腮帮。

孙福万： 力飞的解释也很妙。吃得太多，腮帮子都鼓起来啦，程子重义理，说得很好。

秦凯丽： 六二与上九不比不应，求上九就凶。

王力飞： "经"，纺织物上的纵线，这里指纺织物，其功能相当于擦嘴的手绢。嘴巴在抖动着，用经去擦拭鼓着的嘴巴，干这种事不大妥帖。

王 璇： 阳养阴固然不错，可阴也能滋养和孕育生命（阳）呀，如土地滋养万物，女性孕育生命，为什么把阴养阳看作是颠呢？

秦凯丽： 主者为阳，从者为阴，阴阳一体，互为转化。不一定男就是阳，女就是阴吧。

汤兆宁： 这个阴阳是否是针对天地来说的，并非男女。天地之始，阳养阴，世界也是先有阳（亚当），再有（阴）夏娃，所以天地规则就是阳养阴。

孙福万：　这个阴阳并非单指男女，女士不必纠结。其实男人也一样，也要懂得该学阴学阴，该学阳学阳。

周小然：　大家都见到了求之不得之象？

温海明：　上五爻有剥象，六二征进，求丘之养，是与群阴一起剥阳也，按照易理，自然不合适。

张国明：　何以内心凄苦若此？若无德无矩，小人也无所谓！问题在于：六二既中又正，有德有矩啊。

刘　云：　六二爻变成兑，兑为毁折。

王昌乐：　六二是没有守住正位吧？

罗仕平：　下乘刚，上见剥象？

周小然：　兑就是受了养，才生毁坏故而凶。

温海明：　上五爻有剥象。

元　融：　学习颐卦会有费解之处，可以参照复卦、屯卦来对比。复卦是五阴一阳之象，只是代表阴阳的转换，潜龙勿用；二爻是休复，想干点事，想想就算了，能量实在有限。屯卦，二爻和五爻相应，九五在君位；二爻爻辞，屯如，邅如，乘马班如。匪寇，婚媾。女子贞不字，十年乃字。为明日的三爻留下伏笔。颐卦的本意是颐养能量，四阴爻横亘；为何要有颐养，是告诫初九，不可以妄动，要看到外虽有强援，内在能量实在有限，要调养身心，积攒能量为好；二爻颠颐，是看到美味，有颠动嘴巴之象，动动脑筋，征凶，也只是呃呃嘴巴，控制自己的念头为主。

姚利民：　六二处于宫庭之中，险象环生，该女子命薄。

张国明：　二向上看，虽有上爻施恩，然五爻必得厚利，四爻也可得，三爻也可。自己则无望。前路漫漫，征凶明矣。

王昌乐：　六二离宫廷远着呐。我觉得有点像皇帝出游，民间女子，伤心啊。

元　融：　二爻和三爻要合参，才有妙处。

郑　强：　《周易本义》《程氏易传》以征凶属于丘颐，但《象传》"六二征凶，行失类"则是说六二从初、从上皆失其类，故认为断句应为"颠颐，拂经于丘颐，征凶"。

元　融：　大家可以和屯卦合参，看看二阳在不同的局面下如何自保才是正解。

张国明：　既从上不得，安心从下不也很好嘛，寻常女子可以，六二是有中正之德具操守之人，又觉违正道！如此颠来颠去，可叹可怜！

孙福万：　六二虽处中，但在震体，能折腾。

姚利民：　所以如张老师所说前路漫漫。

（整理者：黄仕坤　中国人民大学哲学院硕士生）

十年见弃 一动必凶 作孽无路
——颐卦六三明解

时间：2016年04月21日22：00 — 23：27

【明解文本】

六三：拂颐，贞凶。十年勿用，无攸利。

《象》曰："十年勿用"，道大悖也。

【讲课内容】

张国明：我们还是先看爻辞。相对于二爻，今天的三爻难度不大。初九是个帅小伙，可惜舍内观外，失了自我；六二是个好姑娘，可怜比下失道，应上征凶；六三如何呢？

孙福万：六三总被批评为"不中不正"。

张国明：正如孙福万老师之言，阳为大阴为小，处三位，又在求养的状态中。

孙福万：这个六三，又处于震上，所谓动之极。杨万里给她列了三大罪状："质本阴柔，一也；居不中正，二也；躁欲之极，三也。挟三不正，不知自养而躁于求养。"

张国明：养于人者亦有正道存焉。

孙福万：甚是！但儒家是强调克制私欲的，不像现在，可以公然张扬个人主义。请看陈梦雷的解释："三与上为正应，待养于上，得颐之贞者也。然自处不中不正，居动之极，是媚上以贪求而无厌者，拂颐之贞矣，其占必凶。互得坤，有十年之象。不中正而妄动，无所往而利者也。盖全象以正而吉，三不中正故凶。"

【讨论内容】
【"贞"】

　　温海明：两位老师的解读精彩形象。这里的"贞"是正，不动还是继续动？

　　孙福万：我理解这里的"贞"为"占"。但也有解释为贞固的。

　　张国明："贞"，正固，固守，持守之意。

　　温海明：就守正来说，有说正固不动凶，有说守正才可防凶，很不一样。

　　裴健智："贞"解释为正固不动的话，"贞凶"，就为正固不动为凶；和后面的"十年勿用，无攸利"有所矛盾吧？

孙福万：朱子讲"虽正亦凶"，莫名其妙！前面讲其"阴柔不中正"，后边讲"虽正亦凶"——六三怎么可能"正"呢？而程子的解释，好像是绕开了"贞凶"的问题。其实，古经中的"贞"，有的就是占卜的意思，这样解释起来，更通顺。宋儒为把古经意识形态化，往往回避这个问题，统统将"贞"解为"正"，就显得很奇怪。

张国明：或有德、或有才、或有艺、或有智、或有柔、或有貌等等。此六三有德乎？以柔虽刚，不正，少德；有才智乎？失中，则过犹不及，走极端，不智也；有柔乎？居震之极，躁动居刚，柔性少矣；有貌乎？已入互坤，坤为纯阴，阴阳交错为文，文为美，无阴阳交错，难言美也；又坤为大众，上下皆同类，泯然乎众人也，即使有貌，亦非倾城者也。

温海明：那就是按本性一定要动，动则不利。

【"十年勿用"】

武彦平：在刚位。

温海明：六三不正，看来真难啊，知难而避。坤数为十。

张国明：还能有见用的机会吗？答曰："十年勿用。"

温海明：应该是一直想动，想上位而不得用。

张国明：十年啊，人生有几个十年？青春有几个十年？

孙福万：十年！十年勿用，即终生勿用！

张国明：如此不利之局，须早做了断，方为上策，继续持续地苦等而不思改进，贞凶明矣！

温海明：男人就是不为君王所用，当权者所用十年，也是青春不再。

元　融：大家这样解卦，像看宫廷剧一般。一个颐卦，能演变成宫廷剧，也是不易。

【"贞凶"】

张国明：固守之德很好，固守正道自然为吉。然固守我执我私两端又如何呢？

裴健智：程颐把"贞凶"解释为唯正则吉。

温海明：固守躁进之德，必凶无疑。

张国明：穷则思变，方为《易》之真义！六三之愚在不知易也！

孙福万：此六三因为躁动过甚，就像那尤三姐，即使想悔改，也晚了！唯一的办法，就是自刎于柳湘莲跟前，以证清白！

裴健智："贞凶"是固守正道呢，还是躁进之德呢？"贞"一般为正为好事吧。感觉"贞"还是解释为"占"合适，解释为"正"不容易通。

【救】

王昌乐： 六三救在何处？

张国明： 固守躁进之德，必凶无疑。

孙福万： 我看此六三，的确像尤三姐呢！

温海明： 宫廷剧转为红楼剧。

王昌乐： 大易心怀天下，警惕六三。

张国明： 真有点像尤三姐呢！

元　融： 所以，宫廷剧是可以过的。颐卦是两个男人的战斗。

王昌乐： 天作孽尤可违，自作孽不可活。

裴健智： "无攸利"解释为无所往而有利。

孙福万： 中国只有两本书成了"学"，就是《易经》和《红楼梦》。

温海明： 易学和红学，要打通啊。

王昌乐： 阴多柔，居阳位，又躁之极，物极必反。

张国明： 六三救在何处？六三愚固，须智者救之，明者导之，海为水为智，为大水为
　　　　 大智，智救之后再明以导之，海明可也！

孙福万： 《周易证释》认为："六三得贞守亦凶，行亦无利。"

张国明： 再有，六三愚固如此，惨烈如此，可能因福德不足所致，何以救？须赐福之
　　　　 人方可，福万可也！

王昌乐： 性情躁极，不中不正，欲改其性，实属不易。

温海明： 大水有大智。被淹了还能活着，能看到光明就不错啦。

张国明： 颇具仁者之心！若三为男性，汝想救否？

温海明： 确实要有万福才行，功德深厚能消各业。

【"道大悖"】

郑　强： 六三得贞守亦凶，行亦无利。上九为颐卦之主，万民皆待其养，而六三独应
　　　　 之，是以私就独专其泽，所以贞守亦凶。

张国明： 非功德，是福德。

王昌乐： 是以圣人常善救人，故无弃人。常善救物，故无弃物。

张国明： 然上爻居山幽之地，高贤之位，可能缺乏积极入世之心，博施援手之行。

王昌乐： 后宫失火也好，朝堂序乱也好，总之难用。

张国明： 三爻自身问题太多。

武彦平： 积重难返吗？

秦凯丽： 上求同类之人，就不是拂颐了。

王昌乐： 是不是有些人就是牺牲的呢？

温海明： 感觉颐养之道，虽然只是求个温饱，但分寸好难好难，非独此爻啊。

张国明： "道大悖"也正是积重难返！

孙福万： 《周易证释》倒是对六三的处境指明了出路："唯有审慎以求合于上，而毋徒自贞以绝外援之应。由此以进六四，则可转为吉矣"，"所谓拂颐，总不离逆行成养之义，即自别于寻常之道，而图新异之方，如天时之由冬而春，由夏而秋，贵在改革以顺时自养。"

张国明： 只有自身有反省，下大力气改过自新！子曰："学则不固"，"学而时习之"，可救。做孔子门生，夫子因材施教，可救。

王昌乐： 六三自省，那要撞撞墙，才能迷途知返。

孙福万： 《周易证释》对"道大悖"似乎还有肯定之意，并不全是坏事。

温海明： 说得有理，《周易证释》正是天书，有大家都想不出的天解：唯有审慎以求合于上，而毋徒自贞以绝外援之应。

姚利民： 上天给六三改过自新，重新做人的机会。

张国明： 学习改变思维，思维决定言行，言行决定命运！

秦凯丽： 可能是要六三不要太躁动了。

温海明： 是啊，这样就是自己随便乱动，或者正固不动都会有凶险。

秦凯丽： 可能要做到颐养之正道就很难吧。

张国明： 《易》出自多位贤圣之手，又有历代大儒作注。学《易》是改变命运的正途！

温海明： 养正念难，这虽是时势逼你养不得，但最后还是非得要有正念不行啊。

元　融： 为何是十年呢？中间含坤，所以十年。

温海明： 最后的出路还是涵养正念，当下实意而不依托外境，也不为外境所转。

张国明： 是啊，谋食容易谋道难！养色容易养德难！

张国明： 养己以正不易，养人以正难，养于人以正也难呀。

王昌乐： 正养靠何生？

武彦平： 大德明师，必养正念。

周小然： 我以为是艮受了伤才需要用十年。

元　融： 震的一阳能量不足。

王昌乐： 正养靠何生？什么让你一想到立马止住邪念？

张国明： 若要解难，须积福累德，若积福万事，则养正成为习惯，习惯有了，则不为难矣！离不开福万兄啊！

元　融： 良知启用。

温海明： 以正道养己不易，养人难，养于人真难。

周小然： 那不是震变了离了？

姚利民： 十年来自互坤，只是象征。

王昌乐： 什么让你心灵诚净，生养身心？

郑　强： 中爻互坤，坤土之成数为十，故十年；又蓍短龟长，蓍不过十年，为数之极，十年勿用即终不可用。

刘　娜：取象为何取坤而不取艮呢？

郑　强：三爻在坤，不在艮。

元　融：艮一阳在顶上，下面一阳远隔千山万水渴望相逢，中间的坤即是阻碍，坤数取十，故十年。

张国明：有人福德多，养己轻松，养人亦不难，看他赚钱也没费很大气力，也没用很多心计，可能就是福德多的缘故。

孙福万：龚自珍说，"人格渐卑庸福至"！福得配上"诚明之心"，方为真福也！

秦凯丽：不忘初心，先立乎其大者。

王昌乐：不忘初心，先立乎其大者。为国家为人民，什么好像都不管用，只能时断时续。什么可以让你永做正养源头？

秦凯丽：那还是没有真正的"立乎其大"。

（整理者：李芙馥　中国人民大学哲学院博士生）

虎视眈眈　阴阳感应　爱意无限
——颐卦六四明解

时间：2016年04月22日22：00 — 23：08

【明解文本】

六四：颠颐，吉。虎视眈眈，其欲逐逐，无咎。

《象》曰："颠颐"之吉，上施光也。

【讲课内容】

张国明：今天是第四爻了。初爻是个帅小伙。二爻是个好姑娘。

孙福万：颐卦真奇怪，有很多谜，需要我们来揭。

张国明：好在何处？身正一也。

孙福万：终于有好姑娘了。

张国明：处艮之初，得艮静之美，有山之仁。地位较高。有下阳之应。质朴性柔。娴淑静美。安守本分。还是回到爻辞，颠者，上受下养为颠。

孙福万：但这个"虎视眈眈，其欲逐逐"到底是指哪一爻？好像争议很大。

张国明：在颐卦中，二爻、四爻均为阴爻在上受下爻供养，均为颠颐。虎视眈眈，我倾向也是指这个爻。艮为山为虎。艮为丑寅之位，寅亦为虎。四爻已进入艮卦，自有虎象。视者目也，离为目，四爻变则为离，有虎视之象。不过这是雌虎。

孙福万：这是王弼的解释，认为六四为虎。张老师说是雌虎。

张国明：虎视眈眈，看谁呢？

温海明：一说全卦为大离，大眼睛，虎视。

张国明：自是应爻初九。

孙福万：王弼认为是看初九，母老虎看小帅哥！

张国明：阴无力自养，须阳爻方得养，四爻上下皆阴，只有靠初九。上九高高在上，与五爻阴阳相合。如不把初九看好，则麻烦大矣！何也？初爻是帅小伙。

温海明：六四得不到上九的青睐，只好对初九虎视眈眈。

孙福万：二是《周易证释》的解释，也与众不同。它认为"虎"指上九。我照搬下《周易证释》对爻辞的解释："六四居上卦之始，为艮卦之六四爻。艮以一阳在上，下二阴受其覆翼，如物之聚于屋宇之下，又如日月中天，万物皆在其光照之中，此有类于观卦也。阴者下降，今乐近阳而上行，故曰颠，亦逆行之意。但与六二之颠颐略别。六二属下卦，以返而就初九，乃本卦位逆行。六四则依阴爻，由降变升，以亲乎上。乃本爻德逆上，故皆有颠颐之称。……既以阴爻上应于阳，则阳明之下临，其势颇张，故有'虎视眈眈'之喻。盖阳以阴贵，阳上而反下照，其光赫然，阴虽众，莫与之抗，其势勃然，故比之虎视。且艮为虎，互易为巽，风也，风从虎，乃有虎之称，非真虎也，状其力之大，而志之猛，得地与时，有如虎耳。虎狼之物，以暴虐求口食，其情贪，其性鸷，其踞也固，其奔也急，其有图也，狠戾刚愎，不惜于物，不顾其后，遂为人所憎恶。而为虎狼者，不自觉也，以其逞于物欲，徇于私嗜，徒利于目前之得，不恤其前后之失，而其欲逐逐，有如奔马不可复止，鹰隼不可复留，故曰逐逐。"

张国明：综论，四爻是个智慧女性，深通驭夫术的妻子，是可以把浪荡之夫拉回此岸的贤妻。《象》曰："上施光也"，此"上"可能正是指四爻本身，而非上九。

孙福万：《周易证释》："此申释爻辞之义也。六四本在中爻，而有颠颐虎视之辞，则由于得上九之照应也，故曰'上施'。'上'即上九，光指阳言，施者下逮之意。以爻言，六四只有颠颐之象，本阴上求阳之义，而求者必应，刚柔相济，乃得上之下施。可见'虎视'二句，非六四固有，实由上九下及之辞，故宜比之外来之威胁。而不在上九爻，却移于六四者，以上九之施，恰为六四之应，六四上求之情倍切，且中隔六五，若爻辞不明言，则人或忽于上施之义，而不知六四之用也。上九一阳，原覆二阴，非但六四受其施也，因六五得中位，其本身较强，而近于上九，其相得较密，不必言施，已可得其相护之情，明其相养之道，唯六四所居既远，所本甚微，卑以望高，下以盼上，不得正位，则不克自存，唯赖有上九之施，始获占颠颐之吉。而虎视二句，固属上九之下临，以六四之卑微，愈觉迫胁之孔亟，然六四之用，正在依此迫胁，而幸保全。……夫颐大用在养正，六四不克自养，必赖于上九，上九凭陵意气，视六四于贱隶孩婴；虽威加于外，而恩寓其中，虽欲见乎情，而施光其用，此刚柔相济之道，足以明养正之方，果足自养，则无多求于人……学者勿徒视文字之诂，而忘《象》爻之用也。"

【讨论内容】
【"虎"】

孙福万： 一是杨万里的解释。他认为初九才是老虎，六四怕初九，故"其欲逐逐"，"逐逐"是去除的意思。

武彦平： 六四也是好姑娘。

姚利民： 贤慧端庄，一位淑女，气质高雅。

张国明： "舍尔灵龟，观我朵颐"之辈。

元　融： 颐卦、伏卦是互兑，有虎象；大离，有视；颐，本身是口；"虎视耽耽"之象具备，"其欲逐逐"，一张大口下面，有无穷的欲望；上卦之初，本是动心之处。

姚利民： 原来女人是老虎，出处在此爻。

张国明： 初九与己正应，救初九，也是救自己，齐家之事也。

温海明： 那是跟初九暗通款曲，共渡难关，相濡以沫？

张国明： 对初九这样的，能有啥办法？威与柔并用可也。

武彦平： 小伙子不懂事，强迫来办事。

张国明： 一方面虎视，严看死守；另一方面展开女性柔情，以欲逐引之。

孙福万： 程子说，六四质本阴柔，又赖初九来养，故而"虎视"以表示自己之威严。

张国明： 终于挽救了初九，也挽救了家庭。

温海明： 大家的时势都不容易，正好相应，互相拉扯一把，虽然都不好看，但还确是真情实意。

【真爱转变形势】

张国明：　六四之吉，来之不易啊！

元　融：　四爻，在上卦初位，上卦为艮，为止，也只是想想而已，虽受震动，吉。

温海明：　所以患难之时，还是真情第一啊，真爱可以转变形势。

孙福万：　对！初在下位，也需要上边的六四；六四质柔，也需要阳刚的小伙儿。

尚　旭：　"虎"，艮之境象也，后天艮安寅宫，寅主虎。"视"，震也，上视下
　　　　　也。"眈"，沉迷，坤也。"欲"，欲求，艮也。"逐"，追赶，震也。
　　　　　"施"，施行，震也。"光"，广大，坤也。

张国明：　四、初正应，用欲引之，不算邪淫，仍为正道。

元　融：　艮，说卦好像没有虎象。

姚利民：　两情相悦。

温海明：　是有欲望的成分，但不属于淫邪之道，人间正道是真情。

张国明：　非但不是邪淫，而是《易》之真义，生生不息之本。

【虎视眈眈之爱】

鹏　飞：　势如雌虎实似母，作为一个妻子、伴侣，懂得收放，侍夫正途，懂大理明大
　　　　　义，实为不易。当今社会，敢问有几人敢当！高官落马，官夫人功不可没也。

温海明：　六四阴爻正位，本来的德性德行还是可以的，实在是时势使然，虎视眈眈实
　　　　　在有点不得已，其实象征人间有爱，君王有恩。

王昌乐：　虎视眈眈是否可以反其意。

秦凯丽：　虎视眈眈，可能也是爱之切吧。

张国明：　人间有爱，君王有恩！点睛之文！

温海明：　有爱才会虎视眈眈，不爱干吗要虎视眈眈？

张国明：　正是爱之切！历经三爻之凶，终于迎来大爱真爱，终于迎来了"吉"。

（整理者：秦凯丽　中国人民大学哲学院硕士生）

有位有德 得上之养 礼贤下士
——颐卦六五明解

时间：2016年04月23日22：00 — 23：14

【明解文本】

六五：拂经，居贞吉。不可涉大川。

《象》曰："居贞"之吉，顺以从上也。

【讲课内容】

张国明：今天是五爻了。昨天四爻以养家为主，今天的五爻处君位该以治国为主。阴爻不能独立治国，如之何？养贤可也。有贤士高隐可以依赖吗？有，上九也。

孙福万：程颐说这六五是周成王。

张国明：是啊，六五之君，尚不具独立治国之德才，比之成王年幼时还是恰当的。"居"，为安居，贞守安居的行为吉祥，和"不可涉大川"相呼应。

孙福万：如果六五是成王，上九就该是周公。

张国明：六五下无应爻，正好对应成王治国时，地方尚不稳固。

温海明：有说阿斗与孔明。

张国明：阿斗与孔明，也对的。形象。

孙福万：以上养下，常经也。六五以阴居尊，不能养人，反赖上九以为之养，拂于经矣。然居尊而能顺阳刚之德以为养，又处艮体之中，故有静安于正而得吉之象。阴柔不可以大有所为，故又有不利涉大川之象。

张国明：成王比阿斗恰当些。

孙福万：主要是阿斗在民间的形象太差，大家觉得不合适。实际上阿斗没有那么差的。把六五说成阿斗，也可以。反正都是比喻。

《周易证释》的解释："六五居外卦正位，以阴加阳。按之他卦，应为全体主位。而颐以阳贵，阳爻在初上，则主爻亦随之，且上卦为艮，艮之用在上爻。一阳居上，群阴听命，此颐主爻在上九也。既从阳爻之主，则六五当顺以求合于上，阴者下降，反而上行，且违常理，以中爻听命于外，故爻辞曰'拂经'，与六二同。盖六二为内卦中位，亦不主内卦，而反听命于初九，是违易之原例，而称拂经也。然六五之拂经，却异于六二，则以内外之地不同，动止之用不类，进退之数不一，顺逆之道不伦。"《易经证释》对"居贞"的解释："居以位言，贞以德言。有德有位，无诈无虞，故曰居贞。"评价很高！

《象》曰："'居贞'之吉，顺以从上也。"《周易证释》："六五为阴爻之尽，是中虚之极，必资于外以补益之，方足充其生成之用。然非以身殉物也，非舍己求人也，取人以裨我，因物以赡身，故必先有守，而后可有为；先自固，而后可自展，此居贞之吉，实由时地之宜，因应之妙，而后得之。虽贵乎顺从，却重在择取，六五得位，乃能因势适宜，而不违乎养正之道。占者得此，要先定其心志，委宛自全，不得以顺从之辞，而忘居贞之训也。"

【讨论内容】
【"居贞吉"】

张国明：　"拂经"已讲过。上养下，君养臣为正，反之为拂！

裴健智：　贤士是指上九？

王力飞：　"居"，为安居，贞守安居的行为吉祥，和"不可涉大川"相呼应。

裴健智：　"贞"解释为正固不动还是顺上九而动？

孙福万：　六二拂经而凶，此拂经而犹吉者，为什么？因为六二属于动体。贪求于人以自养，则失正而凶。而六五属于止体，虽不能养人，而能用人以养人，则正矣，故吉。

张国明：　居、贞都有静定安守之象，正是阴爻特性决定的。

孙福万：　六五属艮之中，应该是贞固之义。

元　融：　六二、六五拂经，有差异。

张国明：　"涉大川"为动往之象，不可以，亦是阴爻性质决定的。六五之吉，最大的原因是礼贤下士，养贤尊贤！贞有固守意，安定自守，不轻易为外物牵动，不会颠来颠去了。

温海明：　上九是颐卦的根源，六五有位有德，能得上九之养，何幸如之。

裴健智：　上九是利涉大川，因为是阳爻，而且静极必反。六五之吉，最大的原因是礼贤下士，养贤尊贤。意思是让上九在六五上面？六五为艮卦中位，故唯有贞固才能吉。

张国明：　六五之吉，最大的原因是礼贤下士，养贤尊贤。意思是让上九在六五上面？我理解可能是凡大事则下问之，或委以国事。

裴健智：　有点因循时势的意味。因时而为。

王力飞：　臣养君要悄悄的，不能大张旗鼓。

裴健智：　大发了容易出毛病。

【顺上的分寸】

张国明： 此"不可涉大川"在卦象上有没有依据？愚见：此为艮中爻，大山之象，山
为静，川为动，一阴一阳也，有高山必有大泽。

孙福万： 尚秉和认为，坤为大川，六五下临坤，故不利"涉大川"，而只能顺上。

温海明： 分寸挺难。

裴健智： 虞翻认为，涉上成坎。

温海明： 六五看来也是别无选择。

元　融： 六二、六五的"拂经"，颐卦是正反卦，正反震或正反艮。六二和六五是上下
卦中位，都有"拂经"之言，所指明确，颐养不能违背颐养之道。颐养之道，
自求口实；联系到治国实际，独立自主，自力更生甚合颐养之道。六五在上
卦，居贞吉，上艮卦中位，提示要有知止的心，不可躁动，一切是吉祥的。

裴健智： 功成，名遂，身退，天之道也。

温海明： 颐卦好像每一爻选择的余地都很小，吃点东西有这么难。

孙福万： 民以食为天，吃一直是个大问题。

王力飞： 颐不是问题，问题出在拂。

温海明： 是啊，这说明要开心，要养生，那一定有分寸有条件的。虞翻认为，乘阳无
应，故"不可涉大川"。没有对坎卦解释。

王力飞： 什么阶段"拂"，很重要。

张国明： 颐卦的六五与贲卦六五似乎很像，但实际上不同很多，主要是主题不同，一
个是文饰，一个是颐养！

秦凯丽： 拂也不见得就不好。

王力飞： 易的生命力在于相机而动。

孙福万： 对！这里的"拂经"就是"居贞"，是以"拂经"为"居贞"，而"居贞"
也即是"不利涉大川"。

陈佳红： 六五貌似没有乘阳啊！

温海明： 当止则止，止于自身的能力，止于时势的分寸。

王力飞： 到六五，颐养到高位了，安静地拂经是好的。

张国明： 时势把握各爻虽主题相同，然时异位异，相机而动，或吉或凶，时也命也！

孙福万： 因为六五以阴柔居君位，只有依赖上九才能行其养人之责，不"拂经"
岂能"居贞"？

张国明： 卦与卦之别在主题不同。爻与爻之异在时位不同。您理解的先以卦象定主题
很正确。

温海明： 违反常道不要紧的，要紧的是要走正道。

孙福万： 六五是"反经行权"，是正道。

温海明： 正道不见得是一般的道，可以是很不一般的道。

张国明： 打破常规，也是一种道。

温海明： 特殊的道也可以合于天道。

孙福万： 你这也是"拂经"，但是为了学经，所以也是正道。

张国明： 特殊的道也可以合于天道。

秦凯丽： 天无弃人，无弃物，也无弃道啊！

温海明： 天道可以行权，但应该是出于公心，为他人，为天下，如果为一己之私，就不好了。

张国明： 六五顺上，阴以从阳，君王礼贤恰是正道，而非权道！六五之时，天道未失！

秦凯丽： 要坚守正道。

温海明： 就像今天读《传习录》，阳明强调用心感通宇宙的节律，大家今天被老师们的节律感动了一下。

（整理者：孙世柳 中国人民大学哲学院硕士生）

颐养之由 阴阳互造 佐君养民
——颐卦上九明解

时间：2016年04月24日22：00 — 22：55

【明解文本】

上九：由颐，厉吉。利涉大川。

《象》曰："由颐厉吉"，大有庆也。

【讲课内容】

孙福万： 很多人认为此"由颐"与豫卦九四的"由豫"一样。陈梦雷释"由豫"为："卦所由以致豫者"。如此，"由颐"就是"卦所由以致颐者"。上九正是"佐君以养万民者"。

张国明： 下三爻侧重养己，四爻驭夫齐家，五爻养贤治国。上爻则至顶峰，佐君以养万民者也。孟子曰："王如用予，则岂徒齐民安，天下之民举安。"是孟子佐君养万民之意，明矣。

王弼曰："上九以阳处上，而履四阴，阴不能独为主，必宗于阳也，故莫不由之以得其养。下临四阴为坤为众，正是万民之象。则上九为帝王师。艮为山，仁者乐山，上九正是仁者之象，劝勉君王行先王之道，推行仁政以王天下！然帝师有帝师之道，毕竟不是君王本身。如此帝师需格外注意一事，不可越俎代庖，不可因君王民众的信任而忘乎所以，不能妄自尊大，稍有瑕疵，则可能会有流言蜚语，正所谓：'周公恐惧流言日'。"

【讨论内容】
【"厉吉"】

孙福万： 《周易证释》对"由"和"厉"的解释："由者即率也。由颐即率性为养也。而必自厉，以制其欲，格于物，致其和，而达于中和，斯厉之所为也。"

裴健智： 程颐："常怀危，厉则吉。"

张国明： 说白了：别忘了君王的戒心，帝王师很危险。

裴健智： 心里要时时刻刻，战战兢兢，如履薄冰，如临深渊。不能妄自尊大。

温海明： 程颐、朱熹、康有为，都伴君不过三月，很难。

孙福万： 这个解释，我觉得挺好！"由颐"就是可以专权，有很大的自由。此时唯有"自厉"，即自己要谨慎、严肃、庄重，则可得吉。这就是"厉吉"的意思。

裴健智： 程颐大概就是这个意思，保持内心的警惕。

温海明： 他们修养没问题，时刻临深履薄也不行。

张国明： 是啊，很难，弄不好身首异处。

裴健智： 利涉大川，就是要勤奋。

姚利民： 原来位置越高，风险越高。

温海明： 到上九就是提着脑袋干革命了。

裴健智： 只有及时隐退才能保全吗？

张国明： 尽管有厉，毕竟为吉。

王力飞： 上九处颐之上，艮之上，吃和说均不随意动，由着它，也是较静守的。

张国明： 毕竟君王还是信任的，民众还是拥戴的。

王力飞： "厉"，和慎言语、节饮食相呼应，故吉。

温海明： 上九是颐养的来源，虽有危险，但是吉祥。

张国明： 如周公、诸葛。

王力飞： 上颐高瞻远瞩。

张国明： 既如此，如不尽展平生所学，不有为于天下，就是君王了。

温海明： 马恒君说从观卦变来，上九本来快被剥掉了，变颐不动如山，发出了会心的微笑，安全了，多开心。

【 "利涉大川" 】

孙福万：　按此卦，上九倒也没有什么危险，因为六五质柔，还是有求于上九的。老臣
　　　　　配弱主的架势，没有什么问题。

裴健智：　正常情况下没有危险，然而仍然要有警惕之心。

温海明：　上九危险不太大，前面只是描述伴君如伴虎的危险！

张国明：　正是。此爻正是君臣同心，如鱼得水，共谋大业，同涉大川。

裴健智：　张惠言解释虞翻，认为，失位，故厉。

张国明：　结局：大有庆也。

孙福万：　据我所知，从卦变的角度，这个颐卦居然有四种来源：晋，临，观，震。可
　　　　　见卦变有点不靠谱。

裴健智：　《彖传》："颐之时大矣哉。"上九还要待时而动，时止时行。按照天道而
　　　　　行，不能主观臆断。

温海明：　上九跟六五确实关系不错，君臣同舟共济，险中求胜。

王力飞：　厉颐可涉大川。

张国明：　下三爻小爱在身，上三爻眼界开阔，登山望远，大爱在心！

温海明：　历史上卦变有很多不同的系统，马恒君的系统比以往的系统都较为合理一些。

孙福万：　当然，也不可全然否定卦变。

姚利民：　受老师讲解启发，想起孔明的《出师表》。

张国明：　下三爻侧重养己修身，四爻齐家，五爻治国，上爻平天下，完美的儒家路线图。

裴健智：　马恒君根据观颐认为从观卦来，见解非常有理。

张国明：　学完此卦再读《出师表》，会有新的体会的。

温海明：　从齐家虎视眈眈的大爱，到治国安民的大爱，再到君临天下颐养万民的
　　　　　大爱。

【 阴阳互造之养 】

张国明：　有斯妻成就斯夫，有斯君成就斯臣！有斯柔成就斯刚。

温海明：　阴阳相互造就。

裴健智：　按朱熹，下三爻皆是自养，上三爻为养人。从修身，一直到治国平天下了。

张国明：　"阴阳相互造就"，此语道尽《易》之精髓！

温海明：　整个过程都要阴阳相辅相成。

张国明：　《易》之无他，唯阴阳相成也。

温海明：　所以阴阳感应是《易》之枢机。

张国明：　离开妻道，柔道，臣道，阳无所成也。《易》之为书，表象尊阳，实则阴阳
　　　　　互辅，彼此共成也。

孙福万：　自养、养人、被人养，均不易！

温海明： 阴阳之间的张力决定着阴阳感应力或爱力的深度、广度、力度。

郑　静： 加柔度！

裴健智： 可以算是一个递进的过程？

温海明： 感觉颐卦每一爻阴阳感应的力度都在增大。

孙福万： 与其被养，不如自养。我们凡人，记住"自求口实"就行了。至于"养贤以及万民"，难啊！但"养家"的事，不能放弃！

温海明： 学《易》可以提升大家的阴阳感应力。

裴健智： 若从观卦变来，是阴气日增，阳气日衰之时，阴气占主要。但颐卦整个卦为大离卦，离为火，火炎上，又是阳气日上，故有阴阳的感应力。

温海明： 吃饭，养人，谈何容易。

裴健智： 老师在自养、养人，我们是被养。

孙福万： 温师的张力说很好！颐卦，就像个拉力器，两个阳爻拉四个阴爻？

张国明： 张力，很形象。

温海明： 有意思，形象到位！阴阳都被拉扯得厉害，吃口饭都不容易。

张国明： 是呀，为了一口吃的，古往今来多少事啊！思来令人感叹啊！

温海明： 为吃一口饭引出的悲欢离合的故事何其之多。

（整理者：贡哲　浙江大学哲学系本科生）

（本卦校对：曹海洋　中国人民大学哲学院研究生）

时　　间：2016年04月25日22：00 — 22：30
导读老师：林文钦（高雄师范大学国文系教授）
　　　　　孙钦香（江苏社科院哲学所助理研究员）
课程秘书：孙世柳（中国人民大学哲学院硕士生）

独立不惧　遯世无闷　自守待时

—— 大过卦卦辞明解

28 大过卦

巽下兑上

【明解文本】

大过：栋桡，利有攸往，亨。

《彖》曰：大过，大者过也。"栋桡"，本末弱也。刚过而中，巽而说行，"利有攸往"，乃亨。大过之时大矣哉！

《象》曰：泽灭木，大过。君子以独立不惧，遯世无闷。

【讲课内容】

林文钦：各位好！今天为各位介绍大过卦。

〔前言〕《说文》："过，度也。从辵呙声。"即过度之意。段玉裁注曰："引申为有过之过。"《周易正义》："四阳在中，二阴在外，以阳之过越之甚也。"《易程传》："泽、润养于木者也，乃至灭没于木，则过甚矣，故为'大过'。"《重定费氏学》马其昶曰："《易》卦名每兼数义。过，越也；过，差也；过，误也。义各有当也。"《周易译注》：卦名称作"大过"，象征"大为过甚"。阳刚称"大"，本卦四阳居中过盛，故名"大过"。

大过，帛书作"泰过"，事情太过之义。"泰"假借为"大"。

卦象：泽灭木。兑泽在巽木之上，反而淹灭了树木，为水势过大之象。又四阳二阴，阳爻盛于阴爻一倍，阳过于阴，名为大过。中间四阳爻象，四根结实之梁，致使初、六两阴爻，力弱不支，则势将摧折。

[卦义] 大者阳也。四阳居中，过盛，所以名大过也。泽本润木之物，今乃灭其木，是大过矣。池泽为蓄水之地方，蓄水本为灌木之需，但水若过甚，反而不能相益，过湿则腐，不但失去滋养之功，反会溺死木也。意思是水虽能养木，但木却入于水中，其养过大，却害木，故此卦定有险象。

[卦体] 四阳二阴之卦，属震宫（游魂）卦。大过卦，与颐卦是"错卦"，阴阳爻完全相反，非常行动，需要非常给养，所以，养与过交互为用。综卦大过，内互、外互，合互皆乾。卦德：下卦巽体为巽顺，上卦兑体为和悦，情柔性柔，情悦性入。在大过的时候阳盛阴衰，能遵守巽顺和悦之道，则适合进往，且含藏通达的道理。

大过卦为一大"坎"卦之象，故有洪水泛滥之意。因此，得此卦者，此时有如身陷水中，身心不安，受苦之际。合而言之：此卦兑上巽下，中间四阳，刚强坚实，两端二阴有软弱之感，如果用这种木做栋梁，是不能承受屋顶的压力，而造成两端向下弯曲。所以诸事不顺，上下二阴不堪其重，住居身心不安，有危险之意。

大过就字面来说，即大的过错、太超过的意思。易学上则专指阳过，阳气过盛。卦义则有头重脚轻，栋梁不稳，组织虚胖的意味。

帛书作"泰过"，义同大过。《归藏》以及王家台秦简皆作"大过"。清华简的文献整理者认为这是"过"的异体字，但其实应该是"化"的繁化。"化"可通讹，过错、差错的意思。

《易经》以阳为大，大过就是阳气太过。《序卦传》："颐者养也。不养则不可动，故受之以大过。"因此大过为颐养太过，而使阳气过剩，以至于本末不均而孱弱。于人之养生来说，过于养尊处优而呈虚胖于内，身体开始疾病丛生。于企业组织则是人事老化，主管过多，有将无兵，大头症严重，开始问题百出。《杂卦传》说"大过，颠也"，就是颠倒的意思，也是《象传》说的"栋桡"，栋为屋子最重要的支柱，摇动了，就有倾倒的危险。

《系辞传》："古之葬者，厚衣之以薪，葬之中野，不封不树，丧期无数，后世圣人易之以棺椁，盖取诸大过。"大过取象为棺椁，因此大过卦又有死亡的凶险，此上六说的"过涉灭顶"。

六十四卦中有四个阳爻者相当多，但为何独此卦为"大过"？主要为四个阳爻聚集于中央，而上下分别为一个阴爻，呈现上下皆阴虚，本末羸弱，无法承受四阳的样子，因此《象传》说："大过，大者过也。栋桡，本末弱也。"

卦辞解 大过，栋桡。利有攸往，亨。

[注释] 大过：卦名。异卦相叠。上兑下巽。兑为泽、为悦，巽为木、为顺。四阳居

中，阳大阴小，过于盛大。栋桡：栋，栋梁，屋脊的主要部分。桡，木头弯曲。

[**分析**] 大过卦讲的是事物发展过程中的一种特殊形式。此时此刻的状况有反常状态，处于一种非常时期和非常状态下，也就是"大过"即大为过度。因此，处理这种不同寻常的事物必须采取非常的手段。大过时期的特征是危机过重，于是，卦辞以房屋的栋梁出现"桡"加以象征和具体、形象、生动的比喻。面对非常时期的非常事物，一定要有大才、大德的人方可承受，方可完成任务。他们凭着自己的本领、才干，凭着自己为公众事业的献身精神，在这种形势下，敢于舍弃个人的一切，系天下安危于己身，挺身而出，力挽大厦于将倾（栋桡），竭尽全力扭转时局，通过一番努力，终于赢得了亨通顺利的结局。具备上述能力的君子由于能力过人，本领超群，势必会招致种种的非议。对此，君子必须具备"独立不惧，遁世不闷"（《象》）的心态。置名利得失于不顾，面对是非而不惧，甚至遁世隐退仍能坦然对待。

《周易》在倡导"大过"精神的同时，又及时地提出"刚过而中"（《彖传》）的原则。完成非常时期的非常行动，非得依靠能力超群的"刚过"人才不可。但"刚"务必适度，即"中"，这就是"过而不过"，恰到好处。大过卦表现的思想，尤其提出的"适度"原则，实在难能可贵。

大过卦"时"义释义

大过卦"时"的意义在能刚过而中。大过卦，上卦兑为泽，下卦巽为风、为木。《程氏易传》："泽、润养于木者也，乃至灭没于木，则过甚矣，故为'大过'。"泽本当在木下，润养于木，如今泽在木上，淹灭了木，此一反常现象，表示逾越常度太过头了。

"大过"的意义是大过其常度，就卦义来讲，是阳刚超越了阴柔。本卦四阳居中过盛，所以卦名"大过"。《易经》中含四阳之卦共有十五卦，何以唯独此卦名"大过"？不是因阳多于阴，是因四阳集中于卦中四爻，二阴分居于卦的本末。阳为大，阴为小。本末弱，中央过强，故有大过常度而"栋桡"的现象。《周易全解》云："大过是阳之过。阳为大，故阳过称大过。推广开来，凡事超过一般的水平，达到非常的程度，比一般常见者大，都可谓之大过。"大过的"过"不是"过犹不及"的过。"过犹不及"是说做事要求中，不使不及或过头。不及或过头都是不中，应纠正，而大过强调的是大小强弱的"大"，不存在纠正。

《彖传》："大过，大者过也。"就是说"大过"是一种不寻常的现象或举动。从语义上而言，大过就是"矫枉太过"，也就是动大过于常度的意思。"矫枉太过"是一种必要的但又不得已的举动。处"大过"之时，事物反常，亟待整治，是君子大有为的时机，所以王弼《周易注》云："是君子有为之时也。"

张善文于《周易辞典》中解释说："自然界及人类社会中，事物的发展有时将导致阳刚过甚、阴柔极弱，或主体因素过甚、附属因素极弱等情形；于是'生态'失调，物象反常。这就是大过卦所揭示的'大为过甚'的事状。卦辞先取'栋梁'曲折下桡为喻，表明阳刚者'大过'而阴柔者不胜其势的景况；再指出此时亟待'大过人'之举奋力整治，则可以调剂阴阳，走向亨通。"

大过卦是大事大变之卦。君子处"大过"时机，如何表现"大过人"的襟怀，奋力整治"大为过甚"的事状，《程氏易传》云："大过之时，其事甚大，故赞之曰'大矣哉'。如立非常之大事，兴百世之大功，成绝俗之大德，皆大过之事也。"

大过之时，必有大过之事。大过之事，如兴国、易俗、立君等。欲成大过之事，不得其时不能成，或虽得其时，而无"刚过而中"的人亦不可成。所以《大过·象》才有"大过之时大矣哉"的赞叹。

大过卦，以栋梁两端柔弱不胜重压，以致曲折弯桡，用来比喻事物刚大者片面过甚，而柔小者不胜其势的反常状态。所以《周易集解》引向秀云："栋桡则屋坏，主弱则国荒。所以桡，由于初、上两阴爻也。初为善始，末为令终。始终皆弱，所以栋桡。"

阳刚发展超过了中道，已有了"栋桡"的缺失，为何《象传》还赞叹大过卦的"卦时"重大？大过卦中四爻虽然刚过，但二、五两爻都得中用事，能以中道处事，《程氏易传》云：刚虽过，而二、五皆得中，是处不失中道也。下巽上兑，是以巽顺和悦之道而行也。在"大过"之时，以中道巽顺而行，故"利有攸往"，乃所以能亨也。

大过卦的所谓"中道"，是"时中"的"中"，即随时调节以执中用权。《周易正义》云："此衰难之世唯阳爻乃大能过，越常理以拯患难也，故曰大过。"拯治"大过"的根本原则，是"刚柔相济"、力求平衡。在整治的过程中，"大过人"的行事原则又极为重要。卦中所取"枯杨生稊""老夫女妻""枯杨生华""老妇士夫"等喻象，即含有"非等寻常"越常理以拯患难的用意在。朱维焕于《周易经传象义阐释》中说："自其设备之立场观之，则兼示乎非常之境况，而有期于非常之行为。"而所谓"非常行为"，莫过于上六"过涉，灭顶，凶，无咎"所寓含的"杀身成仁"以救"大过"的行为意义。也就是《周易学说》引李士珍所云："时无可为，祸无可避，甘罹其凶。"为拯济时艰，不计个人生死，唯大难之拯救时务的行为，对本卦"时大"的意义，深具启发性意义。所以说："大过之时大矣哉！"（《周易时义研究》）。

大过的象数学

大过卦是本末柔弱之卦。大过是非常时期之卦。这时，将发生大事件。或谓家里濒临破产而出孝子，或国乱见忠臣，疾风知劲草等等，将有人建立不世出之大功的时候。在大过之时，论谋事，却过于重大而力有未逮。换言之颇为吃力的时候。卦象有大坎之象。因此凡是逾越本分或时机过晚之事，均不宜进行。私事务宜缓办或隐退，公事上义不容辞则必须毅然决然奋勇而为之。

以本卦卦象比喻人品，因兑口相背之象，可推断其有二心，或自负心强，或刚愎自用等。

论计划、事业等私事，均为凶兆。表面虽然饰得尽善尽美，基础却相当脆弱。对事不自量力，处在不稳定的情况，一有风吹草动，将会被毁坏。

【讨论内容】
【力挽狂澜】

孙福万：乾卦《文言》解释初九时也提到了"遁世无闷"，提个问题：这和大过卦《象传》的"遁世无闷"有联系吗？"遁世无闷"和《论语》中的"人不知而不愠"亦可互参。

温海明：危局之中，力挽狂澜。大过之时势，虽千万人吾往矣。

罗仕平：用之则行，舍之则藏，不求无过，但因无惧。举世混浊，我亦往之，亨之与否，但在于天；知亨而往，投机宵小，无成而进，惟乎圣心！

叶秀娥：与小过比，小过求的是短利，是小事小利。而大过卦则是为了大破大立，因此不惜大大超过，或是犯下大的错误，杀身成仁亦在所不惜。大的超过，大的过错，平衡为佳，不平衡为不佳。又可以解为大的超过，或阳的超过，那面临这种局面又如何因应——刚柔相济为上，以此原则就能处大过之难。有相反相成的意义。

　　综合老师之说：1.面临大难，走为上策。故吉。2.大难，正可激发潜大的能力，贤才得以施展，故吉。3.大过主做大事，大时代就应有大破大立，不可拘于现状，有置之死地而后生的感觉。

罗仕平："疾风知劲草，板荡识诚臣。"

温海明：置之死地而后生，杀身成仁。也可以这样理解，大过属于危机处理的关键时刻，应该挺身而出，舍我其谁。

陈鹏飞：我很喜欢大过的九二和九五，应该有这样的品质：于危机处理的关键时刻，应该挺身而出，舍我其谁。

孙钦香：据《程氏易传》所说，泽本来是滋润树木的，现在却灭木，便是大过之象，君子观此象，便可挺立自己的大过人之行。中间还是需要有转折之处，否则困于大过之象不能有作为。

温海明：是啊，大厦将倾，有灭顶之灾，此时要力挽狂澜，扭转乾坤。

【杀身成仁】

叶秀娥：大过卦辞，"利有攸往"。"亨"，如何解呢？我以为天下极难事，正是天下贤才施展时，所以亨。

王力飞： "利有攸往"，是针对于"栋桡"来说的。正梁弯曲了，不适于在家里待着，得外出采取行动。"亨"，是发展变化，指"大过"的发展变化。小过，飞鸟左翅膀和右翅膀的差别；大过，主梁扭曲侧梁顶替的差别。

叶秀娥： 阳过阴为大过，阴过阳为小过。从卦象上是这么理解的。泽灭木，死路一条时，最大的赢家是杀身成仁，所以老师说，想成大事业者当读大过卦。

（整理者：王璇 中国人民大学哲学院硕士生）

大过之时 敬重持守 可得平安
——大过卦初六明解

时间：2016年04月26日22：00—22：47

【明解文本】

初六：藉用白茅，无咎。

《象》曰："藉用白茅"，柔在下也。

【讲课内容】

林文钦： 大过卦初六解：《系辞》：初六 "藉用白茅，无咎"。子曰："苟错诸地而可矣。藉之用茅，何咎之有。慎之至也。夫茅之为物薄而用可重也，慎斯术也。以往，其无所失矣。"

　　[释义]《说文》："藉，祭藉也。" 段注，凡承藉，蕴藉之意。《说文》："茅，菅也。"《周易译注》：时当"大过"，以柔弱卑小处于极下，自宜敬慎承阳，才能以彼刚济己柔，避害趋利。

　　以白茅作为敬献，谨慎其事，没有罪咎。

　　过于谨慎，但可因此免于罪咎。阴柔而又谨慎，可说是过度谨慎，但因为正处大过的时候，所以谨慎正可以保得平安。

大过所谓的"本末弱"分别指初六和上六。初六以柔处刚，不当位，又处栋桡之时，原本应是有罪咎，能够无咎是因为能够承阳（为顺），上又与九四相应，属于能够随刚而与刚互济者，故得无咎。

初六无咎，是谨慎持守所得，阴柔处下，唯有谨慎、敬重其事，才不会犯错误。

《系辞传》孔子解释这一爻说："苟错诸地而可矣。藉之用茅，何咎之有？慎之至也。夫茅之为物薄而用可重也，慎斯术也以往，其无所失矣。""白茅"为祭祀时用以包覆祭品之用，表示慎重其事。孔子意思为，原本随便放在地上就可以了，但为慎重其事，荐礼使用了白茅，怎么会有罪咎？白茅是很轻贱而卑微的东西，但是它的应用却可以是很慎重。以如此小心谨慎的方式前往，就不会有过失。"藉"为荐，取敬献之意，谓敬献之物以白茅做为包覆，白茅为洁白纯洁之物，以白茅包覆代表慎重其事。

《诗经·召南·野有死麕》曰："野有死麕，白茅包之。有女怀春，吉士诱之。"白色香茅包裹死麕，少女怀抱着柔情，美男子以深情拥抱多情少女，乃三迭亲密的遭遇，基本并未超过尺度，所以说洁白柔软的茅草垫着祭品，无可咎责。

"野有死麕，白茅包之。有女怀春，吉士诱之"，前两句是起兴，即用白茅把死麇包起来，表示珍惜，兴起下文"有女如玉"，表示要好好爱惜。

爻辞解　初六，藉用白茅，无咎。

[**注释**] 初六，阴爻，居下卦的下方，顺柔至极。"藉"，铺垫，这里指铺在祭祀礼品下面的垫物。"白茅"：柔软、洁白的茅草。巽为风神，为草木，有白茅之象和祭祀之象。

[**分析**] 在非常时期，对处于非常状态下的事物一定要保持冷静的头脑和小心谨慎的心态。这是完成非常行动的关键。才力过人的"强人"往往是魄力有余而慎重不足，以致功败垂成，遗恨千古。这一爻用祭品下铺白茅比喻办事一定要慎而又慎，思前顾后，做到万无一失，从而达到敬慎而不败的目的。初六柔而又柔，表明任何行动，尤其是非常行动，必须从一开始就十分慎重。不过，柔指的是"心"（思想）而不是才能和行动。

小象解　《象》曰：藉用白茅，柔在下也。

[**综论**] 古时席地而坐，不用桌子等，祭祀时，将供品的容器，直接放在地上，铺上清洁的白色茅草，表示恭敬。

"初六"如《象传》所说：阴柔，又在下卦"巽"亦即顺的最下方，极端柔顺。所以处在非常时期，以戒慎恐惧的态度自处，就像在祭祀时，于祭器下再铺上白茅般的郑重，所以无咎。这一爻，说明在非常时期行动应当非常慎重。

"苟错诸地而可矣！藉之用茅，何咎之有，慎之至也。夫茅之为物，薄而用可重也，慎斯术也以往，其无所失矣"。这是在暗示，自古任大事者，必以小心谨慎为基。

同时也是在告诉我们：谨慎又谨慎是一种最稳当的手段。在平时被我们认为是不重要的人物，在适当的时机之下，也会变得非常的有用及非常的有价值，所以我们在平时交朋友，岂能只往高处攀？因为天底下的事物，是不能用"绝对"二个字去衡量的，什么是好，什么是坏，谁是有用，谁是无用，这完全要靠人事物当时所处的"时"和"位"而定，就像白茅草一样，价值虽微薄，但也有得到重用的时候。所以说："大过之时大矣哉。"

综合而言：初六，处在大过之时，以其居初，上承四刚，用絜清之白茅，正所以示敬慎也，故无咎。处在大过之时，力量微弱的人，如以敬谨之心去包容它，必然可以无咎。因为柔为内卦巽卦的主爻，又是阴爻的缘故。

初六的象数学　占到这爻时，诸事务必谨慎。况且实力薄弱的人，更须格外慎重以因应之。如果以被动的立场谨慎以从事，也将无咎的了。量力而为，不做超越本分的事，如果自己无法承担，必须表明而辞退之。与人相处，倒是应该以柔和态度容纳对方。

孙钦香：《系辞传》所引此爻的译文：初六，用白茅做衬垫，无害。夫子说，祭品如放在地上也是可以的，现在用茅草来衬垫，有什么不好？是慎重之。茅草是很微薄的，用起来却很慎重。用这种慎重的态度来做事，就没什么过失了。

温海明：这爻的歧义很少，算是简明浅显，只是把爻义落于行动中要慎重，意义极为重大。

【讨论内容】

　　裴健智：　初六处于比较低的地位，要认识到自己处于卑的地位，并且守好自己的本分，量时而行。颐卦为大离，大过卦为大坎。

　　叶秀娥：　大过初爻，处阳位，最有续发力，然阴柔，无以对抗求生之道，就是以柔对刚，伸手不打笑脸人。白茅，白者纯也。居巽下，是慎而又慎，洁而又洁，真诚之心无敌。大过指做大事，须大智大勇，更须谨慎小心。

　　　　初六，正是所谓百炼钢可化为绕指柔。柔弱生之徒，老氏诫刚强。大过唯二的两阴柔，初六阳位柔成，上承九二，又与九四应。阴配阳，得吉。上六，阴爻阴位，一片死寂。阳过的生存之道，就是取阴以谐。即使理直若能气婉，则更显智慧圆融。本卦以二四为主爻，均是阳居阴位，符合阳过剩的补救之道。

　　　　九五，阳居阳位，虽中正又得位，但以大过卦而言，与九二之阳无应，下乘九四亦是阳。唯一能取的阴就是上六，九五上承上六，实在为难他了。换言之被上六阴乘阳。勉强取的阴阳配，却是不堪。

（整理者：张馨月 中国人民大学哲学院硕士研究生）

枯杨生稊 老夫少妻 绝处逢生
——大过卦九二明解

时间：2016年04月27日22：00 — 23：21

【明解文本】

九二：枯杨生稊，老夫得其女妻，无不利。

《象》曰："老夫女妻"，过以相与也。

【讲课内容】

林文钦：今天一定有许多人想探究"老夫得其女妻，无不利"的意涵。

[释义] 枯萎的杨树生根发出新芽，重现生机，犹如老丈夫得到年轻的妻子，无往不利。

大过之为凶，在于阳刚过盛而呈栋梁弯曲，房子结构不稳，泽灭木。大过之为亨在于阳刚者得阴之相济，则阴阳调和。九二与九五都与阴爻相比邻，是能得阴调济者，所以两爻都有得妻之象。但九二为无不利，九五为无咎无誉，何故？因为九二之得妻有如杨木往下生根（阴爻在下），九五则有如杨木向上开花（阴爻在上），生根是重现生机，开花则是回光返照，不但无济于树木的枯萎，反而加速死亡。

其次，九二为初六所承载，为阴以济阳，妻帮夫之象，故为吉。九五则为上六所驾御，柔乘刚，阴伤阳，妻克夫之象，所以说"老妇得士夫，无咎无誉"。

"稊"有三解：一是花芽，二是幼芽，三是树根。九五言"枯杨生华"，吉凶殊异，因此不作花芽解。郑玄作"枯杨生荑"，荑即幼芽，枯杨生稊即枯掉的杨树发芽之意。发芽为重现生机，相对于九五开花为死前回光返照。宋明儒则以稊为根。

九二爻动变得《周易》第三十一卦：泽山咸。这个卦是异卦（下艮上兑）相叠。艮为山，泽为水。兑柔在上，艮刚在下，水向下渗，柔上而刚下，交相感应。感则成。

爻辞解 九二，枯杨生稊，老夫得其女妻，无不利。

[注释] 九二：阳爻之始，居中。稊：树木新生的枝条。黄寿祺《周易译注》：枯杨生稊，老夫得其女妻——稊，通"荑"，树木新生的芽、枝，《周易尚氏学》："稊、荑，同字，荑为木新生之条"。本爻拟象十分生动，以枯杨生出新枝老汉娶得幼妻，比喻九二以"过甚"之阳得处中位，下比初六柔弱之阴，遂能刚柔相济，各自获益；以此处"大过"，

则无所不利。

本爻辞的意思是：已经枯萎的杨树根部又长出了新的枝叶，老年男子娶了位年轻的妻子，没有什么不利的。

小象解 《象》曰：老夫女妻，过以相与也。《象传》意思是：老男人娶少女为妻，是说九二虽然阳刚过了头，但仍然能与初六爻和睦相处。

[综论] "稊"是老根长出新芽。"女妻"是少女为妻子。"九二"是这一卦四个阳爻中最下方的一个，正当阳刚盛大过度的开始。"九二"在上卦无应，与下面的"初六"接近，阴阳相吸，有亲近的可能。但"九二"是盛大过度的阳，与"初六"结合，就像已经枯了的杨柳，由下方的阴性，得到生气，重新长出新芽；老人讨得年轻的妻子，可以生子。所以，没有不利。

《象》说：这是过度的"相与"，亦即过度有缘分的结合。意思是说，不可过度刚强，应当刚柔相济；也有不可单独行动，应当寻求适当的伙伴，才会有利的含义。

枯杨生稊（根），老夫能娶少女为妻，这只是一种比喻，也就是适位的原因。"大过"之时，阳刚已"过"，只可济之以阴柔，不可再济之以阳刚，所以在大过的时候，各爻以居阴为吉，不以得位为吉。九二居阴又位处中况又近阴（初六），所以有枯杨生稊，老夫得其女妻之象，此乃刚资于柔以成务者。

[分析] 杨树的再生能力极强，枯老的树干下通常能生长出新的枝条，从而实现新生。九二以这种自然现象十分恰当、生动地比喻老汉娶了个年轻的妻子仍能够生育，繁衍生命，而且老夫少妻"过以相与"（《象传》），彼此亲密相从、相助，刚（九二）柔（初六）互济，相得益彰，尤其对九二更有好处，在初六的影响下，可返老还童，再现青春。枯杨生新枝和老夫少妻的现象都没有违反自然界的规律，因此"无不利"。事业方面的这种阴阳互补现象也很普遍，领导集团内部各个成员之间如果能够很好地处理相互的关系，根据彼此的性格、才能，很自然地形成互补、互济，肯定会有助于事业的进步。

九二象数学 这爻含有柳暗花明又一村之感。本来不去指望它，却又传来新的讯息。这卦意显示，旧的关系再度兴起。例如已经濒临于倒闭的事业，又稍见起色等等，带来一线光芒的情形。

孙钦香： 对《象传》的解释：自虑其太过，因而下交初柔而乐承之，刚柔调矣。船山《周易内传》对九二的解释也和历来解读一致：阳刚虽过，而二得中居柔，以广接于初之稚阴，故有此象。生稊则再荣，得女妻则可以育嗣。当过之时，而能受阴之巽入，故"无不利"。

【讨论内容】

【阴阳双修】

林文钦： "老夫得其女妻，无不利"与道家养生有关。

靖　芬： 大过二爻是老年男性体道者之入门。老年男性虽精气已亏，但通过体道实践，可以补足。只要积累足够的时间，元精终会化为元气，使"小药"来临，好比枯木逢春，长出新芽。

王力飞： 初六有白茅之质，可承接九二，让九二稳着陆，所以，九二无不利。初六和九二相比，和谐，妾如蒲柳，君如磐石，也是一刚一柔。

靖　芬： 陈抟有《胎息诀》，其中说道："夫道化少，少化老，老化病，病化死，死化神。神化万物，气化成灵，精化成形。神气精三化，炼成真仙。"由道→少→老→病→死，这是顺着生命自然演化的结果，陈抟站在丹道的立场说明修士透过精气神三种药物的化合，即可逆反无极之大道。同样的，老夫、老妇亦可以有机会逆转衰老之象。

林文钦： 在事业上可能得到了一个好助手，枯木逢春，原本衰落的事业又重新充满了生机，也可以从中获利。

温海明： 身体与事业都可以绝处逢生，但是可遇而不可求。

林文钦： 东晋葛洪《神仙传》卷五《张道陵》载，东汉末，天师张道陵"闻蜀民朴素可教化，且多名山"，乃率领弟子入蜀，在鹤鸣山隐居修道，后来遇太上老君指点，就在隐居之所准备药物，依法修炼外丹。三年后外丹炼成，张道陵并没有服饵，他对弟子说："神丹已经炼成，我若服食当冲天为真人。但未有大功于世，须为国家除害兴利，以功德济度民众，然后再服丹轻举，成为三清圣境的神仙，方才无愧于修道。"太上老君不久派遣清和玉女，教张道陵吐纳清和之法。张道陵修行千日后，能内见自身五脏，外集外神，乃行三步九迹，交乾履斗，随罡所指，以摄精邪。总之，清和玉女所传法术，使张道陵得以降服蜀中魔鬼，为天师道的传播拓开道路。

靖　芬： 不然就是择师择侣来修炼。清和玉女之于张道陵就类似九二之喻。

叶秀娥： 大过卦，善补之道就是取阴以谐。九二之阳取初六阴，刚柔并济：于家，严父需慈母，金钢怒辅以菩萨悲，英雄侠则需有美人柔，巧妇自古配拙夫，莫不是这种刚柔并济显现出的谐和美感。

林文钦： 名为陈抟所作的《阴真君还丹歌诀注》也提到类似的说法。安然炉室领择地。安排者，采上真气，水安于下元，采下阴气，水运于上元，"安排各着炉室，自神化之功，若安排不着去处，于身有祸。炉室者，妙法在女别在阴丹一诀。丹上法炉室者，以身口为炉也。灶者，以官室为灶是也。破不堪使用者，是人用过着，弊物不堪，使用是已不中也。房中至甚五级者，大肥不堪用，大瘦不堪用。道三台五级者，是十五已上，二十已下，是中道人气，二十已上，并是不堪使用，可用须借其气。合乘者，方住以无制之，被鬼神愉他也。上择地者，是知宫室时候。"

靖　芬：由字面上看，十五之气为最佳之选。老夫少妻好处不少。不过如果看作是月之盈亏，十五满月其气最盛，正是修练采气最佳时刻，或许这又是一种转喻也说不一定。

叶秀娥：老娶少，老夫，代表无生机，绝望，少有新巧之义，意为任何一事老壮之后成为因袭，若无活泉新水，物壮则老趋死。公司组织制度都如此。须传承、创新、永续。与其讨论老夫少妻，不如将之解为引用新人，注入新活力。或说另谋新发展，跨领域学习。

　　"问渠哪得清如许？为有源头活水来。"则大过九二对任何人都有助益与启迪。解说卦辞时，老师亦说，大过可谓公司内部老干部主导者多，下属无所适从或老化。

温海明：事业绝处逢生，可以力挽狂澜，东山再起。

王力飞：不耻下问，九二娶初六，得初六之助，打破既有思维，不耻下问，下求，生机无限。如教学者，以学生为师，孔子说，吾不如老农。或吾少也贱，故多能鄙事，我都将视为大过九二与初六比亲，阴阳和谐，老少相继的一种生活体现。

叶秀娥：以内丹修炼而言，提炼精化气，《钟吕丹道灵宝毕法·小乘安乐延年法四门》，第一即为匹配阴阳。钟吕之意，体内气是阳，液是阴，气液是相生，气散难生液，液少难生气。气液不谐，及体内阴阳不谐，致百病生。以此九二配初六，阴阳相配相偕是炼丹之基础。又老夫少妻，子时肾气初生，是于气而言，最初、最弱，于力而言，气机最强。

　　就婚配而言，女为胎儿养护之体，少妻代表健康，命力旺盛，确实是古代优生学考量下的选择标准。

叶秀娥：和谐均衡，是《易》道最高智慧。回归大过卦，阳过甚，若扬汤止沸，釜底抽薪都只是抑阳的治标，只有取阴来谐阳助阳补阳、才能阴阳共荣，即所谓的相生相成。老子在《道德经》中说："道生一，一生二，二生三，三生万物。万物负阴而抱阳，冲气以为和"。"孤阴不生，独阳不长"及"无阳则阴无以生，无阴则阳无以化"的观念。

　　九二之阳，向下取六二之阴，有如解决方法，须不按牌理出牌，或隐于民间之高人，或另一方领域之才。总之，大过若谓非常时期，则解决之道，就需常理之外。

林文钦：三五合一即阴阳二气和合图。老夫得女妻能复归于婴儿。阴阳二气交感，医易会通。中医丹道家很重视九二此爻之意涵。

温海明：天人合德。

【反者道之动】

林文钦：　反者道之动：逆成仙，抽坎填离。高明在《古文字类编》中认为"反"字是"辩证之核心"，指相反的事物既互相对立，又互相依存，相互转化。王邦雄解释"反者道之动"："道之动在反，反是复归，道之动是复归其自己的作用，而道的作用就是和谐均衡，才能平静无物。"

　　道（一阴一阳之谓道）只有当它是道的时候才可能行道之动，故必须回到"道之体（无）"，也就是最初的（无），才能行"道之动"。又因为天下万物生于有，有生于无；道之用（有）生于道之体（无），道之体则为柔弱空虚。先须使空虚柔弱（虚静），回到道之体，方可实现"道之用"。

　　九二与初六即练功之法门。因此，"反者道之动"，道之动在反，反是逆化、复归，道之动是反其终而求其所以始，也是复归其自己的作用，道教内丹修炼者用此来作为逆反成仙之理论依据，黄元吉在注解《道德经》第四十章时即云："反者道之动，炼丹之始基也。"

　　逆化就是由初而上。道教之"丹"，其实质就是"道"，是已发散的"道"的复归与凝聚；炼丹过程的实质乃是通过特定手段把"散形"于宇宙间的"道"还原出来，即试图在顺时序的世界里制造出一种本质上是逆时序属性的存在。至此不难看到"反者道之动"乃是一切内外丹还炼理论与实践的最重要最根本的思想基础。

温海明：　丹道，其实是道丹，是道之丹。

叶秀娥："反者道之动"，"反"之义，大矣哉。

林文钦：　长生之道先放柔，柔才能带出阳气，而后交感成丹，由小药至大药，由神到虚到合道。其实老夫女妻是譬喻，勿着象。

崔　圣：　气机经常自行倒转，有时不知所措，今得要领。精、气、神、情、性的融合与融化？图中之妙需要认真体悟。

元　融：　大过，除了婚配的喜悦，还有泽灭木的艰险；二爻，阳处下卦中爻，面对阴柔的初六，是需要树起正知正见，抵住阴爻的进攻，本卦用的媒娶之象，转换阴爻的立场；我们占到此卦，要提起足够的警醒，不因有婚配之象，即作吉想；要明确，现状不解决，风险是极大的；女子过门，就是一家人了，自然立场会变；如果阴爻的问题不作解决，终是隐患。

林文钦：　《周易》是一部涵盖自然哲学与人生哲学的经典，也是一部深究天人合德哲学的宝籍。《周易》的人生哲理根源于自然哲理，与天地阴阳变化息息相关。然而变通生化之基因，则在于"动"，所以说"吉凶悔吝者，生乎动者也"，并强调"适时之变"。

温海明： 一切相遇，都可以是人间最好的安排。关键在于遇，还是过。

叶秀娥： 可以让每次的遇，都是一种美丽。

温海明： 遇而不过方为得。

（整理者：黄仕坤 中国人民大学哲学院硕士生）

大厦将倾 孤行无辅 独木难支
——大过卦九三明解

时间：2016年04月28日22：00 — 22：52

【明解文本】

九三：栋桡，凶。

《象》曰："栋桡"之"凶"，不可以有辅也。

【讲课内容】

孙钦香：船山《周易内传》九三爻辞："三、四皆凸起而为栋者。三以刚居刚，躁于进而不恤下之弱，下必折意。包拯用而识者忧其乱宋，不顾下之不能胜任，其能安乎？九三《象》：民者，上之辅也。过刚则人疑惧，事不立而怨作，谁与辅之！"从以上注家的解释来看，九三之过便在于太过刚强，没有人愿意辅佐它，这便是凶。船山更以包拯出仕为例子，说明过于刚强，不通情理，对国家社稷都是凶相，绝非善人。

船山从另一个角度，对包拯、海瑞这类清官另有看法，在《读通鉴论》中认为政治之乱皆因为这类清官过于严苛，造成血雨腥风的政治环境，朝野上下充满戾气和杀气。刚柔相济，才是福，太刚强对己、对人都是伤害。

《周易译注》："若在他卦，九三得正应上，本可佳美；但居'大过'反常之时，其刚可损不可益。故爻辞谓过刚必致'凶'，《象传》又曰'不可以有辅'。"

林文钦： 大过卦的九二及九五以枯杨取象，九二在下生根而发芽（初六为根）为吉，九五在上生花为无誉。而九三与九四两爻则以"栋"取象。九三为巽木之上，最近上兑，为兑所毁，为栋桡，凶。而九四则处上卦之下，在巽木之上，处互体乾卦之中爻，乾为大为隆，所以说栋隆，吉。九三虽与上六相应，但上六是让杨树生命加速枯萎的杨花，本身即有灭顶之灾，无以济其阳刚，两者虽相应，但反而为凶。而九四则与初六相应，初六为让枯杨重现生机的树根，为能够济阳者，因此为吉。

九三爻动变得《周易》第四十七卦：泽水困。这个卦是异卦（下坎上兑）相叠。兑为阴为泽喻悦；坎为阳为水喻险。泽水困，陷入困境，才智难以施展，仍坚守正道，自得其乐，必可成事，摆脱困境。

[综论]"栋"是房顶中央的栋梁，三四爻在卦的中央，所以用栋比喻。九三刚爻刚位，过度刚强，就像栋梁下弯，不久就有倒塌的危险。九三虽然与上六相应，但由于九三刚强，过度自信，所以《象传》说，上六虽然有心辅助，却也帮不上忙，因而凶险。这一爻，说明非常行动，必然危机四伏，不可过度自信，失去一切助力。

林文钦： 在大过之时，阳之过也，只可济之以阴柔，且以相比为亲，但九三爻却是以阳居阳位，又无亲比，所以过刚，过刚则必折，故有栋桡之凶，凡刚强大过者，必凡事逞能，一意孤行，又没有人愿去辅助他，因此栋折而无人共扶之。

这一爻给人的启示是：刚则易折。大过卦的卦辞是"栋桡"，结果却是"亨"，在本爻之中，为什么却变成"凶"了呢？这是因为卦辞之中，是告诉人们要"刚过而中""刚柔相济"，才会亨通。而九三这一卦，不能奉行刚柔相济的原则，不能灵活应变，一意孤行，固执己见，逞强激进，缺乏韧性，没有人愿意追随帮助他，结果必然致凶。

【讨论内容】
【独木难支】

叶秀娥： 阳爻阳位，下卦之极——阳到无以复加。此最不符合中国文化的处世思维。中庸之道，物极必反，成住之后必定坏空，这是自然之理。故六爻中，此爻最凶。上六虽有凶，终究因杀身成仁，得个无咎。故而老子说，一曰慈二曰俭，三曰不敢为天下先，都是这种中庸之道的践行。汉宫殿取名：未央宫——未央的智慧。实在是大过九三给我们的省思。

温海明： 精细到位，大过九三最凶。

叶秀娥： 九三之难，不仅仅大厦将倾，最难在于缺乏辅助，独木难支。

九三，不可以有辅也。1.骄傲自大，不愿人辅。2.态度狂妄，无人想辅。3.其势已强，不能再辅，隆盛之极必招毁谤。誉之所至，谤亦随之。4.栋桡折，无药可救。

姚利民：九三受九二九四排挤，弯曲变形，兄弟之间相煎何太急。

温海明：太阳太刚，危险啊。

叶秀娥：大过之道在取阴谐阳，九二九四都是阳，阳上加阳。

韩广岳：阳爻处阴位好吗？为什么？

温海明：可能不能简易来读。

叶秀娥：九三一路阳到底，与上六虽相应，上六处于极位，阴极必反，所以无济于九三。大过卦是阳过盛，处阴位可稍平衡。

温海明：上九自身难保，应如入水救人，可能搭上自己性命。

【止中自救】

叶秀娥：回应老师所说的变爻：九三爻动变得《周易》第四十七卦：泽水困卦。这个卦是异卦（下坎上兑）相叠。兑为阴为泽喻悦；坎为阳为水喻险。泽水困，陷入困境，才智难以施展，仍坚守正道，自得其乐，必可成事，摆脱困境。变爻之意义，1.可视为事情发展之趋势，用于占卜，可以说是预测发展情势。2.可视为对现况的解决之道。九三一路阳到底，与上六虽相应，上六处于极位，阴极必反，所以无济于九三。只有九三自己爻变，阳变阴，虽处困境，但可得个阳位阴爻的正道。又以互卦而言，此爻一变上互为艮，为止意，亦即九三自救之道就是以静、以止，才是中道，才能自救。

林文钦：九三刚爻刚位，以刚居刚，刚势剧烈。这种形势以房屋的栋梁相比喻，便是中部刚烈，而前后两端柔软，不堪重压，以致出现"栋桡"，结果自然是凶险将至。事物必须刚柔适中、适度，彼此平衡，任何的失度，都会产生两种后果：或过柔则废，或过刚则折。二者必居其一。九三居大臣位，重任在肩，属栋梁之材。可是，这样的人往往是阳刚有余，柔顺不足，过度自信，尤其不懂得危难之际，仅凭个人的力量是无济于事的，必须依靠他人的辅佐方有可能挽救颓势的道理，仍一意孤行，不善于用人，而他人也不愿意出力辅佐。这样做的后果，只能是九三凭借个人之强，匹夫之勇，孤军奋战，成为凶险的根源。基于这种教训，老子提出柔胜刚的理论，他说："人之生也柔弱，其死也坚强，万物草木之生也柔脆，其死也枯槁。故坚强者死之徒，柔弱者生之徒。"（《老子》七十六章）九三足以使那些恃才妄动者引以为戒。

【采气炼丹】

叶秀娥：以丹道论，九三就是走火入魔，此时若不能停止，立刻退火，返回现实，一意着境，久久眷恋不肯退出，那就无药可救。

林文钦：　九三在养生方面就是走火现象。

叶秀娥：　有人练功采气，贪多。

林文钦：　栋桡及栋隆都是走火。

温海明：　采气也要适可而止。

姚利民：　木生火，走火。

叶秀娥：　是的，林老师一再告诫我们这些徒弟，采气要请老师指导。但老师一直说，
　　　　　采气不能存采之心，要存着两气交流之心。

温海明：　暴君需要柔心、柔力，也是阴阳交流。

叶秀娥：　老师常说，采树木之气，树为静，人为动，故而采树气是阴阳气流，要与树
　　　　　合为一体。

孙钦香：　怎么采树木之气？

叶秀娥：　所以才说不能存采气之心，要存阴阳交流之心。互补互生。采气之道，要请
　　　　　教老师。回归九三的现实面，俗说，上帝要毁灭一个人，必先使他疯狂，或
　　　　　曰权力使人腐败，过度的权利使人快速地腐败，九三似乎就是这个道理。

叶秀娥：　逍遥即无待，心斋坐忘。老师还说，五分钟的心放空，你就做了五分钟的庄
　　　　　子；十分钟的神游自然，你就是十分钟的庄子。庄子最终得回归现实生活
　　　　　面，但心中有多久的逍遥，就做多久的仙人至人。刹那即永恒，所以若有一
　　　　　分钟的放下俗事，即有永恒的逍遥。

（整理者：李芙馥　中国人民大学哲学院博士生）

非常时期 舍情就义 力举负重

——大过卦九四明解

时间：2016年04月29日22：00 — 23：12

【明解文本】

九四：栋隆，吉。有它吝。

《象》曰："栋隆"之吉，不桡乎下也。

【讲课内容】

林文钦：

[释义] 栋梁稳固，吉，但会有意外而悔恨。九四居下体巽上及互体干中，栋梁加大而稳固。虽然吉，但应慎防意外发生而造成悔恨。有它，意外。它为蛇，古时人怕蛇，出门有意外则说"有它"，彼此问好则说"无它"。《说文》："它，虫也。从虫而长，象冤曲垂尾形。上古草居患它，故相问无它乎。凡它之属皆从它。"隆，隆起，引申为稳固之意。

九四爻也和九三爻同样，是屋顶的重量加重的一爻，然而下面有了初六的支撑，所以不至于曲折。"栋隆"：隆是隆起。四爻由于上、下都厚实，所以有力。因此才是吉利。"有它吝"：如果舍弃在下的初六而倾向于不能支撑的上六的话，就是有吝的了。

九四爻动变得《周易》第四十八卦：水风井。这个卦是异卦（下巽上坎）相叠。坎为水；巽为木。树木得水而蓬勃生长。人靠水井生活，水井由人挖掘而成。相互为养，井以水养人，经久不竭，人应取此德而勤劳自勉。

爻辞解

[注释] 九四：阳刚居阴位，刚柔兼备。栋隆:栋梁向上突起：隆，突出，增高。

它：指初六。九四与初六相应。

有它，吝：有它，有应于它方，此处指应初，这两句因九四与初六有应，特设诫辞，谓四既已损刚使"栋隆"，若再趋下应初，则将过柔，反不能"救"而致有吝。《周易本义》："下应初六，以柔济之，则过于柔矣，故又戒以有它。"

韩永和《周易传统生命学解析》：九四之栋隆，指老年体道者脊柱正直，身心健康，适宜体道实践，但是，虽然脊柱正直，如果身体患有其他疾病，虽可进行体道实践，却很难入门，故言："有它，咎。""它"，指别的，当指疾病。

按：就练功者而言，此爻与九三爻谈的都是走火的偏差现象，或用于怒火之用（九四）。其可正亦可能造成偏差。

所以，刘一明《周易阐真》说："以刚用刚，只知前进，不知后退，金丹得而复失，栋桡之凶，所不能免。此用刚而太于过者也。"按：能阴阳和合并加以"化"便无伤。

《胎息诀》其中说道："夫道化少，少化老，老化病，病化死，死化神。神化万物，气化成灵，精化成形。神气精三化，炼成真仙。"由道→少→老→病→死，这是顺着生命自然演化的结果，陈抟站在丹道的立场说明修士透过精气神三种药物的化合，即可逆反无极之大道。

九二在于能化，九三无能化。

"《象》曰：栋桡之凶，不可以有辅也。"其因在无辅。阳需阴阴需阳。安内要和合，攘外要刚强。

九四就是攘外之爻，九二是安内、九三是走火、九四是攘外。

方士修炼之术，其义自下而上，以明逆则成丹之法。其大较重在水火，火性炎上，逆之使下，则火不燥烈，唯温养而和燠；水性润下，逆之使上，则水不卑湿，唯滋养而光泽。滋养之至，接续而不已；温养之至，坚固而不败。此为此卦之精髓，即二五爻也。

韩永和《周易传统生命学解析》："卦辞：大过，栋桡，利，有攸往，亨。"在体道者眼里，人生的最大过错，莫过于错过了体道的时机。无怪乎连儒家的圣人孔子都说"朝闻道，夕死可矣"。人到老年，方始闻道体道，确实值得悲哀，是为"大过"。大过，即最大的过错。

小象解　《象》曰：栋隆之吉，不桡乎下也。

[综论]　"它"与他相同。九四阳刚，但在阴位，虽然大过卦阳刚盛大过度，而九四却刚柔兼备，就像栋梁高高隆起，能负担重荷，所以吉祥。不过，九四与初六相应，阴柔的初六前来辅助时，就会使本来刚柔均衡的九四，变成过于柔和，以致因他人的牵连，遭受羞辱。

《象传》说，不向下弯曲，所以吉祥，是指不要被下卦的初六牵连的意思。

这一爻说明在非常行动之时，固然需要一切的助力，但也不可被邪恶牵累。

"隆"者，隆然而高起（如弓形状）。"它"者，指初六也。大过之时，恶刚之居刚，乃恶其自持也。如九四爻，喜刚之居柔，因喜其能相济也。"栋隆"是说原本之栋桡因隆而平复，也意味着能负担大事，但九四爻和初六相应，恐其会分心坏了大事，故曰"有它咎"。下卦上强（九三）下弱（初六），根基不牢，所以九三曰"栋桡"。上卦上弱（上六）下强（九四），所以九四曰"栋隆"，不桡乎下。

九四阳爻居阴位，刚柔适中，既具阳刚之才，又具有柔顺之德。处于大过卦之中，阳爻多是急于冒进、一意孤行，九四爻显得难能可贵，所以会获吉。

[分析] 九四反九三之道而行，栋梁向上突出、隆起。这样做的结果必然吉祥，因栋梁"不桡乎下也"（《象》）古人通过生活经验，发现了弧形拱圈承载重物的现象，故以此比喻。九四自身质量优良，刚柔兼而有之，彼此相济，必能充当重任。具备这样性格和才能的人是了不起的栋梁之材。可是，九四也有不足之处，过于考虑"刚不可过"的说法，以致影响了自己的决策行动。这是由于初六主动前来辅佐、合作，以其自身的质量，干扰和影响了九四，造成遗憾、悔恨的后果。由此可见，居于领导岗位的主要负责人必须有自己的主见，不受平庸之见、短识之见的干扰，在进行重大决策时，要有胆有识，既要广泛听取来自各个方面的不同意见和建议，又要有自己的既定原则，尤其在最后进行决断的关键时刻，务必由个人拍板定案。这是最高领导者最为基本、最为重要的职责，是绝对不可回避和推卸的责任。宋朝辛弃疾说："谋贵众，断贵独。"这是对上述情况的高明结论。

九四象数学 得到这爻时，那是面临重大的局面，临危受命而能够克尽其职的时期。新创的事业不可以进行，但已经在进行的事却应该固守而能得到吉利。不过，如果欲望太大而动手于其他事业的话，原来的事体将归于失败。

【讨论内容】
【舍小情就大义】

靖　芬：九四这个爻有些意思，九四如改上卦而反于下，变为六爻之始爻，则大过一转而变中孚。两阴爻反为中爻，故变为栋隆吉。大过与中孚的分别，即由此一转变而分。此君子中庸，小人反中庸之谓也。

九四原属上卦，今若反下为初爻，而挠为隆。正如在上位者，因民穷而善济之，其下既充，其本乃固。下民得其安，则上者之位亦得保。

九三之不可以有辅，是因初爻为阴。九四自反居于下，阳自下升，则与众亲，而变为多助。下既成实，故曰不桡乎下。此乃益卦损上益下之益。亦与干九四"或跃在渊"相类，此为用九四之大则。

温海明：非常时期，为了努力支撑事业，不能分心。

叶秀娥：九四近君，阳居阴，以柔卸君防。处艰难不能有外务私心，与初六应，私心外扰，故吝。

温海明：看到初六跟九二好，心里不开心，但是不能过于计较，一旦计较，就会影响事业发展。

叶秀娥：九四刚柔并济很好，但妇人之仁是致命伤。

林文钦：　成就大事业者应抛弃儿女私情。

温海明：　本来初六应该跟九四好，可是初六已经跟九二好了，九四事业艰难，好不容易撑起来了，江山美人不可得兼。

靖　芬：　我想起老师对我们说过的故事，道教金丹南宗传承的故事。本系僧人的薛道光欲拜石泰为师时，石泰笑言："你不怕有叛教的嫌疑吗？"薛道光坚定地回答："生死大事，如果拘于门户，难道不是自己耽误自己吗？"薛道光了悟到大彻大悟也只是了了一边的性功，还有另一边的命功未了，一直到遇上张伯端的弟子石泰，放下身段叩拜为师，才让他能性命双修而真正证道。这是薛道光的大过，而他也掌握了那个时机，给自己生命更广阔的开展，最终成就道果。

叶秀娥：　无情处是有情，看来九四最需要的是懂得割舍，先舍小情就大义。九四是栋梁之才，办大事需要公而忘私，无有他事分心，方能专一。一面理国事，一面练私情，便有累，而不能全吉。故曰有他咎。

罗仕平：　奇怪清代儒佛二家花果飘零，道教却出现了王常月、刘一明、黄元吉等大宗师。

叶秀娥：　练功炼丹，养吾浩然之气，浩然气一经私心，就瓦解了，九四阳刚居柔位，刚柔不知分寸，就容易有咎。

【采天地之气】

温海明：　修炼丹道不可分心，不可有私心杂念。

林文钦：　九四在内丹修练上是属攘外的功法。九二安内要排除自身阴气、浊气、病气。九四攘外要御外邪。安内要阴阳调和。攘外要阳刚充足。栋隆阳气旺也，适足以抵御外邪。

靖　芬：　修炼丹道不可分心，不可有私心杂念有它。"强"有它，就咎，故不可他求，要独立不惧。

崔　圣：　安内、攘外各家方法有不同，找到适合自己的方式。

林文钦：　若其再与初六相应，则无力以御外邪。

温海明：　虽然阳气旺啊，还是不能有一念分心。

林文钦：　安内可用文火，攘外则练武火。

崔　圣：　那么武火攘外？

靖　芬：　丹家通常传药不传火，火候玄妙难言，须知机。

崔　圣：　传药不传火还是在文火之内，也许害怕跑偏吧。

元　融：　老师提到文火武火，真实不虚。

林文钦：　君不见古人练功于瀑布、悬崖、峭壁、海边，此练武火也。

崔　圣：　尤其在抵御凉邪之气需武之。

元　融：　大药未产，武火可以催功。

叶秀娥：　老师说的攘外则练武火——到海边海浪气旺。

温海明：　那是在悬崖、峭壁和海边调动天地的气场来运转身体的气息吧。

罗仕平：　藏传格鲁派也有拙火定修法。

温海明：　到悬崖边上采天地和海浪之大气。

林文钦：　采怒气以转为武火，以备不时之需。

温海明：　林老师方便就多开示啊，不传火就练不了啊。

林文钦：　古道真人游走群山五岳、大湖江海，所赖者武火也。此爻之意涵也。

温海明：　行走于群山五岳、大湖江海之中，大气磅礴，心气高涨啊。

林文钦：　然平时也应蓄积武火，登山采气，难免有其他干扰，需武火也。如密之狮子吼，我们的所谓"啸"。

温海明：　学习虎啸山川，登高望远，那也是采天地之气啊。

崔　圣：　可以练文火，安全。

林文钦：　平时练文火足矣。

叶秀娥：　老师说的攘外则练武火，把《黄帝内经》中所言宗气、卫气、营气三气先养好。

崔　圣：　文火到武火，应该有次第。

叶秀娥：　吃饱睡好心无挂碍自然气足，抵抗力就够，就是最好的攘外之气。

崔　圣：　七分养，三分练；三分练中，七分文，三分武。

叶秀娥：　气弱时，耗弱太多，静心养气。

温海明：　气弱之时，到气场强大的地方，可能很快就补足元气了。

林文钦：　先练文火后练武火才不会有偏差，以致走火。走火九三也。过九三就可练九四。有时会受不了。

【无意之法】

崔　圣：　林老师，采气之前，是否还要学会观气？

林文钦：　感气，气先感而后观。感气很快观气要更高境界才行。先练采气而后运气排气。

温海明：　要对气有感，才能观天地之气象，观天地真气如何运行，与人身元气感应交融。

林文钦：　道法自然。

崔　圣：　这是最终道法。

林文钦：　不用意念，那是有为法。一般外面大都以传授有为法开始，以温老师的智慧直接进入无为法即可。

温海明：　无意之火候。

裴健智：　如何是无为法？

罗仕平：　你这一问即是有为。

崔　圣：　气集并可自行运化时，可无为。

温海明：　这个有意之法，到无意之法，可算是甚深妙法。

林文钦：　以意领气是一般有为法。其实这是有问题的。意非意志，道经：意，土也。

温海明：　是啊，土意之法，真意若无意。

林文钦：　没错，但有几人练成，土旺四季。救人之功才应有为。自救或救人时则需有为。

崔　圣：　丹道开始练习时，还是要以意领吧？"自救或救人时则需有为"。不太明白。那么意为目的？

林文钦：　譬如出手救人，用手还是用眼，你就必须引气于该部位以便发功救人或排除外邪。

温海明：　凡人气息外泄，加一横气就不泄了，就可能修成丹了，可是这一横不容易加，分寸、火候好难。

林文钦：　在自身修练时，我主张祖师爷的道法自然。靖芬、秀娥都是这样练起来的。

温海明：　道法自然，那就是气息还是要正常阴阳交流的，不交流不行。

林文钦：　你看我们刚出生时不是阴阳交感吗？然后自然渐渐为外物所迷，逐渐外求而迷失了本真，道法自然只找回本真而已。

温海明：　回复真阴真阳元气和合的状态。

林文钦：　像陈抟睡功都是回到本真的功法，复归于婴儿。

罗仕平：　其实说佛教修性不修命看怎么说，显宗多隐命于性中兼修，密宗视身为坛城，其三脉七轮等"命功"修法多可与奇经八脉等相参照。但总体来说可能没有道教直接讲修命的多或明显。

靖　芬：　修密宗者容易着相，只做有为工夫，性功就难以彻悟。

罗仕平：　密宗没有中观打基础几乎没法直接修吧。

靖　芬：　真的是这样，转识成智。

（整理者：秦凯丽　中国人民大学哲学院硕士生）

老妇少男 生机有限 回光返照

——大过卦九五明解

时间：2016年04月30日22：00—23：11

【明解文本】

九五：枯杨生华，老妇得其士夫，无咎无誉。

《象》曰："枯杨生华"，何可久也？"老妇士夫"，亦可丑也。

【讲课内容】

孙钦香：《程氏易传》认为："九五当大过之时，本以中正居尊位，然下无应助，固不能成大过之功，而上比过极之阴，其所相济者，如枯杨之生华。枯杨下生根稊，则能复生，如大过之阳兴成事功也；上生华秀，虽有所发，无益于枯也。上六过极之阴，老妇也。五虽非少，比老妇则为壮矣，于五无所赖也，故反称妇得。过极之阴，得阳之相济，不为无益也。以士夫而得老妇，虽无罪咎，殊非美也，故云无咎无誉，象复言其可丑也。"

船山《周易内传》指出："阳过已极，亢居尊位，下无相济之阴，唯上六与比而相悦，一时之浮荣也。故为'枯杨生华，老妇士夫'之象。五为主，以比于上，不言士夫得老妇，而言老妇得士夫者，五无就阴之志，上为兑主，悦而就之也。五得位得中，亦未有咎，而时过愿于非偶，则讪笑且至，必无誉矣。《象》曰：'枯杨生华'，何可久也！老妇士夫，亦可丑也。"《程氏易传》也说："枯杨不生根而生华，旋复枯矣，安能久乎？老妇而得士夫，岂能成生育之功？亦可为丑也。"船山《周易内传》认为："下无辅而求荣于上，终必危矣。亢极而屈于失所之孤阴，自辱而已。"

从小程、船山的解释来看，有几点需要注意：一是说大过九五之象为"枯杨生华""老妇得士夫"之象，原因在于九五下面没有阴来与自己相应，只好上与上六相应；二是，爻辞与《小象》之辞有差别，爻辞中只是说老妇得士夫是"无咎无誉"的，而小象却说"可丑"，如果说爻辞还算是持平之论，那么小象这边就鲜明地认为这是可丑的行为；三是，《小象》之所以认为"老妇得士夫"是可丑的，出发点还是在于能不能生育的问题，如同九二说"老夫女妻，无不利"，出发点也是在生育与否的问题上。

可见在大过卦九五爻象的作者看来，生育与否是判断男女结合年龄合适与否的关键大问题。从《小象》之辞来看，九二虽然也认为老夫女妻是"过于常分"，但九五明确认为"老妇得士夫"是可丑的。

孔颖达："'枯杨生华，何可久'者，枯槁之杨，被拯才得生华，何可长久？寻当衰落也。'老妇士夫，亦可丑也'者，妇当少稚于夫，今年老之妇，而得强壮士夫，亦可丑辱也。此言九五不能广拯衰难，但使'枯杨生华'而已，但使'老妇得其士夫'而已。拯难狭劣，故不得长久，诚可丑辱，言不如九二也。"

孔颖达《周易正义》与小程、船山的解释也是一致的，"诚可丑辱"，这都与"辱"相连一起，如何不是在作道德好坏的判断？

傅佩荣《解读易经》同样也指出，《象》说：干枯的杨树长出花朵，怎么会长久？老妇人以壮男为夫，是一件难堪的事。

【讨论内容】
【老夫女妻】

孙钦香：　古代的自不必说，近人齐白石九十纳妾，钱穆与第三任夫人年龄相差也是三十几，仿佛事实也证明"老夫女妻"还是可以接受，可以有好的结果。

靖　芬：　依传统的婚配制度，应该是男长于女，在生理上少阴可滋补老阳，而老阴不惟不能滋补少阳，反将亏耗其元气，得不到两相调济之功。在此情况下，虽不会有如九三栋桡之害，也不会有如九二再生之机，故曰无咎无誉。

　　　　以九五爻而言，九五的过盛之阳，亲比上六衰极之阴，勉强调济，以阴柔抑制过盛的阳刚，纠正大过的弊病，当然是无咎的。但是上六乘九五之刚，是以阴制阳，所以也无誉可言。

郑　强：　一说上兑错艮为士夫，下巽为老妇，非上六老妇得五之士夫。若以上六过极之阴为老妇，则九二未过极，不应称老夫。

禹瑞新：　九二无不利，到九五翻过来就无咎无誉。

孙钦香：　但"老妇得士夫"在中国传统乃至现代并不多见，更别说有好的结果可以拿出来作为例子，但在西方特别是近代以来，知识女性与仰慕的男青年之间结合的事例还是能找到的。

【虽生可丑】

孙钦香：　大过卦全从能否生育的角度来讲老夫、老妇的结合问题，是否有待提升？生育固然是人类世代传承之大事，但是否婚姻的目的和出发点就只是为了生育？特别是在现代婚姻观念的脉络中，九五这种情况如果是彼此相互欣赏和爱慕，为何就是"可丑的"？

温海明： 时空转换，您的问题非常值得大家思考讨论。

孙钦香： 作为现代女性，即便不是女权主义者，看到"可丑"的指摘，还是很不舒
服。我是觉得固然应该尊重经典，但也不能以经典之是非为是非，阅读经典
一方面开拓我们没有的识见和体验；但另一方面，也要分清经典中某些内容
确实是需要批评的。

温海明： 《小象传》有一定的道德意味。

王力飞： 爻辞是命运关怀，吉凶悔吝，《小象》有义理在内，是不同时代的价值取向。

周小然： 丑是一种孕育和生机。《象》曰："窥观，女贞"，亦可丑也。这翻译也很
重要。

孙钦香： 丑是一种孕育和生机，这话怎么理解？是对这个"丑"字的哲学阐发？

丰　铭： 夫征不复，离群丑也。这个就不是美丑。所以"可丑"可能不是指摘。

周小然： 这是丑土取象问题。女丑为妞可为也。

丰　铭： 女子窥观，亦可丑也。也不是美丑。

孙钦香： 你举这两处例子，与大过九五《象传》中"可丑"是不同的，象辞中明显是
在作道德好坏的评价。

【回光返照】

温海明： 九五是秋天的杨树，兑为秋，为少女，为悦，为花。上五爻近似夬卦，男壮
女衰。

陈　鑫： 上六老妇，九五壮男。

温海明： 九二是嫩枝新芽，九五是回光返照。

王力飞： 九五是大过卦的最高境界。

孙钦香： 九五是刚，应是壮夫，上六才是他要与之相比的老妇。

温海明： 做事情方面，九五其实就是自己状态已经不行啦，暂时回光返照一下而已。

王力飞： 九二和九五敌应，都撇开那谁另找新欢了，上梁不正，栋桡。

温海明： 《周易》的特殊性在象，所以我们应该尽量把象搞明白，了解古人写每个字
都有出处。

元　融： 大过卦和颐卦都是正反卦的，不能得意而忘象的；在意的层面展开，是没有
多大参考价值的；象是正反巽，正反兑；从象上一一对应来看，本卦的核心
意义才会凸显。

　　大过，是外阴内阳之象；和其他卦象不同，是阴从两头来展开侵害，四阳
如何应对，在九二和九五爻辞中，说得很明确；九二是老夫少妻，九五是老
妇少夫；各有分工，职责实一，抑制住阴爻的扩散为己任。

温海明： 四阳被两阴牵扯，各自不动心不可能啊，大过之时，一动心就有好有坏，大
过时局非同寻常之时，是要人动心忍性的。

元　融：可怜三爻四爻，各有所动；中间四爻的整体局势为大局，为了大局，也要作出牺牲和努力。

孙钦香：但也不得不说，《周易》卦爻之变化、错综，《大象》《小象》之消息，确实是挺有意思的一种思考方式，特别是作为现代人的我们一般易于从文字上来看义理，相对古人，我们是缺乏这种象之变化的思维方式，在这个意义上，学习《周易》还是必要的和有意义的。

温海明：学习《周易》，辨象证义，才能把卦爻辞的来源落到实处。

（整理者：孙世柳　中国人民大学哲学院硕士生）

灭顶之灾　义之所当　杀身成仁

——大过卦上六明解

时间：2016年05月01日22：00—23：18

【明解文本】

上六：过涉灭顶，凶，无咎。

《象》曰："过涉"之凶，不可咎也。

【讲课内容】

林文钦：上六阴气已盛且呈衰败之象，救之可也，成之非也。

　　所以刘一明会说："阳极生阴，真为假伤。"

　　［释义］明知水深危险而仍强力涉水，以至惨遭灭顶，凶。

　　此为壮烈成仁，舍生取义之义。得此卦虽凶险万分，有灭顶死亡的危险，但因不论个人利害，义之所当为而为，是很令人敬佩的烈士，所以说没有罪咎。

　　上六居于大过之上，凌驾四阳，行事极端，上卦兑为毁折，因此过涉灭顶。过涉，"过"即大过之过，指涉水过河。"灭顶"，水超过头顶，淹没而死。

上六爻动变得《周易》第四十四卦：天风姤。这个卦是异卦（下巽上乾）相迭。乾为天，巽为风。天下有风，吹遍大地，阴阳交合，万物茂盛。姤卦与夬卦相反，互为"综卦"。姤即媾，阴阳相遇。但五阳一阴，不能长久相处。

将大过卦卦意比之于人事，有如自己力量至为薄弱，却又承担大责重任以致于伤害身体。本卦所指的承担重任，不堪负荷而曲折的，是初六与上六两爻。

初六爻力量虽然微弱，但还没有转入漩涡中。心里虽畏惧但是终于无咎。不过上六处于卦的极点地位，将会受到大过之灾。

人生在世，由于时运际会，其所扮演之角色各有不同。然而时运所趋，有时自己虽然极不情愿，却被逼成为反派的角色。有时牺牲自己，或有时牺牲他人。但是再本能的欲望，总是牺牲得有价值或死得其所。只要自己主观上得到满足，虽赴汤蹈火在所不辞。当志士仁人舍生就义时，自己之危殆或自己力量之薄弱，已不是重要的问题。

上六正是需在如此悲壮的心境，努力以完成大责重任的立场。这般情景，有如面对一条大河流，不得不涉渡而过的时候。涉大河既然为成仁就义，或具有绝大意义而舍此莫由，也就毅然决然毫无畏惧而投身于大河中。

大过卦具大坎之象，是大河又是大漩涡。上六相当于身体的脖子一带。现在面临栋梁将曲折的重大时期，为克尽大责重任，正鼓起浑身勇气要涉渡大河。诚然，其身体行将灭顶的危殆，自在意料中。但是为拯救大过的大凶，为了成全这个大义，毅然决行的悲壮气概，是值得嘉许。虽然达不到目的，却是无咎的了。

本爻辞的意思是：涉过深之水以至于淹没了头顶，有凶险，但是没有过错。

从卦象上看，上六这一爻居全卦的顶端。大过卦的象征意义就是水淹木舟，上六这一爻象征着河水淹至头顶。上六这种境遇是大势所趋，其对此无可奈何。但是上六以阴爻居阴位，得位，虽然有凶险，但是其没有过错，不应该受责。

但总而言之，无论是对身心健康，还是对生命意义的认识、理解上，大过卦还是具有十分重要的意义，最起码能够入门，能够体验到元气的温煦作用，故言"利，有攸往，亨"。

小象解　《象传》意思是：徒步过河遇到了凶险，没有什么可指责的。 这是无可指责的，因为必须得渡过河去才能生存，身临泽中不能不渡，所以尽管结果凶险，也没有可指责的地方。

[综论] 泽风大过：上兑下巽，中藏乾象，刚爻居中，本末俱弱，首尾不能运掉，心性刚强，徒自劳矣，必致灾难，君子得之，则为大过之象。

上六已经是这一卦的终极，又是阴爻，软弱无力，却又极度过分地要积极有所作为，由于缺少自知之明，当然凶险，就像渡河不知深浅，盲目涉过，以致灭顶。不过，结果虽然凶险，但杀身成仁，依然是壮举，就难以责怪了。所以《象传》说："不可咎。"这一爻说明当非常行动，虽明知不可为，而不得不有所为，以致覆灭，这也是无奈的。

大过卦，阐释非常行动的原则。当大有蓄积，能够培养实力，到达壮大的时刻，就可以采取非常行动，以实现理想了。但非常行动，必然危险；因而，也应当非常慎重，必须刚柔相济，使人乐于顺从才能得一切的助力。不可拘泥于常理，应当采取非常手段；但也不可过度自信。应结合一切的力量；但也不可包容邪恶，被其牵累。虽然是非常行动，手段仍应当正当，才能赢得荣誉。不过，非常行动，往往是明知不可为，而不得不为，因而失败，也无可奈何。

全卦六爻，分为三组。初六、九二阴阳相比，善于互相调剂刚柔，所以初六"无咎"，九二"无不利"；.九五、上六虽然也相比，但是阴弱阳强，悬殊太甚，上六居九五之上，又是以阴乘阳，不利于调济刚柔，所以九五"无咎无誉"，上六"凶，无咎"；九三、九四两个阳爻，分别与上、下两阴相应，但九三性刚用刚，居位不中，以致排斥阴柔而致"凶"，九四则性刚用柔，居于中位，能够以柔济刚而获"吉"。

可见大过卦的基本精神是反对阳刚过度，主张以阴柔济之，接受阴柔的反向作用，以纠正偏差，治理弊病，达到阴阳平衡的最佳态势。这里面蕴含着丰富的人生哲理，帮助我们掌握处中适度的处事艺术，获得理想的行为效果。

金景芳《周易全解》："大过这一卦将古代社会政治生活中常见的刚过现象加以抽象，使之具有普遍的理论意义。卦辞的概括最为简炼明晰。栋桡可以理解为一种极危险的社会势态，君过强而臣弱，上过强而民弱，政治过强而经济过弱，都可以含盖于栋桡一词之中。冲破这外观还算平静实则充满危机、令人窒息的形势，将历史推向前进，出路只有一条，即卦辞指出的'利有攸往，有所作为，有所行动'。孔子在《象传》里说：'大过之时大矣哉。'孔子已经认识到大过讲的是关乎国家命运的大问题，他在《象传》里给政治家们指出了处大过之世的行动准则。即用则独立不惧，毅然前行；舍则遯世无闷，不见知而不悔，自守以待时。《周易》的这一深刻思想，甚至在现代我们还可以感觉到它的伟大活力。"

大过卦还有一点值得注意，《易》卦诸爻有相应之例，如二与五应，初与四应，三与上应。大过则不然，大过六爻排列成上下对称的形式，即中间四阳爻，上与初二阴爻，它不以相应为象，而以中分反对为象。如三与四对，皆取栋象，四隆而三桡，二与五对，皆取枯杨之象，五生华而二生稊，初与上对，初取藉用白茅为象而强调慎，上以涉灭顶为象而戒以凶。适用这一易例的，大过卦最为明显，另外还有颐、中孚、小过三卦。又它卦以阳爻居阳位和阴爻居阴位为得正，得正好，不得正不好。大过卦由于阳已经过了，若再以阳居阳，则更加过了，所以大过诸爻以阳居阴者皆吉，以阳居阳者皆凶。大壮卦诸爻取义与此略同。

上六爻曰："过涉灭顶，凶、无咎。"泽已在木之上了，犹如栋梁的末端不胜负重而下曲，事已无可救，救必灭身，有如国之将亡，有忠臣不避艰难，慷慨赴死，杀身以成仁之事，虽才弱无足以济事，然于义为无咎。"时无可为，祸无可避，甘罹其凶"，这是对上六爻最好的解释了。

[分析] 上六自身软弱无力，却又有过度的热情。极力下比九五，取阳济阴，力图施展抱负。可是，上六的悲剧在于无自知之明，且缺乏远见，是个有勇乏谋，却又十分热情的人物，不懂得"不知深浅切莫下水"的道理，盲目闯入水中，试图强行通过，结果是自取灭亡。这种不怕牺牲，忠心耿耿，为了事业，赴汤蹈火，不惜以身殉职的精神值得敬佩。在人类与自然界和外界强敌奋斗、以求得生存的时候，这种杀身成仁的精神是必要的。明知不可为，却又不得不有所为，在非常时期往往出现这种情况。对于个人来说，牺牲性命当然是"凶"，可是，唯独有这种高尚的自我奉献精神，牺牲个体，保全整体的行为，才可能换取整个人类社会的进步。因此，最终的结果是"无咎"。这一爻的"凶"指的是对个人而言，"无咎"指的是对社会和集体而言。

上六象数学 上六处在身负大责重任之时。在私事纵然可以遁辞而回避之；对公事却需要以大仁大勇去承担才能无咎。在这里公私至为分明。为了多数人之幸福与安全，正要牺牲自己打破最大难关。自己身体会受伤或得病。出外、交涉以及进行事业等，还是暂缓为宜，还有溺水之象。

【讨论内容】
【性命双修】

靖　芬：上六为兑卦主位，兑泽为水，水性就下，然至上位之后，已无可再进。不得不随流而下。其身已临水而势必涉。上六如夬之上六，其泽已决而势必流，为灭顶之象。这不是上六主观努力不够或决策失误，而是客观情势使然。

林文钦：此关一过，"回首向来萧瑟处，归去，也无风雨，也无晴"。观于六爻之义，大过者凶，不过者吉。大过之中，亦有不过之道。是在人善于调和阴阳，归于中正，不偏不倚为贵欤。

靖　芬：大过初爻与上六皆阴，就是有漏，故应养阴成纯阳之体。

温海明：大过情关，雨过天晴。

靖　芬：老师总强调人身体衰败从脚开始，所以要常锻炼脚力，中医师也这么认为，以动为主，以静为辅。得趁年轻赶紧修练，"若等闲白了少年头，空悲切"，对自己的生命而言才真是大过。

温海明：爱情、人情、世情都是天情，要大过才能天晴，可是要想大过去天情谈何容易，尽管独立不惧，可是前路漫漫，危机四伏。

林文钦：老年人如果单纯从养生角度而言，应以动为主，以静为辅。今过度迷恋修静，对已经衰老的形体不利，故言"凶"。此说值得商榷。应动静相辅，老年不宜过动。

林文钦：　形神兼修，性，神也。命，形也，而非男女之性事。

温海明：　借阴济阳，阴阳中道。

林文钦：　阴阳相济以成既济。上六缺乏相济之功。

靖　芬：　修炼始于有作炼精炼炁而有为，终则无为自在以空其心、以见其性。

【洗心复道】

林文钦：　讲大过，遇大过，扛大过，终于越过大过。

靖　芬：　若依虞翻《易》例，大过卦的交卦为中孚。《易》中言凶，又言无咎，是凶已近眉际，但还有解救之道，是将上卦降于下卦，使上六变为六三爻。以爻言，阴爻阳位得中和之用。以卦言，改其过则成中孚，中孚为生，免灭顶之凶。

叶秀娥：　老子对生命的保全之道全在一个柔字。大过宗旨在告诫世人，阴阳相济，阴阳为何，动静、正反、正邪、老弱一切对立都可视为阴阳，本来法无定法，智以处之。如山之仁，如水之智，都是法。只要心是正的，利益是大众的，什么法都是法。

林文钦：　其实修道、练功、研《易》勿急。

叶秀娥：　大过是一种矫正，以政治面而言，法就是法，恶法亦法，但法官的自由心证的裁量权就是大过之道要省思的。心之法要以正持之，手段要以悲为之。这是我理解的大过之用。

林文钦：　人在生命的实践历程中，认识自己也认识世界，在天人交互作用中，不只原始以顺化，还须反终洗心以成德。天地之大德在生生。"生生"：一在原始顺天休命；一在反终洗心成德，"洗心复道"。原始顺化把持不住，易沦于物性，唯有德性的自觉，上体天心，通过"穷理尽性"，在内心达到"天人合德""体道"的境界，方能不断完善自己，使生命更自由而有尊严。

（整理者：贡哲　浙江大学哲学系本科生）

（本卦校对：秦凯丽　中国人民大学哲学院硕士生）

时　　间：2016年05月02日 22：00 — 23：36

导读老师：张丰乾（中山大学哲学系副教授）

　　　　　刘正平（杭州师范大学人文学院副研究员）

课程秘书：王　璇（中国人民大学哲学院硕士生）

以险上险　习于坎险
—— 坎卦卦辞明解

29 坎卦

坎下坎上

【明解文本】

习坎：有孚，维心亨，行有尚。

《彖》曰："习坎"，重险也。水流而不盈，行险而不失其信。"维心亨"，乃以刚中也。"行有尚"，往有功也。天险不可升也，地险山川丘陵也，王公设险以守其国。险之时用大矣哉！

《象》曰：水洊至，"习坎"。君子以常德行，习教事。

【讲课内容】

张丰乾：先从《说卦传》了解坎卦。《说卦传》："雨以润之"，"帝出乎震，齐乎巽，相见乎离，致役乎坤，说言乎兑，战乎乾，劳乎坎，成言乎艮。""坎者，水也，正北方之卦也；劳卦也，万物之所归也，故曰'劳乎坎'。""坎，陷也。""坎为豕。""坎"的功能和它的卦象、方位有关。"润""劳"和"归"有特别的意义。"坎之陷"不一定完全意味着危险。

　　《周易正义》孔颖达疏："凡六十四卦，说象不同：或总举象之所由，不论象之实体，又总包六爻，不显上体下体，则《乾》《坤》二卦是也；或直举上下二体者，若云雷，屯也；天地交，泰也；天地不交，否；雷电，噬嗑也；雷风，恒也；雷雨作，解也；风雷，益也；雷电皆至，丰也；洊雷，震也；随风，巽也；习坎，坎也；明两作，离也；兼山，艮也；丽泽，兑也。凡此一十四卦，皆裹（yì）举两体而结义也。"

刘正平：此卦下卦和上卦都是坎卦，重坎，所以称为"习坎"。习，鸟屡次拍着翅膀飞，《礼记·月令》："鹰乃学习。""习习"，鸟飞来飞去，左思《咏史》诗："习习笼中鸟，举翮触四隅。"

张丰乾：《释名·释天》："子，孳也，阳气始萌，孳生于下也。于《易》为坎，坎，险也。"生机萌发的子时，一方面意味着希望，另一方面也面临危险。《三国志·魏书·方技传·管辂》裴松之注："《辂别传》曰：厚味腊毒，天精幽夕，坎为棺椁，兑为丧车。""坎"在生死间。

王弼注："习坎：'坎'，险陷之名也。'习'谓便习之。"《周易正义》孔颖达疏："坎"是险陷之名。"习"者，便习之义。险难之事，非经便习，不可以行。故须便习于坎，事乃得用，故云"习坎"也。案：诸卦之名，皆于卦上不加其字。此坎卦之名特加"习"者，以坎为险难，故特加"习"名。"习"有二义：一者，习重也，谓上下俱坎，是重叠有险，险之重叠，乃成险之用也；二者，人之行险，先须使习其事，乃可得通，故云"习"也。

刘正平：根据孔颖达的意思，这卦相当不吉利，所以前面加个"习"。人要行险，先得好好练练苦功。

张丰乾："有孚，维心亨。"王弼注："刚正在内，'有孚'者也。阳不外发而在乎内，'心亨'者也。"《周易正义》孔颖达疏："'有孚'者，亨，信也，由刚正在内，故有信也。'维心亨'者，阳不发外而在于内，是'维心亨'，言心得通也。"朱骏声《六十四卦经解》卷四："六十四卦，独于坎卦言心。""刚正在内"指九二与九五。

刘正平：孚者信也，维者语气词也。常存孚信，其心亨通。此处指九二和九五二爻，阳刚居中之象。因为"有孚""心亨"，则行险可以有功，所以说"行有尚"。

张丰乾：王弼所言"阳不外发而在乎内"显然是对坎卦卦象的天才解释——他并不轻忽象数！行有尚。王弼注："内亨外暗，内刚外顺，以此行险，'行有尚'也。"孔颖达《周易正义》："行有尚"。《周易正义》曰："内亨外暗，内刚外柔，以此行险，事可尊尚，故云'行有尚'也。"注"内亨外暗"至"行有尚也"。又曰："'内亨外暗'者，内阳故内亨，外阴故外暗。以亨通之性，而往谓阴暗之所，能通于险，故行可贵尚也。"

刘正平：《彖传》说，"'习坎'，重险也，水流而不盈。"这是解释卦辞"习坎"的。

张丰乾：天险不可升也，王弼注："不可得升，故得保其威尊。"孔颖达《周易正义》："此已下广明险之用也。"言天之为险，悬邈高远，不可升上，此天之险也。若其可升，不得保其威尊，故以"不可升"为"险"也。"天险不可升也"，那是一种敬畏意识和忧患意识，与"人定胜天"截然不同。

刘正平：《彖传》紧接着说："行险而不失其信，维心亨，乃以刚中也。"这是解释卦辞"有孚，维心亨"的。前面我们说了，这是就卦象里的九二和九五二爻而言。

内心不可慌乱，否则就要溺水。这卦里只有两个阳爻，九二和九五分别被阴爻包围，所以是履险之象。

刚才张丰乾老师引用的"天险不可升也，地险山川丘陵也，王公设险以守其国"，是《彖传》的引申发挥，说国君王侯之类要据险守卫国境。所以"险之时用大矣哉！"大矣哉在哪里？一、刚中行险，勇往直前；二、据险自守，牢不可破。进可攻，退可守。

张丰乾：地险山川丘陵也。王弼注："有山川丘陵，故物得以保全也。"孔颖达《周易正义》："言地以山川丘陵而为险也，故使地之所载之物保守其全。若无山川丘陵，则地之所载之物失其性也。故地以山川丘陵而为险也。大地上的山川丘陵之险，那是万物得以保全的屏障！王弼注：国之为卫，恃于险也。言自天地以下莫不须险也。"

孔颖达《周易正义》："言王公法象天地，固其城池，严其法令，以保其国也。"——"城池"与"法令"也是不可或缺的"人险"！

【讨论内容】
【"坎"与"习"】

郑　强：昨晚越过大过，本周又进入重险，坎卦继大过卦。《序卦》："物不可以终过，故受之以坎，坎者，陷也。"帝出乎震，齐乎巽……战乎乾，劳乎坎……帝者，阳也，阳为君，故称帝，乾以君之，乃其证也。

温海明：水向下流久了就下陷，危险。

郑　强：坎者，水也，正北方之卦也，劳卦也，万物之所归。劳乎坎者，坎，在季节为冬季，至坎则以肃杀相战之后，适值慰劳休息之期，故曰劳乎坎。

张丰乾："凡此一十四卦，皆褒举两体而结义也。"特别值得注意——"习坎"并非孤立，并且也不仅仅指卦象而言。

温海明：还有重重险阻需要征服。

郑　强：习，从羽从白。鸟数飞为习，小鸟反复地练习飞翔。

刘正平：习，有两个义项：一是重复，谓上下俱坎，是重叠有险之象；二是"便习其事"之意，这是对治险阻的方法。"便习其事，乃可得通，故云习也。"这是孔颖达《周易正义》的说法。

裴健智：为何八卦之中，只有坎卦前面加个"习"字？

刘正平：　这个问题孔颖达也有说明。

元　融：　习，是指的两个坎卦重叠，翻过了一个坑，又是一个坑，重重险阻的意思。两个坎，叠在一起，困难重重的意思。

邸建华：　坎险需熟习。

张丰乾：　生机和希望正在"便习"处，特别是面对危险和困难时！

温海明：　常常在危险中练习，视危险如家常便饭。有生机就有危险，危险无处不在。

刘正平：　有危险就要治它，所以"习坎"。

张丰乾：　由孔颖达之疏可见，他不仅学识渊博，而且思辨能力极强，不在王弼之下。

元　融：　为何八卦之中，只有坎卦前面加个习字？因坎是水，水流不止。

郑　强：　人要行险，先得好好练练苦功。

邸建华：　"便习"之"便"也有"熟习"之意！

郑　强：　六十四卦，唯独坎卦指出心以示人，其他卦言亨字，为事之亨，坎卦维心亨，则为心亨之象。

裴健智：　坎为心，明显阳爻在中间，类似于心在人体中，王弼用象数解释，比汉代的清晰简洁了。

孙福万：　外虽坎难，此心独亨。

裴健智：　是不是汉代更多的用象，宋代用数？王弼，还有程颐，更多的是用阴阳，好像少使用象。

张丰乾：　"心"之所以"亨"，乃是因为"有孚"，并继而能落实于"行"。

温海明：　一直流，填不满，深不可测，需要内心刚健才能涉险过关，比如在深海里游泳，一旦内心不刚健，害怕放弃，那就真危险。

郑　强：　坎以能行为功，若止而不行，则常在险中，故曰行有尚，以行为贵也。学坎卦也可以学孟子"富贵不能淫，贫贱不能移，威武不能屈"。

李永红：　坎上坎下，举步维艰。据险，对方则为坎，这是化被动为主动？

刘正平：　从象传来看，给我们两个启示：一是行险不惧，要满怀信心，努力前行，才能被崇尚；二是要善于利用地形和时机据险自守，化险为夷。

郑　强：　从卦象看，天险、地险、王公设险，皆从九五爻取象。九五坎中一阳为乾之正位，为天险；九五互艮为山，本坎为川，半山为丘陵，此地险山川丘陵；九五互艮为城门，坎为城河，城池之象，是为王公设险以守其国，为人险。

张丰乾：　王公设险以守其国——不是化险为夷，而是"设险固夷"！险之时用大矣哉！王弼注："非用之常，用有时也。"孔颖达《周易正义》："言天地已下，莫不须险，险虽有时而用，故其功盛大矣哉！""若'天险''地险'，不可暂无，此谓人之设险，用有时也。若化洽平治，内外辑睦，非用险也。若家国有虞，须设险防难，是'用有时'也。"需要凭借"天险""地险"，而人之设险，则要抓住"时"。

【据险设险】

张丰乾： 所据之险为天造地设，而所设之险则是人力，特别是王公所为，三才之道，由设险与据险亦可知矣。

"《象》曰：水洊至，'习坎'。"王弼注："重险悬绝，故'水洊至'也。不以'坎'为隔绝，相仍而至，习乎'坎'也。"孔颖达《周易正义》："重险悬绝，其水不以险之悬绝，水亦相仿而至，故谓为'习坎'也。以人之便习于'坎'，犹若水之洊至，水不以险为难也。"

李永红： 设险后，自己是否也入险境？剑为双刃，敌险己也险？

张丰乾： "君子以常德行，习教事。"王弼注："至险未夷，教不可废，故以常德行而习教事也。'习于坎'，然后乃能不以险难为困，而德行不失常也。故则夫'习坎'，以常德行而习教事也。"《周易正义》曰："言君子当法此，便习于坎，不以险难为困，当守德行而习其政教之事。若能习其教事，则可便习于险也。"

元　融： 学习坎卦，学习实践中用险：一是为敌人设险；二是用险来有效保护自己。

张丰乾： "君子以常德行，习教事。"《大象传》由卦象引申出君子之道。"德行"之要在于"常"，教化之道在于"习"。

李永红： 据险跟设险不同在哪里？

温海明： 据险设险，以险止险。

郑　强： "以险止险"，这很像佛家说的：吃苦了苦。据险跟设险不同在哪里？我理解，据险是为设险，据险而设险，如据山川丘陵之险以修城池；设险是用险，设城池之险用以守国卫民。

温海明： 杨慎《临江仙》"滚滚长江东逝水，浪花淘尽英雄。是非成败转头空，青山依旧在，几度夕阳红。白发渔樵江渚上，惯看秋月春风。一壶浊酒喜相逢。古今多少事，都付笑谈中"。郑观应《盛世危言·狱囚》："而从此周道坦坦，履险如夷矣。"面对重重险难，要有如履平地的气度，任凭风浪起，稳坐钓鱼船。

（整理者：王璇　中国人民大学哲学院硕士生）

自陷重险　戒入慎习
——坎卦初六明解

时间：2016年05月03日22：00－23：31

【明解文本】

初六："习坎"，入于坎窞，凶。

《象》曰："习坎"入"坎"，失道凶也。

【讲课内容】

刘正平：初六这一爻，非常不幸。阴爻居阳位，不正，上有重险，且无应援，所以"入于坎窞，凶"。

张丰乾：张载："坎维心亨故行有尚，外虽积险，苟处之心亨不疑，则虽难必济而往有功也。今水临万仞之山，要下即下，无复凝滞之在前，惟知有义理而已，则复何回避，所以心通。"（《横渠易说·上经》）

刘正平：窞（dàn），"坎中更有坎"，险于深坑，无以自拔。

张丰乾：童子问曰："《坎》之卦曰'习坎'，其《象》曰'习坎，重险也'者，何谓也？"曰："《坎》因重险之象，以戒人之慎习也。习高山者可以追猿猱，习深渊者至能泅泳出没以为乐。夫险可习，则天下之事无不可为也。是以圣人于此戒人之习恶而不自知，诱人于习善而不倦。故其《象》曰'君子以常德行，习教事'也。"（欧阳修《易童子问》卷一）张载强调不回避险难，而欧阳修突出戒慎之意。

刘正平：初六上无应援，只能比于九二。刚才张老师提到《横渠易说》，正好引用张载的说法："比于二，无出险之志，故云'入于坎窞'也。"

张丰乾：初六，"'习坎'，入于坎窞，凶。"《象》曰：习坎入坎，失道凶也。窞，《说文·穴部》："窞，坎中小坎也。从穴从臽，臽亦声。《易》曰：'入于坎窞'。一曰旁入也。"段玉裁《说文解字注》："干宝释易，正用'旁入'之义。"

刘正平：明代释智旭《周易禅解》说："在险之时，不论自利利他，唯贵'有孚'而定慧相济。今初六以阴居下，毫无孚信之德，乃汩没于恶习而不能自出者也。"

张丰乾：藕益大师于初六处突出"恶习"，实为卓见。

刘正平： 把某一爻说得这么悲惨而不给出路，这在《周易》里也不多见，好像在《坎卦》里最明显。

【讨论内容】

温海明： 初六深陷重重危险，灾难深重。

郑　强： 初以阴柔陷重险之下，不刚中，故无出险之志而入于坎窞。

温海明： 自己走错了路，好惨。

刘正平： 是的，自己选择了错误的道路，根据张载的说法，还跟九二相比，干脆丧失了出险之志。

姚利民： 初六无德，所以一开始孤立无援，而唯一可仰仗的九二和她同床异梦。

郑　强： 乃汩没于恶习而不能自出。圣人于此戒人之习恶而不自知，诱人于习善而不倦。两位老师所解初六均有小人习恶之义。

刘正平： 确实，解为"习恶"，跟"习坎"紧密相扣。

【习于坎险】

张丰乾： 是"入坎"，不是"玩火"。险情不一样。

元　融： 窞，深坑，"入于坎窞"。

郑　强： 古今险情不一样。

张丰乾： 出路在于"习"，而不在于凭借外力，或者说无外力可以凭借。

秦凯丽： 初六既不走正道，更不守中庸之法，过于柔弱无出险之志，又在重险之下，太凶了。

刘正平： 古今险情确实差别很大，古人涉个大川都愁死了。

郑　强： 初六以阴柔而处重险，不中不正，有小人之陷于险难，以邪佞阴险而处险之象。

王力飞： 掉深坑里了。

温海明： 掉坑里去了，手机还进水了。

元　融： 习坎，入坎。

王力飞： 无求无应。

郑　强： 小人处险不以道，往往以机心处之，失于正道，机深而祸愈深。

秦凯丽： 无意而陷入，说明这爻本身没问题吗？应该怎么理解呢？

张丰乾： 好问题。"无意而陷入"即意外陷入。王弼注："习坎者，习为险难之事也。最处坎底，入坎窞者也。处重险而复入坎底，其道凶也。行险而不能自济，习坎而入坎窞，失道而穷在坎底，上无应援可以自济，是以凶也。"孔颖达《周易正义》："既处坎底，上无应援，是习为险难之事。无人应援，故入于坎窞而至凶也。以其失道，不能自济，故《象》云：'失道凶'也。"

元　融：　坎卦的初六，可以视为寻常人内心深处的侥幸心。发心的善恶，决定了业的善恶！外在环境的险恶，还是由内心的险恶招致的。

姚利民：　初六最大的悲剧：入坎而不自知，而继续入深渊。

陈　鑫：　干宝："窞，坎之深者也。"旁入即深入，非侧入也。

闫睿颖：　自己走错了路，又失于正道，不能自济。

张丰乾：　但意外之所以发生，乃是其自身未循正道。

秦凯丽：　那可能就是自己不守中正之道，走着走着掉坑里了。

陈　鑫：　初六在坎底，比一般坎深。

王力飞：　起步就窝进坑里，前还有坎坷重重，够倒霉悲催的。

郑　强：　昔日孔子在陈绝粮，从者病，莫能兴。子路愠见曰："君子亦有穷乎？"子曰："君子固穷，小人穷斯滥矣。"此可见君子小人身处险难之不同：君子不失正道，小人失道凶也。

刘正平：　这爻，简直是"盲人骑瞎马，夜半临深池"。

元　融：　放着好日子不过，自己往陷阱里跳，没有明白天理。

闫睿颖：　有私心杂欲的结果，所以会往坑里跳。

秦凯丽：　就像监狱里吸毒的一些人，让他们回头好像也很难。

张丰乾：　王弼、孔颖达都强调初六"上无应援"，指六四亦为阴爻。

裴健智：　未循正道还是身处陷阱？

张丰乾：　"未循正道"是"因"，旁入坎中是"果"。

元　融：　我们学习坎卦，看到初六的境地，要升起警醒心，阴爻陷底，无力回天。只有心底一阳生处，才有扭转乾坤的可能。

王庆原：　张氏浚曰："阴居重坎下，迷不知复，以习于恶，故'凶'，失正道也。"《易传》曰："小人行险以侥幸，初六之谓。"（《周易折中》）

元　融：　有私心杂欲的结果，所以会往坑里跳。有私欲倒也不可怕，最怕陷入私欲，没有天理可明。

李永红：　私起则失公，天理为公，逆道而行，而不自知，艰险重重，无力回天。

【卦变】

裴健智：　马恒君认为，从临卦变为习坎卦，从初爻变到五爻，经历了重坎，故为"习坎入坎"。

元　融：　马老师对"入"描绘很深。

裴健智：　而且，入有点进入上卦中爻的味道。从下面的坎卦，到上面的坎卦，故为习坎入坎。

郑　强：　从卦变看，坎为二阳之卦自临来，初与五易，五本阴爻，自五来居初，故可称"入于坎窞"。又自五而下，历经两坎，故曰"习坎"，习坎而入于坎，故"凶"。

裴健智：我倒认为临卦的初九阳爻是关键，而非阴爻。

郑　强：阳爻上行至五是为出坎，五下行入坎下，故有入于坎窞之象。

裴健智：虞翻认为，位下，故"习坎"为入。

郑　强：阳爻是指二、五爻，这是初爻爻辞。

裴健智：正好是从初爻慢慢深入到坎险里面。如何理解，五爻是出坎险？其实，初爻到五爻，解释为重坎，我认为也可以。

元　融：按你所说的是临卦的初九阳爻入于坎窞，则方向不对，临卦变坎卦，初九是向上行的，是出坎的方向，不应该入于坎窞。初六的方向是入，九五已然到了平地。

裴健智：我想起了需卦中六四为出自穴，上六为入于穴。可见六四为出，不为入。同理，习坎卦初六不为入。

陈　鑫：以习于恶的"习"是何意？

王庆原：读如习以为常之"习"。

裴健智：应该是临卦的初九从下坎再入上坎卦，故为"习坎"，两次进入坎险。

郑　强：六四首先是穴，是穴才能出穴。

元　融：我想起了需卦中六四为出自穴，上六为入于穴。可见六四为出，不为入。同理，习坎卦初六不为入。需卦在上卦，从五位出来；坎卦，《易经》从上卦下来了，所以言入。

郑　强：需卦六四的位置跟坎卦初六一样的，都居于坎之下。

裴健智：可是需卦六四为出。

元　融：需卦没有离开上卦，坎卦从上而下。

郑　强：先需于血，而后出自穴，所以出者，以阴居阴，上从九五，所以才出。

裴健智：坎卦其实从上而下，或者从下而上，都可讲通吧？一个强调阴爻，一个强调阳爻。

元　融：不严谨，初六就是临卦的六五。坎卦的九五就是临卦的初九。本次在讲初六、习坎、入坎。习，是重叠之象；入是初六的独身前往。

（整理者：张馨月　中国人民大学哲学院硕士生）

自我拯救 阴助脱险
——坎卦九二明解

时间：2016年05月04日22：00 — 23：08

【明解文本】

九二：坎有险，求小得。

《象》曰："求小得"，未出中也。

【讲课内容】

张丰乾： 王弼注："履失其位，故曰'坎'。上无应援，故曰'有险'。坎而有险，未能出险之中也。处中而与初三相得，故可以'求小得'也。初三未足以为援，故曰'小得'也。""履失其位"指九二阳爻居阴位——王弼屡屡用"履失其位"解释爻辞。

郑 强： 这爻有各种解，王弼说是二爻与初爻、三爻相比，以初、三为援，初、三阴爻，故小有得。还一种解，是二爻求于五爻，五虽居尊位，但也在险中，故求五只能小有得。

张丰乾： 张载《横渠易说》："险难之际，弱必附强，上下俱阴，求必见从，故求则必小得，然二居险中而未出也。"

九二爻处于坎之中，故有险，但以阳求阴，且居中，故有小得。

孔颖达《周易正义》曰："既在坎难而又遇险，未得出险之中，故《象》云'未出中'也。'求小得'者，以阳处中，初三来附，故可以'求小得'也。初三柔弱，未足以为大援，故云'求小得'也"。"小得"指不能过于依赖对方。

刘正平： 这一爻，我翻阅了各家的解释，发现五花八门，什么说法都有，我也晕了。不过我可以尝试总结一下。

王弼、孔颖达、张载、尚秉和、黄寿祺认为，九二以阴居阳，失位不正，而且上无应援，所以是自处险地，有险之象。与此对应，他们均认为，九二与初六和六三相比附，求之则小有得。但是初、三毕竟柔弱，帮不了大忙。

程朱认为，"九二当坎险之时，陷上下二阴之中，乃至阴之地，是有险也。然其刚中之才，虽未能出乎险中，亦可小自济，不至如初益陷入于深险，是所求小得也。君子处险难而能自保者，刚中而已。刚则才足自卫，中则动不失宜。"也就是说，九二一爻还能自己拯救自已，就因为品性还好。

张丰乾：九二毕竟是阳爻，且居中位，又求阴助，故有"小得"。

【讨论内容】

王力飞：六三乘阳，与九二难合?

张丰乾："上无应援"是不是指九二与九五同为阳爻?

王力飞：师卦九二，在师中，吉，无咎，王三赐命，不同于坎的是，九二与六五应。

郑　强：二、五都是阳爻，无应援，但同在险中，一说二，可求五。

王力飞：师卦和坎卦只有六五和九五的区别。

【自信自救】

郑　强：对"小得"的解也各不同，王弼、孔颖达说"小"是指初爻与三爻。"上下俱阴"是指初爻与三爻说。

温海明：要想脱离险境，必须一点点来。

郑　强："求小得"，还有一种说法是：求其小，不求其大，水之源泉本自不大，涓涓不已，而流为江河，凡人为学做事，必从求小开始，不能开始就求大，如水虽涓涓而有源，为行险之本也。

王力飞：肖申克救赎，一点点掏洞。

郑　强：对，一点点来，这种解法为李光地所推崇。

温海明：脱离险境，举例有理，要自己一点点救赎，拯救自己，别人帮不了大忙。

王力飞：文王入狱，贿赂佞臣，求小。

刘正平：只能自我拯救。

温海明：是啊，品性刚中，能够一点点自我拯救，信自己，靠自己。卦变是初六下来比邻顺承，柔爻为小。

郑　强：这种解高明。从卦变来讲确实是这样的。

刘正平：是的。不过程颐和朱熹认为，初六、六三就是九二的绊脚石，根本没有求的想法。王弼、孔颖达这一系，认为可以向初六、六三求帮忙。

王力飞：说白了，就是九二陷得还不深，搞些小动作能有收获。

裴健智：刚中以自保。

郑　强：九二在险陷之中，不能出险故称"坎有险"，二爻以刚居柔而得中，虽在险难之中，尚有自全之理，有所求而尚可以小得，不至于速其祸，即求小得之义，若大得则免于险。并非二之才不能出险，险陷方深而上无正应，又居于阴位，是时机不成熟。

裴健智：感觉程颐和朱熹还是强调一个是中位，一个是刚。

刘正平：　还有一个山头呢。智旭："刚中有孚，但居下卦，则夙习尚深，未能顿达圣
　　　　　　境，仅可'小得'而已。"

郑　强：　还在险中，达圣境要求过高，所以小得。

【"刚中"】

裴健智：　处于险境，由于刚中而能自保。

张丰乾：　处于艰险之中而小有收获，可见"刚中"的可贵。

裴健智：　九二能自我守正道，君子之德。

王力飞：　失应，错位，有险；得比，居中，有得。

裴健智：　《象传》："维心亨，乃以刚中也。"说的就是九二和九五吧。

张丰乾：　藕益大师强调"夙习尚深"，正中"习坎"之要义。

郑　强：　在险中"刚中"，可贵。

温海明：　要靠大家一起都刚中才有可能，我们一起努力解释九二，今晚能够有小得就
　　　　　　不错。

王力飞：　有孚维心，说的是正人君子入险。

刘正平：　昨晚引用藕益大师说，初六一点自救的希望都没，今天说九二可以小有得。
　　　　　　最后到底谁说得更靠谱啊？

温海明：　初六自己堕落，没救了，九二心思刚正，还是想要自我拯救的，有希望。

郑　强：　是的，大家一起刚中才能越二爻这个坎。藕益大师强调"夙习尚深"正中
　　　　　　"习坎"之要义。智旭："刚中有孚，但居下卦，则夙习尚深，未能顿达圣
　　　　　　境，仅可'小得'而已。"还是藕益大师靠谱。

王力飞：　难道我们解九二掉坑里了？

裴健智：　为何九二可以求于初六，初六却无法求得九二，按理说应该是相通的呀，感
　　　　　　觉九二求初六不靠谱。

刘正平：　九二更牛一点。历代注家几乎众口一词，初六病入膏肓简直没得救了，九二
　　　　　　帮不了忙，不但如此，还是初六的"坎"。

温海明：　九二想要离开险境，自然应该设法找人帮忙吧，可是没有应爻，上下皆阴，
　　　　　　能有小得就不错了，主要还是要靠自己。

王力飞：　九五不盈只平，九二有刚性，说明也未入深坑。

刘正平：　但九二想自救，看看上面没人，只有左右两个阴柔的伙计还能依靠一把，这
　　　　　　一求，初六高兴得不得了。

裴健智：　初六无药可救，还要帮助九二，也不简单。

王力飞：　六三乘刚，只会欺负九二，九五又敌视九二，九二只能和初六相依为命，自
　　　　　　我救赎了。

元　融：　九二，居下卦中位，虽然一阳居中，奈何放眼望去，四面茫茫。危险时刻，

自保为先。求小得，柔爻为小，这种情况下，做好心理准备，事情会有恶化，此时不要心存侥幸。

【戏说】

温海明：二位说得有道理，与初六相濡以沫，凄凄惨惨戚戚。

王力飞：爻和爻的关系可以看作小小说了。

温海明：宫廷大戏。

元　融：坎，九二境地，是深居坎位，危险重重，就像潜伏中的男主角，自己如何保全自己，求大是危险的，自求其小，反而有获。九二在两阴之中，做好潜伏，也是生存的基础。我们在一个领域中，能量不足的时候，最好的方式就是隐藏锋芒。

温海明：一对亡命天涯的男女在极度危险之中上演的情爱浪漫故事，女的比男的更危险，更没救，虽然自己都不行了，但临死前还是舍命拉了男的一把，让男的终于有希望脱离险境，令人潸然泪下。

刘正平：六十四卦，每卦六爻，一爻一集，这故事编出来要大大战胜韩剧，让中国的家庭主妇们看得天昏地暗，不见天日。

王力飞：换个思路，坎有险，小心翼翼能迈过去，整大了说不定掉进去，可否？

元　融：壮大自己，静待天时。戏说水平真高。

温海明：西方电影肯定要男的表现绅士风度，我们古人这里要歌颂女士们危难之际还为恋人舍生忘死的高尚精神。生死危难之际，有爱就有希望。

王力飞：初六看来真当了九二的垫脚石了，看看《画皮》吧，妖真不易。

温海明：如果拍出来，《周易》真是妇孺皆知。

元　融：这真是一个路子，可以作个铺垫。

刘正平：高亨老先生就编了不少故事。

（整理者：黄仕坤　中国人民大学哲学院硕士生）

进退皆险 徒劳无功
——坎卦六三明解

时间：2016年05月05日22：00 — 23：28

【明解文本】

六三：来之坎坎，险且枕，"入于坎窞"，勿用。

《象》曰："来之坎坎"，终无功也。

【讲课内容】

张丰乾： 依黄寿祺、张善文之注，"来之坎坎"，即"来去坎坎"。

刘正平： 这里"枕"的意思比较迂曲，不太好解释。楼宇烈《周易注》经过系统梳理，得出这样的结论：岳本、宋本、古本和足利本没有"枕"字，罗振玉校本也没有。焦循《周易补疏》说，九家本作"玷"，当作"阽"，危也。"枝"与"支"通，撑持支柱，也是临险之意。而"枕"，主要是孔颖达《周易正义》本有这个字。如果无"枕"字，则六三爻辞当作"来之坎坎，险且入于坎窞，勿用"。这里还有一个异文，那就是"险"字，尚秉和依据郑向本作"检"，他经过论证后认为，"检"和"枕"是一个意思。

张丰乾： 王念孙《读书杂志》："险、俭古同。俭德以行，所行非至德也。" 初六"入于坎"，六三又"入于坎"。所谓"入于"，即"沉"。

刘正平： 张载："前之入险退求，枕险入窞，与初六同。"程颐："六三在坎险之时，以阴柔而居不中正，其处不善，进退与居，皆不可者也。来下则入于险之中，之上则重险也，退来与进之皆险，故云来之坎坎。既进退皆险，而居亦险。枕谓支倚。居险而支倚以处，不安之甚也。所处如此，唯益入于深险耳，故云入于坎窞。如三所处之道，不可用也，故戒勿用。"朱熹："以阴柔不中正，而履重险之间，来往皆险。前险而后枕，其陷益深，不可用也。故其象占如此。枕，倚着未安之意。"智旭："不中不正，柔而志刚，自谓出险，不知前险之正来，比如邪见增上慢人，故'终无功'。"尚秉和："'险'作'检'。""三居上下坎之间，来内为坎，之外亦坎，故曰来之坎坎。检且枕，仍承来之坎坎言，言内外俱受检制，既且枕。"连劭名有个说法，我觉得非常值得一观。他用互卦理论，上互艮，下互震。艮止为静，震为动。动静不定，险而又险，故《象》云"来之坎坎，终无功也"。

【讨论内容】

【"枕"】

温海明： 尚本就是不要"且枕"两个字？

刘正平： 连劭名《帛书〈周易〉疏证》，依据的今本也说是"检且枕"，"检"就是检束的意思。尚秉和的本子作"检且枕"。这里主要是说，六三爻辞有异文。我们还没包括帛书本。

温海明： 但是一个意思，重复。

刘正平： 也就是说，这个"枕"字出现得莫名其妙。很多本子里根本没有，所以历代注家解释得非常吃力。

温海明： 爻辞每个字都不虚说，看不懂就不断通假，不太合适吧。

王力飞： 帛《易》怎说？

刘正平： 但是，帛书本却有，作"訧"。

张丰乾： 俞樾《群经平义》："枕当为沈。"

丰 铭： "六三，来之赣，赣噞且訧，人［于］赣阎，［勿用］。"译文："筮得习赣卦之六三爻，来到陷坑，陷坑四壁又高又险，进入这样的陷坑中小坑中，不要有什么作为"。感觉翻译很离谱，我都是参考原文。

温海明： 异文看得再多，感觉对理解文意没有多少帮助，而且前人讲异文很多确实讲不清楚。

刘正平： 我们不管他的异文了，就王弼注、孔颖达疏强为说解。

张丰乾： "且"通"阻"。

张弛弘弢："枕者，息而未安之义。"

张丰乾： "来之"是主动的，犹言"来去"。

温海明： 上下皆险，危机四伏。险难到处都是，比较明白。即便暂时休息，心中也不安。

张丰乾： 第三爻位于内外卦交接处，又以阴居阳位，所以进退都受阻，乃至于沉没于坎窞，故而不要试图发挥作用。

闫睿颖： 动静不定，心中不安……描写得真形象。

温海明： 六三可谓动则得咎，我们解释起来感觉也是动则得咎。

闫睿颖： 那么就是静则得安吗？

张国明： 六三阴爻，于两坎之间处险之深处，本已危险，又因阳位妄动，则愈陷愈深。

张丰乾：《象传》说："终无功也。"六三是劳而无功之象。

闫睿颖： 那要怎样破解呢？坚守正道，不要妄动？不要试图发挥作用？

张国明： 无解，坎为大凶卦，六三为凶位，凶卦凶位，又失中非正，结果只能是"凶"，绝望。

温海明：　实在是太危险了，只有沉着冷静，韬光养晦，等待时机。可是阳位妄动，不仅无功，感觉只会越陷越深。

刘正平：　尚秉和从"险"为"检"，认为"检"和"枕"是一个意思，内外都受检制，前检后枕，来往既陷于险境，其不能用也必矣。

张丰乾：　相对初六之"凶"，境遇似乎改善不多。

张弛弘弢：进退皆险，暂且休息下，不至更深。

刘正平：　终无功也，怎么弄都没意义，好绝望的感觉。

温海明：　很少有这么绝望的爻，坎是够险的。

刘正平：　这一卦，我们已经学了三爻，好像还没出现转机，越来越糟的感觉，只有等明天了。

【"无功"与"凶"】

张丰乾：　"无功"和"凶"还是有程度的不同，似乎不能等同于绝望。

元　融：　坎险，可以看作是阳爻对于阴爻而言的，如果单单从阴爻的角度而言，是战役胜利的曙光。

张丰乾：　尚秉和以为"险"通"检"，即受约束之意。

张国明：　处险地，动为出险，功成则出。无功则废，绝望。

张丰乾：　六四说"终无咎"。

张国明：　若静以待之，如六四，则有望。如六三则妄动，妄动为何？求希望也。无功，终绝望！

张国明：　三爻处险地。

刘正平：　跳不出下坎都是没希望的。一个坎还能克服，两个坎，坎之又坎，没几人吃得消。

元　融：　国明师，如果说是二爻处险地，可否？

倪木兰：　多难兴邦。

张国明：　各爻均处险地。但仍有时位之别。

元　融：　我的意思是，能否看成是四阴爻对二阳爻的围剿。

张国明：　也可。

张丰乾：　元代易学家王申子《大易缉说》认为："险且枕"的意思是"临险止而暂息"。

温海明：　九三好像陷入沼泽地，越挣扎越往下陷，而且非常绝望，等待灭顶之灾。

张国明：　可怜可叹！一个坎还能克服，两个坎，坎之又坎没几人吃得消。

张丰乾：　"勿用"，即暂时止息而不要轻举妄动 。

郑　强：　也许我理解不对，一直不认为坎是大凶卦，君子有孚刚中，险而不险。

【依枕待时，履险如夷】

张弛弘弢：千万别挣扎，找个枕头。先休息一下，在哪里跌倒，就在那里先睡一觉。

温海明：　昨天九二还有美人施以援手，尚有一息之望，今天六三没有美人，也没有希望。

张国明：　又一个鲜活的生命在逃生时遇难，她曾经带着希望努力一搏，可惜可叹！

温海明：　只有自己找枕头暂时喘息一下，这样剧本可以继续延伸。

郑　强：　一直认为归妹卦，在六十四卦为最凶。

张国明：　坎卦最凶，六爻无一吉辞。

张丰乾：　依俞樾《群经平义》："枕当为沈。"则"枕"为"沉没"之意。

丰　铭：　《释文》云："古文作沈，水中淤泥。"

刘正平：　这些异文让人眼花缭乱。

丰　铭：　这个"枕"字放在这怎么看怎么别扭。

张国明：　水难无情。

张弛弘弢：不陷得更深，就阿弥陀佛啦。

刘正平：　枕头出来了，这个剧本有戏。

元　融：　枕字换作"沈"如何？

刘正平：　这个"枕"字好像根本不应该出现。

温海明：　枕头底下是九二。乘刚，枕得不安稳。

姚利民：　往往是很多人处于六三这样凶险的泥地里，而不知凶险。

元　融：　坎卦最凶，六爻无一吉辞。二阳之卦，总比一阳之卦力量大些。

张丰乾：　"六三'险且枕'，只是前后皆是枕，便如枕头之'枕'。 问'来之坎坎'。曰：'经文中叠字如"兢兢业业"之类，是重字。来之自是两字，各有所指，谓下来亦坎，上往亦坎，进退皆险也。'"（《朱子语类》卷七十一）

闫睿颖：　没有美人，也没有希望，只有一个枕头自个抱着喘息，还枕得不安稳。

元　融：　"枕"的深意是否就是乘刚？

温海明：　我自己想到的，还没看到文献根据。

张弛弘弢："枕者，下有九二之险，而且已枕于其上也。"（何楷《古〈周易〉订诂》）

张国明：　不然，一阳之卦只要阳爻不在最上，都和阴相比相应，吉多于凶。

张丰乾：　本爻辞涉及今古文的差异，歧义颇多。需要结合相关文献，反复琢磨。

元　融：　一句提示，对"枕"一下子有了感觉。

温海明：　此爻再一次说明，没有爱，就没有脱险的希望。

张国明：　二爻不爱，五爻不理，处险之时自救无路，又无爱情滋润，绝望！

元　融：　我也感觉"枕"字别扭，以为写错了。温师提示后，觉"枕"字很精妙。

李尚文：　某不才，以为易者心也，《易》所言实乃心上事，心之感而应之水火天地山风，无非皆心变化流行，其卦义，心之理也。非如此心外拟议，与吾心何干？不知易即心，心即理者，实不足以言易。只是文字禅，不联系心上解说，恐终与己无涉。爻与象皆不在书中，在举目所见中。

姚利民：　借《易》说象，借爻说事，经说，皆非实义，是名说。

温海明：　爱由心生，没有心，怎么脱险啊？

闫睿颖：　大概这就是入险之由，也是脱险之关键了。

张丰乾：　"心不可得"。不如依枕而待时。

温海明：　心一动处即有阴阳，阴阳一动处就有险，所以学坎卦要学习处险之道，履险如夷。

刘正平：　玄之又玄，是谓众妙之门。

李尚文：　书中之坎离水火，要在心上见得，要在眼前见得，方知其义，而天地之妙此心契之而大惊，非敢与常人语。

温海明：　本群在各位明师带领之下，从明解卦爻辞字字句句入手，以小见大。力求"字字征实，不蹈空言，语语心得，不因成说"。

（整理者：李芙馥　中国人民大学哲学院博士生）

慎险如嫁　虽危无咎
——坎卦六四明解

时间：2016年05月06日22:00—23:16

【明解文本】

六四：樽酒簋贰，用缶，纳约自牖，终无咎。

《象》曰："樽酒簋贰"，刚柔际也。

【讲课内容】

张丰乾：　《说文》："簋，黍稷方器也。"段玉裁《说文解字注》："《周礼·舍人》注曰：'方曰簠，圆曰簋。盛黍稷稻粱也。'" 值得讨论的是，"簋"是日常用具，还是祭祀用具。

礼部员外郎杨仲昌："《易》曰：'樽酒簋贰，用缶，纳约自牖。'此明祭存简易，不在繁奢。所以一樽之酒，贰簋之奠，为明祀也。"（《旧唐书·礼仪志》）

刘正平：程子认为是宴享之器。

张丰乾：如果是祭祀的话，还要考虑祭祀的对象。另外一个可能是后人把这句爻辞引申为祭祀的原则。

王弼注："处重险而履正，以柔居柔，履得其位，以承于五，五亦得位，刚柔各得其所，不相犯位，皆无余应以相承比，明信显著，不存外饰，处'坎'以斯，虽复一樽之酒，二簋之食，瓦缶之器，纳此至约，自进于牖，乃可羞之于王公，荐之于宗庙，故'终无咎'也。"王弼此处所言"履得其位"正和注九二爻辞所言"履失其位"相呼应。坎卦之六四曰："樽酒、簋贰、用缶，纳约自牖，终无咎。"《程氏易传》曰："此言人臣以忠信善道结于君心，必自其所明处，乃能入也。人心有所蔽，有所通，通者，明处也，当就其明处而告之，求信则易也，故曰'纳约自牖'。能如是，则虽艰险之时，终得无咎也。且如君心蔽于荒乐，唯其蔽也故尔，虽力诋其荒乐之非，如其不省何？必于所不蔽之事，推而及之，则能悟其心矣。自古能谏其君者，未有不因其所明者也。故讦直强劲者，率多取忤；而温厚明辨者，其说多行。非唯告于君者如此，为教者亦然。夫教，必就人之所长，所长者，心之所明也。从其心之所明而入，然后推及其余，孟子所谓'成德''达才'是也。"（亦见于《近思录》卷十）程颐由此爻引申出为臣之道："讦直强劲者，率多取忤；而温厚明辨者，其说多行。"及为教之道："从其心之所明而入，然后推及其余。"

刘正平：这一爻，观象而言，各家说得比较清楚了，相比于初二三爻，六四爻虽依然处于重险之中，但履得其位，阴爻居阴位，位正。虽然下无应援，但可承、比于九五。九五也得正得中。九五和六四相比，又一刚一柔，正好刚柔相济，故可进退腾挪，虽仍然处于艰险之地，终可"无咎"也。帛书文字颇有差异。程子从君臣关系的角度解读这一爻，引到臣道上来。

【讨论内容】
【樽酒、簋贰】

 郑 强：六四臣位，此爻讲为臣处险之道。

 元 融：二两小酒，一碟子花生米，两个茶缸子。互震，正反震，故二簋。簋者，古时，祭祀器皿。

 温海明：危险时期，送来的饭再简单粗糙，也要吃下去，没有选择。

 张丰乾：士志于有为，而际昏庸之主，思有所造于国家，不得自达于上，不获已而见

大臣之可与言者，因之以效"纳约自牖"；而"遇主于巷"，所谓救失火而不暇问主人者也。（王夫之《读通鉴论》卷十）

元　融：　本爻祭祀用语，祭祀何人？

温海明：　"簋"按照祭祀器皿来理解的话，马恒君认为是贵族家庭未出嫁的女孩举行的祭礼。

郑　强：　一樽之酒，二簋之食，瓦缶之器，至俭至约之物，君臣能以诚相交虽至约不为失礼。

元　融：　四爻，五爻，君臣？

郑　强：　四臣五君。

元　融：　"纳约自牖"，是否有四爻为阴，女子之象，四阴五阳，女子敬慕夫君之象？

刘正平：　各家的一个基本认识是，"樽酒簋贰用缶"是质实俭约之意。

温海明：　简单食品，有共识。感觉从祭礼角度讲，是女子求上天给自己物色一个如意郎君？到底没有君臣共渡难关的深意？

【"纳约自牖"】

刘正平：　这里我有个疑问，为什么要从窗户里走？古代一个房子，有户，有牖，不走大门，爬窗户，所为何意？

元　融：　互艮，两个门之间，自然是窗户了。

张丰乾：　"'其次致曲'与易中'纳约自牖'之意，亦略相类。'纳约自牖'是因人之明而导之，'致曲'是因己之明而推之。是如此否？"曰："正是如此。"（《朱子语类》卷六十四）

温海明：　马恒君的解释是，在靠近东边窗户下进行简单祭祀，贡品从窗户放进来。

王力飞：　六四还在坎里，貌似在牢狱之中。纳为拿进去，约为言语上的交流、相约，均通过窗户进行。终无咎，是四居正位，有九五庇护，能跟外界联系，还有脱险的机会。

刘正平：　看各家的说法，"纳约自牖"是取质实俭朴之意，如果没有古代礼制资料的支撑，我觉得这个说法很是不明所以。

张丰乾：　"纳约自牖"：一为方便，二为快捷。

元　融：　卦象，显得很重要。

温海明：　必须探究礼制的细节。

刘正平：　根据孔子的观念和理解，礼仪求方便快捷，是说不过去的。

张丰乾：　藕益智旭《周易禅解》："柔而得正，与九五之中正刚德相与，所谓因定发慧，正出险之妙道也，正观如酒，助道如簋，诚朴如缶，方便道牖，从此可发真而无咎矣。"

温海明：　但引申为牢饭，或者就是没有饭吃的时候，人家像牢饭一样送你吃的，也要接，其实很形象。

王力飞： 王夫之解为食器。

刘正平： 《论语·乡党》："齐必变食，居必迁坐。食不厌精，脍不厌细。食饐而餲，鱼馁而肉败，不食。色恶，不食。臭恶，不食。失饪，不食。割不正，不食。不得其酱，不食。肉虽多，不使胜食气。唯酒无量，不及乱。沽酒市脯不食。不撤姜食，不多食。"

郑　强： 六四近君位，以臣交君，当险难之世，以诚以俭可荐王公交神明也。

刘正平： 看看孔子的这些说法，就知道，祭祀礼仪为求"敬""慎"之意，是非常繁琐的。

张丰乾： 藕益"正观如酒"和刘老师所引《论语》之言有呼应之处。

刘正平： 所以帛书说："入药自牖，终无咎"，我觉得可能有点什么讲究和背景。

张丰乾： 牢饭，实难苟同。

王力飞： 有的直接解为文王在狱里。

刘正平： 智旭："柔而得正，与九五之中正刚德相与，所谓因定发慧，正出险之妙道也。正观如酒，画道如簋，诚朴如缶，方便道如牖，从此可发真而无咎矣。"

丰　铭： 这里解作送病号饭。

刘正平： 给药吃，我觉得有道理。

温海明： 六四成病号啦，根据？

丰　铭： 我的逻辑是初六：积劳成疾。九二：休养治疗。六三：健康恶化。六四：病势垂危。

王力飞： 在坎的大背景下祭祀，也值得探讨。

张丰乾： "簋"应该是比较讲究的器具。

张丰乾： 问"纳约自牖"。曰："不由户而自牖，以言艰险之时，不可直致也。""纳约自牖"，虽有向明之意，然非是路之正。（《朱子语类》卷七十一）

温海明： 还是要放在艰难时势里面理解比较有味道。

张丰乾： "用缶"也很重要。

温海明： 六四在险境中，低调谦卑自保。

刘正平： 张载："四五俱得阴阳之正，险阻之际，近而相得，诚素既接，虽简略于礼无咎也。上比于五，有进出之渐，故无凶。"

王力飞： 通过窗户约以自保，赶紧找九五去。

温海明： 女子出嫁前，祈祷上天安排一个好丈夫，其实也是很危险的情况，需要谦卑示弱，以求得到好的丈夫。

张丰乾： 《说文》："缶，瓦器。所以盛酒。秦人鼓之以节歌。""缶"既是酒器，也是乐器。

【艰难处境】

元　融：六四在上卦下爻，领导阶层如何面对危险，如何和下级同舟共济？心地上要有虔诚之心，降低自我预期，要对凶险有足够的心理准备。

刘正平：也就是说，今天习的六四爻，因为承于九五，终获无咎，但因为没有应援，依然不能出险？

元　融：而且在上卦，下卦有危险，上卦也不轻松！

刘正平：这个情怀高妙。

张丰乾：《象》曰："樽酒簋贰"，刚柔际也。刚柔相比而相亲焉，"际"之谓也。刚柔相比而相亲之际，"樽酒簋贰"。

倪木兰：伴君如伴虎，庄子说："形莫若就，心莫若和。"（《庄子·人间世》）

元　融：六四，可以看出古人面对危险是有祭祀祈祷的习惯的。祭品不用很丰盛，祭祀器皿也不用很华贵，地域也不用十分讲究，一颗虔诚的心是很有必要的。

温海明：六四刚柔之际，需要极尽温柔体贴之能事，虔敬婉转化解。

元　融：态度要谦恭，我们生活中也有类似的经历，真正危险来临的时候，也是虔诚的祈祷，忏悔自己的莽撞，恳请上苍的眷顾。

张丰乾：刚柔相比而相亲之际出现"樽酒簋贰"，无论是祭祀，还是宴饮，简朴而不失庄重。樽酒、簋贰、用缶，和"终无咎"之间的关系还值得思考。请大家发表高见。

倪木兰：九鼎八簋是天子之礼，诸侯以下依等级而递减，簋二是大夫级别的低配。如果是文王拘于羑里，以一方诸侯之尊而遭软禁，可谓坎之又坎。至于是祭器还是食器，愚以为功能可分，但使用未必可分。饮食乃是分享神徐。基督徒在吃饭前还要祷告，也是同样在一种行为过程中体现饮食和敬神感恩等义。

（整理者：秦凯丽　中国人民大学哲学院硕士生）

险难未尽 未得光大

——坎卦九五明解

时间：2016年05月07日22：00—23：17

【明解文本】

九五：坎不盈，祗既平，无咎。

《象》曰："坎不盈"，中未大也。

【讲课内容】

张丰乾：九五：坎不盈，祗既平，无咎。王引之《经义述闻》："祗，读为疧（qí）。"《说文》："疧，病也。"《诗·小雅·无将大车》："之子之远，俾我疧兮。"《毛传》："疧，病也。"郑玄笺："王之远外我，欲使我困病。"尚秉和认为"祗"通"坻"，山丘。另亦可通"坻"。《尔雅》："水中可居者曰洲，小洲曰渚，小渚曰沚，小沚曰坻"。其实，"坻"和"坻"是两个字。"祗既平"即病已平复，故而无咎。

如果是疾病平复的话，和"坎不盈"是什么关系呢？王弼注："为坎之主而无应辅可以自佐，未能盈坎者也。坎之不盈，则险不尽矣。祗，辞也。为坎之主，尽平乃无咎，故曰'祗既平无咎'也。说既平乃无咎，明九五未免于咎也。"

孔颖达《周易正义》曰："'坎不盈'者，为坎之主而无应辅可以自佐，险难未能盈坎，犹险难未尽也。故云'坎不盈'也。'祗既平无咎'者，祗，辞也，谓险难既得盈满而平，乃得'无咎'。若坎未盈平，仍有咎也。"

依《大象传》，因为九五不够强大，所以坎坷未平。"中未大"，阮元等人以为是"中未光大"。自天光前绳屈而上数十级，有一岩穹然，其石乳悬者为杵，陷者为臼，葛洪炼药之所。又级而上有一岩，石龙势欲昂举，泉自颔垂滴，味甘以冽，下有坎不盈不涸。（《广东新语》）。从地形来说，"坎不盈不涸"似乎又是一种理想的状态。《小象传》所言"中未大"显然是指九五虽然刚中，但"坎未平"，故而未能充盈。

温海明：前后如何连贯是关键问题所在。

【讨论内容】

【"祇"】

温海明： "祇"字历来难解，历代大概有安、病、土丘、抵达、无实义、适等多种解释。

郑　强： "祇"字，一解作坻，水渚也，《诗》云："宛在水中坻。"《说文》云：小渚，坎之象也。渚（zhǔ），形声，从水，者声。本义：古水名。渚水：水中小块陆地，洲渚，渚田，鼋头渚。

张丰乾： "坎不盈"说明坎坷未平。

温海明： 水流进去，没有满出来。

张丰乾： 但似乎和"祇既平"矛盾，或者说"不盈"及"不平"之中有"平"。

郑　强： "坎不盈"，王弼注、程颐、朱熹、来知德所解大致相同，都以"不盈"为未能盈科出险为解。李光地《周易折中》以为程传所解，与《象传》"水流不盈"异旨，而取俞琰、何楷之说，认为"不盈"，水德也。有源之水，虽涓微而不舍昼夜，虽盛大而不至盈溢，唯二五刚中之德似之。此所以始于小得，而终于不盈也。"

姚利民： "坎不盈"为因，"祇既平"为果，故无咎。

张丰乾： 似乎是互相包含关系，而不是因果关系。

【"坎不盈"】

郑　强： 窃以为，此爻来知德解的比较好，来解，大意是九五还在险中，故不盈，但九五阳刚中正，其上只有一阴，计其时即将出险，故有"祇既平"之象，既平，则可以无咎。

张丰乾： "既"字可能表示一种条件。

王力飞： 有孚盈缶，盈有满、深意，坎不深，如小丘一样刚刚平。一路坎坷行来，爬出这样的坎不难，故无咎。

王庆原： 惠上奇曰："老子云保此道者不欲盈，大盈若冲，其用不穷。"

张丰乾： 《象》曰："坎不盈"，中未大也。

元　融： 有孚盈缶，盈有满、深意，坎不深，如小丘一样刚刚平。一路坎坷行来，爬出这样的坎不难，故无咎。缶，极佳。

王力飞： 阴爻有穴坑象，阳爻有实、盈象。

郑　强： "祇"即坻，水渚也，即水中小块陆地。坎不盈，是指现在，现在坎不盈，故水面不与江渚平，不平则不能上岸；祇既平，是指将要平，水面与江渚持平后，就无咎了。

王力飞： 踩在这样的坎里，脚底实在，有九四相承。郑老师，如果把六四和上六看作水，九五看作小丘，是否好解一些？水不满，没有漫过小丘。

郑　强： 所以《象》说："坎不盈"，中未大也。中为坎。中未大，水不大也，大则与江渚平而出险无咎。水渚，就是这个意思，相当于水中的小丘。

姚利民： 水中可居者曰洲，小洲曰渚，小渚曰沚，小沚曰坻。

王力飞： 既济卦和未济卦，阴爻为河，阳爻为岸的意思比较明显，可与坎卦互参。

王庆原： 《东坡易传》："'祇'，犹言适足也。九五可谓大矣，有敌而不敢自大，故'不盈'也。'不盈'，所以纳四也。盈者人去之，不盈者人输之。故不盈，适所以使之'既平'也。"

张弛弘弢：坎为水，"坎不盈"即水不盈。九五乃大江大河，滔滔流泻，故不会满止。祇，适也。祇既平，恰好与水面相平，不沉底也未及岸。

姚利民： 九五体现了坎卦内具中孚卦德，怎会有咎。

郑　强： 九五互艮为山，故可以把水中之渚想像为四边陡峭之山崖，坎不盈，水面不与崖岸齐平，则难以上岸；祇既平，则可以上岸，故称无咎。

王庆原： 祇作病，"祇既平"整句怎么解？是病好了的意思吗？

温海明： 九五中道，而不满溢出来。齐平，平衡，可解，结合小象来看的话。取病已平复之意，力飞取小丘之意，都有道理。

王庆原： 马其昶曰："阳得位于中，故盈而不盈，大而未大。"

郑　强： 坎不盈不涸，不盈就是水不满之意。

张丰乾： 那是讲罗浮山的地形，适宜炼丹。"险难垂出而下比于四，不能勉成其功，光大其志，故圣人惜之曰：'祇既平无咎'而已矣，不能往有功也。一本云：坎盈则进而往有尚矣。"（张载《横渠易说》）

郑　强： 是的，"泉自颔垂滴"，是泉水从上往下滴。"下有坎不盈不涸"，是指泉滴之下有个水洼，里面的水不满不涸。

姚利民： 九二与九五非敌对，相施援手，九五如井不盈不涸，无咎。

元　融： 六四，用否。九五，坎不盈。九五在上卦中位，到了外坎的核心处，危险程度已经有底；二五爻，刚爻居中，彼此支持，静待时日，中未大也。

温海明： 九五快要出险，但还在水里，从象上讲，是水没有满，刚刚平，心态上讲，是刚出险，千万不要自满，要心态平和。大家讲得都有道理，这一爻不容易解，请大家继续讨论。

张弛弘弢：病不训示。训祇为病，似无意义，难通，感觉附会牵强。

温海明： 理解为"小丘已经铲平"，不太通，跟水流没满的关系也不是很清楚。

张丰乾： "坎不盈，祇既平"，"祇"字他无说处，看来只得作"抵"字解。复卦亦然。不盈是未平，但将来必会平。二与五虽是陷于阴中，毕竟是阳会动，陷他不得。如"有孚维心亨"，如"行有尚"，皆是也。"坎不盈，中未大也。"曰："水之为物，其在坎只能平，自不能盈，故曰'不盈'。盈，高之义。'中未大'者，平则是得中，不盈是未大也。"（《朱子语类》卷七）

郑　强： 不盈是未平，但将来必会平。这句话，与来知德的解一致。

温海明：　历来难解。

元　融：　此处的"祗"与复卦的"祗"，有相同之处。另解（之音）语气词语，无实意。

张丰乾：　朱熹的解释比较乐观："将来必会平"，"毕竟是阳会动，陷他不得"。

张弛弘弢：九五，一定是大江河水，怎能以泉窦解之。

郑　强：　我认为张老师只是引用那句话来说明盈字的字义。

元　融：　不盈，因五爻刚爻居中，就像水中有一巨石，自然不盈。

张丰乾：　"坎不盈，中未大也。"曰："水之为物，其在坎只能平，自不能盈，故曰
　　　　　'不盈'。盈，高之义。'中未大'者，平则是得中，不盈是未大也。"
　　　　　（《朱子语类》卷七）

郑　强：　最正统的解就是：盖"不盈"，水德也。有源之水，虽涓微而不舍昼夜，虽
　　　　　盛大而不至盈溢，唯二五刚中之德似之。此所以始于小得，而终于不盈也。

张弛弘弢：水不满止，因其流也。《象传》言："水，流而不盈"，即不止也。我理解
　　　　　很可能有偏差。

王庆原：　互艮，艮为时。故不盈。

（整理者：孙世柳　中国人民大学哲学院硕士生）

思过之地　三岁求复
——坎卦上六明解

时间：2016年05月08日22：00－22：49

【明解文本】

上六：系用徽纆，置于丛棘，三岁不得，凶。

《象》曰：上六，失道，凶，三岁也。

【讲课内容】

刘正平：徽，三股之绳。纆，两股绳子。凶！

张丰乾： 王弼注："险峭之极，不可升也。严法峻整，难可犯也。宜其囚执置于思过之地。三岁，险道之夷也。险终乃反，故三岁不得自修，三岁乃可以求复，故曰'三岁不得凶'也。"

孔颖达《周易正义》："用徽缠置于丛棘"者，险峭之极，不可升上。严法峻整，难可犯触。上六居此险峭之处，犯其峻整之威，所以被系用其徽缠之绳。"置于丛棘"，谓囚执之处，以棘丛而禁之也。"三岁不得凶"者，谓险道未终，三岁已来，不得其吉，而有凶也。险终乃反，若能自修，三岁后可以求复自新，故《象》云"上六，失道凶，三岁也"。言失道之凶，唯三岁之后可以免也。《象》曰：上六，失道凶，三岁也。 二者同为"失道"，但初六是"坎中有坎"，是"入坎"的状态；而上六虽然有"三年不得"的困窘，但毕竟有明确的期限。这里的"三年"应该是实指。

王弼认为"囚执置于思过之地"，"三岁"可能是一个循环，或者是一个周期。凶三岁这个说法，确实是个疑问，我说不清楚。不过郑强老师已经做了解答。有的说法认为不是确指。三岁，险道之夷也。险终乃反，故三岁不得自修，三岁乃可以求复，故曰"三岁不得凶"也。（王弼注）。

坎卦主要讲君子济险之道，坎中一阳为中实，代表坚强、诚信、亨通，《象》辞所谓"有孚维心亨"也。君子在险难之中，唯其心可以亨通，虽身在险难，若能处之以至诚之道，而心亨不疑，以刚中之道而行之，虽险难必能济而往有功。小人无刚中之德，则是遇险而愈陷。坎卦虽以一阳为二阴所陷取义，但爻辞却是阴阳皆陷。二爻"小得"，五爻"既平"，两阳爻之陷以刚中为可出，初爻与三爻"入于坎窞"和上爻"岁不得"则是阴爻之陷反甚于阳。

通过坎卦的学习，也可以看出，《易经》卦与爻取义有时是大不相同的。

【讨论内容】

张丰乾： 初六之"凶"与上六之凶同中有异。

姚利民： 为何是三，而不是二？

郑　强： 凶三年，一说是坎错离，离为三，故三年，还一说是从上六往下数至相应之爻六三，其数三，故称三岁。

徽，三股之绳。缠，两股绳子。用大粗绳子绑起来，还扔到丛棘里面，判处三年有期徒刑。

郑　强： 还有种说法，是根据所犯的错误，大罪囚之三年以思过，中罪两年囚之思过，小罪一年思过一年，三年指大罪说。

汤兆宁： 金景芳老师的《周易全解》的解释，"三年"可能指多年。

张丰乾： 何休《春秋公羊传》宣公元年解诂："古者疑狱三年而后断"，"三年"是固定期限。

温海明：上六一说三年（多年）不能出狱，一说是出了危险还害怕很多年。

张丰乾：李光地《周易折中》："如悔罪思愆，是谓得道，则其困苦幽囚止于三岁矣。"

温海明：上六是坎之上，一说要坐牢三年，是没有脱离坎险，一说已经出险，但心里没有出险，很久都害怕。

郑　强：李光地的意思就是如不悔罪，就不会脱离坎险。

姚利民：要脱险，把上卦坎卦完全走完确需三年。

张丰乾：根据《周礼·秋官司寇》，三年是实际的处罚期限。

温海明：当三年解的多，但《象》的根据少。

刘正平：智旭的人生经历比较丰富，出家前他就是个儒生，儒学功底很深厚，所以禅解《周易》，禅解四书，功底会通儒释。

温海明：功夫不简单，确有所见，值得后人研究。

张丰乾："凡害人者，弗使冠饰，而加明刑焉。任之以事，而收教之。能改者，上罪三年而舍，中罪二年而舍，下罪一年而舍，其不能改而出圜土者，杀。"（《周礼·秋官司寇》）藕益智旭《周易禅解》："阴居险极，有定无慧，如凡外痴定，极至非想，终不脱三界，系缚而见取既深，犹如置于丛棘，永不得免离也。"

刘正平：我现在看到的《周易禅解》两个标点本，一是篇目不可靠，二是内容不可靠，三是标点不可靠，所以用着总是提心吊胆。

温海明：张文智老师推荐《周易证释》，本周老师们推荐《周易禅解》。

张丰乾：藕益大师对《周易禅解》所面临的指责和风险了然于胸。

刘正平：看来只有张丰乾老师对藕益大师真有精深研究，我是"打酱油"乱翻书的。当初读《周易》时汇集各种注本，分配任务时我主动承担了《周易禅解》，但读得真是吃力。其中一个重要的原因是没好本子。张老师用的是金陵刻经处的本子，我手里的这个整理本却是九卷本。所以我一直不放心这个本子，连卷数都整得跟人不一样，怎么能让人放心，九州岛出版社出过杨万里的《诚斋易传》，也是目前唯一的整理本，但用着也不放心。

张丰乾：应该是十卷才对。

（整理者：贡哲　浙江大学哲学系本科生）

（本卦校对：王鑫　中国人民大学哲学院硕士生）

时　　间：2016年05月09日22：00—22：30
导读老师：赵建功（华中科技大学哲学系副教授）
　　　　　于闽梅（中国青年政治学院中文系副教授）
课程秘书：张馨月（中国人民大学哲学院硕士生）

光明附丽　文明明德

——离卦卦辞明解

30 离卦

离下离上

【明解文本】

离：利贞，亨。畜牝牛，吉。

《彖》曰：离，丽也。日月丽乎天，百谷草木丽乎土。重明以丽乎正，乃化成天下。柔丽乎中正，故亨。是以"畜牝牛吉"也。

《象》曰：明两作，离。大人以继明照于四方。

【讲课内容】

于闽梅： 离卦，夕阳西下。离为火，日月光明，明也，南方之卦也，与坎为一对，水火。上经之末。《宋史·辛弃疾传》："弃疾得离，遂决意南归。"离，王家台秦简作"丽"，《彖上》也说离意为丽，但马王堆作"罗"，网罗。

温海明： 离与坎是一组变卦，即坎卦六爻全变为离卦。坎为水，水要流动，是"行有尚"。离为火，就必须依附在燃料上，离开燃料就熄灭了。正是因为它附丽的特性，所以"利贞"。

　　柔爻柔顺地依附在刚爻的正中，得中又得正，所以亨通。因为柔爻的运动好像具有母牛那样温顺的德性。母牛柔顺地附丽，依附正了才稳固，这才符合离卦之道。

于闽梅： 离上下皆以阴爻居中，为畜母牛之象。

温海明： 坤为牛，离得坤中爻而有牛象，离为中女，故为牝牛，上离下离是牝牛成群之象，所以说"畜牝牛吉"。一般解"柔丽乎中正"都是六二、六五居中得正。阳光下成群的母牛，田园牧歌。不过卦名离主要还是附着、附丽的意思。

于闽梅： 《宋史·辛弃疾传》说："弃疾得《离》，遂决意南归。"而党怀英就得坎卦，就留在北方事金。

温海明： 上下卦都是离为明，离卦有双重之明，明而又明，光明地指引万物附丽到正道上去，或者双重光明都附丽于正道，附丽到正道，就能教化天下，成就人间文明昌盛。持续的光明，持续的教化，精神之火不能熄灭，就像太阳和月亮接力那样持续，不能懈怠。

【讨论内容】
【"离"的意象】

孙世柳： "离"，两意：一为光明普照；二为附丽，有所依靠。

元　融： 二五的阴爻，附丽。

温海明： 在卦爻辞里有时为火、为日、为明、为征伐等义。

倪木兰： 我以前一直都视之为丽日中天之象，今天看老师说夕阳西下，才觉得晨昏时刻确实更容易看到日月并行于天。

于闽梅： 多义卦，此外还有背离、分离、罹难和网罗等义。

元　融： 也是先天乾失中爻，远离故乡，何日返先天的意思。"离"，有火象，如离离原上草。

倪木兰： 我常把三爻画的坎离二卦竖过来看，就像水火二字。离通"罹"，以网获佳鸟。坎离是后天，取坎填离，用坎卦的阳爻填入离卦，就成先天纯阳之体了。

元　融： "离"，附物才可光明，《象传》说得很清楚。

温海明： 按《象传》是附丽的意思，譬如太阳和月亮附丽在天上，百谷草木要附着在土地上。

元　融： "离"，丽也，离取的光明象，一定要警醒《象传》附"丽"的内涵；"日月丽乎天，百谷草木丽乎土"。一味强调光明，忽略"丽"的内涵，是不妥的。

倪木兰： 伉俪，丽人俪，也是相互匹仇。

陈佳红： 薪与火既相爱又相杀。

元　融： "离"，四阳二阴，二阴居中，阳爻得势，故"利贞"；"亨"，是阴阳有交流。明两作，前后相继，故"大人以继明照于四方"。可以参研坎卦，习坎，君子常德行，习教事。

于闽梅： 附人就变成火刑，九四举的焚如等。

姚利民： 星星之火，可以燎原，"离"含有乾卦生生不息（自强不息）之特性。

元　融： 薪火相传，光明不止。"离"，南方而听天下，向明而治。

【"畜牝牛，吉"】

元　融： "柔，丽乎中正，故亨，是以'畜牝牛吉'也。"柔爻，居中，要得正才亨，心思偏了，会有危险，陷入四阳之中；占卜到离卦，不能大有作为，养养牛，卖卖牛奶，还是有小得。

倪木兰： 《论语·雍也》："子谓仲弓，曰：'犁牛之子骍且角，虽欲勿用，山川其舍诸？'"据《论语·雍也》，杂色牛如红色等是不用来祭祀的。至于公母则未知。

于闻梅： 母牛暗示所带军队都很服从，因为下面讲到"王用出征"。

温海明： 离为戈兵，柔顺，可以这样理解。

张弛弘弢："离得坤中爻而有牛象"这句可否改为："乾得坤中爻而成离？"

元　融： 公（牡）牛是用来耕地犁田的，牝牛是产小牛、产牛奶的，用处有不同。六十四卦就讲一件事：阴阳和合，事事顺，还要阴阳得正。

张弛弘弢：乾得坤之牛象，因得到坤之中阴爻，故牛变成了母牛。所以，离卦之象便是母牛了。

温海明： 离卦象征母牛，牛性格本来就柔顺，母牛就更柔顺。柔顺了更好地附丽于光明，上离下离是牝牛成群之象，不是蓄牝牛才吉，是好像蓄养了很多牝牛那样吉祥如意，柔顺地附丽于正道，而且能够光明不断。

【离之明】

温海明： 人事也很多，光明得来非常不容易。如果你有光明，就要努力去把世界照亮，要有三明：重明，大明，长明。《象传》：下卦离为明，上卦离又为明，是光明接连不断地升起来，故重明。这就是象征着光明附丽于高空的离卦，故大明。治理国家的大人要持续不断地以光明的意念照临天下四方，故长明。

元　融： 乾坤为先天大始，坎离为后天始成。

倪木兰： 重明，大明，长明。

温海明： 要经历大坎大水的洗礼，才能有光明。教化之教，易教之教。坎是苦中苦，离是明中明。光明的智慧像阳光下的海水一样，清明广远，波光粼粼。

元　融： 乾得坤中阴，而得离，离有坤的柔顺之性。离卦虽有刀兵之象，本性是柔顺附丽，不可用强。用到实际，如果下属有离型之人，一定要有明确的方针指引，才可大用。

（整理者：王璇　中国人民大学哲学院硕士生）

履新谦卑　守礼敬慎

——离卦初九明解

时间：2016年05月10日21：30 — 22：30

【明解文本】

初九：履错然，敬之，无咎。

《象》曰："履错"之敬，以辟咎也。

【讲课内容】

温海明："履"是人所穿的鞋子，引申为以足践踏，再引申为人的行为。因为人的行为要遵守礼仪的制约，故引申为仪的意义。《易经》文里没有"礼"字，凡"礼"都以"履"表示。"错"是花纹交错，文采灿然。错落有致，有秩序，有文明，"离"为文明。敬之，对这种有文采的礼仪，怀着恭敬之心去履行。"履"，礼仪制度，或者践行。

赵建功：可能更多学者会把"履"解释为践行。

温海明：本义走路，引申为行动都合乎礼仪。

赵建功：王弼："'错然'者，敬慎之貌也。"同时引申为敬慎，走路就要敬慎，不然会摔跤的。

温海明："错然"，文采为主。"敬之"，敬慎为主。有解为穿着绣花鞋走路。但不能把花鞋当作本爻的主要意思，本爻还是要好好走路，不要走得轻飘飘的。

初九犹如新年新人穿上新衣新鞋，开始新的人生，新的征程，还是小心守礼才能走得光明灿然。

【讨论内容】

【"履错然"】

王力飞：履，走路。

倪木兰：《说文》段玉裁注："（履）足所依也。履（原文作履）、依叠韵。古曰屦。今曰履（原文作履）。古曰履（原文作履）。今曰鞋。名之随时不同者也。引申之训践，如君子所履（原文作履）是也。又引申之训禄，《诗》："福履（原文作履）绥之。"《毛传》曰："履（原文作履），禄也。"又引申之训礼。《序卦传》《诗·长发传》是也。履（原文作履）礼为叠韵。"《序卦传》训履为礼。

张弛弘弢：　"履"，践行；"错"，敬之之貌。初九，离体之始，始行当敬。谁行？离
　　　　　　为日升之卦，初九如日初升，"日方出，人凤兴之晨也"。"履错然"，动
　　　　　　之始能加之以敬，则终"无咎"。

倪木兰：　　人穿上新鞋新衣走上新途新任之始，一般都会很爱惜，莫不有始，难在慎终
　　　　　　如始。

【敬　慎】

赵建功：　　敬慎即是此爻的核心主旨。

元　融：　　离卦的初爻，小心谨慎并以恭敬心来面对曲折的道路，是没有过错的。
　　　　　　这一爻是刚来文柔，还特别恭敬，男下女上，谦卑有礼。

温海明：　　初九阳爻居阳位而得正，故能敬慎无咎。

赵建功：　　乾之初九，潜龙勿用，一个"勿"字，不是不能用，是勿用。

元　融：　　离卦初爻，"履错然"，穿上鞋，迎来人生的波折路，比乾之坦途还要难
　　　　　　走。"敬之"，要有恭敬心才能"无咎"。要以初来的心走长远的路。

（整理者：张馨月　中国人民大学哲学院硕士生）

黄中文明　黄道元吉
——离卦六二明解

时间：2016年05月11日22：00—22：30

【明解文本】

六二：黄离，元吉。

《象》曰："黄离元吉"，得中道也。

【讲课内容】

赵建功： 六二："黄离，元吉。"六二阴爻为柔居阴位，且居下卦中位，得中且得正，故"元

吉"。黄属土，土在五行为中，故黄为中色，土在五行为至尊，故古时以黄色为尊贵之色，黄色所附着之物因而也尊贵，如"黄金""黄裳"。

温海明： 《文言》曰："君子黄中通理，正位居体，美在其中。"认为黄是中正美德之色。

【讨论内容】
【"黄离"】

元　融：　离卦的黄和坤土有何关联。

赵建功：　都是黄中。坤交乾为离，六二为坤之中爻。

温海明：　杨庆中解为"附丽于中天"。

元　融：　离卦，中虚一爻来自坤，带有坤的特性。

于闽梅：　也有注家以黄离为鸟名。黄离，即黄鹂——郭璞注。

温海明：　黄为中土之色，五行土居中。

孙世柳：　"黄"，在归藏简中，也多次出现，如黄衣，黄鸟等。

张弛弘弢：黄，象而已，取中意也。

元　融：　"黄离"，二爻本身是乘刚的，是含凶的。二爻取的是坤德，坤有先迷失道，后顺得常的描述，离中二爻，是具有坤德的一爻，得中道也。离中二爻，是清晰地看到自己的短板，谦虚自守，才得中道。在后天八卦中顶替了乾的位置，得坤德，故"黄离元吉"；"黄"，为前提。

温海明：　黄色的文明，比较有道理，可是怎么理解？纯美？醇厚？光鲜亮丽？

赵建功：　离为日，为文明，故"黄色的文明"，比较有道理。

温海明：　附丽的日，还是火，跟文明比起来，大家觉得哪个好一点。

张弛弘弢：黄色文明，就是黄土地的文明，东方文明。西方文明，是海洋文明，故称蓝色文明。

元　融：　"黄裳元吉"，在坤的五爻有出现，身居五位，用的是裳。二爻本身是日中的太阳，应该是白色耀眼的，因为二爻阴爻，用的是黄，对比太阳来说，黄色就是能量不够的意思；即使是正午的太阳，能量又是不足的，要看到阴爻对于能量的损伤。但是阴爻得位，故用"元吉"，其他三德是不具备的。

温海明：　我们是黄土文明，黄色的文明，得中道的文明，大吉大利。

张国明：　二爻为地为田，田荒为蛮野，田耕为文明。二爻亦为牛，野牛为蛮，畜牛为文。不论是田还是牛都尚黄色。黄土地老黄牛，黄皮肤的耕田者。黄离之象。

【"元吉"】

赵建功：　六二阴爻为柔居阴位，且居下卦中位，得中且得正，故"元吉"。

张弛弘弨：离为日，下离之初爻为日出，二为日中，三日昃。二爻，中午之太阳渐渐上
　　　　　行而附丽于天，既中且正。故《象》曰："柔丽乎中正。"

孙世柳：　《周易折中》引刘牧曰："离为火之象，焰猛而易烬，九四是也；过盛则有
　　　　　衰竭之凶，九三是也；唯二得中，离之元吉也。"按这种说法，"元吉"，
　　　　　是相对后几爻了。

赵建功：　离卦只有六二为"元吉"，是因为六二得中且得正，得中正之道啊。

温海明：　当然，离怎么解释六二都是六爻里面最好的，都"元吉"，代表美丽中正的文明。

罗仕平：　其实除了中正，乘刚且无应，还能"元吉"，估计也出于主爻之故？

张国明：　二爻之吉不仅在得中道，亦在两刚之间也。柔以刚显，两刚之间，柔之至也。

（整理者：黄仕坤　中国人民大学哲学院硕士生）

顺天知命　及时行乐
——离卦九三明解

时间：2016年05月12日21：30—23：08

【明解文本】

九三：日昃之离，不鼓缶而歌，则大耋之嗟，凶。

《象》曰："日昃之离"，何可久也？

【讲课内容】

于闽梅：　此爻说的是要及时行乐，把革新之理交给年轻人，不然就会有大耋之嗟，革新之事。

赵建功：　大多数学者持此说，及时行乐，大家觉得有没有问题？

温海明：　敲着瓦盆唱歌，是自得其乐，也是及时自乐，再不乐来不及！

于闽梅：　《诗·陈风·宛丘》"坎其击缶，宛丘之道"，及时行乐之意也。

温海明： 人生已经步入老年，应该顺其自然。

赵建功： 应该早日找到适合自己的自在乐子。

温海明： 从另一个角度说，既然老了，更要乐，再不乐就没有得乐了。人生都要过去了，有些人还没有乐起来，那就凶。

赵建功： 好好学《周易》才能乐天知命啊！

于闽梅： "耋"有六十、七十、八十之说，八十岁的说法较多。对于正统儒家来说，当然是任重道远。但魏晋是玄学时代，释经的时候会融入道家思想的，这是王弼开始的一个转向。

【讨论内容】

【落日之象】

温海明：　落日之象，有说只是西斜。

倪木兰：　我也赞同西斜一说。

温海明：　对应后面的老人之象，感觉前面日落比较合理。

于闽梅：　白昼将去。

温海明：　关键是刚斜，还是很斜？那是日落。

于闽梅：　九四才是彻底日落。

倪木兰：　日中则昃，月满则亏。一般就是倾斜之义，如果此处语境特指则另说。

温海明：　本意只是西斜，这里根据《象传》也是快落了。面对落日，大家都乐吧？自然而然啊，如果面对落日不乐，那就等落下去再哭吧。

赵建功：　面对落日，想不乐也难，因为马上就可以做美梦啦。

张国明：　三爻为阳为火之最热处，对应13点至15点之间，太阳西斜正是人间最热之时！西斜说符合爻象。

【及时行乐】

倪木兰：　伤春悲秋，人生的秋天既是丰满收获的金秋，又是天凉气衰之时。人们也用来比喻进入老年。

姚利民：　原来九三带给我们更多的是警识，如此美好时光，只是近黄昏。

张丰乾：　九三爻辞"则"是关键，说明"凶"之所以发生，是有条件的。

倪木兰：　这个条件是否具备充分必要性？我就是觉得这个"则"转折得不自然，让我心里不踏实。

温海明：　"则"紧跟"不"，是爻眼。

倪木兰：　姜太公八十岁出仕，不是及时行乐，而是及时肇建永功，也不失是很好的令人钦敬的人生道路。

【"鼓缶而歌"】

张丰乾： "日昃之离"需要"鼓缶而歌"来化解。

温海明： 是"如果不，那就……"的意思吧？

谢剑阳： 可不可以这么解读，既然太阳西下已经成为事实，所以要欣然接受，唱歌把酒言欢，欢送它，保持平和年轻心态！否则就是真的老态龙钟之象，凶矣！

温海明： 如果不把酒言欢，那就只有嗟叹老暮穷衰，日子只会越来越难过。

元　融： 离卦，本身是四阳二阴之卦，二阴在中间阻碍，而且是处在二五中位，要么是好事情，鼓缶而歌，互兑；要么是坏事情，互巽，为不果，为寡发，老年的感叹。离卦，好像从外面看起来是很好的样子，实际上阴爻居中，凶在内。解卦需要从卦象着手，不建议从字面展开。

温海明： 常常看到人们自然而然地欣赏落日的美景，在日落的瞬间拍掌欢呼，不乐就等着哭了。

元　融： 在离卦的中位，要有警醒意识，自身阴爻居中，面对强敌，总要掂量自己的分量，是"鼓缶而歌"，还是一无所成。凶，是给没有做好充足准备的人的警示。

张弛弘弢：人终会尽，通达之人顺其自然，乐其生乐其死，"鼓缶而歌"。不通达之人，忧生惧死，发老年之忧叹。

温海明： 中间上下正反兑象，兑为瓦缶，击缶而歌之象；互巽，为不果，为寡发，是衰老垂暮之象。

赵建功： "日昃之离，不鼓缶而歌，则大耋之嗟，凶"。太阳西斜，如再不鼓缶而歌，乐天知命，则就像人老以后再哀叹不已，那可是真"凶"了。

张弛弘弢：九三居下体之末，前明已尽，后明将继。不鼓……嗟，但得夕阳无限好，何必惆怅近黄昏之意。我理解，本句没有教人及时行乐之意。乐和嗟均失常道，故凶。"日昃"，实喻心昏，非喻境变。我理解九四是日初升，下卦一日，上卦一日，一日复一日。不过下卦是天象，上卦当是人事，上卦之日所征为君王而已。九四是君王初嗣位。

张国明： 鼓缶而歌，文明进一步发展之象，二爻耕田三爻歌唱，农耕文明更多精神食粮。半日劳作，半日鼓歌，民间艺人在农闲当下闪亮登场。有奏乐的，有唱歌的。其乐融融，我中华文化正在稳步提升。及时行乐说不足取，文明演进正当时。

倪木兰： 对酒鼓缶，横槊赋诗，行乐与有为倒是两不误。

【凶】

倪木兰： 如何理解最后的"凶"字呢？

张国明： 三爻为人爻，已离开地面，不再面朝黄土背朝天。三爻为热闹，为欢乐，为众乐乐。二爻饱暖我身，三爻乐扬我心。凶字有限定有前提！本文两段，正反两方面，即言如不这样则凶！

张　　静：　日西斜，道不正，离失向，道难承。鼓缶乐，音节明，始相律，不离心。日西昃，不鼓缶，昏聩生，人堪忧。

（整理者：李芙馥　中国人民大学哲学院博士生）

突如其来　进退维谷
——离卦九四明解

时间：2016年05月13日22：00—22：51

【明解文本】

九四：突如其来如，焚如，死如，弃如。

《象》曰："突如其来如"，无所容也。

【讲课内容】

赵建功： 九四爻辞意为，有敌人突然来袭击，烧、杀、抢、掠，无恶不作，其后器物被到处丢弃，一片狼藉。

黄寿祺： "突然升起火红的曦霞，像烈焰在焚烧，但顷刻间又消散灭亡，被弃除净尽。" 此解则不血腥。

于闽梅： 九三是黄昏，九四是落日。

温海明： 黄寿祺认为是日出霞光，转瞬即逝。

于闽梅： 黄老的这一点较偏。

赵建功： 李申等《周易今译简注》的解释："突然起火了，房子烧着了，有人死了，有人逃了。" 李鼎祚《周易集解》引荀爽曰："阳升居五，光炎宣扬，故'突如'也。阴退居四，灰炭降坠，故'其来如'也。阴以不正，居尊乘阳。历尽数终，天命所诛。位丧民畔，下离所害。故'焚如'也。以离入坎，故'死如'也。火息灰损，故'弃如'也。"

温海明：正反兑象，兑为悦，悦又不悦，正反巽象，巽为随顺，顺又不顺。

【讨论内容】
【"来如、焚如、死如、弃如"】

元　融：离卦的上下卦都是离，两股火急火燎的力量碰到一起，一定有热闹的。如果换一个角度，换作两兵交接的维度来看，四爻是个拼死一搏的爻，面对强大的敌人，需要拼死搏斗，来保护心中的理想（五爻），为了理想勇于战斗，敢于牺牲。

郑　强：离为明、为火，火可以生人，亦可以害人，明可以生人，亦可以害人，四爻自恃聪明，又恃其离火之刚，而不正，凌逼于上，不为人容，是以明害己者。

元　融：三四爻为人事位，三爻，"不鼓缶而歌，则大耋之嗟"；下面的人（敌人）的心思是要大干一场，免得老来后悔。四爻，突如其来，事情来得太快了，出乎想象，火急火燎，干还是不干？干，有可能倾家荡产，因为五阴爻居中，自己有难言之隐；不干，有可能被时代抛弃，有被歼灭的危险，"焚如，死如，弃如"。

郑　强：离，在天为日，在地为火。日火温暖之气生养百木，地火酷烈之气焚烧山林。九三、九四皆互巽为木，三上承离日，故以日昃取象；四下据于离，故为火所炎。突如，火之燃，焚如，火之旺，死如，火之灭，弃如，火之灰。九四刚而不正，上凌逼于君上，下为离火所炎，故《象》曰"无所容也"。此爻乃刚而不正，无路可行、不为人容，自取灭亡之象也。

姚利民：一切突如其来，一切灰飞烟灭，如朝露，如闪电，如梦幻泡影。

倪木兰：至少不是朝霞吧，晚霞是可能的。

【火刑】

于闻梅：九四有个意象是古代惩罚不孝子的刑罚。以火刑惩罚不孝子。

元　融：离卦，四爻卦象是处在下离之上，下面的同志热火朝天，自己该做如何选择呢？上卦的初爻，是心动之象，内心的热情被点燃，焚如。正反兑象，兑为悦，悦又不悦，正反巽象，巽为随顺，顺又不顺。

温海明：中世纪的火刑……有很多忠诚正义之士，最后的命运像逆子，被烧掉，整死，扔掉。

于闻梅：九三讲老人，九四讲惩罚不孝子，有一定顺承。

温海明：忠臣死谏，违逆君上，就是刚而不正，跟逆子不孝顺父母道理很像。

赵建功：忠臣死谏，违逆君上，遇上昏君就惨了。

郑　强：王子比干就是这样。

张弛弘弢：11个字，5个"如"，近半，且皆语助词，作者何其感叹啊。两离相重，一日复一日，下卦言天象，上卦言人事。下卦之日喻君。九四，新君嗣位之象。然突如其来，逼近至尊，君父将死就迫不及待争王位，非善继者，无尧舜之德，失善继之道。九四，其炎始盛，其进猛烈如焚，又非其位，命必不终，死固当然，且又无应无承，众所不容，故"弃如"。

温海明：爱理想，爱正义，爱得死去活来，爱得奋不顾身，虽死犹活，虽败犹荣，唤醒民众，自焚也在所不惜。

闫睿颖：求仁得仁又何怨。

张弛弘弢：九四凌王位，非善继，何谈求仁啊！

温海明：中庸不可能也。从另一个角度理解，不该中庸的时候，应奋不顾身，孔子跟很多儒者就是这样的。

（整理者：秦凯丽　中国人民大学哲学院研究生）

忧伤悲嗟　众之所助
——离卦六五明解

时间：2016年05月14日21：30 — 22：52

【明解文本】

六五：出涕沱若，戚嗟若，吉。

《象》曰：六五之"吉"，离王公也。

【讲课内容】

赵建功："涕"：眼泪。"沱若"：泪流很多的样子。"戚"：忧愁悲戚。"嗟"：嗟叹，叹息。

温海明：离为目，互兑为口，为泽，哭得眼睛嘴里都是泪。

赵建功：哭显示了一种谨慎的态度和忧患的状态。六五新君柔弱，不哭何以博得大家同情拥戴?

温海明： 对君王来说，哭其实也是一种看清臣子的策略。

赵建功： 所以有人解释为：敌人袭击过后，幸存者个个泪如雨下，忧愁悲戚，哀叹不已，所幸还得以活命，也算是不幸中的万幸。

张国明： 战后悲泣，想战况之惨烈，悲心大发，因而痛哭。又提出了另一种哭的原因。

赵建功： 孔颖达的解释是，"'出涕沱若'者，履非其位，不胜其任，以柔乘刚，不能制下，下刚而进，将来害已，忧伤之深，所以出涕滂沱，忧戚而咨嗟也。"

温海明： 没有了王父，自己面对张牙舞爪的群臣，知道可怕啊，不哭不行啊，这时候，哭既是真情流露，也是艺术，也是手段，可谓百感交集。

张国明： 王弼说是因担忧权臣而哭，这是第三种说法。

于闽梅： 该悲伤的时候强颜欢笑，不吉利。此爻是当悲则悲。《孟子》说，遇到亲人背叛，如果不哭，就不是君子。九四正好讲到惩罚逆子。

张国明： 于老师提出了第四种哭之因：亲戚畔之。

【讨论内容】

赵建功： 此爻乍一看，似乎不太好。问题是为什么哭？

张国明： 看来君王亦有伤心事啊！

郑　强： 五为继明之君，前君既没，后君继之，父没而哀，承业而忧，故"出涕沱若，戚嗟若"。商朝高宗谅阴宅忧，三年而不言，而听命于冢宰，此商之所以复明也。离王公者，愚以为附丽王位之谓，后君继位。

张弛弘弢： 哭的是先主啊，忧的是自己德薄位尊。

郑　强： 离为目，错坎为泪，为涕，兑为口，为嗟。

张弛弘弢： 哭得越"狠"，越能得老臣拥护，九四就难闹大事。

瞿华英： 六五阴居阳位，能力不够，心里悲伤。

温海明： 比较有自知之明，压力太大，整天哭，换在今天就是忧郁症。

元　融： 离，到了五爻是满含热泪的，满口的委屈，最后还是"吉"，相信很多朋友没有想到的。满腔热忱创业，一路泥泞地前行，终于有了成就，采访他，今日功成名就，给家乡人谈几句。话未出口，泪如雨下，言辞哽咽，回想来路，真是不易。

王庆原： 《周易禅解》："得中之定，能发实慧，进德固无疑矣。然尧舜其犹病诸？文王望道未见，伯玉寡过未能，孔子圣仁岂敢？从来圣贤之学皆如是也。"五爻变，离之同人，同人《象传》曰："同人，柔得位得中而应乎乾，曰'同人'。同人卦曰：'同人于野，亨，利涉大川。'乾行也。文明以健，中正而应，君子正也。唯君子为能通天下之志。"故断：为什么哭呢？碰到同志了。

李永红： 哭，告知危，以试其忠。新君初登大宝，苦哭以辨其忠奸，了然于胸，终吉。

温海明： 六五是哭的哲学和艺术啊，哭都可以说是形势所迫，也都可以说是真情流露，一哭就像个孩子。

（整理者：孙世柳 中国人民大学哲学院硕士生）

刚毅明察 获匪其丑
——离卦上九明解

时间：2016年05月15日22：30 — 22：52

【明解文本】

上九：王用出征，有嘉折首，获匪其丑，无咎。

《象》曰："王用出征"，以正邦也。

【讲课内容】

于闽梅： 王弼："'离'，丽也，各得安其所丽谓之'离'。处离之极，离道已成，则除其非类以去民害，'王用出征'之时也。故必'有嘉折首，获匪其丑'，乃得'无咎'也。"孔颖达："'王用出征'者，处离之极，离道既成，物皆亲附，当除去其非类，以去民害，故'王用出征'也。'有嘉折首，获匪其丑'者，以出征罪人，事必克获，故有嘉美之功，折断罪人之首，获得匪其丑类，乃得'无咎'也。若不出征除害，居在终极之地，则有咎也。"

赵建功： "上九：王用出征，有嘉折首，获匪其丑，无咎。"或读为，"上九：王用出征，有嘉，折首，获匪其丑，无咎。""有嘉"：有嘉美之功；一说指古代国名，这里指入侵者。折首："斩首"。"获"：俘获。"匪"：非；匪寇，贼寇。"丑"：类；众多。

"离"为附丽（依附）、光明，"日月丽乎天，百谷草木丽乎土"，万物皆须依附他物而存在，不能离开他物而独立存在，由此宇宙万物形成一个相互依存、相互成就的有机整体。我们唯有明智依附，感恩万物，方能充分显发本有的灵明，创造无限靓丽的前途。

于闽梅： 《诗·小雅·出车》"执讯获丑"。西周金文讲战功，常说"折首执讯"。

赵建功： 朱高正《周易六十四卦通解》："六五承上九，有柔顺之君崇尚贤人之象。上九以刚处上离之终，乃刚明之贤人，其刚足以行威刑，其明足以察奸邪。故六五之君继位之后，任命上九贤人征伐不服，以建嘉美之功，但只折其魁首，而不执其丑类，立威而不滥刑，得无咎。"《象传》："'王用出征'，以正邦也，上九以阳爻居上位，刚毅明察，惩治异己有度，乃以安邦定国。"

【讨论内容】

【"王用出征"】

赵建功： "用"，任用。六五之君继位之后，任用上九贤人征伐不服。虞翻曰："王谓乾。乾二五之坤成坎，体师象；震为出，故'王用出征'。首谓坤。二五来折乾，故'有嘉折首'。丑，类也。乾征得坤阴类，乾阳物，故'获非其丑，无咎'矣。"

倪木兰： 这里的"用"会不会是"因此"的意思呢？

赵建功： 亦可，或者是"用以"。

于闽梅： "用"，在这里或释为"因此，于是"，或不译，在语法上都可以。有人译为，"王用（兵）出征"，亦可。

元　融： 上卦本为乾，乾变离，用武力擒获君王。

罗仕平： 虞翻取震为征是变上九成上六了吗？

倪木兰： 王指六五还可以理解，用指上九，"王"和"用"表并列主语，语感上有点奇怪，不知为何如此批注。

裴健智： 感觉取互坎最为合适。

赵建功： 虞翻以九四、六五为半象震。

王庆原： 《周易折中》案："上九承四五之后，有重明之象。故在人心则为克己而尽其根株，在国家则为除乱而去其元恶。《诗》云：如火烈烈，则莫我敢遏，苞有三蘖，莫遂莫达。此爻之义也。"

赵建功： 此为义理派的典型诠释。

【"获匪其丑"】

温海明： "获匪其丑"有不同理解。有俘获不愿意亲附自己的异己，还有俘获主犯。

于闽梅： 马王堆作"获彼侮"。

裴健智： 马恒君认为是主犯。

赵建功： "折首，获匪其丑"：折服其魁首，俘获不愿臣服的异己。分开解，如何？

温海明： 意思是不是一般从犯，是要犯和头目。

元　融： 离卦，马恒君老师认为来自邂卦，初六和九五换位，上卦乾变离；才有"王用出征"；乾折断，才有折首。

于闽梅： 斩首，同时抓了很多俘虏。

倪木兰： 同意于老师的看法。"丑"在诗经在甲金文中表示众俘的用例很多。把"折首"视为折服，"丑"视为丑恶，这都是后世的语感。用来六经注我或可，用诂本义则不妥。

张丰乾： 《说文》："丑，可恶也。从鬼，酉声。"段玉裁《说文解字注》："丑，可恶也。《郑风》：'无我魗兮。'郑云：'魗亦恶也。'是魗即丑字也。凡云丑类也者，皆谓丑即畴之假借字。畴者，今俗之俦类字也。内则曰，鳖去丑。郑云：'丑谓鳖窍也。'谓即《尔雅》白州驔之州字也。从鬼，非真鬼也，以可恶故从鬼。"

裴健智： 程颐认为是自己的同类，马恒君却认为是敌人的同类。

温海明： 彼就是敌方，对方的同类，从犯。

裴健智： 还是敌人的同类比较合适，因为俘获了主犯，必有同党。

倪木兰： 有斩首，有俘虏。凯旋班师。

郑　强： 上九继六五，六五继明之君继位，六五新君继位未及治世而重明，上九则为继明之君治世而重明也，治世必先除其首恶、去其根株，故有此象。

倪木兰： 丑恶是丑的常用义，而且用法很早。"执讯获丑"，也是先秦常用固定搭配。在这个语境中表示俘虏是特别普通的用法。金文常常记录战功，所以这种用法更为习见。

王军军： 丑用在军事相关的时候感觉解释成类或者众多一点。

丰　铭： 王出征，成功地斩获敌酋，并俘虏那些跟随者，不留后患。

温海明： 大胜而归，所以没有咎害，能够正邦。

（整理者：贡哲 浙江大学哲学系本科生）

（本卦校对：贡哲 浙江大学哲学系本科生）

时　　间：2016年05月16日22：00 — 22：53
导读老师：何善蒙（浙江大学人文学院教授）
导读老师：孙钦香（江苏省社科院助理研究员）
课程秘书：李芙馥（中国人民大学哲学院博士生）

阴阳相感　刚柔交济

——咸卦卦辞明解

31 咸卦

艮下兑上

【明解文本】

咸：亨，利贞，取女吉。

《彖》：咸，感也。柔上而刚下，二气感应以相与。止而说，男下女，是以"亨，利贞"，"取女吉"也。天地感而万物化生，圣人感人心而天下和平。观其所感，而天地万物之情可见矣。

《象》曰：山上有泽，咸。君子以虚受人。

【讲课内容】

何善蒙： 这一卦讲"感"，我觉得有几个意思比较重要。第一，程子说用"咸"不用"感"，是因为是相互的，没有相互，谈不上"感"，所以一切的感动都是相互的，不是单向度的，这是"咸"的重要意义。第二，从卦象来说，此卦每一爻皆有感应。第三，有"止"才有"感"，不"止"无"感"；第四，我们怎么说感到了？有感必有悦。

孙钦香： 程子曰："天地之间只有感应，阴阳和协之始，生化之初见，荣繁之本源。"阳明："心无体，以天地万物感应之是非为体。"

【讨论内容】

【咸】

瞿华英：　从发心开始。许慎《说文解字》："感，动人心也。"用一颗如不动的心，咸而后应。

温海明：　王安石说"有心为感，无心为咸"。《杂卦传》说"速也"，指的是一种快速感应。

何善蒙：　速叫"感"，不叫"咸"。有"感"有应叫"咸"。

温海明：　双向的喜悦为感应。

何善蒙：　我认为王安石的说法大体上靠不住，一种文字游戏的意思多一点。此卦之"感"以止、以下为基础，这不纯粹是心灵感应的问题，不是心有灵犀那么浪漫。

闫睿颖：　这次的恋爱是对的人，吉祥如意，心心相应了。

温海明：　"咸"是感天动地的无心之感，是把男女感动的有心境界提升到阴阳感应的无心境界。

何善蒙：　无心之感当然重要，但是圣人从来不说无心之感，而是从有来说的。这就是王弼说的孔子境界比老子高的原因，也是我刚才说王安石只是文字游戏的原因。

孙钦香：　照船山的理解，咸卦男女之相得，"初不必有深情至理以相与"，只在"取女"这件事上，可言"吉"。

何善蒙：　咸，皆也。这个才是关键。如果超出这个交互谈感，就会陷入空谈。

孙钦香：　船山对"咸，无心之感"的理解是"动于外而即感，非出于有心熟审而不容已之情"，所以才说"咸，无心之感"。

何善蒙：　咸是交感，感是心感。其实无心的说法在我看来是把感玄虚化的。经文很清楚是以心为感，而且这种发自内心的感是相互的，所以是交感。此外，没有心，谈什么悦呢？

孙钦香：　船山对此有一解释，可作参考，他认为"受物之感而应之，与感物而欲通者，必由其中，必顺其则，必动以渐。而咸之无心，一动而即应"。可见，这一卦中男女是一见而相悦，无心之感应。还请教一个问题，您刚才也提到过"咸，皆也"这个说法，不知最早出自哪个注疏？船山《内传》有这个说法。

何善蒙：　"咸"的原意，《说文》作"皆"，《象传》作"感"。我的理解是，从解释来说，依照《说文》，强调的是"所感"，按照《象传》，重视的是"感"。

元　融：　设卦观象，咸卦为下经之首，我们的心是灵动的，思维是理性的，是固定的，模式化的，易学的乘承比应，在每个卦中都起到作用。

瞿华英：　李鼎祚《周易集解》引虞翻曰："咸，感也。坤三之上成女，乾上之三成男，乾坤气交以相与。"各大家所持意见基本一致，差别甚微，荀子、虞翻、来知德、尚秉和、李道平、陈梦雷等都持此说。孔颖达《周易正义》：

　　　　　　"此卦明人伦之始，夫妇之义，必须男女共相感应，方成夫妇。"

孙钦香：　通俗地说就是君子效法咸象，虚怀接物，以成"感应"之道。可以参看《周
　　　　　易正义》的注疏。

【有心无心】

瞿华英：　《象传》曰："咸，感也。"有心，用心。

孙钦香：　一如男女相感于一旦，初不必有固结之情，而可合以终身。

何善蒙：　无心之感，那是主要在圣人无心应物的角度来说的，无心当然不是没有心。

孙钦香：　圣人无心之感是取咸卦之象而引申推演赞美。

裴健智：　马王堆本，上博简，咸卦作钦卦。

元　融：　有心的是后天的，先天的阴阳之感，天地之感，山泽之感是无心的。

何善蒙：　一切感皆是心上起念。圣人之感亦是从心上发，凡人亦是。

温海明：　心通天地，化男女感应之心为天地阴阳感应之心。

裴健智：　无心为体，应于物而感。

瞿华英：　咸卦以二气交感为核心，李镜池、高亨、周振甫先生都同意此说。交感为万
　　　　　物之始动，感而应，应而动，互动为交。

张弛弘弢：有情众生之感皆有心。1. 感应；2. 感动；3. 交感。若只有此三答案，必选
　　　　　其一，我选交感。

孙钦香：　有感有应，然后才是亨通。

【"止"】

张丽丽：　"止"其实应该好好注意。

何善蒙：　嗯，这个是重点。

瞿华英：　《程氏易传》："艮体笃实，止为诚悫之义。"

陈　鑫：　艮象止，兑象悦。止于礼，发乎情。无心者，虚己之心。虚己之心以感物，
　　　　　以感他者之心，以感天地之心。

何善蒙：　按照程颐的说法，止就是以诚感人，以礼感人。止而感，感而悦，悦而通。

元　融：　少男是止，长男是动。

罗仕平：　马恒君老师说是止于喜悦。发挥下，心如磐石，方见真情，发于外方可感于人。

【象】

元　融：　卦象是泽山，山泽通气，之间的感应是存在的，一气流行。除了人有感，万
　　　　　物都有感。

裴健智：　可以拿卦象对应男女、山泽等。

何善蒙：　万物皆感，皆有所感。所以观其感，可见天地万物之情。

瞿华英：　《程氏易传》："咸之为卦，兑上艮下，少女少男也。男女相感之深，莫如少

者，故二少为咸也。"以男女喻夫妻，君臣，乃至天地万物。

姚利民：　自然而然，万物感而遂通。

裴健智：　阳气上升，阴气下沉，上下交感。

张弛弘弢：上经乾、坤为天地之始，下经咸、恒为人事（夫妇）之始。天地，万物之本；夫妇，人伦之始。咸卦，少男少女相感而成夫妻之象。

裴健智：　"君子以虚受人"如何理解？

孙钦香：　山至高也，而上有泽，不恃高也。君子德厚于己，而受人以虚，则天下无感而不通。

何善蒙：　按照卦象的意思是以刚下柔，以男下女。

瞿华英：　婚姻初期，男求女，后来的渐卦、归妹就不同了。

陈　鑫：　天地之道，男女之情，都是刚柔相济。

裴健智：　有点海纳百川，虚怀若谷的味道。

陈　鑫：　《周易集解》说"山高而降，泽下而升"，所以山泽通气。

（整理者：王璇　中国人民大学哲学院硕士生）

人心初感　始有其志
—— 咸卦初六明解

时间：2016年05月17日22：00 —— 22：50

【明解文本】

初六：咸其拇。

《象》曰："咸其拇"，志在外也。

【讲课内容】

孙钦香：　"拇"，虞翻解为足大指（俗语脚大拇指）。"艮为指，坤为母，故'咸其母'。失位远应，之四得正，故'志在外'谓四也。"九四感，初六来应，算是正应，是好事。船山

《内传》把志在外解为初与三，就内卦而分内外。

何善蒙： 恐怕不能说正应吧，一般正应当是指当位有应说。这里初四均失位。"志在外"，可以说是好的，意思是，有感就大胆去吧，别犹豫了。我觉得这个咸卦，主要主张感应，而且初六是阴，谦下之意，虽然有感，都是止住了。所以，卦象主应，《象》说"志在外"。外卦是泽，是女。

【讨论内容】
【初六与九四之感】

瞿华英：　孔颖达《周易正义》："'咸其拇'者，拇是足大指也，体之最末。"释智旭《周易禅解》："今初六以阴居下，而为九四所感，未免脚指先动。"

孙钦香：　"志在外也"，不是说应四吗？虞翻解释为"失位远应，之四得正"。

瞿华英：　杨简《杨氏易传》有云："咸，爻取一身为象，初六最下，有拇之象，其拇感动者，志在外也。其动也微，故不及吉凶。"朱熹《周易本义》："咸以人身取象，感于最下，咸拇之象也。感之尚浅，欲进未能，故不言吉凶。"

【"志在外"】

郑　强：　初以柔居柔，三以刚居刚，男女感情不断深化！

瞿华英：　"志在外"也预示着这种感是一定会发散出来，慢慢变化的，好比酿酒一样。如孔颖达《周易正义》："今初六所感浅末，则譬如拇指，指虽小动，未移其足，以喻人心初感，始有其志。"又如《程氏易传》："人之相感，有浅深轻重之异。识其时势，则所处不失其宜矣。"

【以咸卦观照现实】

瞿华英：　到底是男是女，根据具体问卦人具体的情况作出不同的解释？

温海明：　左前轮就是左脚大拇指。高速上看对方前轮一动就要小心点，要有感还好，没感就危险了。车与车的感应，最终还是司机的心和踩刹车的脚趾之间的感应。

何善蒙：　只有小伙子不好意思，人家姑娘挺大方，处阴的位置，是个阳。

元　融：　初六，为下卦，艮之初，拇为足初，足之动，拇先用力，老祖宗对细节把控是到了极致；下卦初爻，和九四相应，"咸"，心有所动，"志在外也"。艮为止，兑为悦，为情；发乎情，止乎礼；咸而有止，为本卦的寓意。

孙钦香：　兑，少女；艮，少男，男以笃实下交，女心悦而上应。

瞿华英：　刘沅《周易恒解》："圣人通天下于一身，知所以感身，则知所以感天下万物矣。心欲往而拇先伸，是动之微、几之先见者也。"

元　融：　"咸"，是彼此心中有感觉，但是没有挑明的意思，有悦有止。一个毛头小伙子，用大二八自行车，载着心中的姑娘，到了野外。两个人背靠背，抬头看着蓝天，一切的美好，尽在不言之中。

姚利民： 上卦为兑，少女在唱山歌，好诱惑啊，少男需要展开行动，但只动了脚趾头。

瞿华英： 年少的痴情和羞涩。初六，在整爻中处于萌芽阶段，如果说咸卦是"交感"之卦，那么这里的感就好比感在脚拇指上，所感尚浅，这十分符合男女婚恋发展的状态，男女互生情愫，是非常微妙的，是一点点发展变化的。有海有山，向山盟海誓发展。正是《诗经》"关关雎鸠，在河之洲。窈窕淑女，君子好逑"。

（整理者：张馨月 中国人民大学哲学院硕士生）

感物以躁 趋凶之道

——咸卦六二明解

时间：2016年05月18日22：00—22：58

【明解文本】

六二：咸其腓，凶。居吉。

《象》曰：虽凶居吉，顺不害也。

【讲课内容】

瞿华英： 王弼注"腓，体动躁者也。感物以躁，凶之道也。"孔颖达《周易正义》："腓，足之腓肠也。"朱熹《周易本义》："'腓'，足肚也。"胡瑗《周易口义》："夫感悦之道根诸至诚可也，今六二居下卦之中，始能离初之拇，不以至诚感人而务在躁动，是不能使天下之人自然而感。如足之腓，躁动不常，速凶之道也。"

【讨论内容】

【"腓"】

瞿华英： "腓"有四种意思：脚膊，足之腓肠，足肚，膊肠。

姚利民： 由脚趾头看到脚肚，再想下去，动机不纯，必凶。

孙钦香： 六二象取腓，据各家解释，腓是好躁动的，与五相应，其征为凶，应该是艮止，不动，才是"居中吉"。

温海明： 脚趾头可以暗动，腿肚子只能明动。

瞿华英： 凶象一种。

温海明： 六二跟九五正应，可是很难抗拒九三的魅力，芳心乱动的感觉。

何善蒙： 九三近水楼台，六二就从了吧。脚趾头抖动厉害了，动到腿肚子。

瞿华英： 躁动之象，有失正礼。

温海明： 那就是动得更厉害了，藏不住了。

【动凶而居吉】

孙钦香： 按照《尚氏学》的说法，五虽为正应，但是三、四也都是阳，二独与五，那么三和四心态就会不正，就会嫉妒，所以是"动凶而居吉"。

温海明： 九三本来应该去找上六，但看六二也不错，也想要。

何善蒙： 上六太远，而且不如六二温柔贤淑。

瞿华英： 杨万里《诚斋易传》："六二以其阴居阴而顺者也，其位吉，其体凶。"

姚利民： 六二既中且正，正点美女，九三看呆了。

温海明： 九三那是按耐不住，其实不太合适。

何善蒙： 九三本来就是躁动不安之相。

孙钦香： 《周易》作者于咸卦虽言"交感"，却以守正"不动"为美，此中似有男女交感，当以"礼"为防之意。朱子说："此卦虽主于感，然六爻皆宜静不宜动也。"

温海明： 把六二感动得腿肚子都抽筋了，比神魂颠倒还严重。

瞿华英： 二感于三，双方都不安分。

裴健智： 以礼自防。

孙钦香： 六二不应被九五所感，否则就是动凶，而应静止安分，才能得吉。

【腓之动】

孙钦香： 有一处不能理解的是，为什么说"腓"的特征就是躁动呢？腿肚子容易躁动吗？

陈　鑫： 腿肚子不动，随足而动，正常。足不动，腿肚子动，抽筋。所以占得此爻者宜安居。

温海明： 腿肚子都被感动了，有点被九三、九五共振给震坏了的感觉，但六二位置中正，本来品性中正之人，即使被感动得死去活来，还能回家随顺安居，好好过日子。

瞿华英：　所以《小象》的解释好，"顺无害"。

秦凯丽：　为什么六二这么好的人，有感了，却不能动呢？

瞿华英：　六二属于阴爻居柔位，得正。其上与九五君爻正应，表明上下感应。求取上
进本是好事，但是六二居下卦中位，以守中为正，只能等九五召唤。

何善蒙：　因为阴居阴位。

闫睿颖：　按照《周易尚氏学》的说法，二独与五，那么三和四心态就会不正，就会嫉
妒，所以是"动凶而居吉"。

陈　鑫：　六二处艮之中，要知止。山泽通气，山静而泽动。

郑　强：　二与五，都居中得正，应该是正常的谈恋爱或合法同居，三与上好像就不是
那么回事了。

孙钦香：　王錂《春芜记·忤奸》："追思起不觉令人恨转增，一时难按心兵。我又不
曾咸腓胡行，为甚的灭趾遭屯！"

张弛弘弢：不是不能动，是距五太远，动是属于躁动，难修成正果，躁动就凶了。相
反，安则吉。

孙钦香：　动了，会遭三和四的嫉妒，有凶，只好按兵不动。

郑　强：　二互巽，巽，其究为躁卦，故二躁动不居，可能是想偷尝禁果。

瞿华英：　起步阶段，心浮气躁，欲速则不达。六二静为吉。

温海明：　六二被九三蒙到感动得不行，但知道最好别跟九三跑，两个发乎情止乎礼就好。

瞿华英：　交相感应循正道。

郑　强：　学《易》也要与时俱进，古代男女必以礼征聘，否则，未婚先私奔就会有辱
门风，被视为大逆不道，所以凶，现在就很正常。

孙钦香：　提供一个不同的解释，船山《周易稗疏》曰："咸其腓。"

元　融：　咸，本身就是心有所应，不为所动的卦。初六是"咸其拇"，六二是"咸其
腓"，感应力又得到了加强，已经站立不安之象，下卦为艮，两阴在下，想
一想是可以的，真要行动，支撑力是明显不足的；六二，要清晰地看到自己
的家底，居吉，安忍为上，两阴在下，随顺为上！

孙钦香：　船山断句是凶居，吉，还说腓"或行或止，一听于股而不自动"。

瞿华英：　二气相交为大吉，但以此爻观之，然当以守正不动为美。有欲望，但居二之
时，实力不够，不能妄为，所以"居吉"。郑刚中《周易窥余》："转凶为
吉，其在于居乎！居谓静而不动也，二能处静，五以刚下之而后应焉，则于
咸道为顺，所以无害。"

姚利民：　六爻为六根，考验我们的清净。

瞿华英：　六二守本分，沉静，胡瑗《周易口义》："居吉"者，言六二居中得正，夫
能以道自处，不务躁动以求感于人，但居其所，推至诚以及人，则天下之人

自然感而归之，故曰"居吉也"。

丰　铭：恒，专一，一往情深。

罗仕平：这里的凶居为处危是否略显牵强呀，六二本身位置还不错吧，不妄动应挺好的呀？

元　融：卦象两阴并列，基础薄弱，爱情虽美好，基础更重要，所以言凶。

丰　铭：感觉帛书的卦名在这里比通行本的好。

张吉华：卦爻辞与传文不是一个时代的产品，各有所述是正常的。

元　融：也是来对应卦象，比如六二，和初六，取象是有不同的，才有了拇与腓的区别。

（整理者：黄仕坤　中国人民大学哲学院硕士生）

随物而动　不能自专

——咸卦九三明解

时间：2016年05月19日21：30—22：47

【明解文本】

九三：咸其股，执其随，往吝。

《象》曰："咸其股"，亦不处也。志在随人，所执下也。

【讲课内容】

孙钦香：今晚感应在大腿这儿了，九三处下卦之极，应是停止不前的，又有六二跟随，所以"执其随"，如果三爻去应上六，就是"往吝"。

何善蒙：不会是"咎""吝"而已。

孙铁骑：按照鞠曦先生，重新编订后的《易正疏》，"咸"卦的卦爻辞、《象传》《系辞》《象传》系统如下："咸：亨，利贞，取女吉。""咸"卦的生命修炼之道核心在于一个"感"字，此"感"非仅指人之所独具之感应能力，而是具有一种本体论意义，贯通于天、地、人之万有共通之感，故《彖》言"观其所感，而天地万物之情可见矣！"在《彖》辞中，"柔上而刚下"，言地道之"刚柔"；"二气感应以相与"，言天道之"阴阳"；"止而悦，男下女"，言人道之"仁义"；可见此"感"通于天、地、人三才之道。"天地感而万物化生"，言天地以相互感通的方式化生万物，使万物生生不息，故"感"实乃给出天地万物生生流行之化生方式，唯有感通，方能生生。故"圣人感人心而天下和平"，言圣人以一己之道心与众人之心相感通，引之入道，达于生生，自然天下和平。

【讨论内容】

【九三之止】

温海明：　九三觉得上六远，下面的近，感应不合适。

何善蒙：　一般有应不会差，只是三应该戒躁动，故不宜应于上六，再加上三是当位，阳居阳位，进的态势极强，所以要他"执其随"，不要往外。整个卦均是有应，所以整体不会差，即便往外，也是小小遗憾而已。

王力飞：　"吝"，恨惜，可惜而已。

温海明：　九三昨天就说躁动，看着六二初六挺好，把正应上六忽略了。

何善蒙：　反正他不宜上去，要在下面镇场子。九三就是一个止意。

温海明：　被场子给绊住了，想动都难。

王力飞：　内卦都在止。

何善蒙：　其实，这个三想上也上不去，九四、九五挡着呢，所以，乖乖地看场子。

孙钦香：　这一卦都在讲感，男女之感，君臣上下之感，天地万物之感，而从初六到九三却都在提醒不可去应，不可冒进，似乎爻辞、《小象》之说与《大象》《象传》之说不相容。

何善蒙：　为什么不相容？一人带两女的，九三这个场子不好看。

孙钦香：　《大象》和《象传》可是大赞感应，而爻辞却要求慎动，要止。

何善蒙：　九三本身不是个安分的人啊，诱惑又多，难为这个九三了。

温海明：　反正是死活不让走，看形势也实在走不动啊，对上六本来就有心无力，想随也随不了，实在离不开诱惑多多的场子。

姚利民：　《周易禅解》："却要九三修身动身前先正其心，然外面女子多，外面的世界很精彩。"

闫睿颖：　身边人已经拥有了，就不容易珍惜。诱惑新鲜感应强烈，只是不知止，不小心就是蛋打鸡飞。

温海明：　连大腿都感动了，居然还走不动路，想走走不了，实在是进退维谷啊！

孙钦香：　主要是有六二在身边，如去应上六，反而会有遗憾，不如就随六二。

姚利民： 止为戒，九三需要很大的定力。

何善蒙： 其实九三的真正痛苦是，他压根就上不去，四、五太强大。

【"执其随"】

张国明： 三爻为艮象，艮为手，无手怎能"执"，故有"执"。

元　融： 此处"执其随"有止意否？

何善蒙： 止，然后随。

元　融： "执"，就是止？

温海明： 所以九三也就只有在场子里待着，爱妻，对不起，夫君实在是没有办法！

瞿华英： 苏轼《东坡易传》："执，牵也。"朱熹《周易本义》："执者，主当持守
　　　　 之意。"陈梦雷《周易浅述》："执者，专主之意。"

何善蒙： "执其随"以成就止。

元　融： 爻辞与《象传》均有"执"。

瞿华英： 放下，自在。

何善蒙： 好端端的咸卦，被你们搞成悲情了，人家明显是"悦"。

瞿华英： 对，咸卦："亨，利贞，取女吉。"往吉利方向解释才对应咸卦主旨。

【"亦不处"】

秦凯丽： 《象》曰："'咸其股'，亦不处也。"怎么解呢？

姚利民： 只有放下，获得解脱，才会充满。

王力飞： 处为止，股感之而不止，"往吝"。

何善蒙： 大腿都动了，停不下来啊，九三阳居阳位，进取的态势极强，躁动之相。

瞿华英： 顺着六二腓之躁动升级了，下二爻都想动，三以阳刚不能自守，感应程度更
　　　　 强烈了。

温海明： 三个阴爻来共振九三，九三的大腿想动又动不了，有心无力。

元　融： 本爻，"咸其股，执其随，往吝"。即使大腿都想动了，也要控制，因为前
　　　　 行有吝难。本爻为艮，本身是止，控制二阴爻的非理躁动；二三四位巽，为
　　　　 随，随何人？三四五为乾，向成人学习；艮为止，又想去，"往吝"；因往
　　　　 而吝，因吝而止；选择权在自己了。

瞿华英： 朱熹《周易本义》："'股'，随足而动，不能自专者也。"心不由己。陈
　　　　 梦雷《周易浅述》："三居下体之上，互巽有股象。"

张国明： "三居下体之上，互巽有股象。"这个好。

（整理者：李芙馥　中国人民大学哲学院博士生）

心志安宁 朋友跟从
——咸卦九四明解

时间：2016年05月20日22：00 — 22：53

【明解文本】

九四：贞吉，悔亡。憧憧往来，朋从尔思。

《象》曰："贞吉，悔亡"，未感害也。"憧憧往来"，未光大也。

【讲课内容】

孙钦香： 《程氏易传》程颐："感者，人之动也，故皆就人身取象。拇取在下而动之微，腓取先动，股取其随。九四无所取，直言感之道，不言咸其心，感乃心也。四在中而居上，当心之位，故为感之主，而言感之道。"王弼："未感于害，故可正之，得'悔亡'也。"孔颖达："未感害者，心神始感，未至于害，故不可不正，正而故得'悔亡'也。'未光大'者，非感之极，不能无思无欲，故未光大也。"

【讨论内容】
【"悔亡"】

何善蒙： 九四为什么悔？因为不当位，阳居阴位，故"悔"。"悔亡"，是因为有应，与初六应。

瞿华英： 《象》曰："'贞吉悔亡'，未感害也。"怎么理解"未感害也"？

张　悦： "悔亡"怎么理解？

何善蒙： 四是多疑之位，不与初六相感是有悔的，所以主动，主感应，感应则"悔亡"。

【各爻之间的关系】

何善蒙： 阳居阴位，可动可不动。

温海明： 九四想找上六，被九五挡住了，想找初六，被九三挡住了，搞得心神不宁。

何善蒙： 他对上六没兴趣，是因为九五太吓人。九三也不会理他，九三有二和上，哪有空理他。所以，这个爻的意思是说，既然这样，赶紧去找初六。

瞿华英： 他逐渐理清发展方向，贞卜的机会吉祥，后悔的机会消亡。

何善蒙：　他可进可退么，说明是深思熟虑的。

瞿华英：　比较理性了。

孙钦香：　九四感初六，便是"正感"而无害了。

瞿华英：　并且一阴一阳，比较和谐。

温海明：　初六跟九四本来就有感应，只是形势不够有利。

瞿华英：　朱熹《周易本义》："今九四乃以阳居阴，为失其正而不能固。"

何善蒙：　初六跟九四不是正应，因为不当位，所以以"贞吉"告诫之。这个话的意思是，别犹豫了，快去吧，人家也在想你。

瞿华英：　应而不正，反正也是应了，心情比较好，正赶上。

【"朋从尔思"】

瞿华英：　《程氏易传》："'憧憧往来，朋从尔思'，夫贞一则所感无不通。若往来憧憧然，用其私心以感物，则思之所及者有能感而动，所不及者不能感也，是其朋类则从其思也。以有系之私心，既主于一隅一事，岂能廓然无所不通乎？"此为求之不得，辗转反侧之意。

孙钦香：　"憧憧往来，朋从尔思"这句话各位老师怎么理解？理学家的解释与《系辞传》的理解是否有冲突？

罗仕平：　"朋从尔思"的确众说纷纭。

瞿华英：　"憧憧往来，朋从尔思"，理学家的解释与《系辞传》的理解，我认为是从不同的角度诠释。朱熹《周易本义》："若'憧憧往来'，不能正固而累于私感，则但其朋类从之，不复能及远矣。"

温海明：　应是应了，不敢大胆去表示，犹豫不决。

陈佳红：　也是天意弄人。

何善蒙：　朱子讲得有道理，其实"朋从尔思"说明感应的效果不是最大，仅仅是朋友之间，这个跟不当位有关。

瞿华英：　九四之时，时位决定他们之间的关系。

何善蒙：　没有办法，有应就不错了。

瞿华英：　是啊，所以卦辞强调的是"朋从尔思"。

罗仕平：　这里的"朋"指谁，虞翻说是兑，马恒君老师说是否的上九下至九三，跟九四挨着。

瞿华英：　李鼎祚《周易集解》："兑为朋，少女也。艮初变之四，坎心为思，故曰'朋从尔思'也。"孔颖达疏："同门曰朋，同志曰友。"

罗仕平：　这就是虞翻的解。

瞿华英：　还好，这爻不再凭感觉办事，要考虑方方面面的条件，这个事到底该干不该干。

张弛弘弢：九四，闺中少女，面对执"男下女"之礼来求婚的正确态度是"贞吉悔亡"。守正不动则无过。"未感害"就是未害感，因还未交感，所以除害，即这种端庄自守的态度不是不利于少男来求爱。

温海明：顾虑较多，不东张西望，只能等待良机，等着还好，至少还有朦胧的念想。

瞿华英：慢慢就日久生情了。释智旭《周易禅解》："既以心为感应之本，则凡有血气莫不尊亲，有朋从尔思之象。惟其得感应之正，虽终日感而不违其寂然不动之体，故未感害也。惟其悟一心之往来，虽知本自何思何虑，而还须精义入神以致用。"不管简单复杂都要用心感才行。

【九四之正】

张弛弘弢：日久生情。因本爻的交感之象是分三个阶段的，所以显得时间长了。

孙钦香：九四应初算不算得正？

元　融：四爻，到了上卦的初爻；上卦的少女，面对下卦的少男，心有所动，情意在心间徜徉，四爻和初爻相应；咸卦从否卦变来，三爻和六爻换位，四爻没有变化，为"贞吉"；三爻和六爻阴阳互换，为"憧憧往来"之象了；三四五爻互乾，为朋，四爻为上卦的初爻，为心动之爻，故"朋从尔思"；四爻的心思，获得了身边人的赞许。四爻只是与初爻相应，下卦为止，未感害也；情窦初开的女子，满怀甜蜜的感应郎意。在美好的日子里，得到此爻，也是天意。

瞿华英：是，真心、真情、真性需要时间。

温海明：爻辞无心，卦名无心，是要从男女有心之感入天地阴阳无心之咸的境界。

孙钦香：这话解释了卦爻辞到《大象》和《象传》的变化和发展。

瞿华英：初九和六四是正应。

元　融：以象入心。

瞿华英：无心之处胜有心。

孙钦香：《周易》经、传在义理上区别还是蛮大的，足可证解释学的强大。

温海明：心一感动天地阴阳就动了。

元　融：九四想找上六，被九五挡住了，想找初六，被九三挡住了，搞得心神不宁。温师此言，对四爻剖析得实在透彻。"朋从而思"，三爻四爻的同性伙伴，和四爻的心思相同，不好办。

张吉华：咸者皆悉也，皆悉之因在于万物即阴阳皆有交感，此之感义又表现在少男少女之卦象上。象文是以一感字释咸卦之要义也。

姜　江："憧憧往来"导致"朋从尔思"。"贞吉"，表示娶妻生子是正道。"悔亡"，表示杜绝了"憧憧往来，朋从尔思"的后患。

（整理者：秦凯丽　中国人民大学哲学院硕士生）

浅于心神 厚于言语

——咸卦九五明解

时间：2016年05月21日22：00 — 23：07

【明解文本】

九五：咸其脢，无悔。

《象》曰："咸其脢"，志末也。

【讲课内容】

孙钦香：船山："居外而易以感者，上六也。五与相比，不能不为之感。然刚中得位，如脊肉之安而不妄动，则亦可以免于悔矣。"

何善蒙：九五与六二有应，但是又与上六相比，所以也没有办法。如果从脢来说感，那么他对六二的感应比较迟钝。但是中正，所以"无悔"。

孙钦香：《象》说"志末也"，船山的解释是上六感九五很浅，九五可不动。

瞿华英：朱熹《周易本义》："脢，背肉。在心上而相背，不能感物，而无私系，九五适当其处，故取其象，而戒占者以能如是，则虽不能感物，而亦可以'无悔'也。"程氏《程氏易传》："脢，背肉也，与心相背而所不见也。"孔颖达《周易正义》："咸其脢无悔者，脢者心之上，口之下也。""脢"，指腰部以上，从脚底下一直上来，实际比喻感应更强烈了。

何善蒙：九五对六二其实没什么感，或者说无心之感。

孙钦香：九五与上六相比。

【讨论内容】

【"脢"】

    丰　铭："脢"是哪一块？

    温海明：《说文》曰："夹脊肉。"

    孙钦香：脊柱两侧的肌肉。

    温海明：背上的肉，最稳定，最不会动的。

王力飞：　不像肚子能抖起来。

瞿华英：　是啊，按照孔颖达说的这个部位，很不容易动。东篱子《易经心得》："脢
　　　　　是喉头，此爻意为口虽无言，心意已通。"

陈　鑫：　《说文》："脢，背肉也。"

【"无悔"】

瞿华英：　为什么"无悔"？

温海明：　一说不能动，所以不会有乱动的悔恨。

陈　鑫：　背的感觉比较迟钝。九五，不感之感也。身居正位，仅比于上六，所以王弼
　　　　　说"其志浅末，无悔而已"。

瞿华英：　一说九五有正道之德，所以"无悔"。到底感还是不感？李鼎祚《周易集
　　　　　解》引虞翻曰："脢，夹脊肉也。谓四已变，坎为脊，故'咸其脢'。"得
　　　　　正，故"无悔"。

孙钦香：　与上六有感，但不妄动，所以"无悔"。

瞿华英：　感而有度。感不感可能是比较难的地方，一说感应没有到点上，一说没有什
　　　　　么真的可以打动他人的。

孙钦香：　一说是虞翻的解释是因为九五有正德，所以"无悔"。

瞿华英：　三、四不得已，五又没办法，感得不容易。

闫睿颖：　看来中正真是好，守得住中道，总是不会有灾难。

温海明：　九五应该跟六二交往，可惜交往没有开始，但交往的心还是有的，就是没有
　　　　　实现，算是爱在心口难开吧，错过了真正属于自己的爱情。

瞿华英：　是否可理解为，不同的爻有不同的感，九五，是咸中无感？如开口了，会有悔？

陈　鑫：　六二、九五、上六是三角恋关系。

闫睿颖：　还没开口就已结束的感情。

温海明：　九五觉得上六可爱。

瞿华英：　阴阳相比，但也到了感之极，不可长久。九五与六二是正应。

王力飞：　感觉三、四、五互相成了敌人。

温海明：　九五被上六给迷住了，本来跟六二有应，可惜错过了，不论是什么方式，或
　　　　　者自己表达的方式不对，或者自己实在没有什么可以感动对方的，总之没有
　　　　　感动到点上。

【"志末"】

孙钦香：　九五"其志浅末"，是否就是指与上六相感，与六二疏远？

王　璇：　还有种说法是"末"，指的是上爻？

孙钦香：　是的，船山是这个解释，《周易集解》等主说九五。

温海明： 比的爱超过了应的爱。

王　璇： "志末也"就是说六五的志意在于与上爻相应。

陈　鑫： 当然，这里用"爱"字只是个比喻。

孙钦香： 《周易集解》："志末者，谓五志感于上。"

王力飞： 六二居中得正，规规矩矩，九五却感不到。

陈　鑫： 咸卦心是九四。九五、上六皆浅。

瞿华英： 《东坡易传》："志已卑矣。"

孙钦香： 六二有九三感应着。

王　璇： 《周易纂疏》说："五承上，故比于上，为'咸其脢'。"

温海明： 九五、上六感而无心，就是那种很浅很俗没有一点心灵深度的爱情。无心之
　　　　 感，徒有其表，故曰"浅末"。抛弃规规矩矩的六二，追逐风尘浅俗表面的
　　　　 爱情，这九五真是没有心。

何善蒙： 所以是在"脢"。

瞿华英： 假感，花花肠子。

温海明： 只能感到肉，感不到心啊，纯粹的无心之肉感。

【各爻之间的感应关系】

陈　鑫： 九五得其位而失其德，无心之过也。但既然无心，自然也无悔。

瞿华英： 黄寿祺、张善文《周易译注》："九五虽居尊位，却同'槁木'无情，不能
　　　　 以心感应其下。"

温海明： 是啊，不用心去感，也当然就没有什么能够让他后悔的。

陈　鑫： 这里指九五未感六二。

瞿华英： 有应，但心难通。无心，所以有感但感不大。

温海明： 本来跟六二是应的，可是不用心，就不能真的感动，即使跟上六有阴阳之气
　　　　 的交流，也是表面浅俗的，浮光掠影的。

王力飞： 看来，有应不见得就好，还得具体问题具体对待。

闫睿颖： 原来是压根没用心才无悔的。

瞿华英： 是的，所以马其昶曰："若枯槁独善之流，君子不取其志也。"感，重要的
　　　　 是发心，需要发自内心的真诚。

王　璇： 如果九五无心，如何能"咸其脢"呢？也有的理解认为"脢"是跟心离得最近
　　　　 的地方。

瞿华英： "志末也"，走走形式，应付应付。与心相背处。《程氏易传》："脢，背
　　　　 肉也，与心相背而所不见也。"

张弛弘弢："脢"，心之上口之，喉也。二五相应得中，此爻象为少男向少女求爱，少
　　　　 女激动地说不出话来，如物在喉，口虽无言情已通，交感已融之象。

王　璇：　咸卦是从下往上逐步感应的，到了六五，离心最近，上六则过。

姚利民：　咸卦六爻，步步感应，步步惊心。

王力飞：　感其背的时候，两心靠得最近。

王　璇：　整个卦的顺序是从下往上离心越来越近，最后超过。若把六五理解成与心相背而离心最远，那整个卦的趋势就变成了先离心越来越近，后又最远，最后又稍近。

瞿华英：　是寻找自己的另一半。亲密关系的真谛：当你出发去寻找真爱时，你就踏上了自我追寻的旅程。

王力飞：　这句话太感人了：与其在悬崖上伫立千年，不如在爱人肩头痛哭一晚。哭的时候，好像都会感其背吧？

元　融：　上卦兑与下卦艮，少男少女背靠背地坐在草坪上，背部有感应，是很奇妙的。全卦讲咸，二五相应，彼此珍惜此刻的美好。

姚利民：　不错。进入"周易明解群"，我似处于九四、九五位置，我感应到群里有应有比。

（整理者：孙世柳　中国人民大学哲学院硕士生）

无稽之言　感心不易
—— 咸卦上六明解

时间：2016年05月22日22：00—23：12

【明解文本】

上六：咸其辅颊舌。

《象》曰："咸其辅颊舌"，滕口说也。

【讲课内容】

何善蒙：　上六当位，有应，乘刚。上六应九三，九三心在六二，九五阻隔上六，所以，虽然有应，但是基本无感。孔颖达《周易正义》："滕口说也者，旧说字作媵，徒登反。媵，竞与也。所竞者口，无复心实，故云媵口说也。"王弼："义得两通，未知谁同其旨也。"

孙钦香： 船山的解释："佞人之言，令人可悦，非智者必为之感动。《书》戒'无稽之言'，以此。"

【讨论内容】
【"滕"】

何善蒙： 为什么是悦？因为上六处兑卦，为兑之体，故悦。然上六乘刚，处咸卦之末，故为言语之乐，非可取。

温海明： 感应到嘴部周围，高兴得嘴巴乱动。

张　悦： "滕"怎么解？

何善蒙： "滕"，从位置来说，是六，最上。从卦德来说，乘刚，无诚过当之相。

裴健智： 兑为口为悦。

温海明： 所以《象传》说信口开河。

何善蒙： "滕"本义是水超涌，引申为过度、过分。

瞿华英： 感应多了，话多了，不一定真心。

温海明： 达也，乱腾腾，沸沸扬扬，热热闹闹。

裴健智： 可是经文本身并无此意，《象传》才有。

温海明： 昏头昏脑，甜言蜜语。

孙钦香： 不实心实意的感，只是言语花哨，感人肯定浅，但人也易被花言巧语所骗。

瞿华英： 前五爻的每一爻感应一个部位，这一个上六"辅颊舌"，言多必失。

何善蒙： 不能滕口说。

瞿华英： 少男少女的婚姻，建立在有感觉基础之上，但该说的说，不该说的不要说。

张　悦： 言多必失。

瞿华英： 滕，尚秉和《周易尚氏学》："《释文》：'滕，达也。'《九家》作乘，虞作媵，郑云：'送也。'按郑、虞说非也。朱子云：'滕与腾通，即达也。'李鼎祚本正作腾。"

温海明： 少男少女热恋当中，整天甜言蜜语，信口开河。

瞿华英： 胡瑗《周易口义》："滕口说也"者，言不能感人以至诚，但"滕口颊"以言语求感而已。

何善蒙： 所以，感还是比较感性的。

瞿华英： 少男求感的目的，是为了实现"娶女吉"。

何善蒙： 口舌感人易。

瞿华英： 感心不易。

孙钦香：　会说话确实是本事，但口舌是非也多。

丰　铭：　虞翻曰："山泽通气，故'滕口说也'。"

孙钦香：　船山对此的说法更狠，他说："上最居外，易以受感，阴舍三而上，不由中而驰鹜于外，此道听途说所以弃德也。不言凶咎者，得失无常，凶咎无据，《易》不为之谋。占者遇此，勿听焉可耳。"这就是夫子的不屑教之教。

元　融：　就卦象言，马恒君老师认为，咸自否卦而来，上六来自否之三爻，有上腾之象。

【吉凶】

瞿华英：　朱熹《周易本义》："辅颊舌，皆所以言者，而在身之上。上六以阴居说之终，处感之极，感人以言，而无其实，又兑为口舌，故其象如此，凶咎可知。"这爻未言吉凶。

王力飞：　未言吉凶，不好定位。

何善蒙：　朱子说吉凶可知。

瞿华英：　看你怎么做，是吗？

温海明：　上六上来就会说话，可以滋润，可以迷惑，可以感人。

何善蒙：　我以为就是非吉，理由是乘刚无实。

丰　铭：　这句爻辞多欢快。

瞿华英：　朱子说法"感人以言，而无其实"。读起来爻辞是很顺，卦辞也说吉，怎么理解呢？

温海明：　一个女生在三个男生上面，当然要活跃地跟每个人多说话，好好表现。

丰　铭：　上六是主爻，得位，又与三爻应。没有一处不好。

何善蒙：　说九五志末，这个是由上六导致的。从这个意义来说，上六肯定不能是吉的。另外，从爻位主变来说，上为感之末，非吉。

王力飞：　上爻也有好的。

何善蒙：　上爻当然有好的，问题是她表现不好。

瞿华英：　蹇卦，上六，吉，利见大人。

温海明：　是啊，太活跃，话太多，有点乱。

瞿华英：　兑，少女开心。

何善蒙：　太兴奋了，那么多人喜欢。

孙钦香：　兴奋得过了火，就胡言乱语起来，招惹了是非。

温海明：　对，如果三个男生都动了心可并不好。

何善蒙：　这个事情好像《朱子家礼》也是这么说的。

瞿华英：　《彖》曰："咸，感也。柔上而刚下，二气感应以相与。"止而说，男下女，是以"亨利贞，取女吉"也。求婚的时候，是男下女。结婚后，到了恒，男女位置就有变化了。

温海明： 所以卦爻本无心，本来就是要求这卦不动心，就是《象传》说可以动动心。

孙钦香： 家人卦也是如此，只有在迎娶时，男下女，好不公平。

【咸】

瞿华英： 《彖》曰："咸，感也。"在咸境遇中，男下女上吉。

何善蒙： 感卦无非以至诚感人，所谓感之以心，唯其如此，才能是咸有所感。所以，才有"观其所感，天地万物之情可见"的说法，算是总结。

温海明： 天地万物之情，本来就是无心地感来感去，结果人非要给天地安一个心上去，是自己的心被感动了，加给天地。

何善蒙： 天地无心人有心，若人无心何必感？

瞿华英： 用真心、诚心、正心去感，天地之心和我心同心同德。

温海明： 张载言"为天地立心"，实在是人太有心了。

何善蒙： 人心立时天地立，此处方是咸字义。

裴健智： 不有意用心去感。

温海明： 如果《易》的作者无心，这没心的咸卦，怎么能够写到这个份上，读起来这么让人感动。

裴健智： 寂然不动，感而遂通。

何善蒙： 你这说法不错，但是执于不动便非不动。

瞿华英： 本来就是一个一字，大一，太一，大恒心。

温海明： 心如自在，就是通天通地，无心之境。

裴健智： 不可执着。

瞿华英： 放下就自在了，就通遂了。

温海明： 自在于有心和无心之间。

瞿华英： 感，无处不在，无时不在，无事不在。所以，天地感，万物化生。

张国明： 上六为女，卦以男下女为吉为亨，亦即女上男为亨利，哪里体现女上男？上六爻嘛。上六柔爻居正，得男下女之恋爱正位！不如此不足以使女悦，不如此不足以完成取女之目标，少女悦有何体现？自然眉飞色舞，叽叽喳喳地说个不停，如此则两情相悦，热恋拥吻。完成成婚前的最后一步，美哉至矣！

裴健智： 按照老师的讲法，这一爻是大吉啊。

张国明： 理学家板起面孔，不知或不肯言此爻之妙也！此爻为本卦主爻，最得咸之真味！上吉之爻，易之为书，无非阴阳。若无阴阳相感则无万物人类之存继。若无此爻，则人类之美妙诗情不复见矣。

（整理者：贡哲　浙江大学哲学系本科生）

（本卦校对：孙纯明　中国人民大学哲学院硕士生）

时　　间：2016年05月23日22：00—23：31
导读老师：张克宾（山东大学易学与中国古代哲学研究中心副教授）
导读老师：尚　旭（中华易医研究院秘书长）
课程秘书：黄仕坤（中国人民大学哲学院硕士生）

变通不已　立不易方
——恒卦卦辞明解

32 恒卦

巽下震上

【明解文本】

恒：亨，无咎，利贞。利有攸往。

《彖》曰：恒，久也。刚上而柔下，雷风相与，巽而动。刚柔皆应，恒。"恒，亨，无咎，利贞"，久于其道也。天地之道，恒久而不已也。"利有攸往"，终则有始。日月得天而能久照，四时变化而能久成，圣人久于其道而天下化成。观其所恒，而天地万物之情可见矣。

《象》曰：雷风，恒。君子以立不易方。

【讲课内容】

张克宾："恒，久也"。恒久者必亨通，不亨通则不能成其恒久。恒久而亨通，自然是"无咎"；如果有咎，也不能成其恒久之亨通。所以，"亨"与"无咎"当是"恒"中所含之义。

尚　旭：雷动风起，雷息风止，雷迅风烈，雷舒风和，雷风相与，以宣阴阳之气者，恒之卦也。恒者，久也，常也，固也，安也，处也。

张克宾："利贞"，宜于守持正固也。"利有攸往"，利于有所作为也。古人云："恒"有二义，一为"不易之恒"，一为"不息之恒"。"利贞"就是"不易之恒"；

"利有攸往"就是"不息之恒"。"不易之恒",体也;"不息之恒",用也。

【讨论内容】

【恒体变用】

张克宾: 《彖传》"刚上而柔下",就卦变而言,多认为这是指恒卦从泰卦而来,泰卦之初九往升六四之位,六四来降初九之位,所以是"刚上而柔下"。当然也可以简单地说,"刚上而柔下"是指震刚而居上,巽柔而居下。恒不是不变,而是恒变。

尚　旭: 刚柔相荡,雷风相与,阴阳相应,顺以动,动而能逊,皆理之常也。动静有常。

张克宾: 恒为体,变为用。

尚　旭: 利贞者,恒之有体也。无咎者,恒之成德也。利往者,恒之行用也。

王力飞: 变是为了"恒"。

张克宾: "易穷则变,变则通,通则久。"恒之能恒,必须要变通。

尚　旭: 是的,男动于外,女顺于内,夫唱妇和,也是夫妇恒久之道也。

张克宾: 《彖传》"刚上而柔下,雷风相与,巽而动,刚柔皆应",都是在讲恒之所以能恒的原因。

尚　旭: 雷风相与者,天地之运也,刚柔皆应者,阴阳之机也,君子则之,以保其恒,以恒齐家,而家道乃恒,以恒治国而国运恒通,所谓无往不利也。

王力飞: 应之刚柔为阳阴。

张克宾: "天地之道,恒久而不已",这就是不易之恒。"利有攸往,终则有始",就是不息之恒。终则有始,即终则又始,往复不息也。

王力飞: 不易,不息。

【不易不已之恒】

尚　旭: 徐几曰:"恒有二义,有不易之恒,有不已之恒。利贞者,不易之恒也。利有攸往者,不已之恒也。合而言之乃常道也,倚于一偏,则非道矣。"日月之行,天地之道,皆为恒也。

张克宾: "日月得天而能久照",也是说恒之体;"四时变化而能久成",即恒之用。日月之往复成四时之变化。有日月之得天,方有四时之变化。

尚　旭: 通过恒卦可以理解易的变易、不易,亦唯以不易者,守其恒而已。

张克宾: "圣人久于其道而天下化成",圣人能成化民成俗之功,也在于能恒久推行其道。

尚　旭: 君子体此象以应万变,而道则不变。

张克宾: "观其所恒,而天地万物之情可见矣。"咸卦由阴阳交感而见天地万物之情;恒卦则由变通不已而见天地万物之情。

尚　旭: 君子守道执常,行道应变,见善则迁,有改则改,不执于一也。

张克宾： 恒卦之义，也可以和《中庸》"悠久所以成物也"对读。

尚　旭： 杂卦："恒，久也。"咸贵应速，恒尚久常。速指其初，久言其成。速叙其始，久述其终。咸恒往来，乾辟坤体，阳动阴中，而肇始人伦之初，皇建人道之极也。

张克宾： "久言其成"，非常对！

汤兆宁： "咸"，感觉来得快。"恒"，则久长。一卦看乾坤，天地日月万物应恒道。

姚利民： 乾辟坤体，阳动阴中，而肇始人伦之初，皇建人道之极也。妙哉！

【"立不易方"】

张克宾： "雷风，恒，君子以立不易方。方者道也。君子其所立不变其道"。古人有的将这句与《大学》"止于至善"相联系。"立不易方"，不易的是道；而所处之地则随时变通。

丰　铭： 止于至善，信念不变。

张克宾： 止是依止不迁，立是确立不移。

尚　旭： 雷风相与者，天地之运也，刚柔皆应者，阴阳之机也，君子则之，以保其恒。

汤兆宁： "方"也有比喻"坤"。

姚利民： "君子以立不易方，方者道也。君子其所立不变其道。互乾为君子，为道不变甚妙！"

张克宾： "方"比喻坤，"立不易方"是什么意思呢？

汤兆宁： 《系辞》里面有比喻坤为"方"。

张克宾： 可以说从《象》上讲，"方"源于坤。但"立不易方"，就是立不易道的意思。这个不应有多大歧义。

尚　旭： 君子观雷风相与、天地恒久之象，以常久其德，立于常久之道，行于大中之域，不变易其操守也。立者，确乎不可拔也。方者，持守弥坚也。孟子曰："居天下之广居，立天下之正位，行天下之大道。"所谓"立不易之方者也"。用此卦比拟国家，上卦为政府，有雷厉风行之性，以振兴庶政，下卦为人民，有风动之象，顺从政府之命令。

张克宾： 孔子说："可与共学，为可与适道；可与适道，为可与立；可与立，为可与权。""立不易方"还应考虑"权"的问题。这个意思大概在六五爻。

【感通不易不息之恒情】

张克宾： 不易之恒为体，不息之恒为用。恒一定是不易的，也一定是不息的。

元　融： 恒卦，上卦阳卦，下卦阴卦；和咸卦为覆卦。咸为男下女，恒为女顺男；咸为初始，恒为居常；三阳三阴，力量相等；正如家庭初建，夫妇同心，刚上柔下，六爻皆应，面对困难，齐心克服，共创未来。

丰　铭：您觉得"恒"的思想跟哲学里哪个概念相近呢？

张克宾："恒"本身就是易学的哲学概念。对应西方哲学的概念，还真没有吧。咸卦讲"感通"。

裴健智：按照老师的理解，终则有始就应该是终则复始，终始不停地运转。

元　融：恒，物质是运动的。雷风相搏，运动是恒久的，阳上阴下，运动是有规律的，守常的。六爻皆应，是上下一心，为了共同的理想而努力。观其所恒，天下万物之情可现矣！

张克宾：终是旧有的结束，始是新的开始。终而不始，就结束了，就不是恒了。

裴健智：天地万物之情的情字怎么理解，可以与复见天地之心相联系吗？

元　融：震，巽，男女之恒久之情。男处尊位，女为顺从，阴阳各归其位，其情可鉴。

裴健智：看来这样理解的话，《象传》里面还涉及了心、情的问题。

丰　铭：情需有恒，才能白头偕老。

张克宾：我理解，情就是性情的情。可以和复见天地之心联系。咸、恒、大壮等都见天地之情，情是天地生机的显发，心是天地生机的微妙。

（整理者：黄仕坤　中国人民大学哲学院硕士生）

始而求深　欲速不达

——恒卦初六明解

时间：2016年05月24日22：00—23：47

【明解文本】

初六：浚恒，贞凶，无攸利。

《象》曰："浚恒"之凶，始求深也。

【讲课内容】

尚　旭："浚恒，贞凶，无攸利。"深求恒久，固守凶，无所利。前面讲到恒卦的卦辞的时候讲道："君子观雷风相与、天地恒久之象，以常久其德，立于常久之道，行于大中之域，不变易其操守也。雷风者，大地之变而不失其常也；立不易方者，君子之历万变而不失其常也。"初六居下，执巽之主，性躁情柔，能知常而不能应变。并且深有所求，动而应四，则虽正亦凶，失时而无所利矣，也就是所谓的欲速则不达。

【讨论内容】
【欲速不达】

尚　旭："浚"，深也。

张克宾：马王堆帛书本"浚恒"作"敻恒"。敻者，求也。浚者，深也。《象传》说："浚恒之凶，始求深也。"所以今、帛本意思差不多，都是深求恒久。初六居恒卦之始，居事之初即深求恒久之效，所谓欲速则不达也，所以贞凶，无所利。

尚　旭：初爻当恒之始，以始求终，所当循序渐进。所谓登高必自卑，行远必自迩，由此以往，无不利也。

裴健智：如何看出初六居下，执巽之主，性躁情柔？

尚　旭：巽为阴卦，主爻是初爻。初爻居震宫，自然焦躁。

裴健智：八宫卦吗？

尚　旭：初爻如撮土而期为山，勺水而欲成海，是六爻九宫解卦。初爻，事虽不失其正，要必难免于凶，故曰："浚恒，贞凶。"

姚利民：初六已经在地下，阴性深入向下，与九四虽应，但有九二九三阻挡，不能联手，故凶。可否？

裴健智：其实，就是初爻在初位，位卑不能追求太过深入高远的东西。

丰　铭：求恒不失其正，方向是对的，但不能急躁。

尚　旭：《易经》对时位是非常讲究的。

丰　铭：上面毕竟重重阳爻挡着。

尚　旭：在相应的位置上，有相对应的东西，要不然就德不配位了。

丰　铭：潜龙勿用，也是强调知时。

尚　旭：这个可以引申到日常生活中去，我们的财富、地位都是与我们相配的，我们的幸福感之所以差是因为欲望和现实的距离引起的。

张克宾：《象传》说得很简明，这一爻就是始而求深，刚做事就求成。但恒是久而成，故而此爻"贞凶，无攸利"。我理解，不必再和四爻相联系作解。

尚　旭：就像我们一个毕业的学生，就想得到一个总裁那样的待遇，本身也是给自己找烦恼。谓其未知其浅而遂求其深，是欲速而不达也，非徒无益，反见其凶。

【研究天意】

汤兆宁： 各爻是否需要结合起来看？还是应该只看其位（奇偶）和爻（阴阳）？比如刚才有提阴爻之上有两个阳爻阻挡。

尚　旭： 在学习《易经》时，是在研究背后的内容，爻位，阴阳，卦官，《大象》等都是需要参考的。何善蒙老师讲过："我们研究《易经》，是在研究背后的天意。"

张克宾： 我理解，恒卦初爻自身的问题和意思很明白，不必牵扯到和四爻的关系。

汤兆宁： 那是否有时候需要结合看爻？

裴健智： 确实从初爻的位置就可以解释。

张克宾： 《易》无达理，从承、乘、比、应等关系上作解当然是可取的，但也不是每一爻都要从这上面分析。

尚　旭： 六爻是八重卦交叠而成，代表时间和空间的概念，在天成象，在地成形，都是互相呼应的。初爻譬如用智而失其凿，求道而索之隐，皆"浚恒"者之过也。

【"贞凶"】

裴健智： "贞凶"理解为守持正道凶？

尚　旭： 这里的贞应该理解为占卜更合理。

裴健智： 马恒君认为是正固不动。

姚利民： "贞凶"为占者凶也。

尚　旭： 是的。

秦凯丽： 应该是"恒浚"就不凶了。

尚　旭： 恒之大壮，居恒之始而求大壮之功，必生壮趾之凶也。

裴健智： 《周易》里面的贞都理解为占？

尚　旭： 所以恒之初爻就是要告诫：文德懿而后功业就，居恒之初，君子安之若素，不躁动以求也。

裴健智： 大多数的理解应该是持守正道吧？

尚　旭： 《周易》里的"贞"有很多种解释，有的理解为贞藏，比如"元亨利贞"，有的解释为守持正道，有的其实就是占卜。要根据每个卦的实际情况进行理解。

丰　铭： 这里理解为占感觉合适一些。

汤兆宁： 可能"贞凶"的意思是"占卜出来是凶的"。我看的解释里面把"贞"解释为"固"。由于固执，所以凶。就是初六要固执地在初位躁动求深。

裴健智： 是这种理解，还有一种是《正义》的解释，还有马恒君的理解。固执？有文本依据？

丰　铭： 初六求深，进取之心可嘉，只是方法不合适。

裴健智：　一般理解为"正固"吧？

汤兆宁：　或说固守一条道走到底。固这个字，可以引申地去理解。

丰　铭：　其实即使按照裴健智说的贞正，也不纠结的，很容易说通。

汤兆宁：　解释为"占"符合爻的意思。

姚利民：　尚老师说过初六一条道走到底，不会变通，本来是正道，反而凶也。

【不可急于求成】

丰　铭：　我觉得曾仕强教授把恒说成婚姻不合适，婚姻怎么会"浚恒，贞凶"？

裴健智：　不能理解为正固，因为，初爻为柔爻，其性应为柔软，故其正道应该为柔。
持守正固应该为吉，而非凶。可能有所偏差。

郑　强：　只是把贞理解为占卜不同意。贞，在这里应是贞固、固守不变，守以为常，
如此则凶。

丰　铭：　既然"浚恒，贞凶"，说明还没到婚姻的地步。

张弛弘弢：浚，深也。求深非不善，欲速则不达。

元　融：　只是把贞理解为占卜不同意。贞，在这里应是贞固、固守不变，守以为常，
如此则凶。

丰　铭：　求深非不善，欲速则不达。

张克宾：　恒卦论婚姻，那是《序卦传》的意思。恒卦本身不是在讲婚姻问题。

裴健智：　看来《序卦传》和经文本身还是有所差异的。

张弛弘弢：刚结婚，不能要求感情深似海，还有七年之痒。

汤兆宁：　婚姻应该只是对应恒卦的一个事件吧，恒卦可以比喻很多事情。婚姻的一开
始也可以是激进躁动的嘛，求恒心切。但也不是每个婚姻都可以走到永恒的。

丰　铭：　"浚恒，贞凶"。感觉张老师那句欲速则不达，是最好的概括了。但如果是
结婚，他们想速达什么呢？

张弛弘弢：刚结婚，最热。占一卦，怎么就凶了呢？这个凶，不是因为结婚结的，是因
为不切实际的要求，要求感情深似海导致的。这告诫我们，夫妻各自防好自
己的小三，就能"恒"了。

丰　铭：　如果是新婚，刚开始不求深我觉得才奇怪。

汤兆宁：　一开始结婚感情都挺好吧，应该是行为上的求恒。

郑　强：　其实不仅婚姻，任何事情都一样的，急于求成是不行的。

元　融：　这个时候，看下卦象，下卦初爻，大家再细看初二三，三四五，组成了什么
卦。下巽，上兑，股入泽下。到了水漫大腿的地方，浚象就出现了；不动，
有危险的。观象系辞，会有收获。

裴健智：　《象》很重要。"深"字只能理解为从卦变四爻到初爻。如果理解为，初爻
到四爻相应就应该是升而非深。相应的说法可能不太好。

（整理者：张馨月　中国人民大学哲学院硕士生）

恒位于中 可以消悔
——恒卦九二明解

时间：2016年05月25日22：00 — 22：56

【明解文本】

九二：悔亡。

《象》曰：九二"悔亡"，能久中也。

【讨论内容】

【行中无悔】

尚　旭：在讲到初爻的时候，大家讨论得很激烈，把初爻甚至引申到爱情方面。初爻当恒之始，以始求终，所当循序渐进，方能几及，所谓登高必自卑，行远必自迩，由此以往，无不利也。这个初爻其实已经给二爻的爻辞奠定了基础。经历了初爻的过程之后，才到了二爻，可悲的是，如果不能够度过初爻的话，就很难进到二爻的状态，事情或许在初爻就夭折了。如果能从初爻觉悟出来，才能体会二爻。这个可以比喻到一个公司，或者是个人的人生规划，我们现在在提倡全民创业，然后媒体等还列举了很多的成功案例，让很多年轻人跃跃欲试，扑通下水了，就想做马云第二。不懂循序渐进之理，然后就有不计其数的公司在大批量地消亡。从卦到实践，以易入心之语。

张克宾：初爻始而求深，急于速成，而恒卦是讲久而成，所以"无攸利"；二爻中位，能久中，所以"悔亡"。二爻之所以还有悔，是因为阳爻居阴位所居不正，因此有悔；但能够久行中道，所以能"悔亡"。

尚　旭：我们一直在讲《易》，《易》一直在讲易道。

汤兆宁：不能忍躁而妄动求深求恒，初爻就夭折了。

尚　旭：九二以阳刚之才履居阴柔之位，恒卦二爻是阳爻，在阴位。该秀还得秀，老了就秀不动了，这叫失机。

姚利民：阳居中、居阴还是要看清摆正自己位置，做人要有自知之明。

尚　旭：二爻，执非常道，据非常理，处非常位，本当有悔。二爻以其居中应中而能恒久于中，德胜于位，故得"悔亡"也。

汤兆宁：德胜于位。

尚　旭：　不要强夺天意，要懂得伺机而动。

汤兆宁：　我以为是位好。

姚利民：　看到占位不对，赶紧忏悔。

尚　旭：　对于二爻的"悔亡"还有一种解释。二爻以阳居阴位，是失位也，失位故有悔。

【久行中道】

尚　旭：　然二处巽之中，二与六五阴阳相应，以刚中之德，辅柔中之君，道既得中，又能持久，故曰："悔亡"。

张克宾：　我理解，二爻失位，所以有悔；但能久行中道，所以"悔亡"。

丰　铭：　"中"很重要，得中，是二爻得救生圈。抓住了"中"，所以得以自救。

尚　旭：　恒之小过，行过乎恭，丧过乎哀，用过乎俭，行有小过而至于中道者，君子贵之矣。

闫睿颖：　伺机而动。

张克宾：　恒卦讲久而成，六爻都很难吉顺。二爻能久行其中，"悔亡"，就已经很不错了。

汤兆宁：　"悔亡"是好事。

尚　旭：　九二刚居柔位，以刚中为恒，亦不能尽守常之义，故唯悔亡耳。李舜臣曰："咸恒二卦其象甚善，而六爻之义，鲜有全吉者，盖以爻而配六位，则阴阳得失，承乘逆顺之理，又各不同故也。"

张克宾：　"刚中为恒，不能尽守常之义"，怎么讲？如果是"刚中为恒"就没有问题了吧。

尚　旭：　原因还是阳爻阴位。

丰　铭：　请问您觉得是以刚居中好，还是以柔居中好？

张克宾：　能"悔亡"正在于"刚中为恒"，问题是出在失位上。不能笼统地说刚中好还是柔中好，要看具体卦爻情况。如果恒卦是六二柔中，恐怕就没有问题了。

汤兆宁：　六二好，阴爻居阴位，为正。

丰　铭：　如果恒卦是六二柔中，感觉更凶，会被淹死。

汤兆宁：　我的书里"悔亡"的解释是本应有悔，由于某种原因，悔又可以变为无。

元　融：　二爻以其居中应中而能恒久于中，德胜于位，故得"悔亡"也。我理解，二爻失位，所以有悔；但能久行中道，所以"悔亡"。

丰　铭：　久，即恒也。

尚　旭：　汉语汉字，亡读wáng时，有伤亡、逃走的意思，读wú时，有过去、没有的意思。在这里是"无"的意思，但是为什么这里用了"亡"而没有用"无"，"无"是一种状态，而"亡"是一种逐渐消失的状态。

元　融：　"悔亡"，意思是后悔消亡，是不是呢？

尚　旭：　如果直读的话，可以这么理解。

丰　铭：　"能久中也"，是否可以替换下理解："九二悔亡，能恒中也。"

汤兆宁：　老师的意思是亡这里是"无"的意思，就是无悔，或者悔无。

尚　旭：　有消失的过程。

汤兆宁：　无悔就是一下子没悔了。

元　融：　逐渐消亡。

张吉华：　关键是因何而有悔，又因何而有悔也亡。有悔也亡，是一个讲因果关系的语句。

（整理者：黄仕坤　中国人民大学哲学院硕士生）

德行无恒　无所容处

——恒卦九三明解

时间：2016年05月26日22：00 — 22：52

【明解文本】

九三：不恒其德，或承之羞，贞吝。

《象》曰："不恒其德"，无所容也。

【讲课内容】

张克宾：恒九三："不恒其德，或承之羞，贞吝。"恒之初六是始而求深，所以无所利。九二是能久行中道，得悔亡。九三则是不能恒其德，而招致羞辱。三个情况各不相同。一般而言，九三阳爻居阳位得正，但处下卦之极，有过刚之嫌，且巽为决躁，为不果，所以不能有恒，中道而废。"《象》曰：'不恒其德，无所容也。'"这是讲"不恒其德"的后果，不是在解释原因。

尚　旭：九三居巽之极，巽为进退，为不果，"不恒其德"之象。游于上下两体之间，不能守道之人无所容处其身，圣人深恶之矣。《象传》曰："无所容也。"大节一亏，无所逃于天地之间，盖深斥之也。

九三虽居正，然过刚不中，志在从上，不能守位，是无常之人，则羞辱或随之，不中之用，虽固守之亦徒增羞吝耳。九三以阳居阳，其位虽正，因其执心不定，德行无随而错误随之。本来已经看到胜利的曙光了，但是却走偏道了。恒之解，巽动入险，不能固志，负乘致寇，犹可羞吝也。"不解于位，民之攸塈。"言夫独立固德之恒自厉也。

【讨论内容】

【德：天赋的功能、意志与行为】

张克宾：　恒卦九三爻意思很清楚了，从卦爻象上说是其过刚而不中，恒久之道必以中而成，不中必然不能恒，所以是"不恒其德"。至于其他的各种关系下的解读，就见仁见智了，不好裁断。

尚　旭：　我接着讲"德"。道能生物，物生其用，谓之曰"德"，"德"即道之发用。佛家讲体相用，体即道体，相即器物，用即功能。万物及其天赋的功能，即是"德"。道家讲道法术器，"德"即为道之器。《说卦传》："和顺于道德而理于义，穷理尽性以至于命。"圣人取法道之有德，治万事万物止于至善，穷通物理，尽格人性，体认天命。和道顺德是功夫，理物于义是境界。穷理尽性是功夫，体认天命是境界。

张克宾：　屈万里先生认为，"不恒其德"的"德"，以内心言，犹意志；以形于外者言，犹行为，而不是美德的意思。

尚　旭：　《易经》的魅力就在于，每个人的理解都不一样。我把德字讲一下，希望能增加大家的理解，这里的"德"确实更倾向于志。白话就是：顺应自然、社会、和人类的客观规律去做事。

【"贞吝"】

姚利民：　请老师讲解一下"贞吝"两字。

尚　旭：　贞在这里作固守讲，吝者，谓可鄙也。

丰　铭：　这一爻辞《论语》里也引用了。

姚利民：　原来这样，九三心术不正，互卦为兑，难怪圣人不齿。

【"不恒其德，或承之羞"】

元　融：　恒，雷风相搏而守恒；变化是唯一不变的；三阳三阴之卦；六爻皆应。阴爻包阳，阴爻灭阳，阳爻抵抗；阳爻三爻一体，齐心合力，共抵三阴。三爻居中，不恒其德，不遵守恒的规律，忘记恒的内涵；或承之羞，羞从何来？六三相应，上六阴爻之羞。当今的社会，讲究与时俱进，被时代抛弃，实在可惜；每位成功者，都曾经辉煌，都有骄人的成绩；"不恒其德，或承之羞"，岂能不警醒。

王力飞：不占而已矣。没有恒德之人，或承其羞，己被他羞，还是己被己羞？或承之羞，是自己承受不德之羞吗？

张弛弘弢：九三不能恒其德性，所以会受到不知何人来自何处的羞辱。夫妇有恒，自固长城。九三失德，羞辱，皆自取也！

王力飞：子路和孔子的对话怎解："巫医，我不知其是否有恒久之德，也许占了，有时候会被羞辱，所以不占罢了。"是这样吗？爻辞解读和南人案例，出现了冲突，谁帮解释一下。我想问的是子曰和爻辞的关系。

张弛弘弢：爻辞皆在夫子前，想看"子曰"去《易传》。

王力飞：爻辞为不恒自德，自招羞辱；子曰的内容是人不恒德，或受其辱，如何区别？南人若无恒德，作巫医有时自招其辱，不能占卜？

尚　旭：巫医都要循天道而行，巫感受的是最坦然的东西。

王力飞：古代很厉害的精英，和史官密切合作。

尚　旭：圣人的心思不好猜，更何况几千年前的语境了。

王力飞：我猜是圣人不信巫医之恒德，怕向其求占，说不定就蒙受其污辱。

尚　旭：反正我不赞同我现在看到的所有关于南子的注释。

王力飞：子曰时，史官和巫师的地位已旁落，士这一阶层正在兴起。

尚　旭：上古时巫医一体，巫就是医。巫医通天人之道，交鬼神之灵，托死生之事，是一个很有"重要性"的职业，甚至可以说，是一个神圣的职业。最早时这个重要的职业也是由有着重要身份的贵族来担任的，但到后来，巫的社会地位逐渐下降，直到成为一种"贱役"。究其原因，复杂地说可以扯出一本厚厚的书；简单地说，一是神权渐渐地让位于人间的权力，二是这个职业艰辛繁琐深奥，贵族不愿做，也不会做。

丰　铭：但别忘了，子曰是引用南人的古语。

王力飞：这些不足为信，要更看重易之义理，也是正当思维。

（整理者：李芙馥　中国人民大学哲学院博士生）

恒于失位 无果可言
——恒卦九四明解

时间：2016年05月27日22：00 — 23：11

【明解文本】

九四：田无禽。

《象》曰：久非其位，安得禽也。

【讲课内容】

张克宾："田"指田猎。"禽"泛指禽兽。

尚　旭：禽者鸟兽之总名。震为猎夫。巽为禽。九四处震之初，是震之猎夫前进，巽之禽后退，以此为田，必无获也，故曰"田无禽"。来比喻失民心也。夫所贵于恒之道者，德称其位，才胜其任。

温海明：取象复杂，一说坤为禽。

尚　旭：取坤为禽也是合理的，因为恒之升，坤亦是禽。

张克宾：九四阳爻处阴位，居位不正，处恒而不正，所以是久非其位，劳而无功也。

尚　旭：是的，取象很多种，但这里还是取巽更恰当一下。关于取象，其实没有定象，得放到一定的环境中去。

张克宾："田无禽"，也可指九四应初六，初六阴虚，为无禽之象。师卦六五曰"田有禽"，六五应九二，九二阳实，为有禽之象。

尚　旭：禽，鸟兽，震类走兽，巽主飞禽。

张克宾：取象有多端，单就一爻而言，到底哪种取象更合理，难以有定论。田有禽，田无禽，田获三狐，田获三品。这些田都应该是指田猎。

元　融：从卦象分析，田无禽，取坤象，恒自泰卦初四换位，坤象消失。周易中，提到"禽"的有四处，师卦六五；比卦九五；井卦初六；恒卦九四；取坤象是合理的。从卦象看，二三四爻，阳爻居中，乾体居中，三阴居外；二爻，悔亡；三爻，不恒其德，或承之羞；四爻，田无禽；放到一起参研会有感悟，在前有阻碍后有追兵的情况下，如何保存自己；恒卦给出了很好的智慧参考：小心谨慎、去掉侥幸、全身为上。

【讨论内容】

【"田无禽"】

裴健智： 泰卦，坤为地。变为恒卦，坤地消失，故"田无禽"。

郑　强： 九四以阳处阴不正，又不中。

裴健智： 按照坤卦为田的话，应该是无田无禽吧？田也没有了呀。不应该是田无禽？

温海明： 田也取坤象。你这是以初六为田猎的对象。

郑　强： 九四自初而来，志在上进，动之五则失初六之应，初六在巽为禽，失应则无
　　　　　禽，变离为兵戈，猎之象。

温海明： 初六虚，扑空了。

郑　强： 禽指巽，九四应巽之初六，动而不应，失禽之象，是劳而无功的意思。

王力飞： 获，即为田猎，见龙在田，田有禽，都是地。

张吉华： 恒之九四为震之脚。震者，起也。

张弛弘弢：禽，通"擒"，获义。其象为田猎无所获。恒卦论夫妇之道，下卦两妇职，
　　　　　上卦论夫事。九四，不中不正，为不能守恒意尽夫事。

【"久非其位"】

张克宾： 初爻"浚恒"是态度不对，急于求成；四爻田无禽是久行不当，劳而无功。
　　　　　恒卦讲的是久而成，所以诸爻也都以此为语境。有不得其恒者，有不得其成
　　　　　者，各有所失。初爻、三爻都不得其恒，四爻不得其成，五爻是有成有不
　　　　　成，六爻又不得其恒。

丰　铭： 我们要抓住劳而无功这个主线，吸取教训，争取劳而有获。

张克宾： 不能脱离"久而成"这个语境。劳而无功是结果，原因是久非其位。

丰　铭： 嗯，是的，所以要想有功就得归位。

姚利民： 恒卦讲的是久而成，所以诸爻也都以此为语境。有不得其恒者，有不得其成
　　　　　者，各有所失。初爻、三爻都不得其恒，四爻不得其成，五爻是有成有不
　　　　　成，六爻又不得其恒。

【"恒"】

张吉华： 恒之久义是《彖传》讲的，《彖传》讲义理，《序传》也讲义理，故夫妇之
　　　　　道落在久之义上。若讲卦之象数，则恒宜从本义上去看，古人释为弦，诗有
　　　　　如月之弦之语。不知对否？《诗·小雅》："如月之恒（gèng）。"恒，
　　　　　古邓反，弦也，月上弦而就盈，亦作緪（gèng）。

丰　铭： 如月之更。恒通更。这个用法太偏了，不足为例。

张弛弘弢：回到恒九四。胡瑗："不中不正，不常之人也。不常之人，为治则教化不能
　　　　　行，抚民则膏泽不能下，是犹田猎而无禽可获也。"日、月，自古有之，说

其具有恒德，没错。但以日月盈亏之弦释恒卦，不好解释。

丰　铭：　我是说《周易》里，《诗经》的不晓得。因为恒其德，用月亮解释不着边。

孙铁骑：　鞠曦先生考"恒，心之舟行于天地之间。左为心，右上下二横为天地，日古为舟之象形"。

（整理者：秦凯丽　中国人民大学哲学院硕士生）

恒常其德　用心贞义
——恒卦六五明解

时间：2016年5月28日22：00—23：07

【明解文本】

六五：恒其德，贞。妇人吉，夫子凶。

《象》曰：妇人贞吉，从一而终也。夫子制义，从妇凶也。

【讲课内容】

张克宾：　六五爻柔顺得中，恒其德之德即为柔顺之德。持守柔顺，是妇人之道，所以是妇人吉；而夫子则不应当一味以坚守柔顺，而应当随时制宜，所以是"夫子凶"。从卦象上来说，六五柔顺下应九二，顺而从之也。六五处震体，震为夫，九二处巽体，巽为妇。

尚　旭：　六五之才，柔中应刚中，常久不易，阴柔而能正固其德者，从一而终，故"妇人吉"也。

【讨论内容】

【"妇人吉"与"君子凶"】

张克宾：　孟子有云："以顺为正者，妾妇之道也。"正合于恒之六五。

尚　旭：　若丈夫而以从妇人为常，则失其刚阳之德，非其正道，故"夫子凶"也。

六五在尊位，为恒之主，下与九二相应。九二居巽，巽为妇，六五居震，震为夫。六五专守九二之应。贞一其德，但贞为妇之贞，为妇则吉，但为夫则凶。大丈夫应该顶天立地，修身齐家，治国平天下。

张克宾： 妇人之德，贞一不变。夫子之德，则因时制宜。二者不同。妇人以家庭为本位，恒一不变；夫子以天下为己任，临时应变，不能胶固不变。

尚　旭： 六五为震之主，震为行，丈夫之志，当以义制事。

张克宾： 恒卦之妙处，就在既讲恒久而成，又于六五点明夫子要因时制宜，所谓通权达变也。君子欲立德济世，久而化成天下，须有通权达变之才。

尚　旭： 变为恒矣，正是易之变易、不易。孔子说："可与共学未可与适道，可与适道未可与立，可与立未可与权。"恒卦六五就是讲立与权的问题。九三爻不恒其德，是无所立；九四爻田无禽，是立而不当；六五爻夫子凶，是立而不知权。孟子所说的"贱丈夫也"就是这个，从一为正。

张克宾： "夫子制义，从妇凶也。"可以作两种理解：一种是夫子要随时制义，不可像妇人一样守一不变；一种是说夫子要刚明有为，开拓进取，不可像妇人那样柔弱顺从。这个"夫子"，大概有孟子所说"大丈夫"的意味。

【"从一而终"】

尚　旭： "从一而终，为妇人之德"这句话怎么理解？

张克宾： 子曰："君子之于天下也，无适也，无莫也，义之与比。"

尚　旭： 是呀，《易经》的爻辞解读也要与时俱进。

丰　铭： 社会在进步，但古代那是现实。

尚　旭： 夫子制义为丈夫之行。义则不害于贞，贞则或伤其义。恒之大过，君子才德过人，而言行不过物，以其能守恒道故也。栋隆则守之，栋桡则不从也。

郑　强： "居得尊位，为恒之主，不能'制义'，而系应在二，用心专贞，从唱而已。妇人之吉，夫子之凶也。"愚谓王弼这解释好，从唱，妇唱夫随，夫听妇也。

张克宾： 再要求妇人从一人而终，固然不适合今日，但讲妇人以柔顺为德，还是没问题的。

丰　铭： 从一而终的说法，不知什么时候开始有的。照这样看，孔子之前就有从一而终了。《周易》是"夫子制义"。

张弛弘弢：恒言夫妇之道。上卦为男，行夫妇恒久之道当用刚不用柔。而六五柔居阳位，质刚而总柔，这对妇人很合适，对男子就不当了。所以就"妇人吉，夫子凶"。夫子制义男子行夫道，唯用刚，才能以阳刚去裁制事理得其宜而合于义，故言"夫子制义"。反之，则失其力，必听妇人摆布而致凶。让外戚专权是也。

元　融：昨日谈到了恒卦的卦象，是三阴包阳之象，也是三阴灭阳之象恒卦的五爻，已经到了阴爻的势力范围，"恒其德，贞"；在阴爻要守住阴爻的使命，故贞；妇人吉，阴爻居君位，故吉；夫子凶，阳爻要充分认识阴爻的力量以及时位的优势；《象传》中，充分说明了阴阳交锋的激烈；我们从本爻可以感知到，时位的重要性。本段的取象，是为阴包阳之象，六五时站在阴爻的立场考虑问题，也给大家一个很好的参考。

（整理者：孙世柳　中国人民大学哲学院硕士生）

震终动极　恒变无常

—— 恒卦上六明解

时间：2016年05月29日22：00 —— 22：52

【明解文本】

上六：振恒，凶。

《象》曰："振恒"在上，大无功也。

【讲课内容】

张克宾：振，古人多以为动之速，如振衣、振书之振。我理解，这个动之速，不是单纯是速度快，而是频率高。频繁而动也。"振恒"，传世本中也作"震恒"。上六处震之上，震终动极，所以有振之象。

尚　旭：上六处震之终，为震之极。

张克宾：《周易集解》中虞翻就作"震恒"。

尚　旭：动者宜守之以静。

张克宾：关于传世本异文，可以看《经典释文》。频繁震动以为恒久之道，凶。我们之前提到"可与立，未可与权"的问题。六五是说夫子欲立恒久之道，要懂得通权达变。到了上六则频繁震动，以权变为常到，以权乱经，所以凶。以权变为常道。

尚　旭： 恒有尽，而震无尽，故而凶也。

张克宾：《周易折中》引邱富国之说认为，恒卦初、四两爻都不及于恒，这是对的，但说二者都"泥于常而不知变"，我感觉值得商榷。

　　初爻是始而求深，急于求成，谈不上"泥于常不知变"，四爻"田无禽"久非其位，也不是"泥于常"而是所立之常不当。恒卦讲的是久而成，六爻之义由此而展开，初爻是始而求深，急于求成，故无攸利；二爻虽不当位，但能久行中道，所以悔亡；三爻不能立恒，德无所立，所以难免受到羞辱；四爻所立不当，故劳而无功；五爻是立恒还须通权达变；六爻则是权变过度，以权乱经。

【讨论内容】
【震中有恒】

　　王力飞： 变虽然是永恒的，恒变则无常，无常则大事不成，坚持方能得恒得胜，故贵在恒。

　　张克宾： "振恒"，帛书作"夐恒"，竹书从"睿"从"夊"。

　　尚　旭： 上六处恒之极，终者宜返之以始。

　　张克宾： 帛书初六也作"夐恒"。竹书从"睿"从"夊"的字应当假为浚，浚即浚之异体。

　　王力飞： 帛书多异体字，有些地方不足为信。

　　元　融： 都是震象，没有恒象了。

　　张克宾： 所以帛书、竹书中恒卦初六和上六都是"夐恒"或"浚恒"。夐恒与浚恒意思一致，都是深求之义。帛书、竹书的上六和今本不一样。如果从简帛本都上六也是"浚恒"的话，大概是说恒久当变，如再固执其道，则凶。这与传世本的变动过频，意思不同。

　　王力飞： 震有卦象依据，今本经过整理。

　　张克宾： 各有道理吧，简帛本是从恒卦的初与始立论，初始而求深，欲速不达；终则终而不变，穷而不通也。今本的变动过于频繁，是接续六五爻的恒其德，夫子如不知权变则凶，而继续说明，处恒之上，震终动极，又不可过于用权变之术，以权乱经势必陷入混乱之凶。

　　张吉华： 震中有恒。

　　张弛弘弢： 振，摇落也。恒卦论夫妇恒久之道，上六处恒之极，恒极则不能守，又是以柔爻居阴位，这就决定了它对夫妇恒久之道动摇。

　　兰　懿： 雷风恒。君子以立不易方。久而成恒。

　　元　融： 恒卦，是三阳三阴之卦，是阴包阳，阴灭阳之卦，昨日把阳卦作了梳理，今日尝试把阴卦做一个梳理。初六在全卦的初爻，"浚恒，贞凶，无攸利"；阳爻不轻松，阴爻更凶险，就像包饺子，馅大皮薄，阴爻的立场也艰险；五爻，"恒其德，贞，得时位之利，妇人吉，夫子凶"，可以看到阳爻危险，阴爻力量强大；本爻振恒，凶；就如同打前站的先锋部队，想布下口袋阵，自己孤军深入，危险重重。恒卦是阴阳力量均衡之卦，不要看阳爻的危险，更要看到敌人也疲惫不堪。

（整理：黄仕坤 中国人民大学哲学院硕士生）
（本卦校对：孙纯明 中国人民大学哲学院硕士生）

时　　间：2016年05月30日22：00 — 23：09
导读老师：寇方墀（独立学者，师从余敦康先生学易多年）
　　　　　翟奎凰（山东大学儒学高等研究院教授）
课程秘书：贡　哲（中国人民大学哲学院硕士生）

全身避害 由遯而通
——遯卦卦辞明解

33 遯卦

艮下乾上

【明解文本】

遯：亨，小利贞。

《彖》曰："遯，亨"，遯而亨也。刚当位而应，与时行也。"小利贞"，浸而长也。遯之时义大矣哉!

《象》曰：天下有山，遯。君子以远小人，不恶而严。

【讲课内容】

寇方墀：遯卦是《周易》第三十三卦，看卦名，"遯"字的小篆字体如下：

这个小篆字体的左边是"辵（chuò）"，《说文》曰："辵，乍行乍止也。"说明走得并不是那么义无反顾，有些边走边回头看的意思。右边是"豚"字，甲骨文和金文的"豚"字如下：

遯

"豚"为会意字，《说文》："小豕也。象形。从又（手）持肉，以给祠祀。凡豚之属皆从豚。"金文字形，右边是一只手，左边的"月"字是"肉"，是"以给祠祀"，这是一头用于祭祀的猪。

"辵"和"豚"合在一起，这个字的字义就是：一头乍行乍止的猪。郑注《周易》曰："遯者，逃去之名。" 遯是逃离，逃离的状态是"乍行乍止"。等读过遯卦爻辞之后，就能感受到，各爻的选择并非全部都是义无反顾只管逃跑，亦有"遯还是不遯"的考量在。

至于为什么先民造字时选猪来作逃跑的代表而不是其他动物，这就不得而知了。

艮下乾上，天下有山，遯。先来看《序卦传》："恒者久也，物不可以久居其所，故受之以遯。遯者退也。"

[译文]《序卦传》说："恒是恒久的意思，事物不可能恒久地居于它的处所，所以在恒卦之后是遯卦。遯是隐遯的意思。"事情不可能永久地进行下去，依照事物发展的运行规律，久而变为退，所以恒卦之后是遯卦。遯，退避、逃遯。

从卦象看：天下有山，山有耸立而进逼于天的气势；天高远向上，有避开山的气势而有所退避之象，因此谓之"遯"。

从卦德看：乾阳刚而向上，艮静止而不进，乾、艮相违遯，因此谓之"遯"。 从爻象看：两阴爻自下而上，阴长阳消，小人渐盛，君子退避，因此谓之"遯"。遯卦阐述了如何全身避害以遯避而获致亨通的道理。

[译文]卦辞和《彖传》：遯，亨通，柔小者利于坚守正道。《彖传》说："遯，亨通"，退避而能获致亨通。阳刚当位而应合于下，这是合于时势的行为。"柔小者利于坚守正道"，是阴柔渐长的意思。选择退避而适应时势的意义是多么伟大。

[解读]退避的目的是达致亨通，处在小人势头强劲上升之时，明智的办法是避其锋芒，不以强争，全身退避，待机而作。

在遯卦中，二阴爻自下而上，有继续变阳为阴而成为否卦的气势，阳刚君子应审时度势，不露声色，以退为进，通过遯退而达到正道亨通的目的。

《周易》的体例以阴为小。"贞"：正。在阴长阳消之时，退隐而能亨通，虽仅有小利，但也是正道。柔小的阴爻也应看到只有坚守正道才会有利，不应妄动以迫害阳刚。在遯卦中阳刚九五居于尊位，且与六二相应，总体形势仍可以有所作为，而如何适应环境变化，适时退避，韬光养晦，是遯卦所蕴含的意义。

[**例解**]《孟子·万章下》："伊尹，圣之任者也；伯夷，圣之清者也；柳下惠，圣之和者也；孔子，圣之时者也。"时逢乱世，在小人道长、君子道消之时，伊尹选择"治亦进，乱亦进"；伯夷选择"治则进，乱则退"；孔子则是选择了"无可无不可"的处世态度，认为"可以仕则仕，可以止则止，可以久则久，可以速则速"，用舍行藏，与时偕行。因此，孟子称赞孔子是"圣之时者也。"

可见，是去是留，是进是退，遯与不遯，每个人会根据自己的内心和所处的时位作出自己的选择。

[**译文**]《大象传》说：天下边有高山，有隐遯退避之象。君子看到这样的卦象明白了隐遯的道理，于是远离小人，既不显露出厌恶导致矛盾激化，又能够保持矜庄威严，使之心存敬畏，不敢轻易冒犯。

[**解读**]在社会中，君子与小人不可能截然分离，往往需要交往、共处，所谓的退避，也不是必须退隐山林、离群索居。正所谓小隐隐于野，中隐隐于市，大隐隐于朝。可身隐，亦可心隐。

"遯"是指在小人势长的情况下把握分寸，正确处理与小人的关系，以全身避祸，不致被小人所陷害，从而保持实力，最终使正道亨通。

【讨论内容】
【进退之道】

张吉华：　可身隐，亦可心隐。

寇方墀：　所宜采取的方法是：一方面与小人尽可能地保持距离，减少交往，要坚持正道，在原则问题上不能让步，使小人有所敬畏；另一方面不要对小人显示出憎恶的态度将小人逼到对立面，要为人谨严，不给小人以借口和机会。

郑　强：　左右合在一起，这个字的字形义就是：一头乍行乍止的逃跑的猪。您说君子是猪吗？还是君子以为自己处遯时。

寇方墀：　卦名的字，是字的本义，不能和卦中的内容混淆，就像我们现在住在家里，不能说房子下面住的是猪呀。"家，是屋下一豕也"。

　　　　　解卦名之字，是为了理解卦义，为一卦命名，与卦义应有相应的关系。剩下的时间发挥一下：下经第一卦是咸卦，彼此感应，情意绵绵；第二卦是恒卦，携手相约，天长地久；然而，第三卦就是遯卦，转眼间，咸恒之意，便已化作昨日的故事，无论是身隐还是心隐，主人公只能退步抽身，叫世人情何以堪？朱子晚年曾起草一个奏议，因对时政的言辞批评太过尖锐，又已惹祸在先，学生怕惹下更大的祸，劝他烧掉，他答应以占卦定之，结果得了遯卦，于是将奏议毁弃之，自此，他自嘲为"朱遯翁"。看来，如朱子也有不得不遯的时候。

学《周易》当入其情境，余敦康先生认为："由六十四卦的卦义所构成之体乃是《周易》哲学中那个包括自然和社会在内的生生不已的整体，也可以说是充满着活泼生机的自然和社会本身。"

孙福万： "家，是屋下一豕也"，为什么？古代的家是聚族而居的，放置牺牲（豕）的地方是家的核心，故以此字指家。遯字之所以为"乍行乍止的猪"，或许也是一个家族要逃离，肯定也要将牺牲带走一起跑。

（整理者：王璇 中国人民大学哲学院硕士生）

勿用攸往 不往何灾
—— 遯卦初六明解

时间：2016年05月31日22：00 — 22：49

【明解文本】
初六：遯尾，厉，勿用有攸往。
《象》曰："遯尾"之"厉"，不往何灾也？

【讲课内容】
寇方墀：初六阴爻居于遯卦之下，在遯之时，为遯之最柔弱者。同时居下体艮卦之初，在艮宜静。上与九四有应，本可选择相应遯走，但近与六二无比，阻隔而不能前行。这就是初六的处境。 初六之意象又是什么呢？

《周易》主要运用取象比类的方法阐明事物之理，用带有感性、形象、直观的概念、符号表达对象世界的抽象意义，比如噬嗑卦是口中横亘一物，颐卦是张开的嘴巴，咸卦是人体的正面，艮卦是人体的背面，井卦是一口深井，鼎卦是一座大鼎，既济卦是小狐狸过河。我们讨论的遯卦，与猪的形象有关。

古代的时候，牲畜对于先民的生活很重要，是人类的朋友和重要的生活保障，先民用牛、羊、猪用来祭祀祖先和天神，称为"太牢"，居住和迁逃都用带有"豕"的字来表示，可见其在先民生活中的地位。

再回到初六的爻象：一般来说，卦的初爻多象征事物的初始阶段或最底层的部分，比如"潜龙""履霜""师出以律""咸其拇""贲其趾""剥床以足"等，而今天我们看到遯卦的初爻却与其他卦的表述有所不同，爻辞称其为"遯尾"。程颐说："他卦以下为初。遯者往遯也，在前者先进，故初乃为尾。"

遯是往外跑，在前头的已经出去了，留在后面的就是尾。如果把卦象看作正在逃遯的猪的话，初六是其尾，由此取象比类，用以象征人在隐遯时没有及时遯走，落在了后面。

我们来看爻辞和《象传》。

[**译文**] 初六：退避不及落在了后面，危险，不要有所前往。《小象传》说"退避不及落在了后面"的危险，如果不前往又有什么灾祸。

《周易集解》引陆绩的话说："阴气已至于二，而初在其后，故曰'遯尾'也。避难当在前，而在后，故'厉'。往则与灾难会，故'勿用有攸往'。"意思是说，阴气都已经侵蚀到二爻的程度了，初六还在初爻的位置上没有逃脱，这是危险的，如果这时候再夺门而逃，前面就是已经被小人占据了的二爻位，那无异于自投罗网，"往则与灾难会"，所以，既然已经遯得迟了，就不要出门了，不引起对方的注意，或许更安全些。

孔颖达说："'勿用有攸往'者，危厉既至，则当固穷，危行言逊，勿用更有所往。"意思是说，君子在这个时候只能固守困穷，保持危行言逊的态度，以图自全。实际上，这也是一种遯，是被动的遯。

《诚斋易传》："进处后则远利明，退处先则远害蚤。处遯之世，上九刚而知几，则最先遯。九五刚也，则又遯。九四刚也，则又遯。故上为'肥遯'，五为'嘉遯'，四为'好遯'，皆喜其蚤也。初六柔而不能决，止而不能行，又居遯之最后，故为'遯尾'，故危而灾。"

杨诚斋把几个爻放在一起对比，认为无论是进还是退，都应把握先机，上九见机而作，后面几个阳爻随之而动，行动早，结局都很好。初六优柔寡断，遯在了最后，所以既危险又面临灾祸。杨诚斋对初六的看法太悲观了些，程颐对初六的态度以平常心待之。程颐说："见几先遯，固为善也；遯而为尾，危之道也。往既有危，不若不往而晦藏，可免于灾，处微故也。古人处微下，隐乱世，而不去者多矣。"他认为，像初六这种处于微下，隐于乱世而不逃离的人很多。

关于为什么在卦中二阴爻代表阴气入侵，是小人道长，而到了爻辞中阴爻又成了君子？《周易折中》引杨启新的话说："卦中以二阴为小人，至爻中则均退避之君子，盖皆遁爻，则发遁义。"这个现象在《周易》中非常普遍，即卦象主全卦的大义，爻象则言一爻的旨趣，不可混为一谈，须区别看待，自然顺畅明达。

[解读] 遁卦各爻讨论的是在遁之时应如何遁的问题，其他的卦都是将最下爻作为事物之初，而遁卦的初六却是遁卦之尾，率先遁的是上体乾卦的三个爻，下体艮卦三爻是随之而遁。

初六资质柔弱，又在艮体之中，本性守静，落在了后面，失去了遁的机会，再想逃避已经来不及，如果轻易行动将会遭遇危险，想要避免与小人打交道已经不可能了，这时明智的做法就是采取"勿用有攸往""不恶而严"的态度，谨言慎行、固守困穷、守持正道而免被迫害。

[例解] 蔡邕是东汉末年著名的文学家、书法家，通经史，善辞赋。然而时逢乱世，蔡邕曾因直言而被宦官诬陷，流放朔方，后几经周折，避难江南十二年。汉灵帝去世后，董卓任司空，专擅朝政，听说蔡邕的名气，急令州郡强召蔡邕到府。蔡邕推病不得，只好应命，被任命为代理祭酒，三日之内历任侍御史、治书御史、尚书，又升任巴郡太守，被留任侍中，很受董卓敬重。董卓被杀后，蔡邕在王允座上感叹，被下狱，死于狱中。明末清初的王夫之评价蔡邕说："蔡邕意气之士也，始而以危言召祸，终而以党贼逢诛，皆意气之为也。"可见，蔡邕虽有乱世退避的意识，却在退避不及的情况下没有把握好"勿用有攸往"的韬晦之道，先是被流放，后被董卓利用，最终为王允所杀，难怪王夫之说他是"意气之士"了。

以遁卦初爻来看，蔡邕既然遁得迟了，就应"勿用有攸往"，然而他没做到。

【讨论内容】

汤兆宁：　"忍"字，在乱世需要忍耐。

张吉华：　韬晦之道也在遁卦之中。天山遁，是天遁山而去，山下之阴民要注意韬晦之道了？

汤兆宁：　为何这卦从上至下而遁？这个顺序很奇怪，有别于其他各卦。

寇方墀：　遁卦与其他卦不同，其他多为进，按事物的成长、发展的顺序进行，而遁卦讲退，因此，留在最下面的是尾。各家注释均按此解。

谢启华：　初六阴爻居于遁卦之下，在遁之时，为遁之最柔弱者。同时居下体艮卦之初，在艮宜静。上与九四有应，本可选择相应遁走，但近与六二无比，阻隔而不能前行。这就是初六的处境。 这里上与九四有应，下与六二无比，什么意思？

张吉华： 遁卦上面是四个阳爻君子，是他们在遁，阴民处下想遁也难，故而韬晦？

汤兆宁： 这卦也是中庸之道，可进可仕则进或仕，乱世则要明哲保身。

寇方墀： 这是解卦的体例，下卦的初、二、三与上卦的初、二、三，如果是一阴一阳，就是有应，反之为无应。相邻两爻如为阴阳，则称为比，比邻的意思，一般情况下，有应有比是有利的。《周易折中》引杨启新的话说："卦中以二阴为小人，至爻中则均退避之君子，盖皆遁爻，则发遁义。"这个现象在《周易》中非常普遍，即卦象主全卦的大义，爻象则言一爻的旨趣，不可混为一谈，须区别看待，自然顺畅明达，也就是说，遁卦中的六爻皆为遁时的君子，只不过是各爻的气质、能力及地位不同而已。

姚利民： 遁卦与初六给我们的启发：懂得有时退走，或者按兵不动，就是进步。

张吉华： 遁卦中的六爻皆为遁时的君子。

汤兆宁： 是的，君子需要遁。如孔子，圣之时者。小人在乱世可能很猖狂。

张吉华： 君子之遁，各时所需也。

寇方墀： 《周易》之道，时行则行，时止则止，运用之妙，存乎一心。

汤兆宁： 《周易》和《论语》之精髓契合，心中有道，自为时者。这是一种智慧，孔子就是无为无不为啊，也就是见机行事。

张吉华： 初六："遁尾，厉，勿用有攸往。"是言遁之时已落在后，此时若跟着遁则有厉，故"不如勿用有攸往"。遁是君子的一种选择，不遁也是君子的一种选择。

（整理者：张馨月 中国人民大学哲学院硕士生）

柔中以固 莫之胜脱

——遯卦六二明解

时间：2016年06月01日22：00—22：47

【明解文本】

六二：执之用黄牛之革，莫之胜说。

《象》曰："执用黄牛"，固志也。

【讲课内容】

寇方墀： 遯卦有两个阴爻，初六和六二，初六是"遯尾"，由于遯得迟了，所以情况危险，爻辞劝它"勿用有攸往"，并且很有把握地说"不往何灾也？"

这是在提醒初六，逃不脱的时候，消极隐遯也是一种避祸的方法。六二与初六的情况就大不相同了，我们在分析某爻的吉凶时，经常用"其初难知，其上易知""二多誉，四多惧""三多凶，五多功"来考量某个爻位，每个爻的身上都带有其爻位赋与它的共性。二爻"多誉"，如果我们用《易》思维来再往深一步思考一下，就知道"多誉"其实是有前提的，或者说，是有代价的。

作为二爻，处于下卦之中，身居大臣之位，居中得位，是其"多誉"的有利条件，但若要担得起这份"誉"，它就必须要担得起这份"责"，守得住这份"德"。六十四卦，三百八十四爻，当二爻为刚时，更多体现的是担当，如：《大有》九二"大车以载"，师卦九二"王三锡命"，泰卦九二"包荒，用冯河，不遐遗"……肩上扛着的是沉甸甸的责任。

二爻为柔时，更多体现的是坚守，如：屯卦六二"女子贞不字"，履卦六二"幽人贞吉"，豫卦六二"介于石，不终日，贞吉"……坚守的是不可改移的中正之德。六十四卦，二爻吉多凶少，盖由此也。

六二阴爻居于遯卦下卦之中，且柔爻居于阴位，既中且正，上与九五中正相应，近与九三彼此亲比，且六二居于艮体之中，在艮宜静。总体境况来看，六二各方面条件都是颇为有利的。那么，在遯之时，六二是遯呢？还是不遯呢？我们来看爻辞和《象传》：说，通"脱"。"黄牛之革"：黄牛皮制成的绳。

[**译文**] 六二：用黄牛皮制成的绳子绑缚住，不能解脱。《小象传》说："用黄牛皮制成的绳子绑缚。"说明六二有坚定不移的心志。

我们来看看各家的看法。

王弼："居内处中，为遯之主。物皆遯己，何以固之？若能执乎理中、厚顺之道以固之也，则莫之胜解。"王弼的意思是：六二居于内卦的中位，是遯卦之主。周围的人在遯之时都想离开自己而遯走，用什么来把他们拴在自己周围，不使他们遯去呢？那就用"理中、厚顺"之道使他们固守在自己身边，拴紧了他们，解都解不开，比黄牛皮的绳子还结实。王弼此处的说法颇有老子之风，《道德经》言："善结无绳约而不可解。"王弼所言"理中、厚顺"之德，乃厚德载物，有此厚德，别人自然不遯，言下之意，自己当然也是不遯的了。

跟王弼的说法完全不同的是朱熹。《周易本义》："以中顺自守，人莫能解，必遯之志也。"朱子的意思是：在小人道长的遯退之时，作为六二，当以自我坚守中顺之德为志，遯退正是为了守志，我意已决，必遯无疑，谁也休想动摇、消解我隐遯的心志。

两个人的态度都很坚决，我们应该听谁的呢？

后面还有不同的意见，先按下不表，把我们的分析拿出来探讨：根据我们前面对六十四卦二爻的总体分析，加之本卦六二各方面的有利条件，六二不遯是合于理义的，况且卦辞中有"小利贞"之词，六二与九五中正相应，应辅助九五在遯之世去争取"小利贞"，进而努力达到卦辞中所言之"亨"，九五"嘉遯"，全赖六二不遯，双向配合，才能完成"遯，亨"之旨，若都遯了，谁来守位呢？

所以，我们认为，六二"执之用黄牛之革"，是要拴住自己，选择坚守，通过自己的固志，使周围的依附者也有所依靠而不会四散遯去。

这种看法也是有文献支持的，《周易集解》引侯果曰："体艮履正，上应贵主，志在辅时，不随物遯，独守中直，坚如革束。执此之志，莫之胜说。"翻译过来就是：居于艮体，履于正位，向上与九五中正之主相应，自身立志在于匡辅时政，不随周围的人逃遯，独立不改其志，坚守中正之德，其坚定的程度就如同用革绳束牢了一样：执守这样的志向，谁也不能解开它。

[**解读**] 我们可以对爻辞、《象传》进行一下解读：在逃遯之世，所有的人都惟恐避灾不及。六二在下卦中爻，居于大臣之位，焉能一走了之？六二如果能够执守正道，坚韧固守，柔顺中道，与九五彼此相应共扶遯局，如同黄牛皮绳子捆绑得那样牢固，那么周围的依附者就不会自顾解脱而遯去。六二若能与九五彼此中道配合，虽在遯之世，仍可以守志不渝，可望"小利贞"。

[**例解**] 晏婴是齐国的相国，曾出使楚国，楚国的上大夫质问他为什么在齐国内乱的时

候没有弃官明志或者为君王而死呢？晏婴正色反驳道："做大事的人，不必拘泥于小节，人无远虑，必有近忧。我只知道君主为国家的社稷而死时，做臣子的才应该与之同死，而今先君并非为国家社稷而死呢，那么我为什么要随随便便从先君而死呢？那些死的人都是愚人，而非忠臣，我虽不才，但又怎能以一死来沽名钓誉呢？况且在国家有变时，我不离去，乃是为了迎立新君，为的是保存齐的宗祖，并非贪图高位呀，假使每个人都离开了朝中，国家大事又有谁来做呢？"晏婴的一番话，体现了其义义在肩的贤相本色。

司马迁在《史记·管晏列传》中赞叹说："假令晏子而在，余虽为之执鞭，所忻慕焉。"太史公忻慕为晏子执鞭，可见对其评价之高。

我们的观点已经陈述完毕，在前面的引述中，只提到了王弼、朱熹，还有李鼎祚《周易集解》所引侯果的观点，我们还应看看程颐和杨诚斋这两位易学家是怎么说的，原文我们就不往上贴了，就说一说他们的观点。

程颐认为：爻辞的意思是六二与九五的关系"其固如执系之以牛革也"，一个字铁！至于六二到底该遯还是不遯，语焉不详。

杨诚斋认为：六二不言遯，是因为正是由于它阴长之极，居大臣之位，才使得四个阳爻纷纷遯走，爻辞是在奉劝六二，要坚执柔顺，莫作大恶。

再简单理一下，王弼说：把别人拴住。朱熹说：一定要遯。程颐说：六二和九五关系结实。杨诚斋说：六二不遯是必然的，但要柔顺。侯果说：六二责任重大，要坚守，不能遯。我们取的是侯果的观点。

【讨论内容】

姚利民：　受老师启发想起诸葛孔明在遯与不遯运乎一心，抚琴唱了一出空城大计，导致敌人大遯。

王力飞：　孔明是真不遯，不遯得让人落泪。

寇方墀：　孟子说："生我所欲也，义亦我所欲也，二者不可得兼，舍生而取义者也。"

张吉华：　遯与不遯都是智慧。

靖　芬：　六二是坤的主位，又为艮之中体。曰"黄牛"是取坤之象，曰"执"是取艮之象。执用黄牛之革，言六二留止九五，执以共进。我想是非真遯而无所作为的。

（整理者：黄仕坤　中国人民大学哲学院硕士生）

心怀系恋 不可大事

—— 遯卦九三明解

时间：2016年06月02日22：00 — 22：53

【明解文本】

九三：系遯，有疾厉，畜臣妾吉。

《象》曰："系遯"之"厉"，有疾惫也。"畜臣妾吉"，不可大事也。

【讲课内容】

翟奎凤：这一爻感觉总体上各家注解比较一致。九三于上九为敌应，下面二阴依附于他，所以一般说系遯就是九三为下面二阴所牵系，而不能远遯。

我觉得王弼、孔颖达、程朱的发挥好像都差不多。南宋沈该《易小传》："'九三：系遯，有疾厉，畜臣妾吉。''《象》曰：系遯之厉，有疾惫也；畜臣妾吉，不可大事也。'之否坤下乾上系遯，不远二也；有疾厉，小人制也；畜臣妾吉，怀小人也。居内近二，以阳附阴，系遯也。处遯之世宜远小人，内比兴遯之主，系于所附，受制于小人，危惫之道也。小人女子系以私恩则忠于其主，此怀小人女子之道也，是以畜臣妾吉也。系于鄙贱，是以不可大事也。盖艮而为坤，止于内而顺乎阴，有所系也。卦变为否，君子俭德避难，而三包羞不去，系遯者也。大往小来，疾惫也。小人道长，畜臣妾之吉也。"

沈该用变卦来解的，我觉得讲得也挺好。其实，"畜臣妾吉"各家的理解就好像有些出入。"九三当阴长陵阳之界，与初二二爻同体。下比于阴，故有当遯而系恋之象。既有所系则不能遯矣，盖疾而厉之道也。然艮性能正，惟刚正自守，畜止同体，在下二阴，驭之以臣妾之正道，使制于阳而不陵上，斯吉矣。故又教占者必如此。"（来知德《周易集注》）

上面来知德其实强调，九三其实还是阳爻居阳位，有刚正之德，故虽有臣妾牵累，并不会为其所制，而是能够统御二阴，黄道周在《易象正》中说："畜系臣妾，亦何吉之有乎？谓我之能用小人也，近情以柔之，辑辞以收之，情见势绌，而鞿鞅俱绝。"

为什么"不可大事"呢，黄道周说："系畜之义，近于匪人，君子有所不取也。"

"畜臣妾"，臣妾没有独立人格，畜牧，有点把臣妾不当人看的意思。孔颖达解释"不可大事"，"亲于所近，系在于下，施之于人，畜养臣妾则可矣，大事则凶。"

九三：心怀系恋而不能退避，将有疾患、危险；若是畜养奴仆侍妾，可获吉祥。《象传》说：心怀系恋而不能退避以至于有危险，说明将要遭受疾患、羸困不堪；畜养奴仆侍妾，可获吉祥，说明不可参与治理国家大事。

沈该《易小传》："系于鄙贱，是以不可大事也。"

大过九二："枯杨生稊，老夫得其女妻，无不利。"

困六三："困于石，据于蒺藜，入于其宫，不见其妻，凶。"

鼎初六："鼎颠趾，利出否，得妾以其子，无咎。"

妻和妾，是有不同的卦象根据吗？《易经》里："妻三见，妾二见。"《易经》里的妻和妾，也许值得去专门研究一下。

"论曰：遯小人浸长，难在于内，亨在于外，故遯以之外，去之远而速为贵。下体艮也，艮止于内，处于难者也，故初为遯尾之厉，二为兴遯之主，三为系遯之疾。上体乾也，乾健于外，遯而亨者也，故四为好遯，五为嘉遯，上为肥遯，知几先遯，不与小人争，是以遯而亨也。遯次常，何也？戒常而不知退者也。天下有山，阴长也。山侵于天，下逼上也。山上逼天亦退，二阴上长阳亦退，时也。君子观其象，知其时，思有以御之，不待其至也。然显其御之之迹则小人忌也，其道逃其情，与时偕行，顺而止之而后亨也。小人之起于姤，成于否，极于剥，未成未极，尚可行正，是以小利贞也。二阴浸长于内，四阳健处于外，君子远小人之象也。内正外健，不恶而严之象也。不恶而严，虞其逼也；龙蛇之蛰，以全身也；君子之遯，以远害也。君子之远小人，苟其忿疾之心，见于颜色，则非所以全身远害也。居之以庄，敬而远之，得所以远之之道也。"

上面是沈该《易小传》的总论，我对《易小传》很欣赏。

寇方墀：现将我的解读赘述如下：

[译文] 九三：因有牵系而不能脱身逃避，有疾患危险，畜养臣仆侍妾吉祥。

《小象传》说："因有牵系而不能脱身"所导致的"危险"，将会有疾患而疲惫不堪。"畜养臣仆侍妾吉祥"，说明在这样的情况下不可以做大事。

[解读] "臣妾"，服贱役的男女。《孝经·孝治章》："治家者，不敢失于臣妾，而况于妻子乎。"《史记·卷六十六·伍子胥传》："使大夫种厚币遗吴太宰嚭以请和，求委国为臣妾。"这里指依附于九三的那些附属者。

处于遯之时，以把握时机迅速逃避为上策，九三有阳刚之质，当位得正，本可以很顺利地逃离，然而九三上无相应，又为初、二两阴爻所牵系，贻误了时机。由于没有迅速逃遯，九三陷入了危险之中。既然不能够迅速脱身，就应回过头来考虑当下的情况，对于比附于自己的阴柔群体，当以畜养安顿为吉。

九三由于被拖累而没有逃脱，就只好回过头来"畜臣妾"，与《讼》卦九二爻"不克讼，归而逋，其邑人三百户无眚"的情况相似，都是外求不得，退而求安，安顿内部，使自身的依附者不至于失去依靠而暴露于危险之中。九三内心坚守正道，以阳刚之志立身行事。但由于身处遯世，又为阴柔所系，必不能期望做成大事。

【讨论内容】

【"有疾厉"】

刘　云：在九三爻辞中"有疾厉"还是断为"有疾，厉"比较好呢？"有疾"源于遯之否吗？

王力飞："厉"断开好，系遯有疾，反倒可以放一起。

刘　云：疾通常源于坎卦，可能源于卦变：讼。

张吉华：九三于内卦，遯去之时慢一些？九三正应的阴爻？

王力飞：豫六五，贞疾，恒不死，位于震中，即无坎。

刘　云：您指"臣妾"吗？六二与九三相比，上承九三，故为妾。

姚利民：九三正妻不在，阳附阴，与六二亲比，慢慢安抚小妾，修身齐家方为吉为上策。

张吉华：我也想分清这卦中的妻与妾之关系？

刘　云：九三在巽体，有"蓄"之象，又为六二阴爻相承，有"蓄臣妾"之象。

张吉华：九三无正应，故比于六二之小妾？

王力飞：二和五是一对。三插了一杠子，三吉了，五就倒霉，可五也吉。

刘　云：豫六五，贞疾，恒不死，位于震中，即无坎，从卦变，爻变的时间轴上看，只看本卦的话只有一个时空点。

王力飞：初和四是一对，二和五一对，三和二隔壁，最孤独的是上九了，还不当位，上九也吉，上九失比失应不当还亢。

刘　云：九三爻辞不能说吉，分了两种情况，前一种为厉，后一种为吉。

张吉华：九三遯之疾厉，蓄其妻妾而吉。

（整理者：李芙馥　中国人民大学哲学院博士生）

心有所好 毅然断之
——遯卦九四明解

时间：2016年06月03日22：00—22：43

【明解文本】

九四：好遯，君子吉，小人否。

《象》曰：君子"好遯"，"小人否"也。

【讲课内容】

寇方墀： 今天探讨遯卦九四爻。先从爻象来分析一下九四爻的处境：从遯卦整体来看，随着爻位的不断上升，距离完成"遯"的目标越来越近了。前面讲到，初六由于资质柔弱，遯避迟缓而落在了最后，只好采取隐蔽不出的策略以避灾祸。六二中正自持，固志不移，选择了守位不遯。九三阳刚之质，居于阳位，本来有能力顺利逃离，但由于被阴柔两爻所牵系，也没有能够遯走。

综观此三爻，皆因下卦为艮，艮体主静，三个爻居于艮体，虽欲遯而难离。

说到这里，给大家留个思考题：下卦三爻居于艮体，因而无法遯走，那我们所说的六二爻的不遯，是出于他独立意志的自觉性选择？还是外在境况加于他身上的宿命？

继续看九四爻，三爻和四爻之间的界限是下卦和上卦的分野，常被称为"天地之际"。

统观六十四卦，一般情况下，事物发展到此处或向纵深发展，或出现重要转折，往往是从量变到质变的拐点。两相比较，在一卦之内，下三爻偏于"故"，上三爻偏于"新"。当一卦的爻位到达四位时，象征着事物的发展已经过中。遯卦九四爻，上升到了上卦，居位于近君大臣之高位，身居乾体，具有阳刚健进之质，且刚爻居于阴位，说明九四性格内刚而外柔，处事颇得刚柔并济之道，看来九四之"遯"没什么问题了。但是，九四还有一个条件需要注意一下，那就是他与初六有相应的关系，这层关系给他的行为造成了障碍，增加了行为的不确定性。事物总是这样，利害并存，祸福相依，对于九四来说，这种相应的关系，使他面临一个该如何抉择的大问题。我们还是来看一下爻辞和《象传》是怎么说的：

这个"好"字，有两个读音：良好之"好hǎo"；喜好之"hào"。

我们分别进行探讨：读作"好hǎo遯"时，可解作"良好的遯避"。各家解释这个"好"字有两种倾向：一为"人好"；二为"情况尚好"。

（1）人好：《周易尚氏学》引虞翻曰："否乾为好，为君子。"按四与初有应，好遯者，外不与小人绝，当祸患未形之时，从容而遯也。

意思是说：九四居乾体，否卦中的乾体被认为是好的，是君子，所以此处的九四之遯是君子之遯，是好遯。君子之遯是什么样的情形呢？外不与小人绝，不会等到矛盾激化、危祸及身了再遯，而是在祸患还没有形成的时候就遯了。

（2）情况好：清代的李光地说："好"者，恶之反也。"好遯"，言其不恶也。从容以遯，而不为仓庚之行。孟子曰："予岂若是小丈夫然哉？怒悻悻然见于其面。"正"好遯"之义也。"小人否"者，即孟子所谓"小丈夫"者也。

意思是说："好"与"恶"相反，好遯就是情况看上去尚好时就遯了，遯得从容不迫，并举孟子的例子说只有小丈夫才会把恼怒显现在脸上，与那些小人一般见识。大丈夫不屑于和小人面争，喜怒不形于色，但该做决定时毫不迟疑。这也正是《大象传》中所说的"君子以远小人，不恶而严"之意。

"人好"和"情况好"其实是相辅相成的，"人好"才能把握好的时机，不会等情况变糟了再遯；而"情况好"也是由于"人好"才得以维持。上面两解已呈现这种关系。

读作"好hào遯"时，可解作"心有所喜好、眷恋而选择遯避"。君子所"好"也有两种倾向：好隐和好物。

（1）好隐：

王弼：处于外而有应于内，君子好遯，故能舍之。小人系恋，是以否也。

杨诚斋：遯而诚为"好遯"，隐而伪为素隐。好遯者如"好"好色，素隐者如乡原德之贼。隐而伪，不若不隐而诚也。故圣人许其为君子。

王弼和杨诚斋赞赏真诚而喜隐遯的人，其对外物无系恋，真诚而甘于隐遯，是真君子。

（2）好物：

朱熹：下应初六，而乾体刚健，有所好而能绝之以遯之象也。惟自克之，君子能之，而小人不能。

程颐：四与初为正应，是所好爱者也。君子虽有所好爱，义苟当遯，则去而不疑，所谓克己复礼，以道制欲。

朱熹和程颐认为九四与初六一阳一阴，彼此正应，九四虽身为君子，也是有所系恋的，虽心有所好，眷恋难舍，但君子能自克之，毅然选择了遯。小人是做不到这一点的。

对于九四所好之初六，我们当如此看待：初六可以是财产、官爵、俸禄、美誉，也可以是荣誉、声色犬马、机遇等等，是阴柔而附属于九四之物，正如我们前面所提到的"事物总是这样，利害并存，祸福相依"，上述各"物"，皆人心之所好，九四选择"好遯"，虽眷恋而终遯避，需要割舍的勇气。

于当遯之世，能割舍的是君子，故吉。割舍不掉的是小人，故否。好吧，说了这么多，我们选哪个好呢？我选了后者最后一条，即"心有所喜好、眷恋而毅然选择了遯避"，人心有好物之性，能克己者为君子。

[译文]九四：心有所眷恋而选择退避，君子吉祥，小人却做不到。

《小象传》说：君子心有所眷恋而选择退避，小人是做不到的。

[解读]九四已进入乾体，有阳刚之质，下与初六相应，代表九四心有所好。在当遯之时，遯避是符合大义之道的行为，如果贪恋所好，不忍退避，就会使自身陷于羞辱和危厉的境地。君子观此象，当好于遯道，而不昵于所爱，要以道制欲，才可获吉。小人贪于所好，其结果必然是"否"而不善了。

[例解]唐代诗人李白在《行路难之三》中写道："华亭鹤唳讵可闻，上蔡苍鹰何足道！君不见，吴中张翰称达生，秋风忽忆江东行。且乐生前一杯酒，何须身后千载名！"

"华亭鹤唳"是指西晋时的陆机，有文采而被成都王重用为主帅带兵讨伐长沙王，陆机明知自己不足以调配兵士，却没有坚定地请辞脱身，终大败而遭受极刑，死前叹道："欲闻华亭鹤唳，可复得乎？"

"上蔡苍鹰"是指秦朝的李斯，由于贪恋富贵，与赵高联手缔造了沙丘政变，却最终被赵高陷害遭腰斩之刑，夷灭三族。临刑之前李斯对与他同赴刑场的儿子说："吾欲与若复牵黄犬俱出上蔡东门逐狡兔，岂可得乎？"

"吴中张翰"是指西晋时的张季鹰，《世说新语》记载：张季鹰辟齐王东曹掾在洛，见秋风起，因思吴中菰菜羹、鲈鱼脍，曰："人生贵得适意尔，何能羁宦数千里以要名爵！"遂命驾便归。俄而齐王败，时人皆谓为见机。

李斯和陆机都是在本当遯避之时有所贪恋而失去了逃遯的时机，终遭厄运，死到临头后悔已晚。张翰察知时势险恶，在条件宽裕时选择了退避，放弃官位，优游回乡，时人称赞他善于把握时机。

【讨论内容】

【"好遯"】

姚利民：居于高位当有心怀正道的定力，否则下场很悲催。

元　融：遯卦四爻，可以和临卦的四爻互相参印，会有所得。临卦的爻辞是，至临，无咎；遯卦的爻辞，好遯；君子吉，小人否；临卦是阳爻来临，故无咎；遯卦，是阴爻逼迫，走为上策；君子观势，远离风险，故吉；小人重利，难以割舍当前之利，故吝；二阴已经成势，四爻在危险没有近身，已经远遯，是智慧的选择；可怜三爻，想脱身，已经被系缚，只能勉强自保；四爻见三爻如斯，毅然远遯，观者鼓掌，怎一个"好"字了得。恰如投资中，合适的止损是必要的，什么时候止损却是智慧，本卦的二阴结伴，即是远遯之时。

张吉华： 一个"好"字，多少玄机。

王力飞： "狡兔死，走狗烹，飞鸟尽，良弓藏。"

寇方墀： 大家可以思考：下卦三爻居于艮体，因而无法遯走，那我们所说的六二爻的不遯，是出于他独立意志的自觉性选择？还是外在境况加于他身的宿命？

郑　静： 从自心出发，有坚守。

姚利民： 欲先闻道，知道，必先学会如何放下（放下与坚守，遯与不遯），有舍才能得，这应该是遯卦的卦德。

王力飞： 宿命吧，六二挣不脱。

（整理者：秦凯丽　中国人民大学哲学院硕士生）

中正以应　遯之嘉美
——遯卦九五明解

时间：2016年06月04日22：00—22：43

【明解文本】

九五：嘉遯，贞吉。

《象》曰："嘉遯，贞吉"，以正志也。

【讲课内容】

寇方墀： 今天我们来探讨遯卦九五爻，还是先把卦象贴上来，我们来看看九五的爻象及其处境：九五居于遯卦五爻位，按我们平时观卦的规则，此爻当为君位。遯卦九五处在上卦乾体之中，居中得正，具有阳刚中正的品质德行，且与六二中正相应。就整体而言，距离"遯尾"越远，说明遯得越早，就会更宽裕、从容，九五比九四的"好遯"条件更优。

我们来看爻辞和《象传》。

[**译文**] 九五：美好的退避，守正吉祥。

《小象传》说："美好退避，守正吉祥"，以此来端正自己的志向。

嘉：善，美好。对于九五的"嘉遯"，各家的解读略有不同，主要分歧在于九五是否为"君主"？也就是九五是否在位的问题，因观点为"是"或"否"而有不同的解释。九五是不是君主，这确实值得思量，如是君主，君主怎么可以遯呢？如不是，那九五与六二中正相应，嘉遯而至亨又如何解释？我们还是需要来看看各家是怎么说的：

1.九五是在位君主。

黄寿祺《周易译注》："此谓九五高居尊位，刚中得正，下应六二柔中，虽可不遯，却能知几远虑，及时退避，故有'嘉遯'之象。此时守正而行，必获吉祥。"

《周易尚氏学》曰："五居中当位，下有应与，不必遯也。乃识微虑远，及此嘉时而遯焉，故曰'贞吉'。"

黄氏、尚氏的意思是九五在位，又有六二的支持，本来可以不遯，但出于对将来的考虑，知几而遯，主动退位了。

《韩氏易传》说："五帝官天下，三王家天下，家以传子，官以传贤。若四时之运，功成者去，不得其人则不居其位。"

杨诚斋也主张这种解释，解作："天不能违时，况圣乎？故尧舜遯天历，伊周遯天经，孔孟遯天意，是六遯者，遯之至嘉，志之至正者与。"杨氏所言的"遯"，其实已经相当于是"顺"的意思了。

上述各家观点，将遯主要作"退"来解，主动地退位，传子、让贤、顺天道、禅让。诚然，这种主动的"退"是嘉美而值得赞叹的，但我们觉得这种解释似乎使"遯"的意味不足。

2.九五不是君主。

程颐说："九五中正，遯之嘉美者也。处得中正之道，时止时行，乃所谓嘉美也，故为贞正而吉。于爻至五，遯将极矣，故唯以中正处遯言之。遯非人君之事，故不主君位言。然人君之所避远乃遯也，亦在中正而已。"

意思是说，遯不是人君应该做的事，因此，九五不主君位，而是指能够把握遯之时义的人，能够遵循中正之道，行其当行，止其当止，与六二中正相应，共同完成由遯致亨的大业，堪称嘉美。有时人君也有避险远遯的情况，那也是遵循中正之道而已。

王弼和朱熹则不言九五是否为君，只言九五遯而得正，与六二相应，是遯之嘉美者。王弼则更强调九五遯道成功，"反制于内，小人应命"。我们说，无论九五是否君主，因其志向端正，时行时止，中正有应，终于由遯致亨，遯道大成。

联系到我们前面对几个爻的解读，从其连贯性来考虑，我们更倾向于此爻借鉴王弼的观点。

[**解读**] 九五阳刚中正的美德与六二柔顺中正相应，在遯之世，彼此配合，当行则行，当止则止，完美实现了由遯致亨的目标，局势从被小人所制而遯避转变为可以反制小人，使中正之道得以亨通，美善而吉祥。

[**例解**] 历史上最经典的"嘉遯"当数春秋时期的晋文公。晋文公还是晋国公子的时候，谦逊好学，善于结交贤能之士。后因为"骊姬之乱"受到迫害，他机智地逃离晋国，游历于各诸侯国，在外漂泊了十九年。在这十九年中，有一班忠贞之士一路追随，他们彼此配合，中正相应，最终实现了由遯致亨的目标。复国后，晋文公对内拔擢贤能，对外尊王攘夷，文治武功，成为春秋时期的一代霸主。

以九五而言，多以君主解之，明夷卦解六五不是君主，解此卦的九五是否为君主时，各家观点出现了分歧。

【讨论内容】
【卦主】

寇方墀：　还有卦主问题，遯卦之主为哪爻？在读的过程中也颇费思量。大家认为，遯卦卦主应为哪爻？

元　融：　五爻为主爻。

张吉华：　卦主问题，遯卦之主爻？

姚利民：　有两主爻，九五，六二。

元　融：　一卦哪有两主？答案是哪爻？

寇方墀：　王弼主张每卦均有其卦主，了解卦义，要能够从繁杂中得其精要，从众多中找出宗主，一卦之主由不同情况得出，以不同的情况了解卦义：
　　　　　第一种情况，中爻为主。
　　　　　第二种情况，唯一的阴爻或阳爻为卦主。
　　　　　第三种情况，以上下两体确定卦义。
　　　　　第四种情况，在六十四卦中常见，且很重要，那就是在一卦中，爻辞直接同卦辞相关联的一爻即为卦主。

在一爻为主的情况中，也会有主爻并不是统率一卦之义的主卦之主的情况，就是我们常说的成卦之主。

张吉华：　主爻述其一卦之义。

寇方墀：　所以，大家可根据这些，去分析一下遯卦主爻的问题。

张吉华：　主爻与卦主的关系，卦主与卦义的关系，一卦之主与成卦之主。

姚利民：　个人认为六十四卦，主爻大多数为六爻之一，但也不排除主爻可以为两个爻，三个爻，主爻无定解，六爻也有不同答案，何也，时空转换，斗转星移，人事因天象变化而显异也。

张吉华：　搞清主爻与次爻的关系、卦主与卦义的关系，对解一卦之卦爻辞很重要。

（整理者：秦凯丽　中国人民大学哲学院硕士生）

龙德而隐　收放自如
——遯卦上九明解

时间：2016年06月05日22：00－22：44

【明解文本】

上九：肥遯，无不利。

《象》曰："肥遯，无不利"，无所疑也。

【讲课内容】

寇方墀：　今天我们讲遯卦的最后一爻，然后对遯卦进行一下回顾和总结，我们一起为遯卦收官。

遯卦有两个阴爻，四个阳爻，从九三开始，阳爻遯的状态越来越从容，九三"系遯"还有些牵累，九四"好遯"就有了自主选择的余地，九五"嘉遯"遯得嘉美。同时各爻辞中用的词语也越来越好，"系、好、嘉"，步步高，顺此趋势继续上行，难道有比"嘉"还好的词吗？

我们不得不佩服《周易》作者的智慧，"嘉"之上竟然能想出"肥"这个词来！不过，先来看爻象，再来谈这个很有意思的"肥"字。

从爻象来分析，上九居于遁卦顶端，距离初六"遁尾"最远，说明上九遁得最早。其他三个阳爻中，九三与阴爻相亲比，九四、九五与阴爻相应，唯有上九无比无应，无牵无挂，由于上九居于卦的最上爻，前行的路上没有任何阻挡，在当遁之时，上九可以从容远遁而无所挂碍。

来看爻辞和《象传》：

对于"肥"的解释，各家有不同意见。《说文解字》对"肥"字本义的解释为"肥，多肉也。"就是我们平时说的肥胖，现代社会流行减肥，但是从另一角度而言，这也说明了生活条件普遍宽裕，饮食不愁，才有肥的可能，要达到"肥"的状态，不仅物质条件要好，心情也不错才能变肥。《礼记·礼运》："安之以乐，而不达于顺，犹食而弗肥也。"

那我们是不是要把"肥遁"解作"胖遁"呢？

杨诚斋取"肥"的原义，但他用来形容上九的德行："自非道德之丰肥，仁义之膏润，安能去之无不利，决之无所疑乎？"意思是说，道德要肥，仁义要胖，则遁之无不利。道德之丰肥，仁义之膏润。

王夫之是这样说的："上九去阴远，而无应于下，则其遁也，超然自遂，心广而体胖矣。"胖（pán）：安泰舒适。心广体胖原指人心胸开阔，外貌安详。后就用来指心情愉快，无所牵挂，因而人也发胖。

我们认为这样解释似乎不太合适，无论如何，遁之时，毕竟是困穷之时，上九就算遁得再早，仍在遁体，主人公心广体胖不太符合情境。王夫之在后面举了太公避纣的例子，我们说姜太公所处应是在需卦卦时中"君子以饮食宴乐"，已不是遁时了。以上两家取接近于"肥"字原义，更多的易学家采用"肥"的引申义。

各家对"肥"引申义的解释基本分为两种：

1.孔颖达疏引《子夏传》："肥，饶裕也。"持此观点的易学家不少，他们解释起来也各有风采。

程颐："肥"者，充大宽裕之意。"遁"者，惟飘然远逝，无所系滞之为善。

朱熹："肥"者，宽裕自得之意。

苏轼：无应于下，沛然而去，遁之肥也。

东坡先生认为上九肥遁，不但对自身有利，而且对九三也有利："九三牵于二阴而为之止我，不知势之不可以不遯而止之，非其处也。然则上九之肥遯非独以利我亦以利三也。"言下之意，上九遯得好，对九三也有利。这一点，大家过后再思忖。

2.将"肥"解作"飞"。

王弼："最处外极，无应于内，超然绝志，心无疑顾，忧患不能累，矰缴不能及，是以'肥遯无不利'也。"

"矰"是指古代用来射鸟的拴着丝绳的短箭。缴是系在箭上的丝绳。"矰缴不能及"指祸患灾祸不会及于己身。将上九比作鸟儿，因为它飞得高，所以带绳子的箭射不着。

焦循认为："王弼云'矰缴不能及'，则是以'肥遯'为'飞遯'也。"（《焦循周易补注》）。

《周易尚氏学》指出《淮南·九师道训》《焦氏易林》王弼注均读"肥"为"飞"："《后汉·张衡传》注引《淮南·九师训》云：'飞而能遯，吉孰大焉。'《易林》需之遯云：'去如飞鸿。'节之遯云：'奋翅鼓翼。'王弼云：'矰缴不能及。'并皆读为飞。"

黄寿祺《周易译注》持此说，并引用李士珍所言："如鸟高飞远去，不罹网罟之害。天空任鸟飞，此象似之。"楼宇烈校释的《王弼集校释》引用焦注："姚宽《西溪丛话》云：'肥'字与古'蜚'字相似，即今之'飛'字，后世遂改为'肥'。"到现在我们说"流言蜚语"，蜚即为飞。总结一下，"肥"有三义：肥胖、宽裕、飞翔。三义均可用，意味略不同。比较这三个词的意蕴："肥胖"倾向于形容身体的状态；"宽裕"倾向于形容外在的条件和内在的心境；"飞翔"倾向于形容行为和精神状态。

"肥"字解完，爻辞、《象传》也就解出来了。我们选"飞"作解：

[译文] 上九：远走高飞，无所不利。

《小象传》说：远走高飞，无所不利，说明上九无所疑虑了。

[解读] 上九在遯卦中最先退避而出，阳刚居外，与卦中各爻既无比也无应，没有任何牵绊，可以超然隐遯，远走高飞，无所疑滞。上九处于遯世的穷困之时，能够得以超脱远举，堪称世间高士。肥遯之意，无论是隐于闹市还是退隐山林，无论是修身还是行事，只要心志宽阔从容，不忧不惧，则自然无所不利。同时，上九为上体乾卦之极，有着刚健进取的本性，所以，肥遯是其处遯之时的一种策略与态度，其阳刚的本质并没有遯去，是一位龙德而隐的君子，一旦找到适合自身飞翔的天地，它就可以在新的天地间展现其卓越的才华。

此爻例解当以范蠡为例。

[例解] 范蠡是楚国宛城三户（今河南南阳）人，是中国古代经商之人的鼻祖。他聪

敏睿智，博学多才，且胸藏韬略，他与楚国宛县县令文种相识，相交甚深。后来二人到越国共同辅佐越王勾践卧薪尝胆，砥砺十年，终于完成复国大业。范蠡深知越王为人可以共患难，不可共安乐，于是审时度势，功成名就之后激流勇退，隐姓化名，遨游于山水之间。期间三次经商成巨富，三散家财，自号陶朱公。司马迁评价说"范蠡三迁皆有荣名"。史书中有语概括其平生："与时逐而不责于人。"世人誉之"忠以为国，智以保身，商以致富，成名天下"。范蠡之遯堪称"肥遯"。

[小结] 遯卦阐述了在小人逐渐占据优势的环境中，君子应在坚持原则的前提下，采取灵活的应对原则：不恶而严，全身避害。本卦通过遯尾、执之、系遯、好遯、嘉遯、肥遯等一系列情况阐述了隐退的具体原则：避开小人的强势，当退避的时候不可迟疑，如果没来得及退避，要静处微下，不可盲动；当身负责任大义时，遯退之世亦有不遯之义；时当退隐，不能因牵系而犹疑不定，以免招致危险，确实无法退避时，要谨慎涉世，尽可能地保护依附于己者；该退隐时不能贪恋所好，而应当机立断地遯走；身居高位如能以中正之道与下属配合，顺应时势以图转变，就会美善而贞吉；退避不是消极，而是以退为进，使发展空间更为开阔的策略。审时度势，从容不迫，善用遯避之道，对于人生有很重要的意义。

读罢遯卦，颇生感慨，填词一首，与大家分享：

临江仙·读遯卦

萧瑟霜天时欲遯，匆匆策马西风。

当年把酒诉衷情。

海枯凭石烂，不负此生盟。

长叹秋来非春意，退藏为避寒冬。

愿得肥遯一身轻，

高天飞鸿影，江海寄余生。

（整理者：贡哲 浙江大学哲学系本科生）

（本卦校对：董禹辛 中国人民大学哲学系硕士生）

时　　间：2016年06月06日22：00 — 22：59
导读老师：张文智（山东大学易学与中国古代哲学研究中心副教授）
　　　　　辛亚民（中国人民大学国学院讲师）
课程秘书：张馨月（中国人民大学哲学院硕士生）

内止至善　外明明德
——大壮卦卦辞明解

34 大壮卦

乾下震上

【明解文本】

大壮：利贞。

《彖》曰：大壮。大者壮也，刚以动，故壮。大壮利贞，大者正也。正大而天地之情可见矣。

《象》曰：雷在天上，大壮。君子以非礼弗履。

【讲课内容】

张文智：《序卦传》："物不可以终遁，故受之以大壮。"我主要还是按《易经证释》的意思来讲吧。其辞曰："利贞。"

　　先来看其卦象。大壮卦内乾外震，乾为父，震为长子，有震代乾、子代父而主外之象。在《周易》，阳为大，阴为小。临之称大为大之始，泰为大之中，至壮则为大之极。乾本纯阳，接震之一阳，四阳相连而居于内，是为阳盛之象。而大壮称壮，正以其阳得势。又，震有迅奋之势，乾有刚健之德，其用过强，故名"大壮"。

　　乾卦之"元亨利贞"四德是天道之展现，分别与春夏秋冬相配应。而大壮在十二消息卦为二月（卯月）之卦，对应于仲春，即如甲乙之木生于亥，壮于卯，而入墓于未一般，故大壮在天道为对应于元亨之际。大壮"壮"字，有肥硕伟大之意，因乾主大生，

"帝出乎震",故大壮亦有万物皆备,万类同荣之景象。天道循环,阴阳消息,自有其道,而人在大壮之时则易于有过,故卦辞戒之以"利贞"。利贞者,自修之道,于时为秋冬。"元亨"为外明明德之时,"利贞"则为内止至善之修持。《杂卦传》所说"大壮则止",即是诚勉人们在大壮之时不要忘记贞固之志。换句话说,我们在大壮之际而致力于"外明明德"之时,切不可忘记"内止至善"之自我修持,这样才能常保其壮而臻于"自诚不息"之境。这正是圣人立辞之微义。

大壮卦以阳盛得名。大指阳言,壮指盛言。临以二阳渐长,亦称大;大壮由泰而进,如物由生而长,由弱而强,故曰"大者壮也",言前已大,今愈壮矣。

再来看其《彖传》:"大犹外形,壮则内实。内外皆盛,其名大壮,则以下乾上震,乾为刚,震为动。内刚外动,有不可阻挡之势,故曰'刚以动,故壮'。"意思是说,只刚不能称壮,只动亦不得为壮,必刚以动,才能叫"壮"。大壮乾主于内,震奋于外。本其行健之道,发为震动之行,合成雷鸣于天之象。雷震天惊,无物不兴,生阳发越,无物不亨,故在天道大壮宜有"元亨"之称,而卦辞称"利贞",亦是为明人道之所重,故申之曰"大者正也"。"正"指"贞"言,故"大壮利贞"四字,合诠之则为"大正"二字。盖大壮已大,而利贞克正。正且大矣,则生生不绝,物物恒春。"大者正也"与"大者壮也"正相对,大壮阳之盛。盛则过,惟有就于正,始免于过而长保其壮。大壮既以九二主内,六五主外,则与地天交泰之象同,又与道体刚用柔之例合,是即就正之义,言阳虽盛而不失其正也。大壮四阳两阴,实已兼坤之德,类泰之象。因大壮两阴在外,柔主外正,足见天地之情。

再看其《象传》之义。雷在天上即为雷行于空,声既赫然,光复闪然,为天威之所见之象。天以雷伸其威势,壮其神功。神威之施,无物不畏,是则雷在天上,乃见天之庄严,神之雄伟。庄严雄伟,故名"大壮"。谓雷天合德,乃天神之壮,亦即阳气之壮也。雄伟者易成衰惫,庄严者易至颓唐,是天道靡常而人事宜慎。故在大壮之际,亟思保全之方,则君子必自警惕,而先非礼弗履之戒也。盖大壮乾主于内,震持于外,乾有乾乾之训,震有虩虩之思,皆不外以其极盛则怀其将衰,鉴其至充,则忧其过满,故朝乾夕惕,以求无咎者,乾之君子也;震来虩虩恐惧戒慎者,震之人道也。古者圣人首畏天命,笃恭神明,而于《月令》"春乃发声"之时,通告上下,戒其容止,莫非明天神之威德,重礼教之防闲。大壮雷天之威,自当有所警惕,有所戒惧也。《中庸》首章所称戒慎恐惧,亦推大壮象辞义之而溯源见性明生之道,以志于中和位育之功。

辛亚民: 张老师的大作《孟、焦、京易学新探》让我获益良多。这次讲授大壮卦将象数卦气学和儒家义理相结合,真知灼见,叹为观止。

【讨论内容】

裴健智：　我有几个问题，第一，关于"元亨利贞"的配法，是不是有两种？一种是元配冬至，另一种是配春天，这两者都有依据吗？还有一个问题是天地之情怎么理解？还有，《杂卦》提到，大壮则止，是否和前面矛盾？

张文智：　我认为"元亨利贞"与春夏秋冬配应更合理，天地之情主要指在大壮阳刚过盛之时要刚以用柔，乾以坤为用，这样才能生化不息。"大壮则止"之"止"就是内止至善，即指"利贞"之"贞"。全卦卦辞爻辞皆以此展开。

【羊】

王力飞：　大壮卦的整体卦画为角很厉害的公羊，古人从公羊用角触藩的动作中感觉出了为人不可恃强的道理。非礼弗履，和"用强"是相对的概念，不硬来。在农村，没有看到过公羊触藩的景象，但看到过公羊干仗，退后几步，冲上去撞角，声音和场面都很震撼。这种野蛮行径，应该给予君子以启迪。

张文智：　"羊"与"阳"相通。羊有内刚之性。兑为羊，整个卦就像一只羊。

王力飞：　尤其是公羊。

张文智：　兑貌似是小绵羊。

王力飞：　不知道商朝和周初除了以贝为钱外，是不是还用羊物物交换？如是，则兑卦就很有意思了。

罗仕平：　《说文解字》释美为："羊大为美。"

张文智：　个人认为，大壮上面两个阴爻像长角之羊，不像小绵羊。

王力飞：　大壮为大角羊。兑像小绵羊。

罗仕平：　小绵羊有没有角？

王力飞：　有小角。

张文智：　绵羊很少抵架，公羊则好斗。大壮卦主要指好抵之公羊。不好意思我小时候放的绵羊好像没有角。可能品种不一样吧。

罗仕平：　绵羊估计角小。

元　融：　大壮，本身是一个大兑卦，抵羊之象，大公羊！

【止】

王力飞：　从八卦、阴阳以及整体卦画，都能得出刚以用柔的道理。

裴健智：　有的认为"止"是指阴爻，因为阳盛伴随着阴止。

张文智：　也可以这么说，但大壮卦互夬，有阳决阴之势，阴难以止之。又外卦为震，为躁动，为奋迅，难以止之，故在卦象上难以直接找到其根据，这正是立辞之微义。

罗仕平：　是的，《周易证释》说的正是要教人反己。

张文智： 就天道来讲，大壮对应春夏之时，与乾卦元亨相应。但卦辞却说"利贞"，是从人道上讲的。大壮讲"天地之情"，就是要人们在大壮之时或占得大壮之卦之时，要懂得刚以用柔，乾以用坤，亦即"大壮则止"之意。

【元亨】

元　融： 雷震天惊，无物不兴，生阳发越，无物不亨，故在天道大壮宜有"元亨"之称，卦辞中，却没有"元亨"之辞。大壮卦从复卦一爻一爻升起来的，阳爻已经壮大，故"无元"；上下卦均为阳卦，故不言"亨"。这样解释可对？

罗仕平： "大壮，利贞。夫退养之功愈密，则精神道德益壮。然大者既壮。不患不能致用，特患恃才德而妄动耳。利贞之诫，深为持盈处满者设也。"（《周易禅解》）

张文智： 大壮卦从临卦以后既已为大，故临卦有元亨利贞之辞，泰卦元吉亨之辞，大壮对应卯月，应为元亨之时，但过壮则衰，故卦辞戒人以自修之道。这相当于四柱命理学里寄生十二宫里面所说的帝旺，过了帝旺之阶段就要衰弱了。

王力飞： 元有初始之意，如比卦的有孚比之。大壮，羊就那么厉害，不需要初始，也不需要发展变化，故无"元"和"亨"。

张文智： 易卦柔者鼓之以进，壮者戒之以退，于谦卦、大壮卦最为明显。大壮内卦乾主大生，震为仲春，帝出乎震，故于天道为元亨。但因大壮过于壮而不能与阴相谐，不如泰之阴阳平和，故戒人以"利贞"而"止"。乾虽主大生，但无坤无以见其用，故《象传》强调天地之情，即处刚而用柔，处壮而示弱之意。

（整理者：张馨月　中国人民大学哲学院硕士生）

感应不足 戒燥勿进

—— 大壮卦初九明解

时间: 2016年06月07日22: 00 — 22: 44

【明解文本】

初九: 壮于趾, 征凶, 有孚。

《象》曰: "壮于趾", 其孚穷也。

【讲课内容】

张文智: 今天我们讲大壮初爻爻辞及其《象》义。凡初爻多称"趾", 以明事物之所始。如噬嗑、贲、夬、艮诸卦, 初爻皆曰"趾"。人体虽壮, 必先有其趾, 以为立身之基, 行步之始。大壮表示已经健壮, 而其所始先壮于趾, 从此可见壮之有本, 如人之健, 必先有健步之足。若足痿则不能站立, 不良于行, 虽有肥硕之躯, 终无所用, 如此就能称为"壮"。"趾"字从"止", 其意为"立"。立而后行, 未有不能立而行者, 亦未有行不先立者。大壮以壮为用, 必先有所立, 以壮其本。"壮于趾"者, 壮之基础也。震以动为用。既然已"壮于趾", 说明已为行进做好准备, 而由于初爻在下, 犹"乾龙勿用"之时。既如刚会站立之小孩, 只能站立, 不可远行, 故有"征凶"之占。"征"犹远行也。"征凶"即"不利运行"之意。既然已经"壮于趾", 则已具乾之刚健之德, 故这里的"有孚"指初九有与乾之刚健之德相孚之可能。"有孚"的意思是虽孚而未全孚, 是因为初九虽本乾之刚健, 却上合震之躁动, 故易于受躁进之害, 而忽于"勿用"之时, 因而爻辞才戒之以"征凶"。初九上应九四, 为以刚应刚。过刚刚折, 是所谓"孚", 不过有孚于健动之德, 而与一阴一阳即中和之道不协, 故易于躁进而刚愎自用。因此, "有孚"二字, 虽明其有所合, 而戒其勿进, 仍不外卦辞"利贞"及《象传》"非礼弗履"之旨。

我们再来看其象辞。其辞曰: "'壮于趾', 其孚穷也。""穷"指初九之时位言。凡卦多以上爻为穷, 因为上爻为穷极之位也。而大壮初九, 非位之穷, 乃时之极, 乃因为乾与震合, 震两阴在上, 欲降不得, 而初九与九四应, 重刚不协, 故曰"孚穷", 言不与阴孚, 而与阳应。阳与阴协乃真孚, 如鸟孵雏, 必雌雄和合。今初九不得阴之谐协，虽有孚而时不适，故所孚者，为已极之阳，故曰"孚穷"。初九已"壮于趾"，易于进取，但以其位在最下，时非所宜，欲通而不能通，不通亦犹穷，因为"穷"与"通"正相反。大壮卦辞曰"利贞"而不言"元亨"，正以其不得直通，而不似泰之"亨"也。"亨"与"贞"，一为外达，一为内守。大壮宜守，初九更应如此。故初九虽"壮于趾"，只能做到自立自守而已，不可冒然而进，应鉴于过刚而自柔，戒于躁动而自静，以保其壮，虽时有未至，则可以等待；地有未当，则可以改易，故至九二，则变"吉"矣。以上是《周易证释》之要义。

【讨论内容】
【"孚"】

罗仕平： 这里的"孚"还有其他卦象可支撑吗？这里的孚，除了因为非阴阳相孚，还有其他卦象解释吗？

张文智： 凡卦爻称"孚"，皆切"中孚"言，即包含中和之意。《周易证释》将每一卦都看作一个圆象，自为循环。大壮与中孚皆为四阳二阴之卦，故与"中孚"亦有内在联系。"孚"亦有"应"之义。一阴一阳相应成孚。在大壮卦，初与四应，二与五应，三与上应，乃六爻正应之位。大壮九二与六五，九三与上六，皆一阴一阳，相和得，惟初九与九四，二爻皆刚，虽应不协，是为过刚，过刚正如极位，故亦曰穷。在中孚卦，二与四应，三与五应，故曰"中孚"。

辛亚民： 此外，有孚也是爻辞中争议最多的词语，旧注孚作信，今人或训作俘虏义，或训作罚，但都不够通畅，我们大家可以试试顺着这个思路去理解《周易》中的孚字。

郑　强： 初爻居乾刚之地，乃处下位而刚壮之人也。刚壮者必凌犯于物，在下而用壮，鲜能得终其壮者，以斯而进，穷凶可必也，故曰"征凶有孚"。

罗仕平： 是呀，孚字出现次数也比较多，也多为四阳二阴卦。

温海明： 初九有能力，很努力，但感应的状态还不行。

秦凯丽： "孚"就是"应"吗？

张文智： "孚"有"信"义，亦有"应"义，"信"了就会"应"。中孚卦中之"孚"即有此二义。

温海明： 还是讲信用，感应比较通畅。

张文智： 后人有时候将"孚"解为"俘"，恐怕就走得太远了。

温海明： 张老师说的是啊，孚信《周易》才有感应。

张文智： 我们要学会大壮之象义，保持永壮。九四爻是这一象义之体现。

温海明： 是啊，需要大家一起增强感应才能真正"大壮"。

张文智： 我们真诚希望以《周易》为源头活水的传统文化壮大起来。只要大家共同努力，相互"孚应"，传统文化一定会"大壮"起来。初九"孚穷"，至九二就真正"有孚"了。

郑　强： 孚是信，"征凶有孚"，用白话讲：往而凶是肯定的。

元　融： "壮于趾，征凶。有孚。"大壮初爻，是阳气刚起之时，这个时候是要注意保护阳气，和潜龙勿用，异曲同工。不同的是，大壮本身有风险，何况初爻，即使明知有风险，也要开始筹划，就像创业，明知有风险，也要努力。"有孚"是阳爻有孚，有诚信，代表创业者内心坚定，是成功的源动力。

初爻和卦辞还有不同，不可强加比较，经典之权威性历经时空的磨砺而成，学者当安心潜读为上。初爻是蓄力，对初始者，多加鼓励。遯尾，厉。两个毛头小子，酝酿抢银行，发起者是"厉"，抓住就是无期了。阳卦，用牵羊作暗喻。阴长之卦，多用猪作暗喻。"壮于趾"，羊争斗，脚趾要踏实；下盘要稳住，才有大壮的气势。兑为羊，艮为豕；兑羊又有阳长之象。除了卦的属性，阴阳爻的变化态势，也是一个要点。

《易经》、卦辞、《象传》的取象基本没有超出《说卦传》的范围，解爻不能顺通，是象上未通，如果象上不通，理上努力，以理述理，以字解字，有离题之嫌。有很多时候，我们会感叹古人取象之玄妙，自己深感智慧有限，灵感有限。否卦，这么解，可以尝试，和本意是否相契，可以探讨。卦象来看，我觉得可能上下卦重要。两个八卦来观象，再解释各爻才更贴切吧。中间的乘承比应，互卦取象也很多，这个思路非常重要。刚开始从整体入手，就会简洁明了，随着自己的感悟加深，会触类旁通，加上点滴浸润，慢慢就会别有洞天。

圣人作易取象，费尽周折，时间跨度应该超越千年。乘承比应，除了看得见的联系，还有看不见的联系，对应万物之间的联系，都是客观存在的，不可陷入机械论中。易学的博大在于，好像没有关系的两爻，却又存在着千丝万缕的联系，如同现实的生活。圣人当然比我们更有权威解释仁道，圣人其心为仁，天人合一。易学的智慧超越人的维度，天地人三才具备，而仁只是儒家的思想基础，如仅以仁说易，易的气象就小了很多。

（整理者：张馨月 中国人民大学哲学院硕士生）

居中履谦 行不违礼

—— 大壮卦九二明解

时间：2016年06月08日22：00 — 22：55

【明解文本】

九二：贞吉。

《象》曰：九二"贞吉"，以中也。

【讲课内容】

张文智：今天讲大壮九二爻辞及其象义。九二内卦正位，为乾之九二。乾称"见龙在田，利见大人"，《文言》释为"德施普也"，可见九二得位乘时，明体达用，乃全卦吉爻。而大壮九二，则以上承震卦，与六五相应，一刚一柔，一内一外，体同于乾而用则异，故辞但云"贞吉"，而不及其他德用。坤之主位在二爻，乾之主位在五爻，今恰反其位，是应兼备其道，刚以柔用，阳以阴行，故占"贞吉"。明其体乎乾，而德效乎坤。本于亨达，而守致于利贞，正位以自重，中道以为行，则"贞吉"赅天地之德，而大壮之志以明。

《象传》称其"正大"，可见天地之情，实以九二与六五，内外克孚于中行。中则大本以立，和则位育以成。既克自正其性命，乃至万类之生成。此乾卦所谓"乾道变化，各正性命，保合太和乃利贞"一节之义，于此足以证明之也。惟以刚而柔，动而静，则无惑于九二之占"贞吉"，而克孚于卦辞"利贞"之全旨。

我们再来看其《象传》。其意为：九二之所以为"贞吉"，乃因得中位，行中道，有守有为，故有此辞。然此"中"字亦包含"正"字之义。乃以九二内卦正位，守正行正，乃全其中和之德。凡称"中"者，皆兼"正"言。如悬物于中，必不偏一方，不偏即正。人道以"时中"为大，时中者，合地与时，而皆恰中，故曰"时中"。卦之中位，以上下卦论，则二与五爻，若合全卦论则三四人爻，亦有不同，故须视其所指而定。

此九二中位，乃本下卦乾言。乾之中位，固在九二，而其本来主位，则在五爻。今以五爻为震之中位，属柔，而出于坤，是乾所合者，其本德为阳刚，而所合则阴柔，以柔济刚，以阴协阳，则九二之所行，亦可称中，谓中道也。盖体乾用坤，体刚用柔，不使太过，则抵于中行。

一般二爻为阳爻，五爻为柔爻，也都算符合中道。所以这里的"中"不独兼位言，更是就其德用而言。故"以中"二字下，不着"位"字或"道"字，即由九二赅位与道，为位既正，为行又中，九二之"贞吉"，实由此中字得来，而非徒指位或行也。爻辞称"贞"，已明其行矣。若徒指九二之位宜本行健之道，成亨达之功，今乃以"贞"称，足见其志在中和而先就于正也，就于外六五之正，以自成其正而孚于乾坤合德之大用，以尽天地之情，以全生化之德。此九二之旨，不在重己之正位，而重在克谐于坤之正位，不在重己之德用，而重在终孚于坤之德用。"贞"者，坤之德用；"二"者，坤之正位；"九二"者，乾履坤位，"九二贞"者乾孚坤用，此即大中之道，大正之用，亦即象辞"以中"二字之义也。

【讨论内容】

裴健智： 王弼注认为，居得中位，以阳居阴，履谦不亢，是以"贞吉"。乾坤之德用得好。《周易正义》以其居中履谦，行不违礼，故得正而吉也。

罗仕平： 与《周易正义》相比，解释似无多大特色。

裴健智： 《周易证释》和王弼的"以阳居阴，履谦不亢"可以互相发挥。《周易正义》更加强调：行不违礼。增加了儒家的成分，谦卑更像道家的。

【乾升坤降说】

张文智： 五爻为阳爻、二爻为阴爻时类既济卦之交济，而五爻为阴爻，二爻为阳爻时类泰之阴阳交合。九五、六二为"天地定位"，九二、六五为"体乾用坤，体刚用柔"。

罗仕平： 原则上五阳二阴更当位，但这两者谁更好，得视具体情况而定？

辛亚民： 以九二源自乾卦，与荀爽乾升坤降说有一致之处。

罗仕平： 九五、六二为"天地定位"，九二、六五为"体乾用坤，体刚用柔"。虞翻也保留了升降说。

裴健智： 升降具体是？

张文智： 乾以坤为用，无坤无以见乾之光。故"乾元资始"，而"坤元用六"为"以大终也"。荀爽更重升降说。

罗仕平： 荀爽好像在前，虞翻直接继承？

辛亚民： 荀爽易以乾坤二五爻上下互易，乾九二升至坤六五，坤六五降之乾九二。

张文智： 多看看《周易证释》对乾坤两卦的解释，就容易理解大壮卦爻辞之义了。

辛亚民： 大壮卦二五爻恰好符合这一思路，又构成阴阳相应，张老师以此为刚柔并济，解利贞，可谓匠心独运。

裴健智： 升降只是指应爻之间？

张文智： 荀爽的升降说与虞翻的"成既济定"说与《周易证释》的说法还是有根本的
不同。荀、虞等只是抓住了古易象数的一部分要义，而将其扩大化，绝对
化，所以有好多卦就解不通。

【当位和正应】

罗仕平： 以阳居阴虽有应到底还不当位？信而能行能应。可欲之谓善，有诸己之谓
信。充实之谓美，充实而有光辉之谓大，大而化之之谓圣，圣而不可知之之
谓神。

辛亚民： 《小象传》对此似乎有所区分，故只言中，不言中正。另外，九二虽处中，
但一般来说以阳居阴，不得正。而爻辞有贞，王弼、孔颖达以阳居阴，谦不
违礼释正，如此一来，《象传》之中也就包含正了。

张文智： 大壮九二之"贞吉"正与卦辞"利贞"遥相呼应。大壮对应于卯月，正如
木生于亥，壮于卯，墓于未。人在最壮之时，易于躁动。故卦爻辞就人事
来讲而戒人以"利贞""贞吉"。如果只讲天道，卦气说中的"八卦卦气
说""十二消息卦卦气说"就足够了。

《易》本天道以明人事，玄机就在这里。九二象辞只说到"中"而没说
到"正"，而其爻辞之"贞"即有"正"意。"孚"与"中孚"卦相关，而
九二之"贞吉"更与"体乾用坤，体刚用柔"相关，二者之间还是有所不
同。"中孚"有如鸟之孵卵，当然也是一种生，而天地交泰为大生，而大壮
比泰更进一步，是大生之后的繁茂雄壮景象。正如春为寅月，为春寒料峭之
时，而卯月则万物更为繁壮。

（整理者：黄仕坤 中国人民大学哲学院硕士生）

用壮自困 用罔成壮
——大壮卦九三明解

时间：2016年06月09日22：00—22：56

【明解文本】
九三：小人用壮，君子用罔，贞厉，羝羊触藩，羸其角。

《象》曰："小人用壮"，君子罔也。

【讲课内容】

张文智：大壮九三与乾卦九三相应。九三居上下之间，当人爻之始（三爻、四爻为人爻）。乾九三称"君子终日乾乾，夕惕若厉，无咎"，可见九三爻之不易处也。在乾以上下纯刚，犹必朝乾夕惕，敬慎戒惧，方免于咎。今大壮九三，上接震卦，与上六应，与六五同功异位，一刚一柔，而与九四相连，重刚难协，是远有助而近不睦，外有友而内难亲，故在此爻虽当壮盛之时，却非直进之地。因势迫而气莫降，情切而志莫固，小人乘其已盛，不知反顾，以壮用壮，则必有危害之忧；君子鉴于盛必有衰，隆必有替，明于行止之道，慎于出入之位，则因壮而就于弱，当进而思其退，故不用壮而用罔。罔者，枉也，屈也，否也，弗也，言与前相违也。如网纵横，有反侧辗转之象，如鱼鸟在罗罟中，有回翔上下之象，故称为"罔"。壮者衰之机，盛者弱之导。君子见几而早有省悟，则不轻动，而先测其变，不径取而预谋其后，是"用罔"者，犹见于机微，明于未来也。罔，无也，未见之象，未至之时，人无所知、无所闻也，故曰罔。是"用罔"犹"不用"耳，正与小人用壮者相反。小人进而君子退，小人入而君子出，小人贪于目前而将有穷途之忧，君子明于变化而择适宜之道。此君子与小人不同之所在。

然卦称大壮，爻以壮成，九三上下皆阳，是其壮尤甚，君子小人皆知之矣，皆欲用其壮矣。不过小人只见其近而忽其远，只贪其利而忘其害，以壮用壮，变"壮"为"过"（"大壮"用不好即为"大过"，二者皆四阳二阴卦），而终受衰弱之灾。君子则不然，既知天道盈虚有常，人道以"利贞"为本，则鉴于太过之害，而求于中和之功，不用壮而用罔，罔则克底于正而亦长保其壮。故用罔非不用也，而是用之以道，即《老子》致柔守一之谓，以静为动，以退为进，以不用成其大用，则用罔者反成其壮，而用壮者转为无用矣，故曰"贞厉"。"贞"则自固而不求于外，"厉"则自惕而有戒于中。"贞"以成己，则德业日明，"厉"以接物，则道行日大。"贞厉"二字，即君子用罔之道，亦即君子于九三成壮之道。总不外本乾九三"终日乾乾，夕惕若厉"之训。"壮"与"羸"反，羸则不壮。羝羊即牡羊，肥壮之羊也。九三之象如肥羊，而其行甚急，其进甚勇，故有"触藩"之象。藩者，阻也，犹篱栅之类，谓羝羊虽壮勇，而在藩中，虽触之而不易出，乃羸其角，则羊虽触藩，仅出其角，身在藩中，虽壮无用，惟角得出，乃不以壮而以羸，则明出者宜羸而不宜壮。壮反为累，羸则可进可退，正如小人用壮，反受其害；君子用罔，乃宜于行。

且爻辞"贞""厉"并举，"贞"与"厉"亦反。"贞"者，静而退也；"厉"者，动而进也。可见九三一爻，进退异宜，动止异用。小人知进而不知退，知动而不知止，故如"羝羊触藩"，终以自困。君子反是，不求动而先止，不求进而时退。九三过刚，必先自柔，柔则能成其刚。若以刚行刚则不免于折。此爻辞取"羝羊触藩"为喻，非必有是事也。而以《象》言，九三与上六应，刚柔各异，正如羝羊体壮而角羸（阳为刚，为壮；阴为柔，为羸），外隔阳九四不得与六五、上六阴爻接，有如藩篱。因此，九三原不宜直进以犯难，必委婉罔从以待变。若进至九四，则为藩者已决，为羸者反壮矣。

《杂卦传》所说"大壮则止"乃大壮全卦之大用，而九三为人道所存，人道先利贞，以合乾九三"朝乾夕惕若厉"之旨。此大壮九三"贞厉"二字之所由来，能明斯义，则知爻辞之旨矣。卦自三至五互兑，兑为羊，而"壮"字义与畜应。凡称肥壮，多关畜类，如涣卦"马壮"，是其一例，故爻辞引羝羊以喻其壮，推而言之，事物之肥盛者，皆可由此引申之也。盛者继之以衰，故壮不可用也。惟不自壮，乃保其壮。

《中庸》有一段话："子曰：人皆曰'予知'，驱而纳诸罟擭陷阱之中而莫之知辟也；人皆曰'予知'，择乎中庸而不能期月守也。"大壮九三爻辞之义可与此段文义互相参证。又据《周易集解》，侯果曰："藩"谓四也。九四体震，为竹苇，故称"藩"也。三互乾、兑。乾壮兑羊，故曰"羝羊"。李鼎祚自案：自三至五，体兑为羊，四既是"藩"，五为羊角，即"羝羊触藩，羸其角"之象也。《集解》所引，可备一说。

《象》曰："'小人用壮'，君子'罔'也。"如上所述，九三爻不宜于用壮，而别求于不用之用，是君子与小人之不同趣向。小人乘时得势，固已壮矣，则居壮行壮，无复他虑，而不知壮之与羸，相倚相伏，徒见其壮，却忘其羸，则将如羝羊触藩，进退维谷。君子则不然，知其壮必有羸，则宁羸以全其壮不敢凭陵意气，以蹈过甚之咎。君子之行，必徘徊审慎，瞻于前后，推测常变，定其进止，皆本于大壮之道，卦辞"利贞"之旨及《象传》"正大"之意，以大就正，以"利贞"成其"元亨"，盈虚消息，孚于天行，得失成败，而预于事先。苟明知其壮，而以壮为可用，在当时固足快志，时过境迁，壮反为衰，欲其复壮，已不可得，则无宁守其未壮，以保其长壮。故不用壮而用罔，用罔乃可以成其壮。以上是其象辞之义。

【讨论内容】
【大壮用柔道】

温海明：大壮用柔道，君子用智慧，不可意气用事。

罗仕平：不用壮而用罔。君子戒慎恐惧，小心驶得万年船。

温海明：小人肆无忌惮，结果动弹不得。所谓多行不义必自毙。

张文智：小人得志得势之时，易刚愎自用，骄横躁进，最后多如"羝羊触藩"，从历史到今天，这种情况比比皆是。如前所云："如网纵横，有反侧辗转之象，如鱼鸟在罗罟中，有回翔上下之象，故称为'罔'。"但小人容易自投罗网，而君子则知时地之宜。故可以与《中庸》那一段话相参证。

温海明：君子以不变应万变，就看着小人被网住。君子天网恢恢，小人自投罗网。

姚利民：九三互兑，兑折也，九三为阳，阳刚冒进易毁折，占此爻，凶也。

温海明：君子不用具体的罗网，君子用天网，心网，跟没用网一样。

张文智：是的，故用罔非不用也，而是用之以道，即《老子》"致柔""守一"之谓。小人不明道之消息盈虚，故"驱而纳诸罟擭陷阱之中而莫之知辟"。

温海明：小人心里有网，一定要去冲，君子心里有天，大道无形，自然天成。用网就是小道小术了，如果人民都被网成小人，社会就大壮不起来。

张文智：贪官污吏在得势时多如此爻所云"用壮"而最终遇到"羝羊触藩"之情况。

元　融：大壮，三爻，下卦乾终，互卦乾中。小人用壮，是因为只看到了自己能量的充盈，只知道一味用强，"羝羊触藩"，遇到麻烦是在所难免，也只是暂时的困难而已，三阳在身，整体无忧；"君子用罔"，君子深谙时势外缘的重要，择时而动，故罔也，没有麻烦！

温海明：羊再壮，角再大，没有天眼，看不到天网，还是不行，所以学易开天眼很重要。天眼要自己开，天网要自己看，心网要自己能明结又能明解，收放自如。

张文智：读《易》见天心，帮助人们开天眼。借助我们这个群，大家可以互相帮助开天眼。"是故君子将有为也，将有行也，问焉而以言，其受命也如响，无有远近幽深，遂知来物。非天下之至精，其孰能与于此！著之德，圆而神；卦之德，方以智。六爻之义易以贡。圣人以此洗心，退藏于密，吉凶与民同患，神以知来，知以藏往。其孰能与于此哉？"唯我明群之同仁有此担当。

（整理者：李芙馥 中国人民大学哲学院博士生）

顺以和躁 以往为尚

——大壮卦九四明解

时间：2016年06月10日22：00—22：53

【明解文本】

九四：贞吉，悔亡。藩决不羸。壮于大舆之輹。

《象》曰："藩决不羸"，尚往也。

【讲课内容】

张文智：九四已属外卦，为震之初爻，互兑之中爻。兑为决，合乾成夬亦决也。卦既出外，已成决藩之象，而以震之一阳，下连乾刚，乃成大壮之体。"壮"至九四为极，过则为阴爻而非壮，故大壮自初九始，至九四终，乃克称壮。"壮"原指阳言，六五上六皆阴爻，不得以壮用。而九四之壮，又胜前三爻，则以壮由内而外，内外皆充实，故独壮。若仅内充而外不足，犹非至壮，如九三已壮而非至壮，犹有羸角之喻。九四则不羸矣。外得与两阴相协，而内得初九之应，刚柔克和，故藩决而行无阻。惟九四本外卦之始，以其属阳，交接内卦之势，德用亦与内同，故有"贞吉悔亡"之占。"贞吉"者以内合九二（九二爻辞为"贞吉"），自反于正，而以刚行柔也。"悔亡"者，外本多悔，今以行同于内，德孚于坤，故无悔。又"悔亡"亦含自悔已往之意。亡，已往也，悔其以往，善其未来，壮哉此行，直前无阻！行之所立，必赖于车马。"大舆"者，行之利器，而"輹"者，舆之要机。"舆脱輹"则不能行。大小畜之所称，皆以其行之未壮。今九四有舆輹之利，以壮其行色，则所行无不得志，亦孚"贞吉悔亡"之占。

在初九爻辞称"征凶"，言其不利于往，九四则反是，以初九壮之始，仅具其趾，车马未备，不良于行。九四则既壮矣，至壮矣，身之所需，物之所欲，无不壮矣。壮必有行，故先见于舆輹焉。藩已决则阻障除，舆輹壮则远行易，此九四之所志也。

就其爻象而言，九四外邻两阴，本刚以临柔，正如驰骏马于坦途，御轻舟于顺水，其行之利可以见矣。而以九四持秉贞正之德，内合刚健之情，外既克成千里之行，中又能持终身之守，是不独壮于舆輹为威仪之伟岸可观，即以其内守无亏，亦贞固之德行不贰，其诚壮矣，大壮矣！夫壮于内者恒弱于外，壮于表者恒弱于中，皆非大壮，为其守则难行，行则难守。初九虽然有守，而征则凶；九三虽然可进，而近有阻，是皆失其一也。惟九二、九四则兼具焉。但九二尚未光大，至九四则已至矣。故九四较各爻皆壮，不独无缺无碍，且宜或守或行。守则孚"贞吉悔亡"之占，行则获藩决羸壮之利，是其志可达，而功可成也。

大壮原有可为，徒以壮必有衰，故君子策之万全，不肯躁进，唯恐以乾之刚，而逢震之躁也。

至九四阳爻已止于此，再进则属于柔爻。柔以协刚，顺以和躁，则大壮不致易衰，而行健之德，克孚"安贞之吉"（《坤·象》）。

爻辞明曰"贞吉悔亡"，言既贞吉，自免于悔耳。悔由已往言，则有之（案：初九因"征凶"而有悔；九三因"用壮"而"有悔"），若九四则无可悔，以其守正而行适宜，尚何悔乎？凡《易》辞称"悔"，多以不能守正而行违时宜也。九四有守，又利于行，自无悔矣。大壮之用，亦于是爻可以见之。

以上是其爻辞之义。我们再看其《象传》。

九四居外卦之始，得与六五、上六相协，刚柔相济，主客相洽，如人有良朋益友，相与偕行，则所之无不如意。九四之壮，内本"行健不息"之乾，且孚震动之用。震之本用在此一阳。阳进而升，履乎柔位；刚动而上，合于外情。在迩有亲，在远有助，怀柔四方，无不欢洽，故曰"尚往"。夫大壮之用，在能永其壮。九四一爻，诚为壮之所称，盖九三爻虽刚，未及于外，至充其用不过泰之"祗平"，未可与言壮矣。

惟大壮以九四一阳，连附于乾，承其盛气，发为外仪，则充实而有光辉之象，斯壮之所以名。又以两阴协合，内外相得，柔以达其刚，外以成其内，栽培有道，溉润及时，其壮之所以长保。既有其本，又宏于用，是九四之象，宜有行于天上而遂其进取之志，收其大成之功也。易卦大旨，均以人爻为成功开业之本。

九四与九三皆中爻、人爻，虽属重刚，却喜得六五居其外。六五、九二，互成其德，天地和合，阴阳交孚，则在其中者无不欣欣向荣，悠悠自得。此正合大壮所象之卯月之景象，由此亦可见天地交合生化之情。吾辈亦应于此爻体会《中庸》："天地位焉，万物育焉"及"参天地之化育"之旨。

《周易证释》里面的干货很多，只是由于讲得太详细、太长，大家可能觉得无暇细看。我也只是了解每一卦的大意。每一卦有每一卦的卦情，每一爻有每一爻的爻情，但《周易证释》都能一以贯之地解释下来，不得不令吾辈钦佩。

【讨论内容】

【《周易证释》】

张文智： 《大学》《中庸》是心法，《易经》是密理。只要把握了《大学证释》和
《中庸证释》的理路，再看《易经证释》就可以收到事半功倍之效。"大
成之功"宜指既有"内圣"之功，又有"外王"之行。内功与外行合一，才
能称为"大成"。大壮之九四既有九二"贞吉"之内圣功夫，又有"藩决不
羸，壮于大舆之輹"之外行。

温海明： 写法实在神秘莫测，跟鬼教人弹琴一样不可思议。

罗仕平： 要这部《证释》早个几百上千年诞生，不知会发生怎样的故事。

姚利民： 有《易》桥梁在，鬼神人可相互感应沟通。

张文智： 如果这套《周易证释》早产生一千年，可能宋明理学家就不会有那么多分歧
与争论了。当然，早不早出现是一个问题，而为不为学者们所接受与传播是
更重要的一个问题。我觉得这套书确实写得超越了古人，所以才极力向大家
推荐。大家将《周易证释》所解与咱们的预习资料进行对照，就很容易看出
它与先儒所讲之巨大差异。

温海明： 师友们有目共睹，只是在传统社会，四书五经是公共话语，好的经典解释足
以改变时代，但今天互联网时代，经典诠释已很少进入公共话语系统，连边
缘话语的位置都岌岌可危。

张文智： 据《易经证释》，在传世本《周易》中，只有《文言传》与《杂卦传》是孔
子所传之主要内容，其他部分则是孔子集前人之作而成。而《杂卦传》以十
分简约的形式把每一卦的卦德都点了出来，对于我们理解每一卦义有十分重
要的意义。

温海明： 这个理解应该是差不多的，《彖传》《象传》等孔子之前应该已经传了很
久，他整理得那么好不容易。

张文智： 原来每一卦皆有《文言传》，后来散落，至汉儒整理恢复儒经时，将《文言
传》的许多内容置入《系辞传》中。今本《系辞传》中"子曰"的部分多为
原本《文言传》的内容。

（整理者：秦凯丽 中国人民大学哲学院硕士生）

因过丧物 顺乎无悔

——大壮卦六五明解

时间：2016年06月11日21：30 — 22：51

【明解文本】

六五：丧羊于易，无悔。

《象》曰："丧羊于易"，位不当也。

【讲课内容】

张文智： 六五居外卦正位，为震卦中爻，以阴加阳，内与九二应，刚柔原相协也，而以五本乾位，柔来履刚，乃成"丧羊"之象。全卦以阳盛为用，六五为阴而非阳，故有失也。"羊"犹"阳"也。九三上六，均有"羝羊触藩"之喻，皆因阳而言，谓阳不得竟行前进也。六五则不独不前，且将丧其与九二相协之原，则以时地使然。

前已有述。羊本家畜之物，至易忽失，亦犹歧路亡羊之喻。在九三，羊在"藩"中，故不必担心其亡失，今将其放到场易，自不免于走失。此羊之失也，或为人盗，或为羊自逃，亡虽不同，而其为失则一。六五上接上六，无复遮栏，正如广场无篱栅之防，则易丧失，原在意料之中，故曰"无悔"，意为无可后悔。明知其易失，而不留意，虽丧之，与弃之无异，将何悔乎？

六五为阴爻，不能畜阳，不像大小畜之以阳畜阴也，故六五有羊而竟丧之。丧之于易，足见其失在易也，正以六五地位卑平，外无防范，有如场也。然大壮本以阳盛得名，至六五则阳已尽而阴继之，在前为羝羊之被拘，至此变而为放弛；在前为触藩之不能行，至此变而为广场以任其行。此爻象刚柔之别，而人事得失之殊也。凡卦爻之用，有主有客，有利有害。阳爻为利，至阴则反。主人为得，至客则异。六五与九二相应，与九三同功而异位。对九二（主）有利者，对六五（客）则否；九三（主）为有（羊），六五（客）则为亡（羊）。盖阳履阴为得（如九二），阴加阳为失（如六五）。

五虽全卦正位，六则非爻之宜，乃因坤加于乾，犹如臣上于君，仆上于主，而谓之逆。故全卦以阳自卑谐协于阴为正，六五则以阴窃位而比并于阳为失。

大壮全卦，以壮为用。六五以上已失其壮，卦用亦乖，仅以其得正位，为阳所亲，故虽"丧羊",终无尤悔。此"无悔"云者,谓既无可悔,亦不用后悔。六五在外卦本多悔,因其在正位,故"无悔"。本虽爻之刚柔不当,而其位之中正可贵。

以上是其爻辞之义。我们再来看其象义。

"位"犹"地"也,地位不宜,乃招来损失之咎。大壮既以阳称,六五非阳而欲自壮,终招亡失之害,是未有其德,徒据其位之喻也。六五固然有羊,而因放之非其地而丧之,则以地之易失与牧之非宜,其失由于无严固之防,非全由于贪图安逸之害,皆以其所居非常,志意易骄,所事非宜,防闲未密所致。

阳能摄阴,阴不能摄阳,故在九四、九三,均为"有羊"之喻,至六五则丧之,非固无有,乃已有而失之。可见阴之不克畜物也。如上所述,易者,场也。场易无亡失之患,亦犹用人者必饱之以食,安之以居,范之以职,使尽心竭力,孳孳朝夕,以在左右,不然则不纵之使怢肆而无防,必至苛之使怨恚而携贰,是用人者之失,不得咎及被用者也。大壮六五之无悔,正如此喻。悔者有所改也。今羊已丧,改亦无益于事,故虽悔,亦于事无济。易场古通用,不曰场而曰易,亦有深意,谓其易亡故也。广场不藩,任其所之,是虽在易,犹逐于野,放于郊,驰驱于岐路,而无放牧之人,如此则羊能不走失乎?曰"无悔",言无可悔也。"悔""尤"同义。无可悔即不得尤人,不得怨天,亦不得罪物也。人之所有物,必有以保守之,固护之,如牛之有圈,豕之有栅,鸡之有埘,以备其豢养之具,而后物畜得宜。丧羊由于昏昧无觉或鲁莽不慎,则"悔"在自己之过,不干于物。正如抛珍品于道中,储米粟于野外,慢藏诲盗,更奚悔哉?

爻辞"无悔"云者,正贵其咎有应得,悔有不及耳。如果六五鉴于柔居高位而先自防,不任放恣,则有如牧羊,虽放之原野,亦无丧失之虞,慎以责成,则事有专任,严以纠察,则物无逃亡。这就是为什么卦辞强调"利贞"而《象传》重视"大正"之缘由。不贞则不固,不正则不当。六五虽正位,只因其非阳爻,遂成"不当"之占。

【讨论内容】
【"易"】

张文智：顾颉刚在其《周易卦爻辞中的故事》一文中曾指出,大壮六、五爻辞反映的是王亥在易地放羊的故事。而《周易》卦爻辞之后皆有卦象之根据。如果纯以"故事"来读之,那就把《周易》给读死了。所以,李学勤等先生已指出,顾颉刚、钱玄同、高亨等"古史辨"派有"疑古过勇"之嫌。

温海明：还有把"易"当作"平易"解的。

张文智：亦如用人之所喻,如前所述,"犹用人者必饱之以食,安之以居,范之以职,使尽心竭力,孳孳朝夕,以在左右,不然则不纵之使怢肆而无防,必至苛之使怨恚而携贰,是用人者之失,不得咎及被用者也",所以六五丧羊是自己之错，不能怨及他人。整个卦在讲"壮"，"壮"指阳爻而言，而六五已非阳爻，故不为"壮"，而在"大壮"之时，六五有其位，而无纳有壮之才之能，故易丧之。此亦是六五爻辞所寓之意。

【"羊"】

裴健智：九四、九三，均为"有羊"之喻，尤其是九四也是处于阴爻阳爻的交界处，羊还并未逃走？之前提到六五自壮怎么理解？无悔是否是本来有悔恨，但是因为处于中位，故无悔。可不可以理解为跟"无咎"一个意思？

张文智：如前所述，"羊"即指"阳"而言，九三、九四皆为阳爻，故为"有羊"，而九三之羊因太刚而未越出藩篱，九四则因前有阴爻合和而前无所阻。

秦凯丽：也有说以柔克刚的，六五用柔顺的态度使阳爻丧失壮之急躁，使诸阳爻都能坚守正道行事。

裴健智：也有象数派理解为兑为羊。

张文智：爻辞劝勉六五在大壮之时要有能力容纳六四之壮，要其德位相配。

【王弼注解】

裴健智：怎么理解王弼的"居于大壮，以阳处阳，犹不免咎。"

张文智：大壮互夬，六五有被决去之危险，故易于压制九三、九四之壮。我不太赞成王弼的说法，故未引其说。

温海明：以柔爻居刚位，应该平易温和，以处丧的态度处之，无怨无悔。虽有损失，但形势比人强，也不必悔恨。

裴健智：温和地对待丧羊之事就可无悔。和无咎一样吗？在大壮之时，万物欣欣向荣而见天地之情，大壮六五应向泰卦六五及坤卦六五学习，以促成其壮。王弼在《象传》和五爻提到顺礼和越礼，感觉有所过度解释。《象传》似乎和爻辞有所矛盾？《周易正义》引庄氏认为王弼的解释有矛盾，虽然孔不同意他的看法。

张文智：阳爻的长处是其寓有乾健元始之德，其过则为易于躁动及刚愎自用。阴爻之长在于其寓有坤顺有成大终之德，而其过则在阴险而类小人。

元　融：大壮的五爻，阴阳短兵相接之处，四阳迫阴之象，丧羊于易（场），阴已经被剥（泰到大壮）；自己位置难保；无悔，阳迫阴，失掉了负面的能量，得到的是阳刚正气，也是无悔。最难的是改变自己的态度，自己态度改变，虽然面子上有损失，识时务者为俊杰，也是无悔的选择。二阴并列，占据位置，四阳难受，二阴也不好过。失去的时候就平易地放下。阳已经尽力而为了，到了阴阳交易之地，失去就放手吧。

（整理者：秦凯丽　中国人民大学哲学院硕士生）

进退不易 守之以恒

——大壮卦上六明解

时间：2016年06月12日22：00—22：50

【明解文本】

上六：羝羊触藩，不能退，不能遂，无攸利，艰则吉。

《象》曰："不能退，不能遂"，不详也。"艰则吉"，咎不长也。

【讲课内容】

张文智：我们今天讲大壮卦上六爻辞及其象义。上六居全卦之终，为大壮之尽，而以柔居上，以阴反初。卦本圆象，上反为初，变巽之初爻，有天风姤之象。下与九三应，内刚外柔，亦似六五，却因数极则变，柔反为刚，亦与九三同有"羝羊触藩"之喻，然已异于六五。六五"丧羊"，正以外无防闲，上六之外转为初九，变成藩篱，羝羊在内，触而难出，既不能进，复不能退。"遂"犹"罢"也。故"不能遂"即有欲罢不能之意。凡事可直径行曰遂，言其顺也。不能遂，犹不克遂己之意。上六在震之上，而反下为乾，有无妄之象，故曰"无攸利，艰则吉"，以上六必本艰贞之德，方孚吉利之占也。羝羊已壮，而触藩犹未失也，不退则必进，不遂则必艰。虽此时无利，而持之以坚，守之以恒，则终获吉利。此与九三又有不同。九三在卦中，不克坚持，不能恒久，故虽壮而赢其角。上六则不复赢，惟以进退不易，必待艰贞不屈，忍苦耐劳以待时之至，然后藩不阻而能防，羊已肥而可食，不徘徊于中道，而可寄希望于将来。此《易》辞之微义，明其灾咎不久即解，而成大壮之全功，仍不外"利贞"之行。"艰"者"利贞"之本。大壮本已固，中已充，苟外能孚艰贞之行，则终获吉利之果。此明大壮大用，全在一"艰"字。人知壮为时义，不知艰为正道，故徒用壮而忽其赢，徒见羝羊而忽其藩，此六五之不免于"丧羊"也。同一羊也，六五失之，九三、上六藩之，是由地位之殊，时势之异。

人情往往败于骄肆，成于艰贞。苟合全卦观之，则知圣人立辞之旨。各卦上爻多不可用，大壮反占"吉"，则以大壮阳多，惟五、上为阴。阴以少为贵，且其行下降，阴之在上同于阳之在初，前途辽远，正可自励，故必"艰"而后"吉"也。

以上是其爻辞之义。我们再来看其象义。上六已居极地，原无可进，而以下为阳，阴被阻，又不可退，故有不退不遂之语。盖壮者已壮，求其再壮，固不能，求反于未壮，亦不可。此退难而遂不易，亦犹羝羊在藩之象。早已在藩，欲出不得，而已肥壮，欲主人久畜不杀，仍如未肥之时，是又不能。此所以触藩无济而进退两难，故《象传》称为"不详"。

"详"犹"祥"也，又包慎密之意。既以进退不得，则处地之不祥也。复以触藩无功，则初计之未密也。明知被人豢畜，肥则必宰，而贪于美食，日求肥壮，可见计之未审，算之未周，是"不详"者，谓其先事未细思耳。且"详"字从言从羊，亦言羊之壮，关夫卦爻之用。羊固以壮为志，畜羊者亦盼其壮至而供食为志。上六已壮极矣，无可再为留豢之时，故此时对羊而言，以壮为不祥，而对畜羊者而言，则以壮为祥。主客之用有殊，故不曰"祥"，而用"详"。

"不详"二字，又含有不明不智之义。明智之士，决无进退两难之时。羊之触藩，是其不明不智之咎，故不退不遂，谓之"不详"。熟虑审筹，则事先有所豫，精思密计，则临难有可解。

豫解二卦，皆震卦在外，与大壮卦同，用原可参，是"详"与"不详"，无时无刻不表现在人、物之上，均宜受到重视。上六处位已高，所临之时已尽，虽有触藩之害，不过是一时之灾，虽有"不详"之讥，而终获"艰吉"之效，则以知其"不详"而自艰，戒于触藩而善保。又以上六处地之易变，而咎害不久既免，故爻辞称"艰则吉"，《象传》明其"咎不长"也。全卦大用，不外"利贞"，而上六之用，则在"艰吉"，其义一也。"不详"者在以前为求壮过急之害，"艰吉"者，在此后为正大艰固之功。虽再三以"羝羊"为喻，而《易辞》之旨，仍勉人鉴于羊而毋自用壮。以"羸"成"壮"，以"艰"成"吉"，以"贞"成"利"，乃全卦一贯之旨。上六之得吉，正以终能艰贞自矢，又恰遇阴爻在上，所谓"高明柔克"者也。正大，非礼弗履，反复围绕此主题。柔足以服刚，又足以正下。时地固尝变易，而德用亦克改悔。人天既合，神心永孚，则终为大壮，且获"晋"之嘉赏矣。大壮卦能保其壮，则晋卦得受其福。此晋卦继大壮而有安康繁庶之占。

【讨论内容】

张丽丽：　因为最后不知道羊胜还是养羊的人胜，所以不详？

张吉华：　"不详"二字，又含有不明不智之义。明智之士，决无进退两难之时。羊之触藩，是其不明不智之咎，故不退不遂，谓之"不详"。

罗仕平：　正大利贞，非礼弗履，人天既合，神心永孚，则终为大壮，且获"晋"之嘉赏矣。自然过渡到晋卦。

温海明： 成事得于艰难中坚持。

辛亚民： 大壮卦出现了"羝羊触藩"这一意象，本义应该是象征人事进退两难之义，爻辞又进一步指出如何摆脱这一困境，艰则吉，将卜问吉凶引向了人道教训、人生哲学，体现了周易哲学"推天道以明人事"的特点。

张文智： 天道"元亨"，而人道重"利贞"。大壮卦卦爻之辞一直围绕"利贞"这一主题展开。"利贞"者，自修之道，人需通过自修才能与天相合。这正是《乾·象》所云"乾道变化，各正性命，保合太和，乃利贞"之意。 天所赍者必善人，神所佑者必德业。此上六"详"字固与"祥"通，以祥祉由善德所召。《尚书》曰"作善降之百祥"。五上天爻，皆关天道，不独重人道也。

辛亚民： 其实爻辞中多次出现"艰"字，除了"艰则吉"，类似还有"艰贞吉"。今人有释作"占问艰难之事则吉"。本人认为还是应该以张老师的解释为优，"艰"当指某种状态，近似于现在所说的"艰苦奋斗"则获吉祥。如《尚书·君奭》云："亦大惟艰"之"艰"。

温海明： 在艰苦奋斗当中虽然艰难甚至绝望，但进退两难之中，唯有坚持下去。

张文智： 传统认为，《周易》之前有《连山》《归藏》，正以这三者对六十四卦之排序不同而有不同之义理。先儒与《周易证释》已指出，《连山》重人道，《归藏》重地道，而《周易》重天道。天道包括地道与人道。换言之，《周易》已将《连山》《归藏》之要旨包括在内，这也是孔子一直强调"从周"之意。

温海明： 《周易》是通天的学问。

崔　圣： 羊壮不见得是好事，强盛不意味着成功。不会审时度势，就会用力不在地方。此卦核心为审时度势。

张文智： 孔子赞《易》之时，已存在许多卦序。据《周易证释》，后人所说的京房八官卦序在孔子之前已经存在。众所周知，清华简、帛书《周易》等亦向人们呈现出不同之卦序。但这些卦序都比《周易》卦序简单而有规律，故它们可以更好地展示先天天道，而在极尽天下之人事方面比《周易》确实要差得远。只是《周易》之文辞太难懂，又有这么一套符号系统，故容易引起许多歧义。好在有《周易证释》的出现，我们可以藉此而窥见天人之道之一斑。

温海明： 《周易证释》实在是奇书。

张吉华： 那既然有这么多卦序，哪一个卦序才可能是卦爻辞所系之序呢？

张文智： 据卦爻辞内容及其与卦爻、象之间的基本对应关系来看，还是今本卦序为卦爻辞所系之卦序。

（整理者：贡哲 浙江大学哲学系本科生）

（本卦校对：裴健智 中国人民大学哲学院硕士生）

时　　间：2016年06月13日22：00 — 23：45

导读老师：李尚信（山东大学易学与中国古代哲学研究中心教授）

　　　　　余治平（上海社会科学院教授）

课程秘书：孙世柳（中国人民大学哲学院硕士生）

顺达光明　自昭明德

——晋卦卦辞明解

35 晋卦

坤下离上

【明解文本】

晋：康侯用锡马蕃庶，昼日三接。

《彖》曰：晋，进也。明出地上，顺而丽乎大明。柔进而上行，是以"康侯用锡马蕃庶，昼日三接"也。

《象》曰：明出地上，晋。君子以自昭明德。

【讲课内容】

李尚信：关于卦象，主要有两说：一是明出地上，二是顺而丽乎大明。明出地上，即太阳上出于地、太阳普照大地之象。太阳普照大地，则万物得以生长，呈现一片生机，故《说文》曰："日出而万物进。"引申之，则"晋"之内涵可以一般地指事物长进、上升的态势。"顺而丽乎大明"："顺"是顺道而行；"明"是达于光明之境。整个卦就是讲顺而达于光明之境。

【讨论内容】

【由迷到顺】

　　温海明：　"晋"是太阳从地面冉冉升起之象，坤顺离丽，一片光明。

　　李尚信：　既然是顺而达于光明之境，那就是说开始还不是光明之境。另外，顺也有一个从迷到顺的过程。

元　融：顺，达，光明之境。迷到顺？

李尚信：是迷到顺。同坤卦的意思一样。

欣　悦：先迷而后得主。

李尚信：所以，这卦是从不顺到顺，从不明到明。首先，全卦的意思是晋，也就是升进。但在进的过程中，是从不顺到顺，从不明到明。也就是说，进的过程不是一帆风顺的，而是曲折的。

武彦平：前途光明，道路曲折。

【"用"】

李尚信：关于卦辞，很少有讲到"用"字的。"用"我理解就是"以"的意思，可释为"因为"。"用"之后本应有"晋"字，承前而省。"用晋"，即因升进，亦即因为升进有功。

温海明：这个角度很新颖。有解为"因为，因此"的。

李尚信：卦辞：康侯被赏赐了许多骏马，并且一天之内受到周王多次接见。比喻因大功受到君王或上司奖赏。

王力飞：用，有解为享用的。康侯享用王赏赐的马匹繁多，一天接了三批次。

李尚信：三批次接受的说法可以考虑。

【"康侯"】

余治平：晋卦之象，下坤、上离，宛如人从地球上观察，红日升出地上，天明地明。马取坤象。卦辞断句也有分歧。康侯用锡马蕃庶，昼日三接。或者，康侯用锡马，蕃庶昼日三接。这有争议。坤错乾，乃马之象。不取。

王力飞：最诡异的是居然断为"晋之康侯"。

欣　悦：康侯是谁？唐叔虞？

温海明：康侯，诸侯名。一说即周初卫康叔，待考。康，一说美，尊贵。

余治平：康侯，即康叔，武王、周公的少弟。

余治平：康侯，最初受封于卫之康。历来不乏把"昼日三接"作史事解释的。昼，拆字而暗指周公旦。"日三接"，在今古文《尚书·周书》中被理解为周公摄政而向康叔颁布的《康诰》《酒诰》和《梓材》三篇。这段卦辞还引出卦辞与爻辞作者的争执。一般情况：文王作卦辞、周公作爻辞，但这段文字被后世学者解读为周公自己的撰作。

崔　圣：康侯在卦辞中，应为文王所作。可是，文王时还没有封康侯。最早应是武王封其八弟为康叔。

李尚信：卦爻辞定然不是文王、周公所作，应该是西周中晚期的作品。

元　融：马恒君说："康侯"，前人考证是卫康叔，作为卦辞，即使实指其人，也只
　　　　能是举例。

李尚信：明夷卦讲到明夷于南狩，升卦讲到南征，都与伐楚有关。南征是西周中期及
　　　　以后的事。

【"蕃庶"】

温海明："蕃庶"有不同理解。

李尚信："锡马蕃庶"，我见到的较好的理解有两种。一是所赐之马很多；一是以所
　　　　赐之马繁殖了很多马。但不管哪种解释，背后的意思都是说，康侯有功劳。

余治平："蕃庶"，来自中爻艮，互综震，而震则为蕃。庶者，众也，坤象繁多。

张吉华：庶有不同理解，是繁多与繁殖？

温海明：有说繁殖众多，有些就说众多，不太一样。

元　融：蕃庶是蕃息而众多。"用锡马蕃庶"，是说用天子赐给的良种马去畜养繁
　　　　殖，给国家培养出大量的良种马。这在古代也是一种很大的功勋。《史
　　　　记·秦本纪》说，秦的祖先大费（柏翳），"佐舜调驯鸟兽，鸟兽多驯服，
　　　　是为柏翳，舜赐姓嬴氏"。周孝王时代，柏翳的后代"非子好马及畜，善养
　　　　息之"，周孝王让他在汧渭间养马，马大蕃息，孝王奖励他说："昔柏翳为
　　　　舜主畜，畜多息，故有土，赐姓嬴。今其后世亦为朕英养马，朕其分土为附
　　　　庸"，并"邑之秦"。靠养马而裂土封侯，为后来的秦王朝立下了基业。

李尚信：若将"蕃庶"理解为繁育众多，卦辞全句则当释为：康侯用所赐之马繁育了
　　　　大量马匹，（因繁育马匹有功）而在一天之内受到了（周王）的多次接见。
　　　　这种解读虽与前一解读有所分歧，但却同前一解读一样，亦具有总结的性
　　　　质，也是在讲一个光明美好的结局。

【"三接"】

张吉华："多"与"殖"，与"接"字有关？若是"多"，则是国君之接；若是
　　　　"殖"，则是自己殖生之接？

王力飞："接"是接生还是接近或接马？

李尚信：有的将"三接"解释成多次配种，也有问题。"很多马一天配三次种"，不
　　　　知要表达什么意思。

丰　铭：配种也是这样，都说不通。不怕粗俗，就怕无理。真要有理，不怕粗俗。

秦凯丽："三接"可以理解为一天之内受到君王的三次接见吗？

元　融：有这样的解释。三接，不是马象，肯定是人象。君王一日三接，表示恩宠，
　　　　古代也有"三接之礼"。三接之礼，《周礼·秋官·大行人》有记载：诸公
　　　　"三飨"，"三问三劳"；诸侯"三飨"，"再问再劳"；子男"三飨"，

"一问一劳"。诸侯来朝，天子要接见，第一次是接见，第二次是设宴款待，第三次是慰劳，但不是一天之内的事。一天之内接见三次，足见这个诸侯在天子心目中地位的重要，宠爱有加。

秦凯丽：　说明晋卦各爻受恩宠之厚。

【"晋"】

余治平：　既然晋，即进，那为什么不直接叫进而叫晋呢？卦名是有讲究的。晋者，进也。但卦名叫晋而不叫进，是有层次区别的。按照《序卦传》，大壮之后，如果一味地进，只有前进，平行层次；而晋，则意味着进而光明，显然上升一个层面。物不可以终壮，故受之以晋。晋的卦辞中，蕴涵着"周初故事"，高亨就这么说的。来知德说："不言进而言晋者，进止有前进之义，无明之义，晋则有进而光明之义，所以不言进也。"可见，有明与无明，构成晋与进的一大重要区别，涉及所采取的方法、所具备的心态和所达到的境界，不可不察也。正因为以日出地上，前进而明，所以才称得上"晋"，不明则不晋。

温海明：　不能止于壮盛。

李尚信：　赞同余老师对晋字的分析。进只是一般之进，晋是升进。

元　融：　可以理解为是阴爻之进吗？晋由观卦而来，四爻进。

李尚信：　就个人的理解，不太主张讲卦变。至于阴阳爻的问题，我觉得还需进一步研究。就义上来讲，当然是可以顺而升进的。

余治平：　可以进一步结合《象传》来理解。

温海明：　升进不易，晋卦每一爻都说明，上升一步不简单。《象传》解释为"柔进而上行"。

余治平：　一方面，明出地上；另一方面，又能够顺二附丽。只有一头还不行，要两方面都有进展，才称得上晋。进是增加，而晋是有境界的。

温海明：　太阳升起，柔顺地附丽在光明的天空上，暖洋洋的样子，好柔顺、好惬意。

【"自昭明德"】

余治平：　"明出地上"，引出儒家的君子品格。坤为地，为阴土，譬喻人欲之私。自，本我，主体自身。离为日，日原本明光无蔽，入于地则幽暗不明，譬喻沉溺于人欲。

元　融：　"君子自昭明德"。

余治平：　"自昭明德"一句耐人寻味。

温海明：　人德本明，自己昭明。

李尚信：　"君子以自昭明德"：君子效法晋之卦象而自我彰显明德。"昭"，彰显。晋卦下坤为顺，上离为明德，合而言之即为顺明德，顺明德则明德彰，此为"昭明德"。君子法之，当然是自我昭之，欲他人昭之而己则不昭，此非为君子。

赵　薇：　"大学之道，在明明德"。

余治平：　晋卦显然早于《大学》。"自昭"，就是要格物致知，克己去欲，正心诚意，让仁道澄明开显，发挥光大。明出地上，而地乃阴土，就好比人欲之私，非公、非大。"自"，指自己、我、本我，引申为我所本有、属于我的。日，原本为明，光之来源、发源。人立于地，则已暗淡。人之德性原本澄明清澈，一旦沉溺于人欲之私则必然被遮蔽得暗淡无光。功利心越重，私欲越强，自家德性越难以开显。所以，每个人如果都能够致力于彰显自己内在原本澄明清澈的德性，那就会像红日照大地一样敞亮明快，没有什么阴影可以遮蔽的了。从儒家功夫论上讲，"自昭"就是格物致知，目的就是去除蔽明之私，诚意、正心地修身，就是为了把蕴涵在他自身之内的、原本还是澄明清澈的那种德性从功名利益中——剥离出来。

温海明：　晋卦是出离人欲而超凡入圣之象。

李尚信：　从《象传》来讲可能是这样，但卦爻辞我觉得不能抬得太高。

温海明：　晋主要是精神境界的提升，不是物质和生活层面的进步。

余治平：　人人心中皓日当空，天条朗朗，何尝不光明坦荡？此之谓晋的境界！

温海明：　余老师说得非常好，晋既是达到，也是恢复心中皓日当空，光明坦荡的境界。

（整理者：王璇　中国人民大学哲学院硕士生）

升晋有挫　守正不弃

——晋卦初六明解

时间：2016年06月14日21：30 — 23：23

【明解文本】

初六：晋如摧如，贞吉。罔孚，裕，无咎。

《象》曰："晋如摧如"，独行正也。"裕无咎"，未受命也。

【讲课内容】

李尚信：晋卦整体卦意是说：达于光明之境不可能一帆风顺。或者也可以说：前进路上多坎坷；还可以概括为：前途光明，道路曲折。卦辞具有总结的性质，所以，卦辞自然就是讲有一个光明美好的结局（事业终于成功了，也得到了高度的认可和奖赏）。至于具体的词句有多少分歧，那是枝节问题，可以留待慢慢讨论。而爻辞则是将伴随曲折而一步步走向成功的过程加以具体展开。初爻与二爻一上来就讲人在处于上升的初始阶段难免会不断地遭遇挫折与失败，以及在遭遇挫折与失败之后个人的处事态度。按照《象传》的讲法，初爻是讲在未委以职任时、在培养自己成功的个人素质的过程中难免会成功与挫折交织；二爻则是讲委以重任后遇到的成功与挫折。

逐词解释初六爻辞："晋"，升进、前进、成功；"摧"，摧折、挫折、失败；"如"，乃助辞，表状态。"晋如摧如"，直译为：有升进，也有挫折；有成功，也有失败。意译：在走向成功的过程中，难免遭遇曲折。"贞吉"，本义为守正则吉。可意译为：坚持追求正道，总会得吉。"罔孚"，不受信任。"罔"，无、不；"孚"，信。本句为主动句表被动用法，此用法《周易》古经常见。《周易》古经中似无专门的被动句式，某个句子是主动句还是被动句，只能靠上下文来判断。"裕"，宽裕。引申为从容淡定。"无咎"，无过咎。全句意为：在走向成功的过程中，难免遭遇曲折，继续坚持追求正道不放弃，总会得吉。虽然此时往往不受信任（不会被委以重任），但无须在意，宜淡然处之，这样就不会有咎过。

再简释一下《小象传》。《象》曰："'晋如摧如'，独行正也。'裕无咎'，未受命也。"独行正，独自行守正道。许多人在不断地遭遇挫折以后，往往会意志消沉，能够坚持到最后的往往是少数。《象传》作者大概想要突出强调坚持之难，所以用了个"独"字。复卦六四"中行独复"之"独"亦与此类似。"'裕无咎',未受命也",意思是说：淡然处之则无过咎，是对未被委以职任（未受命）这件事淡然处之。为什么《小象传》说初爻是"未受命"呢？因为初爻尚处于最底层，只是一介草民。王弼说"初上无位"是也。而二爻则处下卦中位，已脱离平民百姓阶层，且是五爻之应爻，故为朝廷之命官。这点前人已有注解。

【讨论内容】
【"独行正"】

温海明：　在挫折中坚守正道很不容易。

余治平：　总体上赞同李老师的观点，讲得非常好。但是，初六一爻，历来争议也多。正道大概有两个方面：一是传统价值观层面的，二是尊重客观规律。

李尚信：　正道也就是中道。

秦凯丽：　我总觉得"正"不同于"中"，有好多好人但是方式不对，没有做到中。

余治平：　正，乃指初六与九四正应，四阳在上，有靠近君位。正应才有正道，否则正道就出不来。所以，来知德说："初六以阴居下，当升进之时，而应近君之四，故有'晋如摧如'之象，占者守正则吉矣。"

温海明：　"正应才有正道，否则正道就出不来。"上面有领导正应，晋升才能步入正轨，正道有依靠领导的意思。初六在晋升时，像个害羞却想插队的小姑娘。

元　融：　晋，全卦是"柔进而上行"，六五已经上到尊位，以下的三个柔爻都要上行。所以初六爻辞是"晋如"，六二爻辞是"晋如"，六三象辞是"志上行也"。这是爻的推移趋势。四个好姐妹，一个顺利晋升，其余三个自然着急，小妹妹最着急，往前挤，领导发话：年轻人，着什么急！排队，排号！

温海明：　刚开始排队，再挤也要放宽心。

余治平：　《象传》里的"行"是怎么出来的呢？

李尚信：　贞，是通过"行"才能表现出来的。

余治平：　中爻艮，互综震，而震则为足，乃具行走之象。《孟氏逸象》中，震为行。

温海明：　余老师基本把每个字从象上都找出处了。

余治平：　李老师刚才说要讲"独"字的呢？

李尚信：　独行正，独自行守正道。许多人在不断地遭遇挫折以后，往往会意志消沉，能够坚持到最后的往往是少数。《象传》作者大概想强调坚持之难，所以用"独"字。复卦六四"中行独复"之"独"亦与此类似。

余治平：　未受命，晋卦之中，离火、离日在上，五阴不正。初爻应四、二，不应五，无法获得直接任用。

汤兆宁：　独行正，强调独自行走在正道上。因为是正道所以人少，更有孤独艰难但坚定的意思。

余治平： 中爻艮，乃为手，寓意授受。六二也有"受"字。

温海明： 晋升之路，从古到今，都是人挤人，可有什么好挤的，至于领导用不用可以处之泰然，自己不要用心去挤就好，自己走在阳光正道上。

李尚信： 基本的爻象分析是必须的，我不太赞成做过多的爻象分析。因为爻象分析过度的话，就有了更大的随意性。

温海明： 同意李老师说的，爻象分析如果讲得更清楚还是不错的，如果讲得更不清楚就不合适。

余治平： 爻象分析使爻辞更有意义，看出的事也更多。

【"摧"】

余治平： 另外，爻辞中，摧，多解为折。

李尚信： 将摧解为退的也不少。

余治平： 摧，如果解为折、挫折，也不符合《象传》言"独行正"。

温海明： 催得紧，艰难，还没有折断，就是排队人太多，比较拥挤，大家都要晋升，折断了晋升就没戏。

李尚信： 不是"折"为独行正，而是要不改坚持到底的初衷，要去追求那个正。

余治平： 但从爻象上分析，似乎也可以解释为：高。晋卦之中爻，艮山，乃在坤土之上，海拔比较高。九四，阳爻，靠近五君之位，也有高高在上的意思。

李尚信： 我们首先得立乎其大者，不然就会公说公有理，婆说婆有理。立乎其大者，就是通过融会贯通，找到整体卦意与全卦的基本展开方式。过去的不少解释都多少有些含糊其辞，难以明了其真正意图。

【"罔孚"】

汤兆宁： 李老师说的"罔孚为不受信任"的解释。其他古文解释为"没有诚信"，感觉不妥，因为下卦是坤卦乃是有诚的表现，所以李老师的解释为还没有建立信任（但是本人是有孚或有信的），比较妥帖。

余治平： 从爻象上分析，"罔孚"，指六二、六三，皆阴爻，对于初爻不信任，不给力。而中爻坎，也寓意狐疑、多疑、不信任。爻象上，水在坤上，前行受阻，不如意。但也有版本把"罔"刻为"有"的。

李尚信： "罔"为"有"的版本我倒未见。若作"有孚"也是可以通的，那就变成了主动句。

汤兆宁： 不过"罔孚"还是符合初六处境的，其实罔孚有孚都是指主体是有信的，罔孚是还没被信任，另一个是指主体有孚。

温海明： 没有被信任，也要从容应对，从古至今晋升都是看上面领导的意思。

余治平： 初六卑下，二、三不见信，当此之时只有守正，则吉利无碍。

李尚信：　晋升有两个方面：一是个人确实做出成绩；二是成绩得到承认。

温海明：　做出成绩得不到领导承认也是正常，要继续安心排队。

李尚信：　从古至今，大概从来都是教导要正确对待组织的评价。

温海明：　《周易》主要研究自己怎么应对，不研究怎么琢磨领导的评价。自己走正道就好，人间正道是沧桑，走正道也不容易。

余治平：　孚，也有人跟打仗联系起来，而解释成俘虏。要求宽容俘虏。

李尚信：　解释有很多种，但多数解释会有高下之分，也有少数相互难以取舍。

【战争】

余治平：　你们都不主张联系征伐，可高亨始终在讲战争。初六意欲升进，但因为地位卑下，只得暂时留止，放宽心态，切不可不顾二、三之不信，急躁冒进。

李尚信：　讲战争关键能否贯彻到底，能否将象与辞全篇融会贯通。

温海明：　打仗即使爻辞可解，卦辞难通。

余治平：　高亨讲晋卦是一以贯之联系战争的。我也不同意。

李尚信：　上六虽然涉及战争，但那很可能是取象比类。

余治平：　陈抟诗曰："大宜图进用，小阻亦何妨。功成无躁进，终虽保吉昌。"

元　融：　晋卦，初六与九四相应，初六上进前临的是互艮，艮为止，前面受阻，后面往上挤，故言"摧如"，"摧如"是往开推排的样子，这里可指推挤。全卦四阴爻，四个好姐妹，下卦三阴爻，三位姐妹落后了，初爻在最末，小妹着急。"罔孚"是个人的信实还没有被认识，也就是还未受到信任。一开始就要升进，还没人信得过。"裕"是宽裕从容。排在最后，时间宽裕从容，慢慢等待，会有升进的机会，故言"裕无咎"。

丰　铭：　"摧"，摧折也，也是战争。和上六相应。

李尚信：　不能光看个别字。关键怎么融会贯通。

余治平：　初六爻，在义理上，关键要领会一个字"裕"，胸襟宽广，处事有余，时机不成熟，万不必急躁冒进。有曰：进身许国名当重，退步宜防悔吝摧。四水有鱼孚自信，寒江花影再相随。

王力飞：　为何提拔？不知道，到上九，清楚了，组建骑兵队伍，打仗去吧。卦辞给那么多马，不能白瞎。提拔不是打仗，提拔的目的是委以重任。

元　融：　坤为牝马，互坎是美脊马，本身卦象有马匹繁殖之象的。

王力飞：　提拔是初六，一个萝卜一个坑，不急。晋升就是晋升，不能舍本逐末玩打仗游戏。

（整理者：张馨月　中国人民大学哲学院硕士生）

守正不改 终受大福

——晋卦六二明解

时间：2016年06月15日21：30 — 23：17

【明解文本】

六二：晋如，愁如，贞吉。受兹介福，于其王母。

《象》曰："受兹介福"，以中正也。

【讲课内容】

李尚信：《系辞下》曰："其初难知，其上易知。"有了对卦意及对初爻的认识，其实思路已经打开了，接下来顺着思路走下去，应该就比较顺利了。在初爻的阶段，经过一段时间的历练，如果能力出色，又得到赏识，那么，就会被委以职任，这就进入了六二的阶段。

到了六二的阶段，赋予了职任，独当一面，怎么可能一帆风顺？责任越大，困难越多，必会有一筹莫展的时候。所以，有"晋如愁如"。如果一定要找对应的爻象依据的话，那大概就是二与五皆为阴爻，五不应二，不应则无为，故有"愁如"之象。"晋如愁如"，就是指在走向成功的过程中，在独当一面的职任上，也会有一筹莫展的时候。

"贞吉"，持行正道坚持下去，就会得吉。

"兹"，此，这；"介福"，一般都理解为大福，但理解为小福亦通，而且意思没有太大差别。大福，就是大的慰藉；小福，就是小的慰藉。人在最愁苦的时候，即使得到一丝丝慰藉，也很珍贵，因而这种慰藉也可以说是很大；即使得到很大的慰藉，但对于消解愁苦来说也起不到根本的作用，因而也可以说只是那么一丝丝而已。

"王母"，据《释名》，应释为祖母。"受兹介福于其王母"，这一句可能稍有点争议。我理解这句讲的是：只能从最亲近的祖母那里得到一丝慰藉。据《小象传》，所以有"受此介福"者，是因为六二之爻得"中正"，也就是既中且正。

六二爻全句意为：在走向成功的过程中，在独当一面的职任上，也会有一筹莫展的时候，此时持行正道坚持下去，就会得吉。这个时候没有人来给予帮助，只能从最亲近的祖母那里得到一丝慰藉。

之所以补充"这个时候没有人来给予帮助"一句，一是根据上下文，因为在职任上尚未彰显自己的能力，未获众人信服，众人皆疑而远之；二是爻辞只说从祖母那儿得到一丝慰藉，就暗含未得到其他人的帮助。

本爻的《小象传》比较简单，而且前面也已稍作交待，这里就不再重复。

以上就是我对晋卦六二爻的理解。

【讨论内容】

【"愁如"】

余治平：　六二因为与六五应，尽管是敌应，但也比初六有力，它可以直接获得六五的授命。

汤兆宁：　"这个时候没有人来给予帮助"，的确联系上下文可以感受到的。

余治平：　六二爻，又出现两个"如"，跟初六一样，值得注意。如字的连续出现，说明昨晚我们讲的"摧"字，很可能不是"高"的意思。如，似乎应该是指一种相反、对待的关系，用以解释前后两种不同的状况。初六的一进一止，一升一落。六二则且行且止，或快或忧。显然都是两两相对的状态。

李尚信：　"如"应该也可以用于表并列或递进关系的句中。如"出如，来如，死如，焚如，弃如"。

余治平：　李老师刚才的解读，绝不是空穴来风，其实都可以从六二爻变中找到根据。

汤兆宁：　余老师从爻变看问题，也是一种角度。但初六和六二都是阴爻，似乎没什么大突破。

余治平：　六二爻，居内卦之正位，又与六五敌应。两柔相对，加剧忧愁。内外难济，即便处于中正之位，一时也不可能发挥大用。

温海明：　前临互坎，危险啊，能不愁吗？

余治平：　对的。中爻遇坎，有陷阱，要小心。进逢重柔，不得直行；遇有阻力，难以奋腾。

汤兆宁：　好在下卦为坤，柔顺能忍耐。

【"介"】

李尚信：　此爻的"介福"，好像自古以来一致认为应理解为大福。可是，介也有小之意。如：《系辞传》"忧悔吝者存乎介"，韩康伯注云："介，纤介也。"《列子·杨朱》"介焉之虑者"，殷敬顺释文曰："介，微也。""纤介""微"，皆有微小之意。

余治平：　来知德、高亨都把"介"解释为"大"。

李尚信：　把"介"释为大，似自古以然。

汤兆宁：　学习资料里面的《周易概论》《周易正义》等等都解释"介"为"大"，

"介福"为大福。介字不错，蒋介石之名也取自《周易》。

温海明： 独立如巨石，也是够大的。

李尚信： 现在的问题是都认为作"介"，又认为"介"的意思就是"大"。

余治平： "受介福"，指敌应于六五之大明之君，因为其同阴之德而获得任用，加以宠禄。所以为大福利。

李尚信： 王弼认为同德是一种特殊情况，就是变通的讲法。既如此，就应讲出变而通之的理由。

余治平： 对的。有变才通。

温海明： 变通要有根据，不能变来变去。

余治平： 否则学来学去，还是自己肚里那些东西，历史上那么多解释学不进来了。

温海明： 传是经最早最可靠的解释。

姚利民： 学《易》最好据经传解《易》，刚开始不宜随便发挥。

汤兆宁： 相信老师们都有自己的心得体会，有些别解也是情有可原。不离其宗就好。

【"王母"】

余治平： "王母"，指六五之君，可惜不是男帝王，而是一个女汉子。离为日，"王"之象。而离又为中女，所以才是一个"母王"。六五，为女后。

温海明： 李老师说是祖母，一般女后都是祖母。

余治平： 六二，居坤之中，也是大母。所以也有学者干脆把六五女后与六二坤位大母，合称为王母。

温海明： 这是一后一母。

汤兆宁： 李老师所说的王母是祖母，因为也有一些古文解释为祖母的。李老师从人文观点思考，也很有启发。

余治平： 的确也有解释为祖母的。

汤兆宁： 六二也是大母，这也说得通。

余治平： 六二秉承坤德，本身就可以称为"大母"。

李尚信： 汉代的字书《释名》对王母的解释就是指祖母。

温海明： 李老师说法有根据，"王母"之意应该就可以理解为祖母。程颐也解释为祖母。

汤兆宁： 六二坤卦居中，貌似大母。

余治平： 阴之至尊，乃为"王母"，即祖母。

姚利民： 为什么王母前有加西字，为西王母？

李尚信： 西王母，是《山海经》里的一个人物，应该是比较晚出的。

【"福"】

温海明： 李老师是从祖孙亲的生活角度来解释受到祖母的福佑，从晋升角度就是或多
或少受到有权势领导的福佑。

李尚信： 大概领导解不了他的"愁"吧，领导也在观察，给他这个位置，他能不能胜
任呢？

余治平： 《象传》言"受兹介福，以中正也"，并非简单重复六二爻辞，而是进一步
交代"受兹介福"的根据和原因。

温海明： 六二表现不错，又中又正。

元　融： "受兹介福"之"兹"，展示的不是坤福，来自九五之福。

余治平： "以中正"，就是以六二善于居中正之位，守中正之德。八卦正位，坤在
二，所以就能够"受介福"。而六二之所以能够贞吉，其爻理根据就在于正
位、中行。做到这一点，足矣！因为至少它还有位可守，有道可行。

汤兆宁： 如果没有六二的贞吉，又如何能会六五的大福呢？上下卦缺一不可。

温海明： 九五给福，也是因为自己有坤福，能够保持中正，心里发愁，但领导都看不
出来。

余治平： 六二爻，陈抟诗曰："日从云外复光辉，枯木生花再盛开。莫笑旧时淹恨
事，须知从此脱尘埃。""一悲复一喜，介福远临延。受介于王母，春风桃
李妍。"按照卦气运行的趋势，相比之下，六二爻要比初六爻幸运，上面有
人，能得福泽。

汤兆宁： 坤要是有乾或者太阳罩着，一定有福。

余治平： 比之于做人，要善于把愁苦的情感化作前进的动力。自己不精进，即便有外
力助推，也不可能成功、幸福。

元　融： 如同昨日分享，四个姐妹共进退，一个姐妹晋升"王母"之位，其余姐妹
自然受到激励！昨日小妹冒进受到领导的呵斥，今日二妹居中而晋，互坎
为愁，内心是对晋景有忧，又持守中正，上卦的六五关爱有加，也是能享
其福！

（整理者：黄仕坤 中国人民大学哲学院硕士生）

众人信服 百事尽亨

——晋卦六三明解

时间：2016年06月16日22：00 — 23：12

【明解文本】

六三：众允，悔亡。

《象》曰："众允"之，志上行也。

【讲课内容】

李尚信：今天我们一起学习晋卦六三爻。之前我们讲了初爻、二爻的曲折。讲了在曲折中需要坚持。坚持下来，挺过了艰难彰显自己能力的第二个阶段，就会迎来阳光灿烂的第三个阶段。

"六三：众允，悔亡。""众"，就是众人的意思，主要指下属，也可以包括领导在内，也就是可以指各方面人士。"允"，是信任、信服的意思。信任、信服了，自然就会拥护、拥戴。所以，"允"可以意译为信任与拥护。"众允"，就是指各方面人士都信任与拥护。"悔亡"，意为悔事消亡。作为独当一面的领导者，必须能服众。如果不能使众人顺服，不能树立起自己的威信，则工作必难展开。在这种情况下，就需要检讨自己哪里做得不好，哪里需要改进。改正不好的地方，这就叫"悔"。现在既得众人顺服，则悔就没有了，是谓"悔亡"也。六三爻全句意为：众人都信任与拥护，悔事消亡。之所以有六三爻辞这样的结果，是因为六二经过艰苦的努力，在受任的职位上终于做出了各方都能认可的傲人政绩或业绩。如果做不出相应的政绩或业绩，那就只能永远停留在六二爻的阶段，甚至有可能退回到初六的阶段。

以上是六三爻辞的解读，下面看《小象传》。《象》曰："'众允'之，志上行也。""志"，心志；"上行"，向上进取也。"志上行"，即向上进取的心志，亦即有积极向上进取的心志。《小象传》全句意为：众人都信任与拥护，在于他们皆有积极向上进取的心志。此句亦有断为"'众允'之志，上行也"者。意思基本没有差别。下三阴皆上顺而丽于大明，故能得上司之信任；而初、二两阴又随六三之一阴上行，为能服于六三也。

今天所讲与前贤差别不大。主要在于我从实际生活的角度，讲了"悔亡"的具体所指。

【讨论内容】
【"志上行也"】

余治平：　"众"，初六、六二加上六三自己，三方面形成合力，一同上进，直推上卦。来知德解曰："上顺丽于大明也。上从大明之君，众志之所同也。"大明为离日，至善光明之来源。

李尚信：　前人解"悔亡"基本是从《象》上来讲。我的生活角度的解释是：之所以有六三爻辞这样的结果，是因为六二经过艰苦的努力，在受任的职位上终于做出了各方都能认可的傲人政绩或业绩。如果做不出相应的政绩或业绩，那就只能永远停留在六二爻的阶段，甚至有可能退回到初六的阶段。"众"主要指在下者，即群众。但我理解也可以包括领导。本爻相对来说简单些。欢迎不同观点碰撞。

余治平：　六二、六三的关系：六二因为受了六五福泽，而能够推扩、远施。推六二之福，才能成六三之众。又因为六二之中正，所以才能够导致六三的咸允。

李尚信：　是的，六三是以六二为基础的。但六二并不是都能走向六三，成为六三。

姚利民：　阴爻本应往下走，如泰卦上的三阴，而晋卦下面三阴爻却反其性向走，然道是她们找到正道，又或者信任跟随领导的缘故，为何？请指点迷津。

余治平：　虽然阴气下沉，阳气上升，构成易之运动，可以比类于万事万物。但处于一卦之内，爻气、爻势总体趋势依然是往上走、往上升的，动力不断，生生不已。初六在下无德无惠；六二则德立中行，可以布德施惠，为六三奠定上进基础。

王力飞：　余老师是发展变化的观点。

李尚信：　我理解，初爻也有他好的一面，不然，底层的平民怎么向上流动呀？古代社会，有的国家贵族与平民是隔绝的，而中国不是。在中国，平民可以变贵族，贵族也可以堕落成平民。

余治平：　六三居坤之尽，上接离日，德已经昭明，惠已广布，又能够与初六、六二众志成城，福禄悠同，怎么可能不赢得人心呢！六三的可贵之处就在于，它能够携六二而上济，又能够连接九四，一起升达，顾人而不独食，有相对广泛的群众基础。值得表彰。

李尚信：　姚利民的问题还的确是个问题。《周易》似乎就是这样，不同的时候讲不同的话。在晋卦，它讲的是顺而丽乎大明，当然就是上顺了。而在泰卦讲的是，阴阳气交。总之，它讲的是上、下两象的组合。

余治平： 爻象上看，初六、六二、六三，皆阴爻，皆柔，所以便容易抱团在一起，承载离日之大光明。

武彦平： 《周易》就是这样，此一时彼一时。

余治平： 对的，看似简单的一个阴爻，或者一个阳爻，放在任何一卦、放在任何一卦的任何一个位置，其含义、道理、价值陡变，悬殊很大，不可固化思维之，不可将之实体化，真乃"易无体神无方"。

　　三四乃人爻，兼包天地物类，承天之功，立生化之源。正因为六三有这样的本事，所以才能够有一定的凝聚力。在任何一个单位里混，中层领导是最难的。单有坤之尽的位置，还不行；自己还得有必要的能力。《象传》言"上行"，指六三能够携手六二，以共同求得上孚于六五之君，并承蒙其恩泽。六三的为人处世还真不赖，能够顾及手足之情，彼此拉扯，相互帮扶，不扔下一个难兄难弟，共同进步，共同富裕。

姚利民： 六三让我们深知人之本性都是温柔向善趋光明的。

李尚信： 关于下三阴与六五的关系，是否仍须探讨？比如：程颐就不这样讲，他只讲三阴上顺而丽乎大明。说明他是觉察到不好直接讲下三阴顺六五。

余治平： 关键是它心里有那么一个"志"，其实，心到了就好，即便最终没成功，下属也不会埋怨你，更不会批评你。而是大家都会觉得：你这个人还挺仗义。

姚利民： 六三自身能学习到六二的格物致知，正其心，修其身，的确是齐家表率。

余治平： 然而，"志"的可靠解释还必须联系九四。六三、九四，阴与阳合，三承四，四乘三，柔宜从刚，三不向上不行，否则就失去了前行的必要动力支持。所以才说"志在上行"的。而位居上卦之中的六五，就不必上行了，它要向下，返于内。六三爻是在强调，一个人要想晋升或发展，必须要有一定的群众基础，要学会笼络人心。这样才能赢得上司的信任和重用。

　　人缘，很重要。是这一爻的核心。谁要是占得此爻，则必须把工作重点放到得到下级或身边人、周围的人的认可和信任上，让大家觉得你这个人很靠谱，而不是一味地去讨上司的欢心与青睐。因为一旦你赢得众人的信任，便可以继续朝着既定的目标前进。

　　六三，陈抟诗曰："欲进前程路，幽阴渐向明。众人俱信服，百事尽光亨。"又一首诗曰："庶人众久心，内外悔俱亡。皎月再明时，多成遂其志。"

【晋、升、渐三卦之异同】

李尚信： 下面简单比较一下晋、升、渐三卦。晋：晋之升进，侧重于讲经过曲折而进于光明之境。升：升之进，讲一步一步登上（升上）新台阶。渐：渐之进，则大概侧重于讲缓慢升进、艰难升进。晋卦就不用展开了。

余治平： 晋卦是：光明照大地。

李尚信： 下面先说升卦。一提起升卦，一般想到的取象大概是地中升木。是不是这样
的呢？有没有人认为不是这样的？其实，我的理解，升卦的升，它的基本含
义可能不是上升的意思。帛书本、上博楚竹书本都写作"登"。《礼》经等
书中的升，也是登的意思。如"升阶"，即是登上台阶。既然是登，那地中
生木就不搭界了。升卦下巽为台、为阶，上坤为土，合而言之，则为有阶之
土台、土丘。土台、土丘须登而后才能升，故其象有登、升之义。登升须逐
阶而上，故其中心在于阐发一步一步登上新台阶之意。古经的升卦正是在讲
这个意思。这个卦还有下为高之基的意思，也讲柔小顺德终久大。

温海明： 取象不同，新意迭出，把升落实到登升，很独到！登阶而升。

李尚信： 下面再说渐。渐有山上有木之象，也有坡渐之象，皆有长进、升进之难的意
思。山上之木生长缓慢，故有进之难；渐卦下艮为山，山有坡；上巽为台，
也有坡。故渐卦又为坡渐。坡之升进就是爬坡，爬坡同在平地行走相比当然
就比较困难了。渐下艮为止，上为巽，故也有止乎巽之象。渐卦卦爻辞正是
将止乎巽与坡渐的升进之难结合起来进行阐发的。我给渐卦起的题目是：
巽顺持家女归吉。所以，这三卦都有进的意思，但它们的侧重点是很不一
样的。

温海明： 有点抽象，渐的主题是渐渐，缓慢？还是婚姻程序？

李尚信： 渐是对女在夫家生活的写照，既有巽顺持家的一面，也有生活艰难向前的一
面。一家之言吧。

李尚信： 我在分析基本卦象的基础上，更注重对卦爻辞本身的细致梳理。前儒往往对
文辞本身比较忽视，更注重分析乘承比应，更多从爻象引申义理。

元　融： 末学作今日的总结——晋卦，卦象是上离下坤，朗日高悬之象。明出地上，
光明无限；一片光明的背后，黑暗的能量在积蓄。卦辞有"柔进而上行"，
阴爻四姐妹，五爻居中，三姐妹众志成城，努力上行。上卦的中位已得，三
姐妹为什么还要上行？下卦三姐妹的视野一定是超越五爻尊位的，上卦是
离卦，下三爻的目标是上卦二阳爻之位！四阴迫阳之象，到三爻已经蓄势完
毕，等待明日进攻的号角！

（整理者：李芙馥　中国人民大学哲学院博士生）

鼫鼠之进 不当有厉

——晋卦九四明解

时间：2016年06月17日22：00 — 23：25

【明解文本】

九四：晋如鼫鼠，贞厉。

《象》曰："鼫鼠贞厉"，位不当也。

【讲课内容】

李尚信： 在取得了傲人的政绩或业绩以后，事情迟早会向下一阶段转化。那么接下来的一个阶段，是一个什么样的状态呢？我们先看九四爻的爻辞。

"晋如鼫鼠"，如鼫鼠一样的升进。如鼫鼠的进是怎么样的一种进呢？"鼫鼠"，《周易集解》又作"硕鼠"。《周易正义》："蔡邕《劝学篇》云：'鼫鼠五能，不成一伎术。'《注》曰：'能飞不能过屋，能缘不能穷木，能游不能渡谷，能穴不能掩身，能走不能先人。'"《九家易》也谓硕鼠有此五伎，且其五伎皆劣。由此看来，鼫鼠或硕鼠虽技能不少，能成一部分事，但却不足以成大事。所以，如鼫鼠一样的进，是指虽能有所进，但却不足以成就大事者。九四爻全句意为：升进如鼫鼠，虽能有所进，但却不能有大的突破，尽管所行为正道，但仍会有危厉。

细分起来，不足以成大事，至少有两种情况：一是欲保住已经取得的成绩，不敢继续开拓，害怕失误，患得患失；二是升到更高职位后，能力不足以胜任目前的职位。无论哪种情况，由于都没能将所负责的工作向前推进一大步，甚至有可能停滞或后退，这无疑会受到领导和其他各方的批评和指责，对事业的发展和个人前途而言都是危险的。故爻辞接着说："贞厉。"

此爻为阳爻，阳为健，本有进取之心，但从其所处位置来看，它已进于上卦之中，有更进一层的意思，同时它又处于上卦之最下爻，又有欲进不得的意思。

【讨论内容】

【"鼫鼠"】

李尚信： 《周易正义》："蔡邕《劝学篇》云：'鼫鼠五能，不成一伎术。'《注》曰：'能飞不能过屋，能缘不能穷木，能游不能渡谷，能穴不能掩身，能走不能先人。'"由此看来，鼫鼠或硕鼠虽技能不少，能成一部分事，但却不足以成大事。鼫鼠的特性于这爻尤其重要，这一点把握不好，就读不懂这一爻。

罗仕平： 通百艺不如精一技。

温海明： 感觉晋升得不但艰难，而且窝囊，其实大部分求晋升的人，感觉应该都差不多。一方面晋升确实要有能力，要突破；可一方面又患得患失，自己都觉得窝囊得像老鼠一样！

汤兆宁： 这个鼫鼠有意思，全易只出现一个硕鼠，为何出现于晋卦？

元　融： 让阳爻出现鼠相，可见阴爻逼迫之猛烈。

汤兆宁： 这个观点有意思。从象来看的。我查了一下，南怀瑾和金景芳老师对于鼫鼠的解释也有其观点"鼫鼠：贪而畏人者。贪于非据而存畏忌之心，贞固守此，其危可知。"离之初却有鼠象。是否因为此卦先天乃是柔顺之坤，所以硬要其刚强，勉为其难。或，先天柔顺者位升而走刚道，有点畏首畏脚。

姜　江： 晋卦的主旨可能是精英政治，柔君强臣，培养选拔人才的机制。九四爻这样的大臣很能干，但是也很贪财，像老鼠一样在别墅里藏金条现金。君王会睁一只眼闭一只眼的。反正癞蛤蟆是给长虫攒肉的。

武彦平： 难道是和珅。

元　融： 九四阳爻，如此解略牵强。

王力飞： 五也好，君也好，代表一个高位。不是君王，是类比。

【"贞厉"】

姚利民： 位越高，官场风险越大。

李尚信： 在升进的过程中，在进到相当的职位以后，或在取得较大的成绩以后，往往会遇到此爻所说的情况。

温海明： 柔爻升进无力，每个人的能力都是有限的，在一定时候都会有无力感。

李尚信： 至少，这个阶段是需要引起每个在晋升道路上的人重视的。虽然这个阶段对有些人来说可能未必实际经历，但却必须引起重视，并有意识地去加以避免。

温海明： 艮为鼠，为止，自己觉得像老鼠一样，前途被止住了，后面的都追上来了。

李尚信： 四爻的吉凶，我认为主要与爻位有关，与爻性关系不大。《小象传》说："鼫鼠贞厉，位不当也。""位不当"，就是指德能和担当的职位不相称。

整个六爻，可以看成是同一个人在升进过程中每个阶段的表现。

温海明：四位很尴尬，本身力量有限，又挡住了柔爻上升的路，老鼠白天（离日）不能动，不动明摆着没有前途，可是基本上动不了。

姚利民：个人感觉还是因为德位不相配。

元　融：晋卦是柔进而上行之卦，昨日学习了下面三爻蓄势待发，下卦三柔爻要上行，目标是上卦的二阳。互艮为鼠；互坎为险，晋如鼫鼠之象。厉，危险来临，很难脱身了。

【如何解困】

温海明：九四在柔爻上升的大势中，迫于形势动弹不得，但不动就更没有希望了。

姚利民：九四应该从头学起，这才是明哲保身的正道。

罗仕平：若遇此爻又成进退两难了，宿命对抗自由意志。

武彦平：学老鼠吧，偷吃点东西，晚上出动。

姚利民：九四应该组织班子成员集体学习六五制定的方针政策。

温海明：这是宿命？没得选择？还是唯一的自由意志？官场中人多身不由己，形势所迫，选择似乎总是一模一样，进退维谷。

元　融：晋卦的阶段，是厉，危险至极。四爻，说到底实力不济，位居高位，德不配位，必有灾殃。

李永红：这情况怎么解困？

李尚信：加强个人学习，提高能力，勇于进取。再不行就主动退下来吧？

姚利民：如果觉得累，告老回家。

武彦平：是不是该以退为进。

姚利民：懂得如何进是学问，知道以退为进更是本事，难为九四了。

元　融：这情况怎么解困？可以从初爻，二爻，三爻，加强自己实力的提升，最好是综合发展。

温海明：这爻进退维谷，出路估计要么努力提升能力，要么只有借势退下来了。

元　融：这个选择确实没想到，人家要进，自己退下也是选择，阴进阳退，恐风险依旧，人性的阴暗，说不好。

【大臣位】

王力飞：我认为九四是大臣位，能力不够，服务的还是女王，这是比较可怕的，所以"贞厉"。

李尚信：将九四看成是大臣位是可以的。但说有个女王，可能就有问题了。晋卦讲的是具有典型性的普遍情况。讲成女王太特殊了。

王力飞：温老师所说的六阶段，有爻位排列依据和邵子的姓名起卦依据。

李尚信： 还有，九四可以看作大臣位，但也不能绝对化。我有两种讲法，这两种讲法
的职位是不一样的。一种还是在原来的职位上，一种是提职以后的。

王力飞： 我取后者，因为是晋卦。

李尚信： 我觉得晋既有职位的进，也有工作上的进。

王力飞： 这是任人唯亲清醒的自觉。

李尚信： 哪个地方讲到任人唯亲了呢？

王力飞： 卦辞爻辞的大背景。

温海明： 老鼠白天睡觉，晚上活动，跟六五没有拉上亲戚关系。虽然能力有一点，却
总是被轻易否定。

【任人唯亲】

李尚信： 好像有人多次提到王母是否为王和母。

王力飞： 康侯和武王一个娘。

李尚信： 这里的王母，其实可以引申为最亲近的人。

元　融： 最亲近的人指向六五吗？

王力飞： 非也。

元　融： 那指向哪个呢？

丰　铭： 王母的意思有点模糊，感觉知道大意就行。从《诗经》可以知道的，那个时
期常用比喻说理。

王力飞： 一阶段说一阶段的话。

李尚信： 有些卦爻辞虽然讲得具体，但背后仍是有普遍意义的。

王力飞： 是的。但有个主题和主线，不易跑偏。如果偏离晋升，问题就大了。

李尚信： 还有人提到，初、二、三爻既然是同一个人，怎么讲众允的时候又将他们讲
成三个不同的人，是否有矛盾？两者其实不矛盾，是看问题的角度不同。

王力飞： 都是康侯，晋升的六阶段。

温海明： 王母娘娘六五压着九四，让九四进退失据，同时跟六二亲昵示爱，眼看着要
提拔六二，九四看在眼里，痛在心里。

（整理者：秦凯丽　中国人民大学哲学院硕士生）

勿恤失得 往之则吉

——晋卦六五明解

时间：2016年06月18日21：30 — 23：34

【明解文本】

六五：悔亡，失得勿恤，往吉，无不利。

《象》曰："失得勿恤"，往，有庆也。

【讲课内容】

李尚信：我对九四爻其实一直也很纠结。九四爻主要可以有两种讲法：一种是德能不胜其任的讲法；另一种是取得成绩后患得患失的讲法。究竟哪一种讲法好？我昨天的讲法其实是融合了以上两种讲法来讲的，是以第一种讲法为主，附带地插入了第二种讲法。但这两种讲法多少有些不一致的地方。如果讲成德能不胜其任，那么，这个人至少暂时就应离开现在的位置；如果讲成患得患失，那么只要调整一下状态，就可以重新适应现在的位置。

按照《小象传》的讲法，好像是在讲德能不胜其任（但也有可能是我们对《小象传》理解有误）；且以鼫鼠为五伎鼠的说法，也应该是德能不足以任事。依此，应该是第一种讲法好。但若依六五爻辞"失得勿恤"的说法，因为六五是对九四的否定，则九四就应该是六五的反面，即是患得患失，那么，正好应该是第二种讲法。况且，亦有将"晋如鼫鼠"讲为患得患失的，如《周易折中》释晋六五爻的"案语"即有此讲法；汉代的《九家易》除将鼫鼠看成五伎鼠外，也说到"鼫鼠喻贪"；程颐则直说鼫鼠"贪而畏人"。"贪而畏人"，是说鼫鼠既想多偷吃粮食，又担心会被人逮住，故来来回回，犹豫不定，所谓"首鼠两端"是也。正可形容"患得患失"的情况。

就"晋如鼫鼠"的内涵来说，释为德能不胜其任与释为患得患失皆有依据。但德能不胜其任与患得患失两种情况并非完全一致，故有必要二者择一。为保持《周易》古经文本本身的内在一致性，即使九四爻爻意与六五爻爻意做到自然衔接，将九四爻释为患得患失似更为恰当。

下面讨论六五爻。

走出九四的困境，就到了六五的阶段。因为九四患得患失，故"贞厉"。患得患失的毛病被改掉了，就进入了六五的状态。患得患失为有悔；改掉了患得患失的毛病，悔就消失了。故六五为"悔亡"。不再患得患失，就是不再目光短浅，不再计较一时一事一地之得失，故"失得勿恤"。"失得勿恤"，指既不担心失去已得到的，也不担心得不到未得到的。也就是指不患得患失，不计较一时一事一地之得失。"勿恤"，即勿忧，勿须担心。"往"，即前往，引申为有所作为。这里指勇于开拓。六五爻全句意为：悔事消亡。不患得患失，勇于去开拓，（就会取得更大的成功）故吉祥而无有不利。

《象》曰："'失得勿恤，往'，有庆也。"不患得患失，勇于开拓，会有值得庆贺的事发生。勇于开拓，就会取得新的更大成功，这就是值得庆贺的事。六五居上卦之中，代表主人公经过许多的艰难曲折终于走到了人生的最辉煌阶段。

【讨论内容】
【患得患失】

李尚信：　从《小象传》而言，则可能释为德能不胜其任较好；但从晋卦六五爻辞本身来看，则似释为患得患失更恰当。

汤兆宁：　六五与九四有相反意思，这个思考很仔细。德不胜任也可能患得患失。

李尚信：　为保持《周易》古经文本本身思想的内在一致性，释为患得患失似更合适。但两者的切入点不一样，侧重点也不一样。接下来有必要讨论为什么古经作者不取德能不胜其任的观点。

王力飞：　五伎鼠的根据说不定就源于《小象》。

李尚信：　我的理解是：德能不胜其任，要么须退下来，退下来则与升进无关；要么提高个人素质，继续在职位上拼下去，若此，则其与初、二爻何异？

温海明：　昨天说起六五有点像王母娘娘。

汤兆宁：　所以是患得患失更恰当。

李尚信：　如此看来，九四之德能不胜其任也没有多大必要。

温海明：　六五像王母娘娘，一念之间觉得九四德不胜任，九四就进退失据像老鼠一样可怜。

李尚信：　王母不应是六二爻的领导，而是亲人。工作上一筹莫展时的愁，有时候是不能跟领导说的。

武彦平：　九四是矛盾心理，六五是用人不疑。

汤兆宁：　王母如用爻辞解为祖母，那就是亲人。

李尚信：　况且，王母娘娘这个人物产生的年代也不清楚。这只是我的看法。

温海明：　感觉更像当领导的亲人，能够福佑六二不是一般的奶奶或姥姥。

李尚信： 有些愁是只能对亲人倾诉的。也就只有亲人给予些安慰。

【"失得勿恤"】

王力飞： "失得"，有的解为失去所得。

姜　江： 那么得失解释为得到所失去的？这样解，太没有天理了。

汤兆宁： "恤"，难过或忧虑。

姜　江： 不要忘了本卦的要旨："君子以自昭明德。""自昭明德"如何在卦爻辞中体现？

汤兆宁： 是指六五吗？悔恨消失了，忘记过去的得失，勇往直前朝目标迈进？君子坚定脚步，忘记"摧如愁如"和由于过刚而不得位之畏手畏脚，放心地去完成天命？六五应该是晋卦的主爻吧，这爻最好。勇往直前是不是"自昭明德"。这时候有德有位。

姜　江： 我再慢慢体会，"自昭明德"到底藏在哪里？

元　融： 离，明；乾，大明。上乾下坤，否；上离下坤，晋。

汤兆宁： 上卦为离，六五中位，也许暗喻附于"明"而明德。"六五，悔亡，失得勿恤；往吉，无不利。"可见已经可以勇往直前而一切都非常顺利了，这可能就是自昭明德了。

王力飞： "自昭明德"是感悟和整体把握，不一定每爻都去印证。初摧，二愁，四鼠，五恤，上伐都可以看出，是一个综合。

姜　江： 我终于知道"自昭明德"体现在哪里了：受兹介福于其王母。我猜啊，他光明正大地走上层关系了，毛遂自荐。

王力飞： 毛遂自荐和晋卦无关，晋是被提拔也小心翼翼，和一提拔就得意忘形不同，更不是跑官要官。

姜　江： 这卦教导我们，有本事就要大胆的往上走，不识货不要紧，再往上走，不识货，再往上走，一直走到识货的最高层。叫最上层认识自己，作为他们的人才储备。

余治平： 得结合爻位、爻象来分析。其余都是望文生义，读《易》之大忌！

【"悔亡"】

温海明： 成功晋级，不再患得患失。

元　融： 六五，晋升之路，付出代价，到了尊位，想想来路，也是值得的，后悔之心没有了踪影！

汤兆宁： 自昭明德了，不容易。

王力飞： 六五，主旨可能是淡化晋升的得失之心，勇于做好官员应该做的事。

温海明： 自我实现达到顶峰体验状态，这当然是晋级到了至尊之位才行，可以放手一搏。

李尚信：　那么，过了六五这个阶段，上九又代表一种怎样的状态或阶段呢？既然已经
　　　　　达到顶峰，下一步该怎么走？这是明日要考虑的问题。

温海明：　晋升到头了，不用担心官位了，应该好好做事。

汤兆宁：　人生不能保持中庸，总是上下求索。

王力飞：　晋卦关注更多的是心态，而非谋略。

温海明：　我说的就是心态，卦象有客观描述。

汤兆宁：　领导的压力还有群众或同事的压力，求职过程的确艰难。要众允，同事关系
　　　　　也要搞好，搞不好就要跳槽。

李尚信：　晋卦我觉得主要讲的不是求职过程。它更多讲的是怎样一步步把工作做得更
　　　　　好、更成功。做好了工作，自然迟早会得到提职。

王力飞：　我认为晋的被提拔和自身努力相辅相成。

李尚信：　提职与工作有个先后问题。

武彦平：　九四鼠目寸光，患得患失，六五不计得失，勇于进取。

王力飞：　我感觉在讲智慧和道理。核心可以归纳成，啥时候干啥事，而非中正二字。
　　　　　理是占的基础，这是最简单的道理了。其实，我和李老师路子接近，都在反
　　　　　复感悟爻的发展变化，李老师更精微，让我感觉很过瘾。

李尚信：　只是初、三、四、上，相比于二、五，难于做到中。另外，即使都做到中，
　　　　　但二、五相较于其他是更理想的状态。

【传承为本】

王力飞：　"中"是位置如，二五；"正"是阴阳加位置，后世夹入了别的内容。因为
　　　　　我也不喜欢在乘承比应和象中纠结。有一个主题，有一个时物，我感觉已经
　　　　　足矣。

元　融：　时位的因素非常关键的。易学有其自身的传承和学习次第，不以人为转移
　　　　　的，历代的大德是忠于传承的，按照自己的解释，很多时候不通。

李尚信：　的确不能忽视传承，不能抛开传统完全另起一套。哪些继承，哪些创新，是
　　　　　需要论证的。

王力飞：　传承的基础是甄别、选择和思考、探索。

李尚信：　创新不是割裂，反而需要对接。承乘比应不能完全抛弃，但怎么用，需要深
　　　　　入研究。因为这方面我下的功夫不够，所以，解经时谈得不多。

余治平：　读晋卦，历来"悔亡"二字颇伤脑筋！

李尚信：　作经时，象是基础，辞由象出。但解经时，又需充分理解了辞，才能明白
　　　　　象，特别是爻象。

汤兆宁：　悔亡的爻，很多都是不错的。

元　融：　爻与爻之间的联系是非常紧密的，如果忽视这一点，那么我们解卦是死板

的，不灵透的。

余治平： 悔从何来，如何消解？都是问题。

李尚信： 赞同！各爻中的"悔亡"可能都不是太好讲。我解此卦此爻，也只是猜测，欢迎批评。悔，一是生活层面的理解，二是爻象层面的理解。

汤兆宁： 如果联系实际，君子总在自省中成长。自省里应该有悔亡。

元　融： 晋卦，六五，光明深处的奥秘，李老师详细为大家梳理了思路，光明的深处是阴爻居中。越是光明的事物，内在是有阴暗的能量的，太阳的深处有黑子，成功人士光环下有不堪的经历，掌声和鲜花的背后是一条铺满荆棘的路。阴爻居尊位，悔亡，回首来路的代价，又算得了什么。失得，勿恤，失去和得到，都是一念之间；阴爻居中，下面三个姐妹在呼应，决心已下，往吉，前进是必然的选择，也是必胜的，没有什么不好的。可怜了九六阳爻。九六，将会迎来什么样的未来，又如何面对即将失去的阵地。

李尚信： 爻象既可这样取，也可那样取。究竟怎样取，不能离开卦意、爻意。

汤兆宁： 是的，爻辞结合卦象，互相结合，互相补充。

王力飞： 易，就是在智慧和道理中自醒自励。

李尚信： 过去，以象出意派是不大考虑爻辞的出意问题的。即是说，他们有意无意地不把卦爻辞当成一个具有完整意义的整体，而主要当成是明象的工具。

汤兆宁： 象的解释和义理解释侧重不同，不过倒也都有些道理。

余治平： 都是不同诠释维度，相互参照吧，不任于一。有的爻辞如果能够从爻为、爻象、爻变里找到可解释的根据，就没必要拒绝和排斥。

汤兆宁： 我更愿意称《周易》为"天道之书"。

李尚信： 准确地说，是推天道明人事之书。从作卦爻辞角度来说，象是辞的基础，应该也没有错吧？

汤兆宁： 是的，先有象或卦，再有辞的吧。

李尚信： 是的。关键是融会贯通不是一件容易的事情。

（整理者：孙世柳　中国人民大学哲学院硕士生）

克难攻坚　任重道远
——晋卦上九明解

时间：2016年06月19日21：30—23：31

【明解文本】
上九：晋其角，维用伐邑，厉，吉无咎，贞吝。
《象》曰："维用伐邑"，道未光也。

【讲课内容】
李尚信：这一爻可能是这一卦最难解的一爻。为什么难呢？难在难于正确把握"角"的深层内涵，难在没有结合成功的终极状态去理解此爻。许多解读因为思考的方向不对，所以，思考的结果只能是南辕北辙。当然思考的方向对了，也不能保证结论就必然正确。因为还涉及对相关具体知识的了解程度。所以，我这里的答案也只是一种猜测。欢迎批评！

"角"，本义为兽角，其在首之上。若将晋之升进比喻成从兽尾到兽首的升进的话，升进到兽首以后主要的升进过程基本上就完成了。之所以说基本上完成了，是因为实际上并没有完成。兽角与兽首是两个看似一体，但实际上却又很不相同的两个部分。兽首比较柔软且无棱角，而兽角却既坚硬又尖锐。当人们经过奋斗走向成功以后，就如从兽尾升到兽首一样，也并非是走向了终极的成功。后面其实还有更难攻克的难题在等着，而且这个难题对于攻克它的人还是具有杀伤力的难题，一旦处理不善可能反会伤及自身。对于这样的难题，要把它当成难以攻克的城邑一样对待，要有充分准备，用尽全力去加以攻克。此为"维用伐邑"。

前面好像许多人谈到此卦只有阴爻较好！阳爻不好。由此爻来看，真正的成功还是离不开刚爻的作用。因为攻克这样的难题是具有风险的，故其曰"厉"。若准备充分、实力足够，定能攻克而得吉祥；能得吉祥，则自然行为没有过咎。此为"吉无咎"，即是说，只有吉，才无咎。不吉，就有咎了。不吉，一般就是准备不充分，实力还不够。然现实中的难题是层出不穷的，即使行为处处得当，仍难保没有憾惜。而且有的难题也难保能得到彻底解决。此皆为"贞吝"。此爻表明，成功只是相对的，不可能有终极的成功。人生总是会有遗憾的。

《象》曰："'维用伐邑'，道未光也。" 因为还有难关有待克服，成功的道路还未最后发扬光大。故"道未光也"。全卦总结：走向成功的路，不可能一帆风顺。成功之路也没有止境。

【讨论内容】
【"角"】

余治平：上九爻辞，"角"多费解，历来为诠释之关键。大壮卦九三爻辞也出现过角字，"羸其角"。

汤兆宁：是的，大壮有"羸其角"。

余治平：阳爻突出，才叫角，上九爻位居上离之极，全卦之巅，有头角峥嵘之象，已经到达升腾的极限了。

元　融：《易》例上爻为角，初爻为尾；上爻为首，初爻为足；上爻为顶，初爻为趾。到了上位再升进，就是升进头上的角了，故言"晋其角"。

余治平：角，意味着整个晋卦演进到此，气势已经开始衰弱，而转向内约，德用不宜过，以期长时间存有，或可持续发展。

【"维用伐邑"】

元　融："维用伐邑"，"维"怎么解释? 另"邑"象为何?

李尚信："维"，在本爻中不是关键。可以解作"唯"。

余治平：维者，维系，引申为有应，指上九与六三互应。所以，来知德说："'维'者，维系也。系恋其三之阴私也。阳系恋乎阴私，皆不光明之事。"

李尚信：那么，"维用伐邑"如何翻译呢?

余治平："维用伐邑"也源于上九爻变。上九爻变了离卦，而成震，而震者，雷也，动也，起也，乃具战伐之象。不打仗是不行的，解决不了自身的问题，也维护不了自身的稳定。

李尚信：关于是用"邑"还是用"国"，我觉得其实不必深究。如果非要深究的话，我的看法是：之所以用"伐邑"，而不是"伐国"，是因为本卦讨论的所有问题，都是属于走向成功之域以内的事。攻坚之难题，只是此域之一部分，不是域外之事。域内之事，当然就不是国了。

汤兆宁：域内之事，私邑之事。

余治平：邑，不是国，乃国中城池而已。之所以要去讨伐，是征其不服，责其违义、悖德或无信，有该打之处吧。

【反身克己】

李尚信：　讲打仗不是绝对不可，但可能把问题窄化了。可以用更宽泛的解答来包含这部分。

张弛弘弢：或者说是抽取共性？"伐"，克制。"邑"，私有领地，比喻自己。此爻为阳刚已不能上进，唯以刚克刚，自己克制自己才能避免走向反面。

汤兆宁：　是的。反身克己，没有成功的顶峰，君子需继续努力反省。

余治平：　上九爻位晋卦之极，已经进于最高点，登峰造极，无可再进，"上九明已极矣，又当晋之终，前无所进"。而当此之时，理应反身自切，调整心态，不能一味追求施工效果，而应当树立有进有退、有升有降的思想认识。

李尚信：　强调内修，很有启发。但若完整思考晋的主题，感觉还是在可与不可之间。因为晋卦虽讲事功，但其从头到尾又都是讲内修的，这个内修还不仅仅修德，而且也还修知识。

温海明：　没有内修就没有事功，进到头脚不动还不行了，可是动的余地很小。

汤兆宁：　如果把打仗比喻为内心的打仗，也就是把阳爻当作阴爻，倒是也符合李老师和余老师的意思。那么余老师的解释和李老师的解释就殊途同归了。

李尚信：　一个是理学的讲法，一个是事功的讲法。

姚利民：　离为眼，上九与六三动爻互换成小过卦，宜下看不宜向上看，看来上九确实要自省忏悔。

【"伐"】

余治平：　这里有一个问题：晋卦乃文明之象，可为什么最终却动起了干戈？晋卦与师卦之间的沟通，也值得挖掘的。问题可能出在上九、九四。"未光"，是讲上九爻位已至极，时也已穷，该变道了。仅有文德还解决不了问题，不能再以文德代替武力干戈了，而必须让礼教易以征伐。既然上九维系、流恋于三之阴私。而阳系恋乎阴私，又都是不光明的事情，那么，孔子《小象》就说："阳比于阴者，皆曰'未光'。"来知德是这么就说的。"离为戈兵，坤为众，此爻变震，众人戈兵震动，'伐邑'之象也。故离卦上九变震亦曰'王用出征'。邑即内卦坤之阴土也。谦见谦卦。"极富启发！

　　　　　上九，当晋之终，前无所进。既不能成康侯光明之业，反系恋其私以伐邑，邑虽所当伐，其事故贞，亦可羞矣，安得"吉而无咎"哉！

元　融：　卦，从象入手，辞的深妙可显。

李尚信：　爻辞说的是"吉无咎"，怎么成了"安得吉而无咎"？

余治平：　来知德误引的吧。

张弛弘弢：即使非要解释成攻伐，攻伐的也应该是自己的内心吧。阳刚至极，强弩之末，怎还能向外攻？

余治平： 凡事占得上九爻者，说明你的发展已经到头了，该什么样也就什么样了。这时再往前冲，再拼也没有意义了，现在你需要修正和改变自己的策略，查找一下内部的问题，治理一下自己身上的毛病。如果发现问题，就要全力地消除它，这样做虽然会引来一些误会或危险，但如果不这么做则麻烦更大。

元　融： 本卦展示的是阴阳两种力量的角力，晋卦，阴爻强大之时，也要尊重阳爻的存在。于人、于事均是如此。

温海明： 阴爻升进，阳爻都退进到角上了，不得不维系三爻，发兵于国内，希望最后压住阴爻势力。

余治平： 总体上看，上九，强调是"进退之道""升降之方"。

温海明： 文明被逼退到角上了，不打仗就很没有希望了，上九是被迫应战。

余治平： 仅有礼法教化也不可能解决所有问题，还得借助于征伐手段。吝，还得挖掘。吝，指上九虽阳却居阴位，德之不广，道之不宏，还得借助于武力解决问题。陈抟诗曰："禄位虽临险，名高自振然。师贞千里外，巨浪送归船。""成未成，合未合。云遮月暗风吹月落。"当进则进，当退则退吧。

元　融： 晋卦是四阴迫阳之卦，初看四阴阵势强大，奈何上九为阳爻的最后的阵地，阳爻退无可退，故言"晋其角"，上九与六三有应，深知下卦的志向与态势，古言"维"。上离，为刀兵之象；下坤，为邑象；伐邑，上卦阳爻，退无可退，对下卦征伐，阳伐阴，正义在阳。厉，阳爻到了危险的时刻，奋起反击；吉，早就该这么干了。无咎，没有什么咎害，正义对邪恶的讨伐。贞吝，坐而待毙，君子所不为也。

（整理者：贡哲　浙江大学哲学系本科生）

（本卦校对：龚莲伊　中国人民大学国学院硕士生）

时　　间：2016年06月20日22：00 — 22：58
导读老师：曾凡朝（齐鲁师范学院教授）
　　　　　蒋丽梅（北京师范大学哲学学院副教授）
课程秘书：王　璇（中国人民大学哲学院硕士生）

内心光明　困境守正
—明夷卦卦辞明解

36 明夷卦

离下坤上

【明解文本】

明夷：利艰贞。

《彖》曰：明入地中，"明夷"。内文明而外柔顺，以蒙大难，文王以之。"利艰贞"，晦其明也。内难而能正其志，箕子以之。

《象》曰：明入地中，明夷。君子以莅众，用晦而明。

【讲课内容】

蒋丽梅：黄宗羲有《明夷待访录》，正用明夷卦义。明夷坤上离下，日入地中，明而见伤之象。晋进而明夷，此卦象征昏君暗主在上，明君子守正之德。

曾凡朝：正义曰："'明夷'，卦名。夷者，伤也。此卦日入地中，明夷之象。施之于人事，暗主在上，明臣在下，不敢显其明智，亦明夷之义也。"现代易家越来越倾向于把"明夷"理解为鸟。高亨《周易古经今注》："以明夷于飞垂其翼句观之，明夷为鸟类，可断言也。"刘大钧、林忠军《周易经传白话解》："由明夷于飞与君子于行对文来看，明夷显然是一种鸟。古代认为日中有三足鸟，马王堆帛画中就有类似的日上飞鸟。此飞鸟是否与明夷于飞有关？由经文中出现飞、翼字眼考，明夷指一种飞鸟无疑。"

蒋丽梅：此卦当与晋、丰参看，晋日出于地，而丰卦以明而动，明中之昏，虽昏犹明。

而明夷，夷乃伤也，正是世道昏暗之时也。

曾凡朝：是的，释"明夷"为鸟不容易通释本卦中其他爻辞，如李镜池《周易通义》指出的："明夷，多义词，一犹鸣鹝，鸟名；一为坚弓之名；一为鸣弓；还可解为日落地上，日出处的国名等。"

【讨论内容】

丰　铭："明夷"是种什么鸟也好像说不清。

王力飞：日本有三羽鸟（太阳鸟之意）一说，形容很厉害的人。

温海明：传统解法和现代解法差距不小。

蒋丽梅：我也觉得作鸟解不足以解释全卦，而且格局太小。

温海明：讲成鸟就讲不下去了。

【艰难时世】

曾凡朝：高亨先生认为明借为鸣，夷借为雉；李镜池认为是鸣鹝；王雷生认为是太阳鸟。"利艰贞"，简单的卦辞也有不同意见。帛书卦辞"艰"作"根"。

蒋丽梅："利艰贞"，知艰难而失贞正之德。全卦以文王和箕子为例，说明君子在不得明主之下应柔顺内守、自晦其明。

罗仕平：阳明当年被贬龙场驿，所得卦象正好是"明夷"！

曾凡朝：一说，"根"可假借为"艰"。《说文》："根，木株也，从木，艮声。""根""艰"同声系古相通同。历来依通行本将"艰"解作艰难，《尔雅·释诂》："艰，难也。"一说"根"的本字就是"艮"。《说文》："艮，很也。"段玉裁注："很者，不听从也，一曰行难也，《易传》曰：'艮，止也。'止可兼很三义。""利艮贞"，意谓遇困难，停下来占问。

蒋丽梅：进与止正是晋与"明夷"之道。

丰　铭：因著得《明夷》，遂决策返。王阳明于墙上题诗一首："险夷原不滞胸中，何异浮云过太空？夜静海涛三万里，月明飞锡下天风。"王阳明这首诗好境界。

王阳明年谱记载："先生至钱塘，瑾遣人随侦。先生度不免，乃托言投江以脱之。因附商船游舟山，偶遇飓风大作，至闽界。其人曰：'汝有亲在，万一瑾怒逮尔父，诬以北走胡，南走粤，何以应之？'因为著，得明夷，遂决策返。"

曾凡朝："明夷"是黑暗无光，艰难时世。

温海明："夷"有解为伤的，下离为眼，眼伤且遇坎于前，外不与君上相应……怎一个难字了得，阳明却视之若浮云过太空，此等胸襟不成圣也难。

罗仕平：光明受伤，眼睛受伤，很危险。

温海明：正是。"明夷"是艰难时世，光明受伤。明被伤，你是看到"伤"呢，还是看到"明"呢？

曾凡朝： 王阳明还有诗云："吾心自有光明月，千古团圆永无缺。"

【"明入地中"】

蒋丽梅： "明夷"也让人反思我们的明，在顺境之下发用智慧，在逆境之中更要阳明这样的胸襟。

曾凡朝： "明夷"让人反思我们内在的明，内在的明是否有足够的能量。在逆境之中更要阳明这样的胸襟！在明夷卦的启示下，阳明内在有能量的明、内在的豪迈、无畏以及对信念和理想的坚贞。

罗仕平： 逆境更见光明。

温海明： 黑暗的形势可以反衬并彰显内心的光明。

姚利民： 受各位老师启发，阳明一明穿透地坤，光照千古与世人，这可能是明夷卦飞鸟精神，也是阳明心学精神。

蒋丽梅： 王弼在注解象时还借用老子，说"藏明于内，反得其明"，如果只是炫耀自明，不能是真明。

罗仕平： 不自见故彰呀。蒋老师是研究王弼的专家，您多给大家对照下易和老子可好，貌似许多人在研究。

蒋丽梅： "明夷"既讲君子也讲君主，以暗主说明主之德。

罗仕平： 得君行道历来不易。

温海明： 天下不明的时候，自己也不要太明了，这才是真明。自作聪明就昏了。

蒋丽梅： 昏主并不一定全是桀纣，还有王弼所说"莅众显明，蔽伪于百姓"，君主任用一己自明，亦可作为昏主之称。

丰 铭： 纣王好像就是太能了。

蒋丽梅： 周易之变易正与反者道之动相合，由晋到"明夷"，正是物极必反，内晦其明而反得其明等。

罗仕平： 文明柔顺，虽通指一卦之德，意在六二；内难正志，专指六五；艰贞晦明，则文王箕子所同也。观心释者，烦恼恶业，病患魔事，上慢邪见，无非圆顿止观所行妙境。宁武子之愚不可及，兵法之以逸待劳，以静制动，以黯然伺明，皆明夷之用也。圣学则黯然而日章。这一卦《禅解》有意思。

（整理者：王璇 中国人民大学哲学院硕士生）

怀惧而行 绝迹匿形

——明夷卦初九明解

时间：2016年06月21日22：00 — 22：30

【明解文本】

初九：明夷于飞，垂其翼。君子于行，三日不食。有攸往，主人有言。

《象》曰："君子于行"，义不食也。

【讲课内容】

曾凡朝："初九：明夷于飞，垂其翼。君子于行，三日不食。有攸往，主人有言。"帛书作："明夷于蜚，垂其左翼。君子于行，三日不食，有攸往，主人有言。"

蒋丽梅：初九又要开启"明夷"是不是鸟的争论。

曾凡朝：帛书"飞"作"蜚"。《史记·周本纪》："蜚鸿遍野。"《周易正义》曰："蜚音飞，古飞字。"

蒋丽梅："明夷于飞"，《诗》里面常见于飞的句式，如鸿雁于飞，鸳鸯于飞，凤凰于飞，主要指飞鸟。小过初六和九四，卦象就是飞鸟之象。

曾凡朝：是的，于豪亮先生说："当以帛书有左字为是。因为有了左字不仅语句整齐，而且也同《诗·鸳鸯》'鸳鸯在梁，戢其左翼'语句相似。"先讲飞鸟？

蒋丽梅：好的。离为日，一说此卦与金乌负日的神话有关。高亨以为明夷，明借为鸣，夷借为雉，是鸣雉。

曾凡朝：高亨："以明夷于飞垂其翼句观之，明夷为鸟类，可断言也。"

蒋丽梅：李镜池以为"明夷"当作鸣鵜，是一种水鸟。

曾凡朝：庙底沟文化有"金乌负日"图。

蒋丽梅：但正如曾老师昨天所讲，作飞鸟讲虽然能说初九，但无法解释六五"箕子之明夷"。

【讨论内容】

丰　铭：　好像除了初九，用飞鸟都不好解释通。

曾凡朝：　是啊，能有一个通解不易。《山海经》中有"金乌负日"的神话。《海外东经》说："汤谷上有扶桑，十日所浴，在黑齿北。居水中，有大木，九日居下枝，一日居上枝。大荒之中，有山名曰孽摇頵羝，上有扶木，柱三百里，其叶如芥。有谷曰温源谷。汤谷上有扶木，一日方至，一日方出，皆载于鸟。"

张吉华：　明夷有飞意，有无鸟物都可言其飞之语？

曾凡朝：　云"飞"者，借飞鸟为喻，如鸟飞翔也。初九处于卦始，去上六最远，是最远于难。"远难过甚，明夷远遁，绝迹匿形，不由轨路"，高飞而去，故曰"明夷于飞"也。

【潜行避祸】

蒋丽梅：　其实初九的关键词应在"垂其（左）翼"，一说是见伤所以垂翼，一说此爻离六最远，不如六二"夷于左股"，未见有伤，但君子知几，主动收敛退藏。

曾凡朝：　为什么取"飞"象呢？程颐说："初九明体，而居明夷之初，见伤之始也。"九，阳明上升者也，故取飞象。朱熹的《周易本义》："飞而垂翼，见伤之象"。蒋老师所说的，"君子知几，主动收敛退藏"。项安世曰："'垂其翼'，不言夷，未伤也。'夷于左股'，言已伤也。说者以'垂其翼'为伤翼，非也，敛翼而下飞者，避祸之象也。"邱富国也说："初体离明，去上最远，见伤即避，有飞而垂翼之象。君子知几，义当速去。"

丰　铭：　敛翼潜行？

温海明：　朱熹的讲法有鸟受伤的意思。看到伤心事发生，赶紧离开伤心之地。

丰　铭：　遇到气流了，避开。

蒋丽梅：　"君子于行，三日不食"，象数说互体下坎，坎为三，离为日，故为"三日"。但这里三日当为虚指，指多日。君子远遁，尚义而行，不食君禄。

丰　铭：　好像几种权威说法比较对立。朱熹认为是受伤，项安世认为是敛翼避祸。

曾凡朝：　荀爽曰："火性炎上，离为飞鸟，故曰'于飞'；为坤所抑，故曰'摧其翼'。"荀爽解"垂其翼"为"摧其翼"。

张吉华：　荀爽曰："以象释义也"。

蒋丽梅：　王弼说"垂其翼"是因为远遁，绝迹匿形，所以怀惧而行，行不敢显。

曾凡朝：　初处卦之始，最远于难也。远难过甚，"明夷"远遁，绝迹匿形，不由轨路，故曰"明夷于飞"。怀惧而行，行不敢显，故曰"垂其翼"也。尚义而行，故曰"君子于行"也。志急于行，饥不遑食，故曰"三日不食"也。

温海明：　化妆逃跑翅膀不要张开。

姚利民：　悄悄地遁去。

温海明： 跑路的时候连饭都顾不上吃！

丰　铭： 初九就开始逃跑。

温海明： 天黑了，趁着夜色赶紧跑。

张吉华： 明夷卦名之义言其飞之事，而初九"垂其翼"，似与飞无关？

温海明： 如果像鸟一样受伤，连翅膀都张不开了，那就更得赶紧跑了。

丰　铭： 大雨飘泼，鸟儿也都藏起来了。

曾凡朝： 明夷于飞，垂其翼，饥不得食之象；君子于行饥不得食似之。

蒋丽梅： "主人有言"，《程氏易传》说："伤之始也，事未显也，世俗之人未能见也，故异而非之。"可见君子能见微知著，预见事物的危机，下定决心逃遁，表现出较强的判断力和执行力，是只智慧的飞鸟。

温海明： 初九像个逃犯，或者像个要辞职的人，什么都不能带，饭也顾不上吃。

曾凡朝： 是啊，生命要紧啊，生生之谓易。

张吉华： 直译爻辞：初九在明夷卦时"垂其翼"而不飞，行走三日而不成事，无食之象。意即：若为飞，则可有食？

曾凡朝： 程颐认为："初九爻处明夷之初，事犹未显，人不及察，处之甚难，只有见微知著的君子，才能及早飞速退避、坚决远去。这么做，俗人谁不怪疑？然君子不以世俗见怪而迟疑其行。如等大家都察觉了，则伤已及身，则不能远去了。所谓'众人多见于事后，君子独炳于几先'"。

【退藏跑路】

温海明： 看到事情有点不好，走为上策，跑得越快越好。

曾凡朝： 如果"跑"听起来感觉不好，那就用古人的"走"好了。

温海明： 坏人当道，不要等暗无天日，就应该赶紧撤退。

姚利民： "众人多见于事后，君子独炳于几先"。

丰　铭： 《左传》也是解释为鸟，这个时间就早了。

温海明： 那就连行李也不要收拾，谁也不要告诉，赶紧溜，饭都不吃了。

曾凡朝： 是啊，于暗世要明于进退之道。初九阳刚之君子，居明夷之始，戢翼避祸，见几先遯。

蒋丽梅： 庄叔为叔孙豹卜筮，得明夷初九，卜楚丘的解释太玄幻，完美预测了他一生。

姚利民： 初九如是小人惶惶不可终日。

曾凡朝： 知几而早去，此君子独见。

温海明： 君子也有需要跑路的时候。

蒋丽梅： 穷则独善其身。

姚利民： 晓得了，识时务（懂进退）者为君子。

温海明： 小人当道，该退就退，钱带少了不行，可也不能带多了。

曾凡朝： 庄叔为叔孙豹卜筮，得明夷初九，卜楚丘的解释太玄幻，完美预测了他的一生。鲁昭公五年初，穆子之生也，庄叔以《周易》筮之，遇明夷之谦，以示卜楚丘，楚丘曰："是将行，而归为子祀。以谗人入，其名曰牛，卒以馁死。"鲁昭公五年初，叔孙穆子出生了，他的父亲穆庄叔用《周易》为他筮卜命运，遇卦即本卦为明夷卦，变后的之卦为谦卦。请卜楚丘释卦，卜楚丘说："这孩子将来要出行，再回来为您奉祭祀、续香火。他要带回来一个谄媚奸佞的人，名叫竖牛。他临终要饿死。"卜楚丘接着说："明夷，日也。日之数十，故有十时，亦当十位。自王以下，其二为公，其三为卿。日上其中，食日为二，旦日为三。明夷之谦，明而未融，其当旦乎？故曰'为子祀'。日之谦，当鸟，故曰'明夷于飞'。明之未融，故曰'垂其翼'。象日之动，故曰'君子于行'。当三在旦，故曰'三日不食'。离，火也。艮，山也。离为火，火焚山，山败。于人为言，败言为谗，故曰'有攸往，主人有言'，言必谗也。纯离为牛，世乱谗胜，胜将适离，故曰'其名曰牛'。谦不足，飞不翔，垂不峻，翼不广，故曰'其为子后乎'。吾子，亚卿也，抑少不终。""明夷是太阳，太阳数（天干）有十个，所以分为十个时段，也相当于十个爵位。从王开始为一以下，二为公侯，三为卿。太阳升到天空正中，为日中盛明，所以这时是王为一，日食为二（公侯），日出为三（卿）。明夷之谦是天亮而未大亮，应当是日出之时吗？所以他是您的继承人。离为日，离变为艮而成谦卦，应当为鸟，所以说'明夷于飞'。天亮了还未大亮，所以说'垂其翼'。像太阳一样运行，所以说'君子于行'。应当为数三在日出，所以说'三日不食'。离为火，艮为山，火烧山，山败。离于人事上为言，艮为败，所以说'败言为谗'。离卦为牛，世道混乱谗言会占上风，占上风的将要到离，所以此人名叫竖牛。谦虚而不足，飞而不能远翔，下垂而不能高峻，展翼而不能宽广，所以说他是您的继承人。这孩子也是亚卿，可能年少不得寿终正寝，会饿死的。"

蒋丽梅： 初九，君子见微知著，退藏收敛，跑路！

曾凡朝： 我们正像温老师说的，是退，退属于阴，阴能生阳。以退为进。

（整理者：张馨月 中国人民大学哲学院硕士生）

用夷其明 不行刚壮
——明夷卦六二明解

时间：2016年06月22日22：00 — 23：09

【明解文本】

六二：明夷，夷于左股。用拯马壮，吉。

《象》曰：六二之吉，顺以则也。

【讲课内容】

蒋丽梅： 陈梦雷从取象上说明"夷于左股"，明夷以人身取象，上为首而四股心，二股肱也，二变为乾，有马象。《帛书》六二也作"明夷于左股，用撜马床，吉"，伤左而不是伤右，《程氏易传》讲的最细，主要是说无伤于行。程传说："足者所以行也，股在胫足之上，于行之用为不甚切。"初九君子虽见几远遁，但暗主在上之局已不可改，六二较初九已更近，在危机之下难免于伤，但幸好伤于左股，于行无碍。"用拯马壮，吉"，此句也见于涣之初六。关于拯马争议较多。一说拯通骒，《说文》说犗马也，就是说"拯马"是去势之马。刘大钧说"拯马"是用强壮的马拯救，金景芳也说是采取强力的办法迅速及时加以拯救。这些说法作拯救解，就不应该是自伤。

【讨论内容】
【夷于左股】

汤兆宁： 一般人用右手或右腿较多，伤左股，还能勉强走路吧。

温海明： "用拯马壮，吉"。左脚伤了，用右脚拐着走。

汤兆宁： 一拐一拐地走。因为一般人右撇子，右面着力多些。

温海明： 如果伤得不厉害可以拐着走，伤得厉害就不行了。

汤兆宁： 我这个思维是基于蒋老师所言的《程氏易传》的解释。

【"拯马"】

汤兆宁： "拯马"作何解，"明夷，夷于左股，用拯马壮，吉"。如果是鸟，怎么用马救呢？

温海明：　腿都受伤了，更得赶紧跑了。

汤兆宁：　显然不是鸟。

蒋丽梅：　我看到的注释中很少将初九的"明夷"与这里的"明夷"联系在一起，我个人觉得不用费力作鸟解，只说明而见伤就能说通了。

温海明：　同意，现在要解决是被动受伤还是主动自伤的问题？

丰　铭：　咱们看电视上那些围猎的，都是骑马。射伤猎物后，猎物负伤而逃，猎人则骑马追赶。巧的是，电视上往往是一箭射中猎物的大腿。

汤兆宁：　温老师思维很细。自伤如同箕子之装狂，观察仔细，好像是这样。

姚利民：　受伤后，骑马撤，吉？

汤兆宁：　自伤也可以作"晦"解释。

温海明：　感觉应该是初九看到形势不对就赶紧跑，饭都不吃，六二已经被伤害到左腿了，很严重了，再不跑有性命之忧，还好能有强壮的马来救，不然跑不了的。

汤兆宁：　"夷于左股"，可能是比喻。表示挫折或黑暗对君子来说没那么致命。

【英雄救美】

蒋丽梅：　陆德明《音义》里面关于拯的说法收录比较全，拯救、举、承等等，其中"举"的意思值得注意。

温海明：　不致命但也很严重，没有马就跑不掉。相当于今天坐汽车火车飞机逃跑啦。

汤兆宁：　是的，必须要用马来啦！

蒋丽梅：　左股受伤不能行，若有马来乘举，自然能飞奔远离祸患。最后的"吉"字还是用王弼《周易略例》里面的归纳，吉并不都代表吉祥，在受伤或灾患的情境下出现的吉，只是意味着得免于难而已，所以陈梦雷说"非可有为也"。

温海明：　黄寿祺说："（乘用）良马（借助它的）拯济将渐渐复壮。只要能够乘马跑离危险之境，得免于难，就是吉祥了。至少命保住了。"

蒋丽梅：　程传也说"所谓吉者，得免伤害而已，非谓可以有为于斯时也"，这也就与六二的主旨联系在了一起。

温海明：　留得青山在不愁没柴烧，逃命养伤之时，当然不能有所作为。

汤兆宁：　明夷的吉，算是无险了。

丰　铭：　刘备跃马过檀溪。

蒋丽梅：　六二关键在于《象》所说的"顺以则也"，六二居下卦之中，以阴居阴，居中得正，以柔顺为德，顺时自处，居柔顺而不失中正之则。

汤兆宁：　是的，保身了。六二位正。

姚利民：　马在周易卦爻多次出现，足见马在古代的地位很高，作用很大，用途多。

蒋丽梅：　注家常常以"文王脱于羑里"来说六二。

温海明：　为了保命，得随顺，但不能跟黑暗形势一起同流合污，搞得乌烟瘴气，因为心里有原则，既然已经受伤了，实在不得已就骑马跑掉吧！

姚利民：　"三十六计，走为上策"，源出明夷六二。

温海明：　马，以前是主要的交通工具，现在就是坐车坐飞机了。

蒋丽梅：　文王被拘于羑里，幸赖散宜生有美女奇物之献，救其脱困，可以说是"用拯马壮"。

温海明：　受伤的时候得有人救，有人疗伤，马不壮不行。

蒋丽梅：　王弼和孔疏在六二里面讲顺则时都提到不见疑或不为暗主所疑，可存一说，都逃了就不用管暗主疑不疑了。

姚利民：　蒋丽梅老师互坎好像为美脊马，六二也引申美女。

蒋丽梅：　总结说来，六二就是君子应该顺则而行，继续远遁，骑上壮马飞快跑！

温海明：　既然已经被伤害，暗主疑不疑不重要了。

汤兆宁：　的确和暗主看不出啥关系，唯一可疑就是如何被伤，这伤我看还是其主子伤的。

丰　铭：　总结说来，六二就是君子应该顺则而行，继续远遁，骑上壮马飞快跑！

温海明：　是啊，主子是伤害自己的坏人，当然得备马跑路。

汤兆宁：　是的！好在有力大无比的英雄来。

丰　铭：　这马是救命的马啊！

汤兆宁：　六二阴爻，拯马如英雄，这不是英雄救美吗？

温海明：　六二是受伤的美人，马就是出生入死救人一命的大英雄。

元　融：　初爻，是插翅难飞；二爻是举步维艰。可以感受明夷之卦的凶险下卦为离，上卦为坤，明入地中；初爻和二爻告诉我们，初始阶段非常艰难！翅膀止损、大腿受伤，在凶险中期待救兵，难啊！

汤兆宁：　虽然难，可是初九、六二都是化险为夷！

温海明：　元融总结得好，举步维艰，所以要马来代步，跑掉了就算化险为夷。整个明夷卦就是插翅难飞的艰难处境，不过初九、六二就算幸运地飞掉了，是跟英雄逃难的大片差不多。

姚利民：　化险为夷也来自六二，百姓日用而不知。

汤兆宁：　婚姻的问题应该同样可以用这卦解释的，这个我不怀疑。

温海明：　那六二就是婚姻受伤了等待逃命的妻子，马好像救她逃命的第三者？

汤兆宁：　婚姻也会经历黑暗时期。

丰　铭：　一般是喜欢把明夷解释为受伤，我是解释为明确目标，所以没有逃命的事。

陈佳红：　情人把她救到了一个吉祥的地方，帮她把伤养好了。

丰　铭：　所以啊，这卦可以很浪漫，有的解释非搞得苦兮兮的。

温海明：　光明晋升很难浪漫，黑暗时分恰好浪漫。

（整理者：黄仕坤　中国人民大学哲学院硕士生）

自暗复明　以渐化民
——明夷卦九三明解

时间：2016年06月23日21：30—22：00

【明解文本】

九三：明夷于南狩，得其大首。不可疾贞。

《象》曰："南狩"之志，乃大得也。

【讲课内容】

曾凡朝： "九三：明夷于南狩，得其大首。不可疾贞。" "大首"，传统的解释是大首领。王弼："既诛其主，将正其民。"孔颖达："大首谓暗君。"程颐："大首，谓暗之魁首，上六也。"朱熹："以刚居刚，又在明体之上，而屈于至暗之下，正与上六暗主为应，故有向明除害，得其首恶之象。"九三爻，处下体之上，居文明之极，上为至晦。

蒋丽梅： 我比较赞同将大首作上六看，九三为至明，应于上六，以明除暗，相当于亮剑。

曾凡朝： 九三爻在离卦最上面，乃光明至极，而且九三以刚位于阳位、是要前进的；上六爻在坤卦最上面，昏暗至极。光明至极但处于下位、在下卦最上面，昏暗至极却处在上位、在卦的最上面，两者相应，是至明克至暗的象。九三与上六相应，故为至明克至暗之象。意谓九三欲上往而除害，擒得上六这个罪魁祸首。

蒋丽梅： 曾老师说说"南狩"如何吧？南巡在中国还是很有典故的。

曾凡朝： 蒋老师是有备的，说说看。"南狩"字面上是不是："南"，前方，明方；"狩"，狩猎。南狩，前进狩猎以除害。九三以刚居阳，处明体（下体离）之上而屈于坤体之下；而上六处坤体之上，为昏暗之主。程颐《程氏易传》："九三，离之上，明之极也，又处刚而进。上六，坤之上，暗之极也。至明居下而为下之上，至暗在上而处穷极之地，正相敌应，将以明去暗者也。斯义也，其汤、武之事乎！南，在前而明方也、狩，畋而去害之事也。南狩，谓前进而除害也。当克获其大首，大首谓暗之魁首，上六也。三与上正相应，为至明克至暗之象。"

【讨论内容】

【暗主与暗喻】

汤兆宁：　九三上六，至明至暗，顾晦其明。

蒋丽梅：　《左传》用"狩"有微言大义，我觉得这里也有类似的意思，名为狩猎，其实是除害，朱子说"成汤赴于夏台，文王兴于羑里"，都是史上大事。

曾凡朝：　成汤赴于夏台的故事说的是，夏桀无道，不接受大臣们的直言劝谏，关龙逢是当时有名的贤臣，屡次犯颜直谏，桀愤怒地处死了他，从此朝廷内再也没有人敢进谏了。当时，汤是夏桀统治下的众多诸侯之一，他见龙逢以忠言进谏而被处死，心中很是悲伤，于是便派人悼念龙逢。桀知道这件事后大怒，便将汤抓起来囚禁在夏台狱中，过了很久才将他释放。文王兴于羑里，大家都比较熟悉了！《史记·殷本纪》："西伯昌闻之窃叹，崇侯虎知之，以告纣，纣囚西伯羑里。" 河南汤阴至今尚有纣拘文王的羑里城的遗迹。《玉篇·狱》："三王始有狱，殷曰羑里，周曰囹圄。"名为打猎，实为打仗。

温海明：　金景芳老师认为：九三这个南狩，是武王伐纣之事，攻打暗主"纣王"。

汤兆宁：　武王伐纣，光明正大，没必要用暗喻的。

丰　铭：　那么，九三的内容应该发生在六五之后啊。

王力飞：　何来暗喻？指攻打暗主，不是暗喻，暗之首为纣王。

汤兆宁：　金景芳老师是这样解释的："'南'，前方，也是明方。'狩'，狩猎以除害。'南狩'，前进狩猎以除害。'大首'，暗方的魁首。"九三处明体之上，是至明在下而为下之上，而上六处坤之上，暗之极，是至暗在上而为暗之首。九三与上六正相敌应，为至明克至暗之象，"不可疾贞"，谓克获暗方的大首是首要的，至于整个社会和一般老百姓的问题，要有渐进的过程，不能遽革。这应是指武王伐纣事。

丰　铭：　用狩猎比喻打仗，不是暗喻吗？

蒋丽梅：　臣攻君，不管是不是暗主，还是不义的。

曾凡朝：　《春秋·僖公二十八年》："天王狩于河阳。"《左传》："是会也，晋侯召王，以诸侯见，且使王狩。仲尼曰：以臣召君。"《史记》卷四《周本纪》："二十年，晋文公召襄王，襄王会之河阳、践土，诸侯毕朝，书讳曰'天王狩于河阳'。""孔子读史记至文公，曰'诸侯无召王'，'王狩河阳'者，《春秋》讳之也。"（《史记·晋世家》）晋文公践土之役后，欲霸天下，在会诸侯于温之后，打算率诸侯去朝周王。但其威德还不足以服众，怕做不到，所以请周襄王到河阳，他率诸侯在践土朝见襄王。孔子说，《春秋》说"王狩河阳"是讳言之，曲笔记之，因为诸侯没有权力召天王。"狩"，巡狩之意，天子巡行诸侯之地。天王指周天子。

汤兆宁：　个人认为这节为比喻，光明狩猎黑暗之首。《周易》大部分为比喻，不是单指一事。但这是个人意见。曾老师认为"狩"为巡守。"不可疾贞",这句怎么解?

曾凡朝： 春蒐、夏苗、秋狝、冬狩，泛指打猎。在这里，由于离为南方的卦象，还代表甲胄，为戈兵，所以"明夷于南狩"的意思是利用南征的机会，吊民伐罪。

汤兆宁： 这样解释合理。

【"不可疾贞"】

曾凡朝： "不可疾贞"，九三和上六，中间有六四和六五，不能急疾纠正。"疾"为急疾，"贞"是正。也有这样解释的，"贞"，正固而自守。"不可疾贞"，说的是应以正道自守而不可操之过急。

王力飞： "不可疾贞"，倒装句。豫六五"贞疾，恒不死。"疾，为快，贞为保持，可通"解"。

汤兆宁： 两者都可意会，都强调行动不要过急。

蒋丽梅： 王弼说"既诛其主，将正其民。民之迷也，其日固已久矣。化宜以渐，不可速正"。这里有革与渐的争论，征伐可以快速，但化风移俗还是需要时间慢慢来，急不得。

汤兆宁： 那为何不说"贞疾"？要说"疾贞"？

蒋丽梅： 按王弼的意思"疾贞"就是急正，不可急正。程传也说"正之不可急也"。

曾凡朝： 是的。孔颖达接着疏道："不可疾贞"者，既诛其主，将正其民，民迷日久，不可卒正，宜化之以渐，故曰"不可疾贞"。

汤兆宁： 蒋老师说得有道理。"得其大首，不可疾贞"。前提是已经"得其大首"吧。"疾贞"，疾修饰贞，不要急正。

曾凡朝： 程颐说："不可疾贞，谓诛其元恶。旧染污俗未能遽革，必有其渐，革之遽，则骇惧而不安。至于既久，尚曰余风未殄，是渐渍之俗，不可以遽革也。故曰'不可疾贞'，正之不可急也。"

王力飞： "疾贞"，前面的内容是关键。狩大首后，疾行不得。

曾凡朝： 六二救难，可速。九三除害，不可速。故有"不可疾贞"之戒。

汤兆宁： 既然是贞或正，应该指的是民风吧。因为不可能去正一个暗主，暗主必须先消灭。所以"得其大首，不可疾贞"。这是两个部分。

【"南狩"】

张国明： 九三与上六应，阴阳不敌，我觉得解为诛杀不当。能不能是得到南方部族首领的拥戴呢？

王力飞： 南就是方位，正午了，背后有关于太阳的神话传说。

张国明： 初爻象鸟飞，二爻骑马跑，三爻终于到了南方。

王力飞： 太阳初升飞快，后感觉慢，视角的原因。左翼低垂，鸟左飞南飞之象。

汤兆宁：　九三和上六应在明夷和大首吧，各位老师，不知道在周易里面"应"是否都是好的呢？

张国明：　应一般为吉。

汤兆宁：　那应是否也可指联系呢？应者双方互相有联系？就是六三和上九有联系呢？指爻辞里或象里的联系，因为这个爻辞里面具体说了"大首"了。

王力飞：　"不可疾贞"，指两方面，一是人伤了，二是有收获放在了车上。这种情形下，人快不得，马也更慢。正是太阳最高最慢之象，贞为保持。

张国明：　不可快速保持？

王力飞：　我认为六二比初九慢，马比鸟慢，九三更慢。不可保持快速，宜缓慢前行。

张国明：　是的。急不得。程颐："不可疾贞，谓诛其元恶。旧染污俗未能遽革，必有其渐，革之遽，则骇惧而不安。至于既久，尚曰余风未殄，是渐渍之俗，不可以遽革也。故曰不可疾贞，正之不可急也。"还是曾、蒋二位老师的解读更权威。

蒋丽梅：　九三以明击暗，诛得暗主，但化民需渐，咱们要慢慢来！

汤兆宁：　张老师您说的"应"的问题也挺值得思考的，刚才看了一下好像一般阴阳的应都是吉的。也许还要考虑上下卦的问题，下卦是明上卦，是晦。

曾凡朝：　蒋丽梅老师总结得言简意赅！以明击暗，诛得暗主，未能遽革，化民需渐！

【用晦而明】

汤兆宁：　"用晦而明"，典型的人物是箕子。用装疯（晦）来坚持内心的正道（明）。这也是金景芳老师的解释。

王力飞：　箕子之晦，为了保存实力。类比，天色晚了，人需要休息。

汤兆宁：　金老师说：箕子所为不同于"正之""救之"，或"去之"，而是晦。

张国明：　如果一以贯之，前两爻离难尚远都开始逃，三爻离难更近，该如之何？

王力飞：　从太阳升起，在天空绕着弯巡游，最后落下的角度看明夷，非常清晰。

张国明：　三爻独自去应战？而且在明夷的大背景下一战克敌？且诛敌之首领？

汤兆宁：　但是六二不是已经被救了啊，九三，九为刚处刚位，所行为刚是可以说得通的。

张国明：　真如此，初二爻何必避难？

汤兆宁：　若六二没逃脱，怎能起兵攻打暗主？六二如果被困，那就无法攻打暗主了。

张国明：　九三阳刚，又居阳位，但没有敌人啊！在暗无天日之时，明岂能胜暗？三六正应，非敌！

张国明：　上下皆阴，九三很享受的。

汤兆宁：　但是九三是下卦之离，卦之终爻，离卦为明，至明了。是内心至明的人。可能还是要上下卦分开看一下，因为上卦是坤卦，这里比喻黑暗，上六是至暗。

张国明：　是的，但同时亦在坎中，坎水足可灭离火。

汤兆宁： 最重要的是上下卦，这是卦辞的来源。比如这个是明下暗上，所以为"明夷"。

张国明： 明夷卦首先是黑夜，明受伤是大背景。

汤兆宁： 光明藏于黑夜，火埋在地下，好比一颗赤子之心被包裹在黑暗里。

王力飞： 九三，黑夜南巡，狩获大首？

张国明： 明诛暗恶，不符合本卦根本。六三虽有离明，然上有三阴，又上下皆阴，是刘备因美人计受困于东吴之象（类比）。坎灭离，欲蒙英雄眼。"用晦而明"是《大象传》，与爻无干。

汤兆宁： 武王没有"晦"？

丰　铭： 我意思是，正好故事连续起来了，马跃檀溪在前，刘备招亲在后。

张国明： 前二爻虽伤但成功避难，三爻陷入温网，难以自拔，不可贞！

丰　铭： 爻与爻之间的逻辑连续性的确需要我们关注的。

汤兆宁： 到底是"藏晦其明"还是"用晦其明"？箕子是"藏晦其明"。

张国明： 对了，刘备从曹处韬晦而后南逃那段，很像初爻的。

丰　铭： 潜龙韬晦？哦，知道了，南逃那段。大意好像是飞鸟脱笼？

汤兆宁： 六三说武王伐纣王，可以说武王是"志其晦"的，所以是通的。

丰　铭： 发下我对这两卦的四字总结。晋卦："订婚"。迈向婚姻。明夷卦："婚典。"六礼成婚。初六：适时求婚。初九：锲而不舍。六二：明媒提亲。六二：所托得力。六三：订立婚约。九三：风光下聘。九四：筹备婚礼。六四：商榷仪程。六五：迎亲拜堂。六五：应酬得体。上九：洞房花烛。上六：新婚之夜。

张国明： 韬晦南逃、马跃檀溪、东吴招亲。刘备故事演义，连贯了！

（整理者：李芙馥 中国人民大学哲学院博士生）

明夷之心 保全要妙

——明夷卦六四明解

时间：2016年06月24日22：00 — 22：53

【明解文本】

六四：入于左腹，获明夷之心，于出门庭。

《象》曰："入于左腹"，获心意也。

【讲课内容】

曾凡朝："入于左腹"，帛书周易作"夷于左腹"。"入"——"夷"。王弼注："左者取其顺也，入于左腹，得其心意，故虽近不危，虽时辟难门庭而已，能不逆忤也。"

蒋丽梅："左腹"，朱子以为是"幽隐之处"，程传以为"左不当用，故为隐僻之所"，由隐僻之所见信于君，所以程朱都以为六四是奸邪之臣，蛊惑君心。

曾凡朝：《程氏易传》六四以阴居阴，而在阴柔之体，处近君之位，是阴邪小人居高位，以柔邪顺于君者也，六五明夷卦之君位，伤明之主也。四以柔邪顺从之，以固其交。夫小人之事君，未有由显明以道合者也，必以隐僻之道自结于上。右当用，故为明显之所；左不当用，故为隐僻之所。人之手足皆以右为用，世谓僻所为僻左，是左者隐僻之所也。四由隐僻之道深入其君，故云"入于左腹"。"入腹"，谓其交深也。其交之深，故得其心。凡奸邪之见信于其君，皆由夺其心也。不夺其心，能无悟乎？"于出门庭"，既信之于心，而后行之于外也。邪臣之事暗君，必先蛊其心而后能行于外。

蒋丽梅：《朱子语类》对奸邪之说提出了问题"下三爻皆说明夷是好底。何独此爻却做不好说"。

温海明：程颐是说："邪臣之事暗君，必先蛊其心而后能行于外。"一说，发现暗主心思不对，就决定出门躲避，不太一样。

蒋丽梅："入于左腹"，四已入于暗地，离暗主为近，情势更为危急，在这种情况下入左不用右，以柔顺之术与暗主相交。

曾凡朝：奸邪臣子事奉昏暗的君主一定是先蛊惑君主的心，然后才能对外有所行动。

温海明：左柔，一说震为左，六四互震。

曾凡朝：是的，《周易尚氏学》："震为左，坤为腹，为门庭，为心。"

蒋丽梅：很多注家以微子说六四，微子亲谏纣王，不被采纳，避祸出走，正是王弼所说"虽近不危，随时辟难"。

温海明：坎为心。

曾凡朝：震为左，不知何据。似从解释《易林》发明而来。

温海明：应是后天八卦。

曾凡朝：是的。六四以阴居阴得位，当明夷之时，居诸侯之位，与上下至暗之君同居外卦，密近于君，获暗君伤害光明之心，知所回避，故能逃出门庭而无灾也。温老师说的另一说，发现暗主心思不对，就决定出门躲避。如果"明夷"是鸟呢？是不是可以理解为在左方腹部获得明夷神鸟的心脏，并送出门庭。

温海明：应该是通过阴柔的手段，基本上成为暗主的心腹了，但发现暗主是个无恶不作的小人，把他的心意都了解透了，知道暗无天日的日子还要持续很久，不愿意继续同流合污，于是还是远走高飞吧。

蒋丽梅：帛书的"夷"于左腹说很有意思，六二夷于左股，六四夷于左腹，伤之更切。

温海明：伤到腹部了，更要跑路逃命了。

蒋丽梅：因为帛书的"夷于左腹"，我就不同意奸臣之说了。

【讨论内容】

    姜　江：学习明夷卦，要学会从光明的晋升期渡过黑暗期的正确做法，正确的做法应该是莅众"用晦而明"，所以初九赶紧辞职连薪水也不要了赶紧换东家，结果新东家也会对这样的人有非议，九三纠集人马推翻黑暗统治，也不是"用晦而明"的正确做法，那么正确的做法肯定是用拯马壮了，顺以则也。

    汤兆宁：从字义来看，吊民是"慰问遭受不幸的人们"。话说回来，六五讲的是箕子吧。明夷卦的主爻可能还是六五，明显地藏晦其明了。六五同样于中位，在上卦上。

    姜　江：六五六二都符合"用晦而明"的宗旨。

    元　融：时也，位也，度也。

【夷于左腹】

    姚利民：受老师启发，六四占伤至左腹，大难（互坎）来临，远走高飞（互震）。

    元　融：震在后天八卦为左。

    孙福万：新井氏结语云："其象如此。占者可避近亲之祸。"

    温海明：被暗主（近亲）伤到腹部了，已经伤心透顶，看透了，得赶紧逃命去了。

孙福万：	依此，六四是指微子，和程子的解释就不一样了。
曾凡朝：	胡炳文认为："'获明夷之心'者，微子之自靖。'于出门庭'者，微子之行遁也。"
王力飞：	伤肚子，知道昏君之心，跑了？
蒋丽梅：	奸臣之说程子说的最多，朱子其实是存疑的。
王力飞：	伤心挂肚，跑了？
孙福万：	胡炳文认为："以二体，则离明也，伤之者坤；以六爻，则初至五皆明也，伤之者上。上为暗主。六五讲'箕子之明夷'。"可见胡炳文说得有理。
曾凡朝：	也有用"伊尹五就桀"解六四的。
孙福万：	曾凡朝，爻辞没明指微子，说伊尹也可以吧。
元　融：	上卦为坤，震为左，离为腹，坎为心，四爻与初九相应，故"入于左腹，获明夷之心"。
曾凡朝：	有侧重于文字的朋友可以看一下闻一多先生的解释。温老师的解释地道简明，孙福万提供的资料和解读重要。《周易义证类纂》（闻一多）解了明夷两爻，六二、六四，他的见解是，此两爻"盖言射宫习射"。

（整理者：秦凯丽　中国人民大学哲学院硕士生）

箕子晦明　志在保道
——明夷卦六五明解

时间：2016年06月25日22：00 — 22：30

【明解文本】

六五：箕子之明夷，利贞。

《象》曰："箕子"之贞，明不可息也。

【讲课内容】

曾凡朝："六五：箕子之明夷，利贞。"《象》曰："箕子"之贞，明不可息也。身处乱世，箕子的处境极其艰难，正之则势不敌，救之则力不足，去之则义不可，箕子处理很恰当，他既不正之，不救之，也不去之。

蒋丽梅： 六五，按王弼注解：最近于晦，与难为比，险莫如兹。此爻与上六最近，与暗主相比，是最危险的位置。

曾凡朝： 是的，孔颖达疏："六五最比暗君，似箕子之近殷纣，故曰'箕子之明夷'也。"

蒋丽梅： "利贞"，王弼说"暗不能没，明不可息，正不忧危"，孔疏也评价箕子"执志不回"。

曾凡朝： 也有人认为，五为君位。易例不可易也。明夷六五，其时其君，盖殷之末世与纣之事，足以当之。

蒋丽梅： 《程氏易传》也说"不专以君位言"。箕子难能可贵的并不是保全自己的生命，而是保全了自己的原则，这点难能可贵，所谓"内难而能正其志"是也。

曾凡朝： 程传说"不专以君位言"。"五为君位，乃常也。然《易》之取义，变动随时。上六处坤之上，而明夷之极，阴暗伤明之极者也。五切近之，圣人因以五为切近至暗之人，以见处之之义，故不专以君位言。"程颐还是以上为君主。上六阴暗，伤明之极，故以为明夷卦之主。

蒋丽梅： 金景芳以《象传》的文王和箕子作对比，总结出大难与内难，提出"殷之三仁皆不易，箕子犹难"。

【讨论内容】

姜　江： 明夷六四爻感悟：受伤很重，但是同时获得了昏君的同情理解，放虎归山了。这和初九应该有些对应关系，还需细细品味，剖腹明志。

温海明： 暗主本来就是害你的，怎么同情理解你，还让你跑掉，放虎归山？大家可以讨论，看看怎么理解最好。

姜　江： 这一爻有点像文王出狱那段。

王力飞： 到六五，太阳自我保护了，我不强，更弱，不让你伤。

姜　江： 文王吃了自己孩子的肉羹，让纣王放心。

王力飞： 像箕子一样保存实力。到上六，干脆进入地底，自己也休息。所以，"明夷"，有自夷，有他夷，有"用晦以明"的装夷，完整了。

姜　江： 看来力飞不重视《大象》，而我是以《大象》为一卦的宗旨。以《大象》为核心解卦，轻松自如，顺理成章。君子于明夷之时，是大有可为的。没有高位而受人民的拥戴，叫明夷时期的莅众。

汤兆宁： 没有高位而受人民的拥戴，叫明夷时期的莅众。有道理！

姜　江： 很多观点认为，我们人类自大洪水前后至今，总体上都是明夷时期，光明在未来的理想社会，这之前的时期基本都是明夷时期。

温海明：　还是在《周易》传统里讨论比较好，《周易》系统不讲洪水，最大的水就是习坎。

姜　江：　我的意思是明夷卦的指导意义很大，值得我们认真学习，重点学习。还值得联系实际。传统易经这卦里面讲文王讲得很多。

王力飞：　明哲保身，明智而非贤能。不食周粟的高风亮节，更让人佩服，周人都佩服。

【晦明自保】

丰　铭：　殷末"三仁"中，微子自缚衔璧乞降于周，失义；比干强谏三日被剖心，失智。还真是只有箕子逢此艰难乱世处理得比较恰当。

温海明：　是啊，自晦其明，隐晦自己的智慧，很难做到。

曾凡朝：　箕子不正之，不救之，也不去之，采取了晦其明的办法，佯狂为奴，以免于受害，内心却坚守正道不变。尽管箕子的光明受到损害（佯狂为奴），终守正全身为利。

元　融：　箕子难能可贵的并不是保全自己的生命，而是保全了自己的原则，这点难能可贵，所谓"内难而能正其志"是也。内明外暗，独善其身。

曾凡朝：　丰铭主持人给我们提供的资料《论语·微子》中曰："微子去之，箕子为之奴，比干谏而死，殷有三仁焉。"

丰　铭：　三人都被孔子誉为殷之"三仁"，不知孔子对哪位评价更高些？

曾凡朝：　箕子看到纣王暴虐无道，把叔父比干剖心，逼得胞兄微子连夜逃走，箕子不愿像比干那样直谏，也不想逃走，于是只好披发装疯。周武王兴起后，得箕子以师礼敬之，箕子这种能晦其明，又不失其明的做法，是处黑暗时代"利艰贞"的最佳典范。

温海明：　箕子应该是被降为奴隶，没有行动自由，装疯卖傻也是不得已，否则必然表现出怨恨之心，必死无疑。

曾凡朝：　是的，据《史记》载："纣为淫泆，箕子谏，不听。乃披发佯狂而为奴。"一灯能照千年暗，光明来了，黑暗自然消失。

元　融：　六五，是明夷卦的尊位，也是黑暗的中心外卦黑暗无边，内挂光明内蕴，箕子晦明自保，才是唯一的选择，也是生存之道！《周易》，从最高的智慧给与后世士子们明确的指引。

曾凡朝：　"《象》曰：'箕子之贞，明不可息也'。"箕子坚守正道，身处乱世，不变坚贞。箕子佯狂为奴，身体受辱，但是光明未灭。箕子"用晦而得明"，体现了卦辞的"利艰贞"。所以，古人认为殷之三仁皆为不易，箕子尤难。箕子晦明自保。

温海明：　当然装疯卖傻必须主动为之，但根本上是不得已而为之的。至于是先装疯后被囚，还是先被囚后装疯，好像不同说法都有。也有说因为装疯而免于被囚禁的。

汤兆宁： 箕子正是为了坚持正道才装疯的。既不愿意以离开去背弃自己的国家，也不愿意白白地舍弃生命，因为还要在未来为正道做贡献。

蒋丽梅： 以前几爻的大义大体是一个字：逃，六五难在无处可逃。箕子无所逃于天地之间，只能被发佯狂为奴，不同流合污，不助长罪恶，以坚守心中正德。

丰　铭： 看结果，箕子在朝鲜保存了殷商文化，于殷商一族是有功的。

汤兆宁： 一般都是逃，箕子有忍耐之心，难得。

曾凡朝： 无处可逃。

温海明： 他如果是主动装疯卖傻，主动混入奴隶队伍，还能骗过帝辛的耳目，躲得远远的，还能抚琴而歌，那就是最完美的。

汤兆宁： 有一点，箕子建议微子逃跑，自己却不舍弃其国家，这点很微妙。

曾凡朝： 是不是形势被迫下的主动，困境中的破局。

元　融： 箕子和比干，两种结局，周易在明夷的六五，用明确的语言作出评价智慧和愚忠，是不同的风景。

曾凡朝： "纣为淫泆，箕子谏，不听。人或曰：'可以去矣。'箕子曰：'为人臣谏不听而去，是彰君之恶而自说于民，吾不忍为也。'乃被发佯狂而为奴。遂隐而鼓琴以自悲，故传之曰《箕子操》。王子比干者，亦纣之亲戚也。见箕子谏不听而为奴，则曰：'君有过而不以死争，则百姓何辜？'乃直言谏纣。纣怒，曰：'吾闻圣人之心有七窍，信有诸？'乃遂杀王子比干，刳视其心。微子曰：'父子有骨肉，而臣主以义属。故父有过，子三谏不听，则随而号之；人臣三谏不听，则其义可以去矣。'遂行。其后箕子朝周，过故殷虚，感宫室毁坏，生禾黍，箕子伤之，乃作《麦黍之诗》以歌咏之。殷民闻之，皆为流涕。"（《史记·宋微子世家》）

曾凡朝： 体会一下这句话，为人臣，谏不听而去，是彰君之恶而自说于民，吾不忍为也。

丰　铭： 所以孔子才列了三仁，以代表三种选择。

汤兆宁： 这句话看来不是因为箕子不愿意舍弃国家了？是因为不想"彰君之恶而自说于民"。

丰　铭： 不同的人可能选择其中的某一种。

温海明： 黑暗无光之时，出路非常有限。

【 "明不可息" 】

蒋丽梅： "明不可息"也很有趣，自"晦其明"，明虽然被隐藏但终不能淹没。

丰　铭： 第四、五种的选择当然也有，但好像孔子都认为不能称之为仁了。

蒋丽梅： 黑暗之下，正是这些内心坚守住的微弱光明，最终驱离了全部黑暗。

温海明： 星星之火，可以燎原。

曾凡朝： "明不可息"内心坚守住的光明。

元　融： 曾老师讲得挺好的，但我还是不喜欢六五爻用箕子的故事来理解。

温海明： 所以可能是不主动跑，加上也可能跑不掉。

元　融： 用史解《易》可以，但观象系辞，应是正路。

曾凡朝： 箕子之贞，内难而能正其志，明可夷而不可息。

温海明： 六五中正，位于熄灭光明的大地之中。

元　融： 从象上看，六五在上卦坤中，坤正是遮蔽下卦离明的大地，柔爻为夜，处在最黑暗之中。但六五在上卦中位，能守中道，不是自己黑暗，而是所处时势黑暗，不是自己不明，而是自己把明掩藏起来，故言："箕子之明夷"，这个"明夷"是自己去夷灭自己的光明，所以才说"利贞"。"利贞"是利于正固。明不显露，内心正固。

丰　铭： 我过去也看卦象，遇到这爻就迷糊了。丧羊于易，卦象里有羊。箕子之明夷，卦象里怎么能看出箕子呢？

温海明： 在黑夜中持守正道。根据卦象觉得他最合适，就是他了。

丰　铭： 卦象要取象的，取象古人有规则的。也许这是尚先生说的上古逸象。

曾凡朝： 温老师说的逃不掉，有道理。《史记·宋微子世家》："微子度纣终不可谏，欲死之，及去，未能自决，乃问于太师、少师，曰：'殷不有治政，不治四方。我祖遂陈于上，纣沉湎于酒，妇人是用，乱败汤德于下……今殷其典丧！若涉水无津涯。殷遂丧，越至于今。'曰：'太师，少师，我其发出往？吾家保于丧？今女无故告予，颠跻，如之何其？'太师若曰：'王子，天笃下灾亡殷国，乃毋畏畏，不用老长。今殷民乃陋淫神祇之祀。今诚得治国，国治身死不恨。为死，终不得治，不如去。'遂亡。太师即箕子。"

（整理者：孙世柳 中国人民大学哲学院硕士生）

明在至高 夷伤昏晦

——明夷卦上六明解

时间：2016年06月26日22：00 — 23：26

【明解文本】

上六：不明晦。初登于天，后入于地。

《象》曰："初登于天"，明四国也。"后入于地"，失则也。

【讲课内容】

曾凡朝： 白天那么热闹，到了晚上，"不明晦"，还是"不晦明"，是不是得像白天一样"明"呢。

蒋丽梅： "不明晦"，王弼说"处明夷之极，是至晦者也"，象征至暗之主。本义说"以阴居坤之极，不明其德以至于晦"，苏轼说"六爻皆晦也，所以晦者不同，自五以下，明而晦者，若上六，不明而晦者，故曰不明晦"。

曾凡朝： 是的，程颐说："上居卦之终，为明夷之主，又为明夷之极。上，至高之地。明在至高，本当远照，明既夷伤，故不明而反昏晦也。"

蒋丽梅： 我觉得"不明晦"的注解有两种思路：一种不明所以晦，第二种不明即是晦。

曾凡朝： "不明晦"有没有这样的背景预示，日落不明而晦，太阳初升天上，后落入地中，不发出光明，反生黑暗。社会而言，黑暗已极，时代病灶之所在。不明晦者，不明而晦。《说文》："晦，月尽也。"亦不明，二者连用，也许是说：黑暗之极。

曾凡朝： 胡炳文《周易本义通释》："'上六不曰明夷而曰不明晦。盖惟上六不明而晦，所以五爻之明，皆为其所夷也。'初登于天，照四国也；后入于地，失则也。"

蒋丽梅： 《象》认为入地的原因是失则，与六二顺则形成了对照。以阴居六爻之上，本就是失则。

【讨论内容】

【利善之间的心几】

　　曾凡朝： 唐文治先生曾给其内子占筮，遇明夷之贲。"秋，八月，内子郁夫人卒。内子天性婉娩淑慎，孝和而俭。吾母疾病，侍养弥谨，诸事能忍耐，戚党皆称其贤。来归十三年，去冬怀妊，吾母喜甚，余筮之，遇明夷之贲。其繇曰：'不明，晦。初登于天，后入于地。'余心恶之。至是竟以难产卒。吾母大恸，停灵于崇文门外之夕照寺。时在客居"。来自《唐文治自述》。唐文治的论《周易》君子教育。

温海明：　看来占到这一爻好凶。

张国明：　以筮例始，以卦例终！大凶之辞！明夷是大凶卦。

曾凡朝：　《象》曰："初登于天，照四国也；后入于地，失则也。程颐的解释，初登于天，居高而明，则当照及四方也；乃被伤而昏暗，是后入于地，失明之道也，失则失其道也。"

蒋丽梅：　《象》对君主的期许是比较高的，"初登于天""照四国"，明君应能德与天齐，光普万物。

曾凡朝：　一说，明夷与晋为综卦，离明在上。故说"初登于天"。离为明，为照，震数四，坤为方，故说"照四国也"。

温海明：　唐文治说的不错。利与善之间，所谓心几也。由利而之善，即由凶、悔、吝而之吉；由善而之利，即由吉而之凶、悔、吝。惟变所适，在心术之转移而已矣。

温海明：　不是逃跑就是受伤，都是要命的节奏，当然有不同解读，有些读法不太惨。

丰　铭：　老师们读得好伤感。

温海明：　丰铭老兄的读法是结婚，大喜之时。

丰　铭：　我的是幸福的解释。晋，领结婚证；明夷，结婚典礼，然后就是家人；多幸福！

张国明：　昼夜更替，生死轮回。若见阳光普照日，自知乌云蔽日时。晋而明夷，亦必然之事也！若无商末之悲，亦无大周之兴！周立国实行分封制，确立了新的家国情怀！

温海明：　明夷谈国事，家人谈家事。

张国明：　此爻对应纣王亦通，纣王初时光照四国，后宠妲己日益荒淫，失治国之则，终入于地！

张国明：　明夷最后一爻，最终见分晓，由上天到入地，暗至极点，伤心亦到了极点，何以疗伤，返归家庭之温暖港湾，亲人之间的抚慰，足以疗治身心的创伤。

（整理者：贡哲　浙江大学哲学系本科生）

（本卦校对：刘杨　中国人民大学哲学院硕士生）

时　　间：2016年06月27日21：30 — 23：55
导读老师：张国明（沈阳市孔学会易经讲习所所长）
　　　　　赵建功（华中科技大学哲学系副教授）
课程秘书：张馨月（中国人民大学哲学院硕士生）

相辅相成　家庭和合
——家人卦卦辞明解

37 家人卦

离下巽上

【明解文本】

家人：利女贞。

《彖》曰：家人，女正位乎内，男正位乎外，男女正，天地之大义也；家人有严君焉，父母之谓也；父父，子子，兄兄，弟弟，夫夫，妇妇，而家道正；正家，而天下定矣！

《象》曰：风自火出，家人；君子以言有物而行有恒。

【讲课内容】

赵建功：本卦主要讲齐家治家之事，故卦以"家人"为名。利女贞，有利于女子方面的占问。

"家人卦，女正位乎内，男正位乎外"：家人卦六二阴爻和九五阳爻分别居于内卦和外卦之中位，二者皆当位，居中正之位而有中正之德，故曰"家人，女正位乎内，男正位乎外"。

"男女正，天地之大义也"："女正位乎内，男正位乎外"，男女各自持守中正之道，这是天地之大义所在。

"家人有严君焉，父母之谓也"：家人中有如君王一样威严的家长，那就是父母。

　　"父父、子子、兄兄、弟弟、夫夫、妇妇，而家道正"：父成其为父，子成其为子，兄成其为兄，弟成其为弟，夫成其为夫，妇成其为妇，而家庭自正。

　　"正家，而天下定矣"：家庭得正，自然天下太平。

　　"风自火出，家人卦；君子以言有物而行有恒"：家人卦下离上巽，内卦离为火，外卦巽为风，故曰"风自火出"，有炊烟之象；在农耕社会，炊烟所在，必有人家，故卦以"家人"名之；君子观此卦象，当言之有物，行之有恒，以身作则，方可正己正人，教育家人。

【讨论内容】

赵建功：《序卦传》解释明夷家人的次序，好像天下人皆如此，"伤于外者必反于家"。

张国明：这个文辞讲了两个相对：伤对暖，外对家。伤于外则返于温暖的家。家是公认的最温馨的所在，家人是所有称呼中最亲切的称谓。

赵建功：其实明夷卦讲韬光养晦，也可以在家。所以骂人最狠的就是丧家之犬。《史记》："孔子适郑，与弟子相失，孔子独立郭东门。"郑人或谓子贡曰："东门有人，其颡似尧，其项类皋陶，其肩类子产，然自要以下不及禹三寸。累累若丧家之狗。"子贡以实告孔子，孔子欣然笑曰："形状，末也。而谓似丧家之狗，然哉！然哉！"

张国明：孔子确有宽广的心胸！《序卦传》相对简单，接下来我们分析卦象和卦名。家人卦，上卦为巽，巽卦二阳爻在上，一阴爻在下，正是宝字盖的形状！上一点为阳爻，一横为阳爻，下二点为阴爻，即巽卦等于宝字盖。宝字盖有了，有没有豕呢？大家知道，豕对应坎卦，互卦中有坎卦，互坎为豕。于是"家"出来了！

赵建功：有人根据卦象说明"家人"的来源。马融曰：木生火。火以木为家，故曰"家人"。火生于木，得风而盛，犹夫妇之道，相须而成。

张国明：家人卦上巽为风，五行为木，下离为火，木生火。哪怕一个山洞，因为有了"木生火"也会变得温暖起来，有木有火的温暖山洞可能就是人类最早的"家"。有了木火，有了温暖和光明，自然就有人气，生食也由此转为熟食，人类由此与野兽正式分野，文明与野蛮由此分开。

赵建功：风风火火的人类文明就此展开了！

张国明：家人相聚之日，莫过于"年"，东北农村一直有杀猪过年的民俗，猪即豕由此称为年猪呢！

【"利女贞"】

赵建功："家人，利女贞"；"利女贞"，有利于女子方面的占问。现在有些农村也还是用木头烧火做饭啊。为什么"利女贞"呢？马融曰："家人以女为奥主。长女中女，各得其正，故特曰'利女贞'矣。"

汤兆宁：　长女中女要正。

赵建功：　女正则家正！

张国明：　家人卦，上下两卦皆为女，女人的世界，"利女贞"。

赵建功：　足见女性在家庭乃至国家天下的地位。

武彦平：　家人卦，上下两卦皆为女，女人的世界，"利女贞"。回到家，老婆不在，感觉空空的。

赵建功：　所以家里没有女人，就没有家的感觉了。

王力飞：　我对"利女贞"有不同的看法，断为"利，女贞"。"女贞"和坤卦的"母马之贞"，"贞"均有特指。家人的"贞"，指贞守女人的慈爱和威严。

温海明：　家就是为先王之道守孝之地，当念念不出先王之道。

王力飞：　"贞"作贞守讲。

温海明：　一般都是吧，少数占卜也可以。

丰　铭：　家人是婚后生活，不过古人说的齐家不知是不是现在说的家庭。《论语·季氏》："丘也闻有国有家者。"大夫统治的政治区域，即卿大夫或卿大夫的采邑。《孟子·梁惠王上》："王曰何以利吾国？大夫曰何以利吾家？"

温海明：　卿大夫的家就是采邑，家大业大！

丰　铭：　家甲（古时卿大夫的私人武装）；家主（春秋时对卿大夫的称谓）；家老（上古大夫家臣中的长者）；家臣（春秋时各国卿大夫的臣属）；家邦（本指家和国，亦泛指国家）；家国（家与国，亦指国家）。

温海明：　家国同构，家国一体。

【彖】

张国明：　看《彖传》给家人卦的定位，女性该知足了。

赵建功：　家人卦总是强调女性的地位，故说"女正位乎内，男正位乎外；男女正，天地之大义也"。《中庸》："君子之道，造端乎夫妇，及其至也，察乎天地。"

温海明：　儒家的道，从夫妇生活通往天地。

张国明：　没有女人不成其家，没有家则不成国，没有国则不成天下！

温海明：　虽然大家都是一家人，可时刻都是天地阴阳之道在交流，还是女人掌握家的核心。

汤兆宁：　夫妻之道，如乾坤之配合，所以有《中庸》的这一说。

张国明：　说男女从来都是先言男后言女。此卦相反，先言"女正位乎内"。

赵建功：　天下原本就是天人合一、万物一体啊！天下一个大家庭！众生都是一家人！

温海明：　在夫妻生活当中也理解出有天道在作用，那就是儒家啦！

张国明： 贞观皇帝回家与长孙皇后聊起因魏征而烦心之事，长孙皇后劝之以君恕臣直。不仅安家君而且安天下！是家人卦内明而外柔的典范！

温海明： 没有伟大的女性，男人就不会成功。女性给了男人梦想和方向。

赵建功： 还有生命！而齐家关键又在修身。

张国明： 做到内明而外柔，男的也行，不过从性别看，无疑女性占优势！

温海明： 反正男人从获得生命到建功立业，都是因为女性！

王力飞： 女人是男人前行的动力。

裴健智： 程颐："君子观风自火出之象，知事之由内而出，故所言必有物，所行必有恒。"还有好像宋儒的讲法（程颐）有讲，推及一家之道，可以及天下。而孔疏的讲法好像是各正其位、各得其所，然后达到天下之治的目的，似乎孔疏没有像《大学》那样的推演过程。朱熹解释"父父子子，兄兄弟弟，夫夫妇妇。"为上父，初子，五三夫，四二妇，五兄，三弟。以卦画推之，又有此象。

【"风自火出"】

裴健智： "风火家人，风自火出"如何理解？风从火中出？

温海明： 一烧火，风就起来了。

赵建功： 家人卦下离上巽，内卦离为火，外卦巽为风，故曰"风自火出"，有炊烟之象；在农业社会，炊烟所在，必有人家，故卦以"家人"名。

温海明： 火内明而风外柔，内心光明而外表温柔。

赵建功： 君子观此卦象，当言之有物，行之有恒，以身作则，方可正己正人，教育家人。

张国明： 农村，如何知风向？坐看他人之炊烟即可！这个我有经验的！所以风者，炊烟也！炊烟何来？自火也！

温海明： 工业社会，炊烟何在？何处是家乡……

赵建功： 文明的异化！人类的无奈！

温海明： 农耕社会，炊烟袅袅，多么温柔的家乡。诗情画意，没有离乡背井之苦，没有精神放逐之殇。

裴健智： 孔颖达解释是："火出之初，因风方炽。火既炎盛，还复生风。"按照孔颖达的解释好像是风先助燃火，火再产生风，是这样理解吗？内外相成才有家人之名，这是孔颖达的理解。按照《象传》的理解应该是各安其位，而不是内外互相相成。"风自火出"或许只是风对火的影响？不是相成？

张国明： "木生火""巽为木为风""风生火"。火不生风但却能助风威！孔注未必正确。

赵建功： 各安其位，与内外相成，没有矛盾。

裴健智： 这样解释的话，就巽不是取风之象，而是取木之象了，可是角度有所转化。

温海明：　木着火，生风。

汤兆宁：　火生了以后空气变热和上面的冷空气会产生对流，不就是风了？

张国明：　巽为木亦为风，兼取可以的。

【两卦一对】

丰　铭：　我的观点就是《周易》有两个基本结构。两卦一对，每两卦是写一个主
　　　　　题，互相说明。六分法，每卦都是把一个事情按从开始到结束逻辑递
　　　　　进，分成六段来分析。很简单的，这两条贯穿六十四卦。比如家人和
　　　　　睦，就是说一个事。

王力飞：　两卦一个主题，会给自己增加不必要的障碍。有的卦之间，关系紧密，有的
　　　　　未必。

温海明：　六分法，两卦一对，都是传统讲法吧？算是传统共识。

王力飞：　邵易姓名起卦，把人生分成六个阶段分析命运，也有六段的痕迹。我和丰铭
　　　　　的观点，三是从初和二发展变化来的，再向前发展变化，就是四五六。一
　　　　　个阶段有一个阶段的情况和特点。其实，也有阶段视角的元素，一爻一个台
　　　　　阶，一步一个脚印。

丰　铭：　传统的表述方式是爻位这点一样的，只是我觉得传统对爻位的运用有些脱离
　　　　　六分法这个根本了。

元　融：　乾卦《象传》说的相对清晰——大明终始，六位时成，时乘六龙以御天。
　　　　　时，位，六，龙。

王力飞：　这个问题很复杂，有其长处和不可替代的地方。

丰　铭：　解卦一定要有六段论这个意识才能整体把握卦的主题。

元　融：　《周易》卦辞没有脱离六位，只是很多人对"象"忽略了，得意忘象，
　　　　　自由展开了。

丰　铭：　但遇到有些卦大家就不用六段论了。

王力飞：　你直接说有初、二三四五、上的时空意识，更好。

丰　铭：　六分法是六十四卦基础中的基础，清晰了这点，比如读家人卦初九的时候，
　　　　　一看就明白了，刚开始建立家庭嘛，所以说有家。

元　融：　上下卦的思路，在每一卦，"《象》曰"的第一小段，有卦性的描述，比如
　　　　　明夷卦，明入地中之语，描述得很清晰。

丰　铭：　爻辞是与爻位相对应的，爻辞的背景是爻位，六分法落实到解卦，主要就是
　　　　　这句话。

何善蒙：　按照道理，应该还要说一下爻位。正如大家所知道的那样，一个卦是六个
　　　　　爻，从下到上为初、二、三、四、五、上。为什么是六个？像三才而两之。
　　　　　爻有三个特点，第一是有位置，就是初到上的差别；第二是有阴阳的属性；

第三有时间的内涵。关于爻与爻之间的关系，事实上是在解释卦象中最为重要的，大家可以参考黄寿祺先生的解说。我自己的体会是，对于解释卦象来说，中的重要性大于正，正的重要性大于应。当然，具体的话要看整个卦的整体造型。

丰　铭：六分法中，六爻的递进逻辑是重点，中的作用是很次要的，着眼于中，很容易忽略逻辑的重心。

何善蒙：关于两卦一对我同意，但是反对丰铭的具体做法。比如一对卦一个讲的是进食，那么另一个一定讲的是消化，而不是另一卦进一步阐明如何进食。另外关于六爻时位，丰铭说的六段法，是他自己想当然的看法，初学是很容易把六爻当成六个逐进的阶段看，也能牵强附会上去。

元　融：六位时成，没有什么好辩论的，这是读《易》的思维。

丰　铭：关键是能否运用到每一卦每一爻的解读中。

何善蒙：六爻我认为是2×3段的分法。个人有个人的道正常，同归而殊途，百虑而一致。关键是能否运用到每一卦每一爻的解读中。

丰　铭：关于两卦一对我同意，比如一对卦一个讲的是进食，那么另一个一定讲的是消化，而不是另一卦进一步阐明如何进食，是你理解不同，这里咱们意思一样。

何善蒙：综卦之间存在着密切的逻辑关系，但是绝对不是晋卦讲婚礼，明夷卦也讲婚礼，讲离婚还靠谱一些。我一开始也被六段论的想当然说法蒙住了，觉得很合情合理的，现在看来是毫无依据的猜测。

温海明：明夷卦的时候得逃婚。

何善蒙：对，还是温老师描述准确，逃婚而不是离婚。

元　融：解读的方式可以万千，不要执着即可。

何善蒙：《易》与天地准，描述的事物不会有遗漏，事无巨细。同时《易》指出了生生不息之道，价值观明确。《易》用内、外两字就涵盖了一切，用上中下左中右，就涵盖了一切。

（整理者：王璇　中国人民大学哲学院硕士生）

家道之始　明规防危

——家人卦初九明解

时间：2016年06月28日21：30 — 22：55

【明解文本】

初九：闲有家，悔亡。

《象》曰："闲有家"，志未变也。

【讲课内容】

赵建功： "闲有家，悔亡"：初九当齐家之始，慎重防范，如注意防火、防盗、防长幼无序、防男女违礼，就不会有悔恨。"闲"：防备，防范；闲习。"有"：于。"闲有家，志未变也"：用心在未发生变故之前认真防范，如加固门户以防盗，曲突徙薪以防火，严明家规以防乱。

张国明： 家道之始。

赵建功： 万事开头难，齐家亦如是。

张国明： "闲"字从"门"从"木"，门内加木是为了防备外面，所以训释为防。《周易·文言》说"闲邪存其诚"，指闲防邪念；远古时代的房屋虽然简陋，但却都有院落。院子的大门像两片木栅栏，关上门后插上一根横木，外面的人就进不来了。这根横木就叫作"闲"。这根横木不但可以防止外人进来，还可以当武器用，当打开门发现来者心怀恶意时，可以用这根横木进行自卫。所以相对于一家人来说，平时懂得用横木把门插好，就不会有悔恨的事情发生了。

其实也并非远古，我小时候家里的房门还是这样的。

温海明： 家首先是空间，共同创造出的新空间。

赵建功： 北方大概皆如是！

张国明： 家强调安全，具有相对的私密性，不允许外人随意进出。

温海明： 本质上是阴阳交流的心理空间，我们是家人，家人心意相通，所以有内外之防。

张国明： 所以家虽简陋却不能无墙无门，院墙房门者，别内外也，有此则有家！初爻变为艮，艮亦有墙、门之意！

温海明： 真正的家是心家。

张国明： 初爻位低，三才中为地，六分法为始，上下分为下下。初爻有一比拟，可比为门房内之人，家仆中的一员！

温海明： 天地人有六分，初爻，看门人？门卫吧，保卫处的。

张国明： 过去大家族一般都有门房都有看门人。

赵建功： 闲还可释为闲习。荀爽曰：初在潜位，未干国政，闲习家事而已。未得治官，故"悔"。居家理治，可移于官，守之以正，故"悔亡"。

【讨论内容】

温海明： 百姓日用即道。

汤兆宁： 荀爽曰：初在潜位，未干国政，闲习家事而已。未得治官，故"悔"。居家理治，可移于官，守之以正，故"悔亡"。这段话是联系到了做官了，没得位的时候在家里闲习家事。

温海明： 做官跟持家一样，心里有数，有分寸感。

赵建功： 潜龙勿用，养精蓄锐，齐家治国平天下。

汤兆宁： 这个比喻讲得很好。治国前先齐家。

张国明： 家门是否严谨，对家道而言非常重要。在农村，一走一过即知谁家过得好，谁家过得差。家门不紧，忘关家门，悔事必有。

赵建功： "闲有家，志未变也"：用心在未发生变故之前认真防范，如加固门户以防盗，曲突徙薪以防火，严明家规以防乱。

张国明： 只有"闲有家"，方能"悔亡"。

胡俊芳： 以前人不关门都不会出现盗窃，现在关了还可能被盗。

汤兆宁： 防止外患和内患。

张国明： 再扯远点，民间的相宅术，首重大门。如门有问题则直断宅不宁！何也？无"闲"故也！

张国明： 知此，再读，"闲有家""悔亡"。你就明白了！何以初九有"闲"防卫之意？盖阳爻阳位故也。

温海明： 什么人看门决定全家人命运。

赵建功： "有门儿""没门儿"差别大！

张国明： 保安，不能用女的；有条件的单位，一般请退伍兵。正是阳爻阳位。

温海明： 必须男人。

张国明： 另外，离卦本身亦有兵戈之象。以后再看到门卫武警，要想到家人卦之初爻爻辞。

王力飞： 如果把初爻看成待字闺中呢？"闲有家"，闭门不出熟悉家务，等待父母之命，媒妁之言，是不是也是"志未变也"的一种？这些条件具备了，到了明晚，就可以嫁人洒扫，祭祀加煮饭了。我感觉初爻是待字闺中的意思，到六二，中馈；六三，有孩子了。这个女人在一步步成长、变大。"闲有家"，一者为"闲"，一者为"娴"，符合初爻的身份和地位。

姚利民：初九地位虽低，但责任重大，把一切邪人邪言妄思挡在门（心）外。

丰　铭："'闲有家'，志未变也"。这句我的理解是：有了小家莫忘大志也。反面教材比如：刘备贪恋温柔乡。

王力飞：不自作主张，不自由选择，不东张西望，等父母之命，媒妁之言，也是志不变。

汤兆宁：挡住邪念邪人妄思，中庸之"慎独"。

温海明：做事业的男人，即使起点很低，还在给人看门阶段，也要心意专注，不可改变通天志向。

王力飞：严明家规，也在待字闺中范围之内。

张国明：出国前真得学些西方必要的规则，否则就不是"悔亡"，而是直接亡了。

姚利民：家里出了丑事，有家规治理，把门一关，家人自行解决。

元　融：初九阳爻，闲做防闲，门口横亘一木，把家内外相隔，一为防范外来的侵扰，一来维持内部的运转。"闲有家"，初九刚开始做好防范，家庭的良好家风的塑造非常重要，对外来的事物，早做防范没有坏处。"悔亡"，没有什么值得后悔的。

张国明：所以志向小嘛，不可能有鸿鹄之志。我觉得这正是《小象传》"志未变也"的本意。

姚利民：东西方家长不同演绎出不同的家规。

（整理者：张馨月　中国人民大学哲学院硕士生）

妇人之道 巽顺为常
——家人卦六二明解

时间：2016年06月29日21：30 — 22：00

【明解文本】

六二：无攸遂，在中馈，贞吉。

《象》曰：六二之吉，顺以巽也。

【讲课内容】

张国明：六二自身：美、柔、谦、正、巽。1. 美：离卦主爻，离者丽也。2. 柔：互坎为水，柔情似水。3. 谦：六二中位有德，谦卑。4. 正：阴爻居柔位，得正。5. "无攸遂"：无成有终，功成不居。6. 又能顺、巽，是阴性类象极致的品德。六二外部条件：近有初、三之护卫，远有九五之正应。初九防闲，教妇初来，常指点六二。九三严格的大家长，虽严但未失家人之道。九五刚健中正，能与家人交相爱也。

【讨论内容】

王力飞： 没有女人的家，不叫家，叫屋子。

姚利民： 女人柔情似水。

张国明： 长得美。依据在哪？离卦主爻，离者丽也！

王力飞： 内美，内美的女人最美。柔情似火，端正典雅。中正，应有端庄的味道。

武彦平： 美丽又温柔。

张国明： 美而柔，能不能骄傲自以为是呢？

王力飞： 不能。

张国明： 何也？

汤兆宁： 六二，中位有德了，谦卑。

王力飞： "无攸遂"，"遂"，称心如意的意思，不打自己的小算盘。

张国明： 那能不能邪淫呢？

王力飞： 不能。

张国明： 何也？阴爻居柔位，得正。

姚利民： 六二处水底不争为德行谦卑。

张国明： 美、柔、谦、正，四德。那有没有才能呢？

孙福万： "离卦主爻，离者丽也！"

张国明： 什么优点呢？"无攸遂"。

汤兆宁： "遂"有好几个意思，有"顺，成功"等意思，也有"进"的意思。

王力飞： 我理解，她把唯一的追求留给了奉献，在"中馈"。

张国明： "遂"，多译为成。"攸"，助词，多译为所。"无攸遂"即无所成！这使我们想起，坤女的重要品德：无成有终。

汤兆宁： 不求功名，只求奉献。

王力飞： 功成不居，谦卑的美女和才女。

张国明： 即她并没有很强的"我见"。她愿意做辅助工作，以成就他人。

姚利民： 无所挂碍，无所得。

【"馈"】

张国明： 馈：1. 饮食之事，燕养馈羞，汤沐之馔，如他日。（《仪礼·既夕礼》）
2. 食物，先生将食，弟子馔馈。（《管子·弟子职》）。馈者，饮食之道也！

王力飞： 这女的没有自己的私心杂念，又这么娴淑。

张国明： 如此，此女一定会得到《易》书作者给女性最好的断辞：贞吉。除了这些，她还有一个突出的优点，她只是做好"馈"的工作。

汤兆宁： 奉献而无求，可以快乐。奉献而有所求，会痛苦。

张国明： 当然，还必须明确的就是：她这样做，其结局如何？得到别人认可了吗？得到了，她很幸福，这就必须涉及爻际关系。读《易》，离开爻际关系，说不清。乘承比应，真的很重要！六二近有护，远有应！近有初、三之护卫，远有九五之正应。

姚利民： 初九是小孩子。

王力飞： 初九是门卫，听家母使唤。

张国明： 所以，六二很幸福！贞吉。

王力飞： 贞此则吉。

温海明： 人顺心顺，阖家幸福。

王力飞： "无攸遂"，在中馈是贞的行为。

张国明： "家人卦"六二，是三百八十四爻中最幸福的爻了。

汤兆宁： 众阳爻护卫，六二很幸运。

张国明： 最温馨的一卦，最幸福的一爻！

汤兆宁： 幸福来自毋我，没有奉献就没有获得。

【"顺"】

孙福万： 六二幸福，安心家务，是因为丈夫是个王。如果各位不能成王，估计罩不住
她吧？《易》言"顺以巽"者三：蒙卦六五爻言事师之道；渐卦六四爻言事
君之道；家人六二爻则言事夫之道。顺，巽，同义，在此加强为突出女性之
柔力。离为火为日，应该为阳；但离又为中女，也应该为阴。难道离是阴阳
合体吗？这两者是如何统一的？

汤兆宁： "巽"字，通"逊"：谦让恭顺。

张国明： 庄子有言：安时而处顺，哀乐不能入也。是谓真人！

温海明： 贤妻良母与成功家长相互造就。

孙福万： 男人越刚强，女人越柔顺！男人怂包，女人就出墙。

汤兆宁： 高压之下也会有逆反，不如举案齐眉，有共同的追求。六二和九五有应，这
样的关系容易处好。

张国明： 但由于爻位排列组合的关系，做到的极少！家人卦六二爻，做到了。

王力飞： 因为不易，因为极品，所以六二人见人爱。

张国明： 象辞中的女正乎内，即是此爻了。

汤兆宁： 做到顺、巽，极难！是阴爻幸福之源，是弟子、臣子、女子、部下、儿女等
所有阴性类象所具品德的极致。的确如此。顺何其难也。

【离】

孙福万： 是角度不一样。但其他卦，像艮为山为少男，兑为泽为少女，巽为风为长
女，均能一致；唯此离，为日为中女，我总感觉不太统一。

汤兆宁： "离"，通"丽"，也是附丽或附着的意思。

张国明： 离为中女，有何疑？

孙福万： 离为中女无疑问，中女之象和日之象是怎么统一的？这个有疑问。

张国明： 离者丽也，在天为日，附天而美者也；在人为三十岁女性，尽显成熟之美！
附夫而美者也。

姚利民： 个人认为离为美少妇，上有老，中有夫，下有子，与夫水火交融，阴阳合
一，已成就夫妇之道。

汤兆宁： 是的，有附的意思，所以有阴象。

孙福万： 单独解释都对！但日肯定为阳，中女肯定为阴，两者如何统一的，似乎不好解释。

丰　铭： 为什么坎为水属阴，却名中男；离为火属阳，却名中女。

姚利民： 六二德行高远，如太阳不久日出东方，照耀大地。

元　融： "坎戊月精，离己日光，按纳甲法，坎纳戊土，离纳己土"。戊土为坎之阳
爻，为先天阳精，坎为月，所以戊土为月之精华。己土为离之阴爻，为后天
炁，离为日，所以己土为日之光华。坎为阳，离为阴。

丰　铭：有人提出八卦属性中坎离是错的，和你意思一样。

孙福万：但恰恰又坎为月，离为日。日，月，又哪个为阴，哪个为阳呢？

元　融：后天八卦中，一、三、九、七为天道，天道中又分阴阳二、四、八、六为地道，地道也分阴阳，月为阳，离为阴。

丰　铭：想起来了，南亭逸士，他坚持说坎离的阴阳反了，还画了新八卦图。

元　融：太极生两仪，阴阳已生，两仪、四象、八卦，先有阴阳后有八卦。

孙福万：你这说法不太同意，或者任何事物之阴阳均是相对而言，如日丽于天，于天而言，日即为阴矣；但日和月相对而言，则日又为阳矣。

（整理者：黄仕坤　中国人民大学哲学院硕士生）

严刚治内　家道齐肃

—— 家人卦九三明解

时间：2016年06月30日21：30 — 22：51

【明解文本】

九三：家人嗃嗃，悔厉吉；妇人嘻嘻，终吝。

《象》曰："家人嗃嗃"，未失也；妇人嘻嘻，失家节也。

【讲课内容】

张国明：九三爻，用餐后，做什么？嗃，从口从高，本义应是高声说话之意！引申为严肃之貌。正是家长督促子弟学习时常有的状态。书不可不读。何以猜：读书、学习、教育呢？离卦为文明之象。离又有兵戈之象，三爻又为阳爻，性刚。离火上爻又有火势猛烈之象。何以有悔、厉？悔，后悔。厉，危险。悔，对已做之事反悔。如此须有离的反面卦象！离反面为坎。三在离上又入坎中，坎水灭火。悔也。离火代表脾气，坎水代表冷静。冷静后会有悔！

　　下面欣赏一下孟夫子的精彩论述。《孟子·公孙丑上》第四章："国家闲暇，及是时，明其政刑，虽大国，必畏之矣。《诗》云：迨天之未阴雨，彻彼桑土，绸缪牖户。今此下民，或敢侮予？孔子曰：为此诗者，其知道乎！能治其国家，谁敢侮之？今国家闲暇，及是时，般乐怠敖，是自求祸也。祸福无不自己求之者。《诗》云：永言配命，自求多福。《太甲》曰：天作孽，犹可违；自作孽，不可活。"闲暇时，应如何做？这下知道我们和圣人的差距了吧！

再来一个更精彩的。《孟子·告子下》第十五章："舜发于畎亩之中，傅说举于版筑之间，胶鬲举于鱼盐之中，管夷吾举于士，孙叔敖举于海，百里奚举于市。故天将降大任于是人也，必先苦其心志，劳其筋骨，饿其体肤，空乏其身，行拂乱其所为，所以动心忍性，曾益其所不能。人恒过，然后能改；困于心，衡于虑，而后作；征于色，发于声，而后喻。入则无法家拂士，出则无敌国外患者，国恒亡。然后知生于忧患而死于安乐也。"本爻中的"嗃嗃"，与安乐同类。《孟子》，读来最过瘾！不读《孟子》，不能称为士。廓然大公，浩然正气的大丈夫！《象》曰："'家人嗃嗃'，未失也。'妇子嘻嘻'，失家节也。"《小象传》，很好理解了。《象》曰："家人嗃嗃"，未失也。即虽严有悔，但未失正道。"妇子嘻嘻"，失家节也。即虽亲情和乐，却失则规。而作者认为：无规矩不成方圆。

【讨论内容】

张国明：　何以教育时有嗃嗃之声呢？

汤兆宁：　高压之下的学习，有怨言。

王力飞：　用强了。

汤兆宁：　九为阳爻，严厉。

张国明：　何以有悔、厉？悔，后悔。厉，危险。

王力飞：　太严厉了，有后悔了，但结果是好，孩子最后会理解。我不该那么严厉，但看到最后的结果，就欣慰了。

汤兆宁：　离下，是有明的君子。太严厉了有点后悔，有自知之明。

张国明：　悔，对已做之事反悔。如此须有离的反面卦象！离反面为坎。三在离上又入坎中，坎水灭火。悔也。离火代表脾气，坎水代表冷静。冷静下来会有悔！教育之道，一味用刚，一味用猛，有问题的。厉，危也，戒惧之意！知悔知厉，会有什么结果？改变方式。

汤兆宁：　是不是走到另一个极端了？

张国明：　改变行为方式，趋向中道。如此则必有吉。话说两头，这边在学习，那边妈妈领着小孩子在嬉戏。温馨的一家人，爸爸领儿子读书，妈妈带孩子游戏。

武彦平：　为什么会"终吝"？

王力飞：　最终会有恨惜，悔不当初，肠子发青了。

张国明：　按六分法，初二爻还不是真正的家人。只是下层服务人员，三爻则表现为家
　　　　　人了。

汤兆宁：　爻辞有提家人卦。

张国明：　其实妈妈带孩子，育子以柔以微笑。嘻，从口从喜，本义为说话动听。嘻与
　　　　　嗃相对，一个说话柔和一个说话严厉。两种学习方式。

汤兆宁：　两种方式，严厉比宽松好点。

王钰琦：　离火代表脾气，坎水代表冷静。冷静下来会有悔。

武彦平：　严父慈母。

张国明：　严是爱，宽是害，《易》辞作者为忧患之人，宁严勿宽。本爻反映了《易》作
　　　　　者的学习和生活态度，人生观。《易传·系辞下》第十一章："易之兴也，其
　　　　　当殷之末世，周之盛德邪？当文王与纣之事邪？是故其辞危。危者使平，易者
　　　　　使倾，其道甚大，百物不废。惧以终始，其要无咎，此之谓易之道也。"危者
　　　　　使平，何也？危者厉也，厉者危也。本爻言悔厉吉，正与危者平相合！

汤兆宁：　厉也是在对德或正道的要求里面厉吧，而不是只用法治，文王为德治。

张国明：　易者使倾。何也？易者宽也，嘻也，嘻者"终吝"，正与易者倾相对应。儒
　　　　　家多承周孔之风，特别强调慎字。《论语·泰伯篇》第三章：曾子有疾，召
　　　　　门弟子曰："启予足！启予手！《诗》云：'战战兢兢，如临深渊，如履薄
　　　　　冰。'而今而后，吾知免夫！小子！"看此文即知：曾子小心谨慎一生啊，
　　　　　未曾敢作"嘻嘻"之状。

汤兆宁：　"慎"字很重要，对人对己都要慎。

李　嘉：　慎和独。

王力飞：　慎独，慎始，慎终，慎重，慎微，慎言，慎行。《小象》呢？

张国明：　三爻是有了安全保障，又吃饱喝足，正是闲暇之时！按理轻松一点亦无可厚
　　　　　非！但持续为之也有问题的。文辞也说这样持续下去"终吝"。

武彦平：　刚柔并济，宽严有度。

（整理者：李芙馥　中国人民大学哲学院博士生）

顺乎其位 富家大吉
——家人卦六四明解

时间：2016年07月01日21：30 — 23：23

【明解文本】

六四：富家，大吉。

《象》曰："富家大吉"，顺在位也。

【讲课内容】

张国明： 初爻做好安全保障，二爻做好饮食供应，三爻教子虽严但未失正道！今晚出场的依旧是女性。这个女性和二爻有同有异。与二爻相比，地位谁高呢？

汤兆宁： 六四高些。

赵建功： 好像各有优长。

张国明： 显然是四爻，有近君之位，相当于一国之相，一家主管。

张国明： 与二爻相比，年龄谁长呢？

温海明： 六二做饭，六四"富家"，可以雇好多六二来做饭。

姚利民： 长女，为一家之母。

张国明： 是王后吗？若以国论则可，现以家论，当为正妻。四，年长。因四是巽卦主爻，为长；二是离卦主爻，为中。二爻的职责，是做好中馈，是服务性的。

温海明： 那六二虽是家长的贤内助，贤妻良母，但还不是正妻。

张国明： 四爻则不同，四爻是管理者。

温海明： 六二是农业部，轻工部长。

张国明： 我认为：二、三爻是小夫妻，住前院；四、五爻是父母，住后院；初爻是门房；上爻是家庙或老太爷。

温海明： 六二是炊事科长。

张国明： 四爻是此卦主爻。对四合院，而且分为好几个院子，大家庭。男主外，女主内。六四是家内事务的主宰。

【讨论内容】

【"富"】

张国明： 为何六四，富呢？

温海明： 互巽。

张国明： 六四为巽主爻，巽主商人商业。

温海明： 巽，近利市三倍，随顺。

张国明： 巽为腿，代表行走，代表商人。

赵建功： 六四阴爻居阴位，得正又柔顺，上承九五之尊，下应初九九三，左右逢源，能力超凡，是九五的得力助手，故能使家庭幸福富有，大吉大利。

温海明： 娶了六四就可以发家致富。

裴健智： 因为抱了九五的大腿。

汤兆宁： 爻辞、爻象、卦象，互相补充解释。

裴健智： 九五有钱有权。

张国明： 再有，一般，阳爻主贵；阴爻主富。

温海明： 六四长相一定不错，有帮夫运，对九五真好。

张国明： 贤妻。

裴健智： 而且六四有柔顺之德，贤妃。《周易》里面像六四这样的"大吉"的爻也不多。

张国明： 六四，"大吉"，何也？易辞中少见"大吉"之辞啊！

王力飞： 六二长大就成六四了。

赵建功： 六四关键是有美德啊！

裴健智： 《正义》：六四体柔处巽，得位承五。

汤兆宁： 阴处阴为正，是正经女子。

赵建功： 其实六二、六四主要的区别是年龄阅历，美德上几乎不相上下。

张国明： 六四是理财能手，治家功臣。

温海明： 这卦六四和六二说明不仅仅取决于自己的眼光，对方内在美确实不同。

裴健智： 尚氏学：言富之故，以顺阳也。五得位，故曰"顺在位"。

张国明： 还有一条：六四有地位有权力。

王力飞： 我感觉，在过去，男主外，财富是男人的事。

裴健智： 有地位、权力，施行美德获得的效果更有可能好，范围也更大。毕竟有势位在。

温海明： 家里女性可以让你聚财，也可以散财。

张国明： 有句老话：女不成家身无主，男不成家财无主。

裴健智： 古代理财不是女人的事情吧？

温海明： 女性本身就是财，但是能理财和能散财对家长来说，完全不一样。

张国明： 古往今来，女性皆掌家中财富支配，一个家能否过上好日子，主要看母亲。

温海明： 女的如果不会家计，那就惨了！纵有万贯家财，也必败尽。

张国明： 六四是财主，主财。

王力飞： 六四何以如此之吉？

赵建功： 诚信满满地事公婆，处妯娌，相丈夫，教子女，是谓大吉。

温海明： 所以男人的生命、事业，全靠女性了。

张国明： 您说的是一方面，其实不一定就是女性主财，还有一种就是吉人天相。巽主爻，主柔顺，其吉一也。阴爻正位，其吉二也。上承九五，得丈夫关爱支持，其吉三也。四为贵位，有职有权，其吉四也。下有初应，在家仆中广受爱戴，其吉五也。四居互离之主爻，内心光明，眼光锐利，其吉七也。逢七为止，七条之吉足称大吉也！旺夫旺子旺全家！

王力飞： 以孚"富家，大吉"。富，指诚信，而非财产。

汤兆宁： 所以好女人也需要九五丈夫的珍惜，卦象的承应都很吉利。

郑　静： 好女人不仅可以稳定军心更还可宏展家业。

温海明： 六四真是好得不能再好，娶了六四就旺得一塌糊涂。

汤兆宁： 家人卦几乎每一爻都不错，少见。

赵建功： 德才兼备。

裴健智： 争取找个六四。

张国明： 有孚挛如也挺对。即使不是指的理财，人阶和顺也通，父子笃，婆媳和，兄弟睦，夫妇敬，主仆分，多好。其实家旺不旺的关键真是在女人！

赵建功： 那就看自己的福德了！

温海明： 大部分人即使遇见也看不见啊。

王力飞： 小畜的富以其邻，前有有孚挛如，这儿的富，即孚富，而非财富。到后来泰的不富以其邻，虽省孚，但言孚，到家人的富家，还是孚。

郑　静： 智商加情商。

姚利民： 众人纷纷寻六四，六四跟前无人识。

张国明： 女的没有男的能支撑起一个家，男的若无女人，则无家可归。

赵建功： 自己有福德，才配得上六四这样德才兼备、温柔贤能的美女！

汤兆宁： 男女必须互相联合成为一体，他们本就是一体。

张国明： 修好自己，说不定，家人卦六四就来了。

温海明： 没有明眼，怎能看出六四？有明眼的能有几人？

闫睿颖： 大部分人即使遇见也看不见，自己对了，才能看见六四，欣赏娶到六四。

姚利民： 家人卦阴阳始终融合。

郑　静： 男人目标娶六四，女人目标学做六四。

张国明： 明眼是关键！如何有明眼？必须在明群学习《周易》。

（整理者：秦凯丽　中国人民大学哲学院硕士生）

明于家道　天下化之
——家人卦九五明解

时间：2016年07月02日21：30 — 23：35

【明解文本】

九五：王假有家，勿恤，吉。

《象》曰："王假有家"，交相爱也。

【讲课内容】

张国明： 九五，至尊之意！六四，家里的宰相，具体事务、财政的负责人；九五，家里的君王，宏观大局的掌控人。

赵建功： 六四、九五也可以认为是国之宰相、君王吗？

张国明： 应该可以的。

赵建功： 是的，但歧义较多！

张国明： "王假有家"，有争议，难解！

赵建功： 尤其是"假"！

【讨论内容】

【"王"】

张国明： "王"，指谁？指君王？指家中严君？

赵建功： 是否皆可？看语境。王弼曰："假，至也。履正而应，处尊体巽，王至斯道，以有其家者也。居于尊位，而明于家道，则下莫不化矣。父父、子子、兄兄、弟弟、夫夫、妇妇，六亲和睦交相爱乐而家道正，'正家而天下定矣'。故'王假有家'，则勿恤而吉。"

张国明： 理论上均可。如结合家人卦语境，似以家中严君更合适一些！

赵建功： 王弼好像倾向于解释"九五"为君王。

张国明： 君王在那个时代有没有去哪个大臣家的可能？

赵建功： 有的。是否与古代家国同构的传统思维方式有关？

张国明： 王对应天下。莫非指天下一家？如此这个家可就大了！

温海明： 是啊，君王就变成从家到国了。应该是家国同构，王家就是国。

赵建功： 所以王弼注说："履正而应，处尊体巽，王至斯道，以有其家者也。居于尊位，而明于家道，则下莫不化矣。父父、子子、兄兄、弟弟、夫夫、妇妇，六亲和睦交相爱乐而家道正，'正家而天下定矣'。"

温海明： 国都是王家的，不是家人们的。

张国明： 王的大家族，九族，《尚书》云："以亲九族。"

赵建功： "正家而天下定矣"，与《大学》"齐家治国平天下"可以相互发明。

张国明： 这是一解。一般认为，"家"指卿大夫之家。

温海明： 所以都争当王家长。

张国明： 卿大夫有家、诸侯有国、王有天下。

赵建功： 理想与现实总是有很大距离啊！所以齐家治国平天下永远只是少数人的理想。

温海明： 不是家长怎么有机会齐家？

张国明： 古时，比如，文王一家人，肯定是大家族，由氏族发展至父系大家族。他们之间是否互称家人？

赵建功： 有一个漫长的历史过程。

【"假"】

张国明： 如王为王室大家族的君王，可通，至少可备一家言。接下来，是这个"假"字。"假"，何义？

温海明： 至，格，至诚感化。

赵建功： 一般有两解，假：读为"格，至也"，到也；（另一种解释为）大。

温海明： 王感化家人，可以，其他怎么理解？

张国明： 似乎有些道理。

赵建功： 上下交感！

张国明： 本义：治丧期间停止了正常工作→休息、不工作→放假、假期对庙宇、器具的临时性使用→借用→假借、假道走过场，未必真的砍去手脚→不真实→做假、假心假意。假，古代君王治丧专用词。《礼记·曲礼下》："告丧，曰天王登假。"《诗经·雍》："於荐广牡，相予肆祀。假哉皇考，绥予孝子。"《诗经·泮水》："允文允武，昭假烈祖。靡有不孝，自求伊祜。"考察古文假字，为上方一手拿石头，砸向下方另一手，会意为自残、自虐。古人治丧，需有自残、自虐之举，大概早期是对手脚的轻度残害，后来随着礼仪的进步，改为削发（民间还保存剃光头习惯），并加上对欲望的控制，禁女色、禁乐舞、禁肉食、禁体面的衣裳等，属于自虐行为。自残自虐最严重的情况是以死殉葬，当然，这是奴隶做的事。《红楼梦》的时代，还有殉葬者。秦可卿的两个丫环自愿殉葬，不论理由如何，社会认可这种行为。假的本义为治丧时的自残自虐。

　　大概理解为：王做一件大事给家人看。做样子给人看，大概是假的真义。什么大事呢？祀。

赵建功：样子是假的吗？

张国明：这就和《易》中的"王假有庙"统一了。古人，初创人是认真的。后人，模仿者不排除做做样子而已。比如，哭礼。

姚利民：君王，也有家人，但以国为重（假解释轻家人），因为国就是自己的家，君王具有更大的家国情怀，故"无恤"。老师们可否这样理解？

张国明：九五爻是掌控家中全局的，一般不涉及具体事务。用什么事来发挥自己的影响力，领导力，很关键。

温海明：仪式都有假戏真做的意味，但没有真情很难感化众人。

张国明：不做而已，要做，就得上通天地鬼神，下化家人子弟。

温海明：九五首先要把六四领导好。

赵建功：修为！品行！这是关键！

温海明：先得真诚至极，感动自己，所以这个假应该还是蛮真的。

张国明：孟子曰："王者之民，皡皡如也。杀之而不怨，利之而不庸，民日迁善而不知为之者。夫君子所过者化，所存者神，上下与天地同流，岂曰小补之哉！"（《孟子·尽心上》）古人看到了祭祀鬼神，具有莫大的教化作用。

温海明：首先要有通天地阴阳的气象。

张国明：所以，上层人物直达大道，不研究日用农工之小术。

温海明：王心，要接天道。

张国明：这样解，特别符合九五的身份。

姚利民：只要能感化民众，可上天也可入地下，就是做假，也是真理。

温海明：让百姓通过祭祀仪式受到感动而成为相亲相爱的一家人。

张国明：恤者忧也，"勿恤"，勿须担忧之意。

温海明：大家都爱来爱去就没什么好担心的。

姚利民："君子所过者化，所存者神，上下与天地同流"（《孟子·尽心上》）恤者忧也，"勿恤"，勿须担忧之意。

孙福万："王假有家"，难解啊！张兄以"治丧"解"假"，有新意！这里的"有"是虚词？

朱高正："假"似乎解为至较妥，"王假有家"，谓王天下者极乎有家之道，下与六四亲比，又与六二相应，与上九同居天位，同为刚爻，真能以严刚治家者也，故无须忧虑而得吉也。

张国明：我觉得似乎不是虚词。我觉得是通过活动，把相对零散的状态组织为集中的状态，于是"有"家。

【去民之忧】

张国明： 九五是王者，大家供养他、尊敬他，为什么？他能提供什么？

赵建功： 让百姓通过祭祀仪式受到感动而成为相亲相爱的一家人，所以，"国之大事，在祀与戎。"（《左传·成公十三年》）

温海明： 一爱一恨。

张国明： 此外，大家想想动物世界，狮王能提供什么？

温海明： 让百姓知道要爱什么？恨什么？其实就是要让百姓的爱与恨跟家长一致。

赵建功： 太对了。墨子的"尚同"，一家之言啊！

姚利民： 九五以民为贵，这是受爱戴、受供养的必然前提。

张国明： 王者，去民之大忧也！古时人们遇到灾难，总是担心这担心那。

温海明： 那就是保护民众了吧。

张国明： 王通过祭祀，有效消除了民众内心的忧。结果：吉。

温海明： 这王几乎是济世苦救难的救世主。

赵建功： 王者就要让天下人无忧，如此才能吉。

【"交相爱"】

张国明： 通过这个教家族以礼，以责，以秩序，以爱。不仅家人间关系更加亲密，而且人与天地鬼神似乎也成为一家人。

孙福万： 家人卦出现"交相爱"，总之很温暖。

温海明： 是啊，祭祀有礼、有秩序、有爱，对先人、对天地彰显自己的良心。

张国明： 王者所为，不可谓不大者也，"君子所过者化，所存者神，上下与天地同流"（《孟子·尽心上》）。

孙福万： 温暖来自光明。

张国明： 故有《小象》之辞。

赵建功： 天地良心，所以要为天地立心啊。

温海明： 就可以理解为祭祀时主祭人心通天地的境界。

赵建功： 天人合一，万物一体。

张国明： 《象传》启示：想培养感情，得多组织集体活动。

赵建功： 家国天下，存乎一心。

温海明： 王家长彰显了自己的良心，大家就相亲相爱一家人。

张国明： 家国天下，存乎一心，天人合一，万物一体！

温海明： 把人心聚拢来才有家，集体主义古来有之，领导力就是集中人心。

孙福万： 总感觉这里的"有家"，不可能是现在说的"我想有个家"的"有家"。

张国明： 领导力就是集中人心，感觉应有不同。启示：王者莫管小事，只重民心。

姚利民： 家人卦九五爻居然有如此高深的内涵和哲理，同时也学习到老师们虚怀若谷的家人情怀精神。

温海明： 家人之心，就是民心。

张国明： 还是孟子说的好。孟子曰："民为贵，社稷次之，君为轻。是故得乎丘民而
为天子，得乎天子为诸侯，得乎诸侯为大夫。"（《孟子·尽心上》）

（整理者：孙世柳 中国人民大学哲学院硕士生）

以身作则 威望自在
——家人卦上九明解

时间：2016年07月03日21：30—22：56

【明解文本】

上九：有孚威如，终吉。

《象》曰："威如"之吉，反身之谓也。

【讲课内容】

赵建功： "有孚威如，终吉"：国家和家庭有威严的刑罚，臣民家人不敢违法，终究吉利。

张国明：《象》曰："'威如'之吉，反身之谓也。"看段《孝经·天子章第二》：子
曰："爱亲者，不敢恶于人；敬亲者，不敢慢于人。爱敬尽于事亲，而德教加于百姓，
刑于四海。盖天子之孝也。《甫刑》云：'一人有庆，兆民赖之。'"《孝经·三才章
第七》：曾子曰："甚哉，孝之大也！"子曰："夫孝，天之经也，地之义也，民之行
也。天地之经，而民是则之。则天之明，因地之利，以顺天下。是以其教不肃而成，其
政不严而治。先王见教之可以化民也，是故先之以博爱，而民莫遗其亲；陈之于德义，
而民兴行；先之以敬让，而民不争；导之以礼乐，而民和睦；示之以好恶，而民知禁。
《诗》云：'赫赫师尹，民具尔瞻。'""其教不肃而成，其政不严而治"。"其身
正，不令而行；其身不正，虽令不行"。（《论语·子路》）小启示：要想做到"威如
之吉"，别无他法，唯反身内修一路可行也。

孟子曰："尧舜，性者也；汤武，反之也。动容周旋中礼者，盛德之至也。（《孟子·尽心上》）汤武，因"反身"而获"威如"的代表人物。反身，反求自身之意！孟子曰："爱人不亲反其仁，治人不治反其智，礼人不答反其敬。行有不得者，皆反求诸己；其身正，而天下归之。《诗》云：'永言配命，自求多福。'"（《孟子·离娄上》）自求多福，现在变成批评别人的话了。家人卦至此爻而终，结果："终吉"。家人卦六爻无一凶辞，吉辞多见！从初爻把严家门，以闲于外，到上爻反身内求，以正其身。爻爻关爱，处处温暖！

【讨论内容】

【"威如"】

张国明： 依六位说：上爻在家人卦中是谁？起什么作用呢？

王力飞： 我感觉是老太太，掌控全局的重量级人物。

张国明： 家人卦中的老太或老祖宗，虽不在职，但威望自在。故爻辞曰："威如"。威如，《象》之依据何在？

赵建功： 好像说法不一。

张国明： 上爻为阳刚，阳刚之性自有威也！

元　融： 全卦的最上位，全家最高位。

赵建功： 虞翻曰："谓三已变，与上易位，成坎。坎为孚，故'有孚'。乾为威如，自上之坤，故'威如'。易则得位，故'终吉'也。"

张国明： 这种"威如"，和来自九五权力巅峰的"威如"，相同吗？如不同，异在何处？

王力飞： 不威严，但有威望。

元　融： "有孚，威如"，孚在威先。

张国明： 威严和威望区别得很棒。

王力飞： "威如"，德高望重的样子。

张国明： 一个使人畏，一个使人尊。正是望重之象。望重何来？自德高也。德者何也？

【"孚"】

王力飞： 德在于"孚"。

张国明： 诚也、信也。诚信何来？

姚利民： 下离两只眼睛齐齐仰望上九。

张国明： 来自"孚"。上爻何以有孚？孚为何义？

王力飞： 对待孩子，风风雨雨，从不抱怨，体现一种责任和担当。

张国明： 母育子之情，为孚之本，为诚之真义。

王力飞： 古人向鸟类学习诚信之道。

张国明： 待人以诚，如母待子。

姚利民： 下面两离明显是缩小的中孚，故有孚。

张国明： 孚以内，威以外。孚以修己、威以安人，一内一外、一阴一阳，中庸之道
也。结果：吉。又因是上爻，上为终。故为"终吉"。

王力飞： 如此诚信，如此有威望，吉。有的解威为威严治家，我感觉不如张老师的解
释好。

赵建功： 所以又有人说："孚，罚也，惩罚、刑罚。"两解似乎都可以。

姚利民： 孚以内，威以外。孚以修己，威以安人，一内一外，一阴一阳。孚：罚也，
惩罚，刑罚。

张国明： 王注孔疏都提到"刑于寡妻"。出自《诗》与《孟子》。

王力飞： 用脚拍孩子，也是"孚"。

张国明： "老吾老，以及人之老；幼吾幼，以及人之幼，天下可运于掌。《诗》云：刑
于寡妻，至于兄弟，以御于家邦。言举斯心加诸彼而已。故推恩足以保四海，
不推恩无以保妻子。古之人所以大过人者，无他焉，善推其所为而已矣。今恩
足以及禽兽，而功不至于百姓者，独何与？"（《孟子·梁惠王上》）

【"有孚"】

王力飞： 巽是长女，巽到最上爻，最年长的女人。

张国明： 年龄最大的家长，老太爷、老祖宗。因为所有的家人都是他的孩子。

温海明： 太爷好一些吧。

张国明： 故上爻辞曰："有孚。"

王力飞： 手心手背都是肉。

张国明： 一般是老太爷，但也不排除佘太君那样的老祖母，过去女的长寿。应该
按阳爻看男女，还是按阴位看男女呢，有说法吗？我的观点：一般阳爻
为男。

王力飞： 坎为孚，是不是从中孚卦出来的。

张国明： 这个说法很好，提到"孚"，就会想到中孚卦。

赵建功： 可以联系，这与家人卦关系很大。

张国明： 先自己做好，给别人打样。这个叫什么？修身，如何修身？外求？内返？

王力飞： 推己及人。

裴健智： 从自己的修身做起，慢慢地推于别人。程颐："保家之终，在有孚、威如二
者而已，故于卦终言之。"

温海明： 以身作则。

王力飞： 自身满怀诚信，又德高望重，确实属于其身正了。

丰　铭：　上九阳居阴位，不当位。怎能说正。

张国明：　孟子曰："尧舜，性者也；汤武，反之也。动容周旋中礼者，盛德之至也。"
（《孟子·尽心上》）

王力飞：　正是"有孚威如"，不是位置。上九和九三还敌应。

张国明：　汤武，因"反身"而获"威如"的代表人物。

王力飞：　商汤网开三面。内在的美需要修行。

（整理者：贡哲　浙江大学哲学系本科生）

（本卦校对：袁征　中国人民大学哲学院宗教硕士生）

时　　间：2016年07月04日21：30 — 23：02
导读老师：章伟文（北京师范大学哲学与社会学院教授）
　　　　　刘正平（杭州师范大学人文学院副研究员）
课程秘书：李芙馥（中国人民大学哲学院博士生）

守柔抱雌 小事可吉
—— 睽卦卦辞明解

38 睽卦

兑下离上

【明解文本】

睽：小事吉。

《彖》曰：睽，火动而上，泽动而下。二女同居，其志不同行。说而丽乎明，柔进而上行，得中而应乎刚，是以小事吉。天地睽而其事同也。男女睽而其志通也。万物睽而其事类也，睽之时用大矣哉！

《象》曰：上火下泽，睽。君子以同而异。

【讲课内容】

章伟文：离卦为火炎上，兑卦为泽润下，故卦名曰睽卦。六五居尊，下应九二，阴小阳大，然二爻相应，六五得九二之助，故小事吉。亦有观点认为，祭祀、征伐为大事，余则为小事，当睽之时，小事则吉。炎上与润下，故睽。《周易正义》："大事谓与役动众，小事谓饮食衣服。"也有观点认为，小事即道家守柔之意，于睽之时，不可取强，当守柔、抱慈，柔弱可以胜刚强，故曰"小事吉"。"二女同居"，离为中女。兑为少女，据《说卦》，此二卦皆从坤来，故有人认为这是"二女同居"的意思。尚秉和先生以二至上为二离，离为目，两目所视相背，卦名为睽，盖有此意。兑为悦，离为丽，亦是有明之意，睽有说而离乎明之象，其卦德为内悦而外明。

【讨论内容】

【"二女同居"】

汤兆宁： 女女相居，定时有争执。

裴健智： "二女"为中女和少女，是不是因为没有长女或者是家长，才导致乖戾的？

章伟文： 火与泽其性相反，故睽。中女、少女只取其象。

裴健智： 二离确实很形象。

汤兆宁： 上下卦是水火不容了（火，泽）。

裴健智： 卦德很好，可惜处于睽时，时机不好，只能小事吉了。

【"柔进而上行"】

章伟文： "柔进而上行"，有多种说法，有说睽自离卦来，二之三，为柔进而上至三。

裴健智： 程颐："睽者，睽乖离散之时，非吉道也。以卦才之善，虽处睽时，而小事吉也。有说自中孚来，则是四上至五，也是柔进而上行。"当然，也有说自家人卦来，则四至五、二至三，上下卦皆柔进而上行。

章伟文： 毕竟《象传》"柔进而上行，得中而应乎刚"，有很多讲法，我认为中孚卦合适一点。

张吉华： "柔进而上行"，二或四之阳向上走。

章伟文： 也有说自大壮卦变来。二至五，得中而应乎刚，指六五与九二相应。

裴健智： 这一爻的卦变各家的解释很混乱。

张吉华： "柔进而上行"，有多种爻变情况了。

章伟文： 因其睽，故小事之，方能获吉。

【"君子以同而异"】

裴健智： 以后可把道家的易学加进来，丰富一下。"君子以同而异"怎么解？可否详解？

张吉华： 数理性的东西，定之以先天，是有道理的；而义理性的东西，是为后天。

王力飞： 我之前说过，同一个事物，看出不同的结果，是"睽"。这和尚秉和先生的"离"相吻合。眼神不好，和"君子以同而异"也是相吻合的。所以，睽卦应是"视"界观有关。

丰　铭： 睽是家人之间的睽，所以吉，要是仇敌之间，那就大凶。

王力飞： "小事吉"，干小事没问题，干大事比较麻烦。这种歧义还真是存在的。"小事吉"，后面跟个大事不然，就麻烦了，只能力所能及地做些小事。

丰　铭： 爻辞经常这样，说一个正面，反面就省略。前面家人卦，后面我自然看作一家人的内部小矛盾，前面是干，后面是枝。

王力飞： 把树枝都削掉，干也麻烦了，有枝有干，雅正才精彩。《说文》："目不相视"，我认为很有道理。

丰　铭：　夫妻吵架，两看生厌，结果，过几天就和好了。近视眼是一个人，暌是两个人。

王力飞：　有的爻还有动物，我都想给卦起个名字"暌眼看世界"。暌卦确实很难懂。

（整理者：王璇　中国人民大学哲学院硕士生）

以同而异　相反相成

——暌卦初九明解

时间：2016年07月05日21：30 — 22：46

【明解文本】

初九：悔亡。丧马勿逐自复。见恶人无咎。

《象》曰："见恶人"，以辟咎也。

【讲课内容】

章伟文：暌看似不吉，然其义甚大！相对立之暌，何以能相通？此在哲学上乃一大问题。男女、万物，因暌而化生。天为阳、地为阴，阴阳虽暌，万物赖之以化生！君子以同而异，目标同，但手段、方法可以相异。相反可以相成。我们常说"打是亲，骂是爱"，打、骂与亲爱，看似相暌，在特定情况下又可以相通。初九与九四不相应，九四以阳居阴，初与四本当有悔。若九四动则变六四，变而得正，故"悔亡"。暌六三至六五互坎，坎为马，四由阳变阴，三、四、五成坤，坎为马，坤乙三十日，东北丧其明，坎马丧，故有丧马之说。暌九四由阳变阴，则二至五成复卦，二、三、四成震，震马自复。之所以说勿逐，因暌九四变，则二、三、四成震动，四、五、上成艮。暌九四变则成六四，三、四、五互坤，按卦气说，坤代表月末三十日，月亮在东北方，但无光泽而丧其明，故坤有丧之义。暌卦九四处上卦离体，离为见；离之九四焚如、弃如，故说见恶人；九四变而成六四，得其正位；初九与六四应，故无咎。

【讨论内容】

裴健智： "坤乙三十日，东北丧其明"，不是很理解。互坎变为坤可以理解，互震，变为复卦也可以理解。

张吉华： 以互象变卦释其《易辞》之由来。

姚利民： 请开示哪个互卦和变爻体现丧？

裴健智： 上面离卦变为艮，艮为东北，离为火，为明。离变为艮，故为丧。

张吉华： 月无光而丧其明。

裴健智： 而且好像和初爻没有多大关系。

张吉华： 九四一变，全盘皆活。问题是九四为何要变？

（整理者：张馨月 中国人民大学哲学院硕士生）

处睽得援 咎悔可亡

——睽卦九二明解

时间：2016年07月06日21：30 — 22：50

【明解文本】

九二：遇主于巷，无咎。

《象》曰："遇主于巷"，未失道也。

【讲课内容】

章伟文： 初九无正应，九四以阳居阴，本皆有悔，九四若变而为六四，则位正而应初，悔可以亡，此乃济睽之道。

张吉华： 本皆有悔，九四若变而为六四，则位正而应初，悔可以亡。此乃九四变之因。

章伟文： 张先生提出九四变六四是关键。对此，我是这么理解的。初无正应、四不当位，故有悔；四变为正以应初，故"悔亡"。从心性修养看，"丧马勿逐"，喻去者不追；自复，有心性自明之意；见恶人，喻来者不拒。若能以此修心，乃上乘之法。见恶人，以避咎也！火里栽金莲；或出淤泥而不染。

张吉华：去者自去，留者自修。

章伟文：甚是！留的是天所赋之性，去的是后天习染之杂念。

张吉华：留的是天所赋之性，去的是后天习染之杂念。

姚利民：互坎为心，找到初心（主人）本真，此爻难道告诉我们"不忘初心"。

张吉华：不忘初心。九二要"遇主于巷"了，不忘初心。

章伟文：九二、六五皆不得位，此为暌，然于暌时，二、五相应，五为君位，二为臣位，臣与君遇。

【讨论内容】
【"遇主于巷"】

裴健智：　"巷"字如何在《象》上解？

章伟文：　尚秉和先生引《焦氏易林》，认为：上卦离有巷之象。上下二阳为墙，中阴为路，合而成巷。

张吉华：　离为巷。

裴健智：　马恒君认为，中孚卦中有大离卦，正好二爻到五爻互离卦；正好二爻五爻相对。就是遇主于巷。

章伟文：　虞翻则认为二失位，动则体震，震为大涂；二、三、四互艮，艮为径路，大道而有小路，亦是巷之象。

张吉华：　五为君位，却为阴巷，九二应之以遇。

章伟文：　一般以六五为主，也有以六三为下兑之主，九二遇六三，不期而遇。

郑　静：　顺了。

裴健智：　遇到六三就直接相遇了，不好找巷的象了。

【"未失道"】

章伟文：　据说，遇与会，其意不同：合礼为会，不期而会为遇。二不期而遇三；然二实与五应，故言二未失道也。

姚利民：　二不期而遇三；然二实与五应，故言二未失道也。

裴健智：　会是有预定的，遇是偶然的？

王立飞：　会和遇不同。会即约会，偶是偶遇。

张吉华：　"未失道"是指九二与六五相应为正路。

章伟文：　二不与三苟会，志在应五，故未失道！

裴健智：　看来九二心很正。

章伟文： 睽上卦离有巷象，六五处中，与九二应，六五为主，九二应之，为遇主于巷。

裴健智： 可能道路比较曲折，其中互坎为险。

【九二、六五、六三】

秦凯丽： 九二如何体现睽卦的要义呢，是不与六三和，而与六五和吗？

姚利民： 九二相对于六五，臣强于君，臣在危难（乱世中）中终找到主子，吉。此爻与睽卦主题"小事吉"不矛盾。

秦凯丽： 在乱世中本有睽到与六五相合（不睽），和《象传》"小事吉"，不矛盾。

张吉华： 睽之时，做事易反？

姚利民： 睽告诉我们：很多世人颠倒看世界。解决之道再反过来看。

秦凯丽： 我还有个问题，九二合于六五，好像也不算小事呀？

姚利民： 易为每个人感应，在别人解读为小事在您看来是大事，这不是问题。大事小事本无事，只是我们太纠结了。

秦凯丽： 是的，眼光放得高点，所有的事情也就变小了。

（整理者：黄仕坤 中国人民大学哲学院硕士生）

才弱智刚 进退两难
——睽卦六三明解

时间：2016年07月07日21：30 — 22：49

【明解文本】

六三：见舆曳，其牛掣，其人天且劓，无初有终。

《象》曰："见舆曳"，位不当也。"无初有终"，遇刚也。

【讲课内容】

章伟文： 六三以阴居阳，不得其位；处上、下卦之际，急于与上九相应；前有坎险，又乘九二之刚，故进退维艰。从六三上下爻关系着眼说义。《说卦传》"相见乎离"，上卦离有见象；坎为多眚之舆，又有曳之象，故见舆曳；二、三、四互离，离有"畜牝牛"之说，故离可取象牛；三、四、五互坎险，坎险在前，离牛故掣。天为刺额之刑，三居兑上为天，兑上缺，有天刑之象；劓为割鼻，兑见而艮伏不见，艮有鼻象，鼻不见，故说劓。

【讨论内容】

裴健智：　牛往前拉，车往后拽。是因为车本身重呢？还是后面还有东西拉着？

章伟文：　六三前有坎险，后乘九二之刚，且不当位，居处不安，进退两难。

裴健智：　可不可以理解为上面有离卦为牛，又处在离卦中，两头牛方向不同呢？

章伟文：　六三以阴居阳，才弱志刚，若必进而趋之，易遇不测之险。两牛一上一下，有意思。

裴健智：　这卦卦变有点复杂。

【天、而、刑】

章伟文：　但有观点认为，古无天刑，"天"疑为"而"之误，"而"为割发之刑。

裴健智：　《庄子·天运》里面有"天刑之，安可解"，不过好像不是专门的刑罚。

罗仕平：　遁天之刑。

章伟文：　尚先生认为，"天或作兀，兀为刖足之刑，六三、九二，震象半见，代表刖足之象"。

姚利民：　六三为人道，却触犯天威受刑，此爻严重不吉利。

裴健智：　《庄子》里面这些刑罚讲得挺多的，都是些残疾之人。

章伟文：　六三阴居阳位，处不得其位，故无初；然其志在与上应，上九离阳之极，与六三刚柔相济，故能有终。

裴健智：　虽然处于睽时，不当位。但是能够应刚，故有终。

张吉华：　三与上，其位之阴阳睽反，但相应。

裴健智：　不得其位是否包括受到刑罚？

章伟文：　《周易集解》以睽自无妄卦变而来，无妄二之五，五为天，以阴墨其天，故天刑成；二之五后，无妄二、三、四之艮亦坏，故劓象成。

裴健智：　中孚卦也可以这么理解。也是艮象坏，劓象成。这一卦是不是和庄子受到刑罚的那些人有关系。"无初有终"，第一指得道之人，虽然受到刑罚，最后得道。第二，《庄子》里面终始讲了不少。陈鼓应在《易传与道家思想》里面就提到了终始是道家的概念，讲得比较多。自己的一些看法，可能不是很准确。这一卦的爻变比较复杂。程颐理解的不当位，还有在两刚爻之间，不只是刚位而柔爻居。从象上说是一种解法，程颐则是从爻位上解，《程氏易传》也很精彩。

张吉华： 章老师从六三爻角度，上下组象，以象说义，互象说。不仅用了《说卦
传》，还用了尚氏的半象说。为了解辞，即为了找到易辞的述说依据，卦象
说，爻位说，传统易法有很多。章老师以象解辞，说得很到位的。

（整理者：李芙馥 中国人民大学哲学院博士生）

睽乖无援 虽厉无咎
——睽卦九四明解

时间：2016年07月08日21：30 — 22：56

【明解文本】

九四：睽孤，遇元夫，交孚，厉，无咎。

《象》曰："交孚无咎"，志行也。

【讲课内容】

刘正平： 今晚是睽卦九四一爻。九四，失位、无应，与三、五不相比，所以处境孤立。
按道理它应该与六三、六五相比附，但六五与九二相应，六三与上九相应，此两爻均与
己相违，所以"睽孤"。程说，"九四处在两阴之间，孤立无应"。九四处境孤立无
应，故进而求援。发现初九跟自己的处境非常相似，同是阳爻，同样处上下卦之下，故
而同气相求。初九居卦始，故曰"元"，俱阳，故称"夫"。同志相得，求其同类而自
托，所以说是"交孚"。为什么九五睽孤时就找到了初九这个"元夫"？程子说，四与
初皆以阳处一卦之下，居相应之位，当睽孤之时，各无应援，自然同德相亲，故会遇
也。志同道合者相遇，同气相求，携手共进，互为应援。所以说"交孚"，这是指九四
和初九的关系。"厉，无咎"是说，九四虽然处境孤立，有点危险，但因为得了初九的
援助，也就没有咎害了。化险为夷。以九四与初九关系说义。

【讨论内容】
【同志】

汤兆宁：　"交孚"，讲应。

刘正平：　《小象》说："交孚无咎，志行也。"引而伸之，说不但"无咎"，还能够奋而前行，走出一段精彩来。程子说："夫子又从而明之，云可以行其志，救时之睽也。"睽卦好像就在讲同志，有女同志，也有男同志。

汤兆宁：　或者同道者？

姚利民：　刘正平老师我与您"同志"，类似性格者。同德相亲了，自然是一路人。

张吉华：　九四之孤，位也；九四之孚，应也。

刘正平：　睽卦很有意思，阴阳相睽、天地相睽、男女相睽、万物相睽、但往往却同气相求、同志相应。

张吉华：　睽而相反，同而相应、同气相求！

刘正平：　睽卦里有意思的就是，九四明明可以和六三、六五相比，但在这睽卦里就不行，他要去找同志。

张吉华：　找同志，也是睽的表现之一。

汤兆宁：　和初九是位置关系，照理没有应，都是九。但是却"交孚"。离卦里面经常有孚字吧。

裴健智：　睽卦每一爻都不算凶。

汤兆宁：　离卦是光明的意思。

姚利民：　找同志就是找正道。

裴健智：　虽"厉无咎"。

汤兆宁：　是的。睽卦貌似应该挫折重重，却都化险为夷。

裴健智：　《象》上如何解？

刘正平：　六三、六五就是不跟他合作。所以《象传》里讲了一大通："天地睽而其事同也，男女睽而其志通也。"

汤兆宁：　上有离卦之明？

张吉华：　中正与睽异，也是一对。

裴健智：　九四遇到元夫，算是什么关系。

刘正平：　同志关系。

裴健智：　《周易正义》："盖是丈夫之夫，非夫妇之夫。"

汤兆宁：　一个拔刀相助之人，用元字，说明什么？元，为大、为始，引义为善长，善之首。元夫，极其有德行的一个人。

刘正平：　同志这个词不知道最早出现在哪里？《周易》里算早的了吧。

【"元夫"】

汤兆宁： "元夫"，元指初九。

刘正平： 为什么九四睽孤时就找到了初九这个"元夫"？程颐说，四与初皆以阳处一卦之下，居相应之位，当睽孤之时，各无应援，自然同德相亲，故会遇也。元，始也，大也。初九居睽卦之始，又是阳爻，所以是"元夫"。按照周易一般的思维，初九和九四当应而无应，但在睽卦里他们却成了援手。

裴健智： 马恒君认为，睽卦从中孚卦变来，中孚卦九五爻变到睽卦九四，与上九离异，故为"睽孤"。

张吉华： 睽之时，讲相反而相成，阴阳相应就成了同气相求，于是同志就出来了。

刘正平： 我觉得张老师《周易守正》这里点出了睽卦的特征。马恒君先生的说法很好。

裴健智： 关于元夫，虞翻认为震为元夫。

张吉华： 震在六子序中为长为大。元为始、为首。

刘正平： 虞翻说，"孤为顾"，但为什么九二就要变爻，什么道理？变爻？《周易集解》中，虞翻：孤，顾也。在两阴间，睽五顾三，故曰"睽孤"。震为"元夫"。谓二已变，动而应震。故"遇元夫"也。震为交，坎为孚，动而得正，故"交孚，励精图治，无咎"矣。

【"孤"】

裴健智： 虞翻关于"孤"的解释有不同理解。

刘正平： 他把"孤"解释为"顾"。不知道什么道理，我不明白。

张吉华： 九二之变，是因为初九为震。

裴健智： 古代有这个训法？是不是音相同，所以解释为顾。

刘正平： 没怎么见过。这有点高亨老先生的风格。

张吉华： 在两阴间，睽五顾三，故曰"睽孤"坎阳为孤了？

元　融： 睽，四阳二阴之卦，看起来形势喜人，"说而丽乎明"，二阴横亘，内部是有不和谐的，以"小事吉"也；睽，中孚，四五两爻互换。九四从五爻下来，和上九分离，故有孤单之象；九四与初九敌应，故"遇元夫"；九四从五爻下来，有交换之象，居互坎之中，故有"厉"；上卦初爻，已居高位，整体卦四阳二阴，故"无咎"。上卦离火，遇到兑泽，正是交锋之际，本身也不好受，维持现状是最好的选择了。

（整理者：秦凯丽　中国人民大学哲学院研究生）

居尊合德　善功被物
——睽卦六五明解

时间：2016年07月09日21：30 — 23：07

【明解文本】

六五：悔亡。厥宗噬肤，往何咎？

《象》曰："厥宗噬肤"，往有庆也。

【讲课内容】

刘正平： 今晚学的是六五爻。六五以阴居阳，位不当也，故有悔。但居尊柔顺，下应九二，"厥宗噬肤"，所以"悔亡。"这里我们很有必要回头看看九二爻辞说的什么。九二爻辞云："遇主于巷，无咎。"就指的是九二和六五相应，对双方都没有咎害，化解了不利的处境。"厥宗噬肤"，指九二爻。位不当而悔，有应而悔亡。既然六五是九二之"主"，那么九二就是六五的"宗亲"，此乃"厥宗"之意。《周易守正》中山张吉华老师说得对。"噬肤"，噬咬脆弱的皮肤，这是比喻用法，其意在"柔顺平易"。"噬肤"即啮柔，从卦象上看，指的是九二噬啮六三。孔颖达："三是阴爻，故以肤为譬，言柔脆也。"如此则六五、九二相遇合，往必"无咎"。至于为什么九二就要咬六三？这是因为在睽卦里情况比较特殊，六三与九二虽然阴阳相比，但却睽违难合，所以九二要与六五正应，就要咬妨害自己的六三。

【讨论内容】
【"噬肤"】

刘正平：	今天这爻，比较难理解的就是"噬肤"。
裴健智：	九二咬六三比较奇怪，如果这样不应是六五的爻辞。
张吉华：	九二比六三，在睽之卦时，则为咬害？
裴健智：	马恒君的解释是："中孚卦互艮，艮为皮肤，变为睽卦之时，九五换到九四，咬进了艮（皮肤）里面。并且睽卦的九二到上九，是一个缩小的噬嗑卦。王弼和孔颖达还是认为二爻噬三爻，感觉有点牵强。"
刘正平：	"噬肤"这个词，在噬嗑卦六二爻辞里就有。

郑　静：　解卦方法不同，说法就不同，正常。

姚利民：　二爻手臂被废，只能用牙了。

裴健智：　根据自己的感觉。六二，"噬肤灭鼻，无咎"。王弼应该是根据这一爻来解
　　　　　释的，看来也是有根据的。在噬嗑卦六二中，用睽卦的象解释就有点牵强。

　　　　　　　　《周易正义》中，把三为阴爻比附为皮肤，很有意思。感觉睽卦这一卦
　　　　　开始很多都不当位，到最后还算是比较吉利的。至少是"无咎"。

刘正平：　六五爻次的"厥宗噬肤"跟九二爻的"遇主于巷"是绝好的呼应。

张吉华：　爻辞说"往。何咎"，象辞说"往有庆也"。

裴健智：　按照马恒君的解释的话"宗"就不一定专指九二了，主要是指宗主之内
　　　　　的人。

刘正平：　刚才是张老师提到《小象》的问题。《小象》说"往有庆"，跟爻辞"往何
　　　　　咎"稍稍有别，或者说还是有不小的区别。

张吉华：　"同之时古吝，睽之时故庆"。（《六十四卦经解》）

刘正平：　我引用一段话来解释一下。朱骏声《六十四卦经解》："同人二以五为宗，
　　　　　睽五以二为宗，阴从阳也。同之时故吝，睽之时故庆。"

张吉华：　"同之时故吝，睽之时故庆"。

元　融：　睽六五，如果不从卦变来解释，有点费劲。延续昨日的思路，睽从中孚而
　　　　　来，四爻五爻换位而得中孚，互卦为艮，为肤；卦变以后，二、三、四、
　　　　　五、六爻组成小的噬嗑卦，艮象消失，故言噬肤；五爻为尊位，故言宗，厥
　　　　　为叹词，连起来他的宗人可以吃到肉。六五从四爻上来，故言往来到五爻，
　　　　　位置尊贵，食物精良，故有庆。

【"何咎"和"无咎"】

汤兆宁：　孙老师和刘老师的补充解释很好，我们需要思考一下。"同之时故吝，睽之
　　　　　时故庆"。"何咎"和"无咎"意思不一样。"无咎"不能等于庆。但"何
　　　　　咎"之后没说的状态，也可以是庆。我个人的理解。班门弄斧了，不一定
　　　　　对，一下子想到的就说了。

刘正平：　朱骏声的意思，我理解为，二和五的关系，在同人卦和睽卦里是一样的，均
　　　　　是阴从阳，但在同人卦里就是鄙吝，在睽卦里就是有庆。这种关系的转变，
　　　　　跟两个卦性质的不同密切相关。

张吉华：　跟两个卦性质的不同密切相关？

裴健智：　时不同也。

（整理者：孙世柳　中国人民大学哲学院硕士生）

高而无位 至极必孤
——睽卦上九明解

时间：2016年07月10日21：30 — 23：18

【明解文本】

上九：睽孤见豕负涂，载鬼一车，先张之弧，后说之弧。匪寇，婚媾。往遇雨则吉。

《象》曰："遇雨之吉"，群疑亡也。

【讲课内容】

刘正平： 今晚学的是睽卦上九爻。上九处于睽卦极端之位，孤立无援，而且上九又是阳刚之极，离明之极，刚极所以性暴，明极所以多疑，因此孤立状态也是自身所导致的。将此处的"睽孤"与九四对比，就会发现，九四是失位无应无比，是处境孤立，而上九是自身孤立。好在上九与六三相应，而且睽到极点，物极必反，最终能够化分为合，但一开始的生性猜疑，把六三看成是对面跑来的一只浑身涂满泥巴的猪，又好像看到六三是一辆载满鬼的车子驶过。实际上，这里的猪、鬼都是用的比喻手法，体现上九多疑。上九准备拉弓射三，而随着自己的疑心消除之后，便放下对六三的怀疑，六三并非贼寇，而是和自己应合的对象。只要冲破内心隔阂，便可雨过天晴。这里的"往"就是主动冲破内心，"雨"指上九和六三阴阳相应而成雨。王弼《周易注》："贵于遇雨，和阴阳也。阴阳既和，群疑亡也。"

【讨论内容】
【上九之孤】

张国明： 这个爻有意思。此爻是什么样的人呢？何以有孤象。孤，什么样的人会孤独？

元 融： 失去战友的人孤独。

姚利民： 失去群众、爱人、手下、朋友？

张国明： 此爻高高在上，高而无位者也。

张吉华： 高而无位者也，孤。

张国明： 此爻又是阳爻，阳爻男人易陷入孤独。

汤兆宁： 男人比女人容易孤独，有愁没地方说。

元　融： 九四爻出现过孤，上九出现，两个男人，面对强敌，深感孤单。

张国明： 此爻又是离之极，明之极，当处明之极时，会陷孤独。

元　融： 面临强大的敌人来犯，会有孤之感。

张国明： 明之极者会看到别人看不到的东西。

张吉华： 孤与寡人。

汤兆宁： "明"看到了很多别人看不到的细节，容易想得多。

温海明： 是啊，孤独的人容易见鬼。

张国明： 会看见黑屋子，会看见在黑屋子睡觉的人。上爻，我认为是大明者，孤独者，明至极点必孤。

张吉华： "明至极点必孤"。

张国明： 有点类似自视甚高者。

元　融： 就像长江大水，岸这边，看着水中央的人，滚滚江水，危险在即，爱莫能助，有孤单之象！

张吉华： 自孤？

汤兆宁： 谁知高处不胜寒来。

张国明： 比如伯夷，孟子眼中的圣之清者。

汤兆宁： 这是清高，自清者，不愿同流合污。

张国明： 比如鲁迅说的在黑暗屋子里最先醒来的人。

姚利民： 但也有人站在高处非常兴奋，他看到山下人看不到的风景。

汤兆宁： 自视甚高者，也很敏感。众人皆睡我独醒。

张国明： 然而，孤者虽洞明世事，其眼中所见却并不一定是世间真相。自视极高的人恰恰容易误解他人，误解世事，也容易为别人误解。

温海明： 洞明而不真。

汤兆宁： "自视极高的人恰恰容易误解他人，误解世事"，警世名言了。

元　融： 下泽，互坎，上卦两阳相隔。

张国明： 何以有豕？坎卦也，坎卦何在？

元　融： 互坎。

张国明： "负涂"，意为豕身上全是污泥？污泥在何处？污泥在沼泽之中。猪从泽中来，故"负涂"也。

张吉华： 一阳进于两阴之中为坎，猪食之象。

元　融： 似乎没有土，只有水。

张国明： 泽何来？兑卦也。

元　融： 山洪，泥石流。

【"鬼"】

张国明：　"鬼"，有争议，有学者认为是"鬼方"之人。

王力飞：　马看成猪了，人看成鬼也正常。

温海明：　鬼人，鬼像人才像鬼。

张国明：　鬼，人疑惑不定时误看之象。

汤兆宁：　上九疑心病太重了。

张国明：　一般人见不到鬼的。

元　融：　既济九三"高宗伐鬼方"，也有坎象。

张国明：　根据后面推断，车上的人不是鬼，是看错了，一场误会。以离之明，何以错
　　　　　看？过于自负所致。

姚利民：　假象真象用睽看很吃力。

汤兆宁：　上九把人不当人，当作又是鬼又是满身泥巴的猪，有点自以为是。

张国明：　一个人自负到一定程度，已无法见到世事真相。

汤兆宁：　或说觉得别人都不如他像人。

张国明：　也不排除上爻可能真见过鬼，这次由于疑心把黑暗中来的一个车子上的人当
　　　　　成了鬼。

元　融：　坎，劳卦，万物之所归也。《说文解字》："鬼，人所归为鬼。"坎象，可
　　　　　看作鬼。

张国明：　这个黑暗，是大雨前的电闪雷鸣，乌云压顶之状态。

汤兆宁：　上九眼睛有散光，出现了重影。鬼是比喻。

张国明：　这个状态下，看不清楚。

汤兆宁：　心不定，看不清真相。

张国明：　故拿起弓，欲射之。

元　融：　坎，多眚舆，车象；故言"载鬼一车"！

张国明：　何以有车？有鬼？有云？有雨？有暗？有不清楚？皆是坎象。

【"遇雨之吉"】

张国明：　先张后脱，先晦后明之意。

元　融：　睽，四阳二阴，上离、下兑。从上卦而视之，下卦气势汹汹，敌友未定，自
　　　　　然心生睽象，先做好御敌的准备。到了上九，更是心事重重，强大的九四出
　　　　　去御敌，上九看着九四模糊的背影，应该有神情恍惚之感，想象一旦不支，
　　　　　狼狈不堪之象，忧虑重重。

姚利民：　众缘具足造就睽卦上九假相。

张国明：　寇盗何来？亦是坎象。大水差点冲了龙王庙，原来是亲人故旧。

元　融：　先张之弧，后说之弧。拿起武器，又放下武器，可见内心的焦虑！

姚利民： 上九六三"婚媾"。

汤兆宁： 原来是家人。

张国明： 何以有"婚媾"之象？上与三，阴阳相应也。

元　融： "匪寇婚媾，往，遇雨则吉。"上九与六三正应，是友非敌，人家是来和亲的！遇雨则吉，不吓出眼泪来不是睽象。

张国明： 三为兑上爻，又为坎下爻，向上而来，始则坎陷，晦暗不明！

元　融： 男人的坎象，就不一定是眼泪了。渐渐上走，渐渐入离，后方得明，上终与三会，吉。另，坎、离之象本就是夫妇之象。上九和六三，从睽到应，泪水到欢颜！

张国明： 送亲的队伍没选日子，赶上了一个大阴雨天，择日重要啊！

温海明： 这一爻（过）山车过大了。

元　融： 过去和现在不同，送亲的队伍和打劫队伍，要分清楚的。

温海明： 过山车还碰上了大阴雨天，亲人都像鬼一样啦，还好有雨，没雨都打起来。

姚利民： 择日不如撞日，一撞下雨，见鬼了。

元　融： 睽卦，上离，好像睁大了眼睛，看到的不一定是真实，搞得心神不宁。一场大雨，还原了真相。结果是吉祥的。睽卦，四阳，二阴，最终吉祥。

汤兆宁： 这个"雨"，是从天而落的。所以雨从天而入地，比喻了上九和六三的最终结合。

张吉华： 好在上爻虽孤，毕竟有离之明，总算弄清了：眼前这帮浑身上下污泥浊水的人是送亲的。差点出大事。

温海明： 过山车过大了，惊出一身冷汗。

元　融： 爻，是《大象》的爻。睽卦，是整体形势不错，进程中有惊吓。

汤兆宁： 睽卦必有合，合总是好事。

张国明： 睽卦紧接家人卦，是家族内部意见不合，误解误会多出。一旦解释开了，都是一家人自然得吉。

元　融： 平时大家应该有感觉，你睽不上的，基本上和自己水平差不多，真正水平差的很多的，你都不睽了。

张国明： 最终，群疑亡，疑见拨除，明灯入室，吉。对了，弧为弓轮。弓象何来？亦是坎象，坎为弓轮。

（整理者：贡哲　浙江大学哲学系本科生）

（本卦校对：赵敏　中国人民大学哲学院硕士生）

时　　间：2016年07月11日21：30 — 23：12
导读老师：冯国栋（浙江大学人文学院教授）
　　　　　郑朝晖（广西大学哲学系中国哲学教授）
课程秘书：孙世柳（中国人民大学哲学院硕士生）

不畏险难　负阴而行
——蹇卦卦辞明解

39 蹇卦

艮下坎上

【明解文本】

蹇：利西南，不利东北。利见大人，贞吉。

《彖》曰：蹇，难也，险在前也。见险而能止，知矣哉！蹇利西南，往得中也；"不利东北"，其道穷也。"利见大人"，往有功也。当位"贞吉"，以正邦也。蹇之时用大矣哉！

《象》曰：山上有水，蹇；君子以反身修德。

【讲课内容】

郑朝晖：蹇卦是讲知难而进的智慧，是讲君子的担当意识。本卦由我与冯老师与大家一起品味卦中滋味。蹇卦辞白话翻译如下：

西南方（远离危险）有利，东北方（以身犯险）不利。出现大德之人是有利的，坚守正道就会吉利（转危为安）。

《彖传》说：蹇的意思是处境艰难，危险就在眼前。看到危险而能够待在安全的地方，是识时务的人呀！"蹇利西南"，是说往西南方就能得到远离危险的位置；"不利东北"，是说往东北方就会以身犯险，无路可走。"利见大人"，是说有大德之人一定能够带领众人转危为安。待在恰当的位置亦须"贞吉"，是说守正才能济邦安民。在蹇难之时，仍能知道动静之几而妙用，真是大智慧呀！

《象传》说：上卦坎卦是水，下卦艮卦是山，山上有水是蹇卦之象；君子知道大难在前，唯有大德之人才能带领众人转危为安，因此回过头来努力修行自身的德行。

蹇卦的卦爻辞都比较有特色。六个爻辞，基本是往来句式，六二、九五爻辞，实质上也是往来句式，六二爻辞实为往蹇来蹇，九五爻辞实为往蹇来朋。"往"在易经中往往指外卦，"来"指内卦，六爻皆为往蹇，因外卦为坎，坎为险，故行难。来的语辞则有"誉、蹇、反、连、朋、硕"，显然这些语辞的涵义都应与艮卦有关，即与知止义有关。初爻讲誉，与知险而止有关。二爻讲蹇，与知险而进有关。三爻讲反，与遇险即止有关。四爻讲连，与外虽处险内修止德有关。五爻讲朋，与止德感召有关。六爻讲硕，则是止德济难之象。显然下卦重在讲止于险前以蓄德，上卦重在讲以止德济难。卦辞则是总论止于生地，勿赴死地，有德则可济难。白话部分大致代表了我个人的看法。而先儒的见解更加丰富深刻，我在进行讲解时，会尽量介绍先儒不同的看法，以供大家参考。

《易经》中讲困难的卦有四卦，先儒区分了蹇卦与其他卦面对困难的不同讲法。如小程子即说，"屯者，始难而未得通；困者，力之穷；蹇乃险阻艰难之义。"项安世则认为，屯卦是讲经纶以济难的，而蹇卦是崎岖以涉难的卦。上述区分说明了蹇卦的特殊性，即蹇卦是讲知难而进的智慧的。

蹇的字义，是跛脚而不进之意。"蹇，利西南，不利东北"这句话，古人解释的含义基本一致，即西南代表平易之地、安全之地，东北代表险阻之地。解释的理由大致有两个思路，一是西南为坤，故为顺易；东北为艮，故为险阻。另一个思路是取艮为山、为险且方向为东北，坎为北、为阻，远离东北则为安全之地，西南为最远于东北者，故利西南。

"利见大人，贞吉"这句话，此中大人，各家释义相近，只是具体涵义，各有阐发。有的认为"大人"是指大德之人，有的则具体指出了大德含有知险之智，与平险之才两个方面。这一点《彖传》里所讲"知矣、大矣"，可供启发。一般而言，认为"利见大人"，在卦辞里与上六爻辞略有不同，卦辞里的"大人"指六二，"利见大人"为自二之五之意。而上六爻辞里的大人则是指九五爻。当然，这里存在一定的争议。"贞吉"的贞，一般释为大正之道，意指蹇卦各爻皆处正位。此外，在"利见大人"后讲贞而吉，是强调虽见"大人"，亦需各爻以正道见之、助之，方能得吉之果。

"《彖》曰：难也，险在前也。见险而能止，知矣哉。"这段话一般被认为在讲处蹇之道。关于初六不正，小程子有一个说法，"初六虽以阴居阳，而处下，亦阴之正也。"当然，也有学者说，初不正，正是蹇之意。"蹇利西南，往得中也；不利东北，其道穷也；利见大人，往有功也；当位贞吉，以正邦也。"这段话，先儒多认为是讲济蹇之道。"往得中"，有两解：一种是"六二上往而得五，坎变为坤，而蹇平"，这是项安世的看法；另一种是阳爻居五位为得中，即乾阳居坤中为坎。当然其意思是得中道。"往有功"，这里的功是指济蹇之功。有的学者认为是二与五相应而成，有的认为是九五朋来而成。小程子说，"九上居五而得中正之位"，这是一种讲法。朱震说，"九四能顺众而往，上居于五"。另外一种，就是坤变为坎，坎月出自坤，故有"利西南"的说法。"正邦"是指众爻皆守正道的状态，关于初爻的例外，前面已讲。"蹇之时用大矣哉！"此为叹美之辞。至此而叹济蹇之道，美中发于言。蹇卦之要，在于知时而赴险，则可行济蹇之功。所谓大矣哉之大，有的学者认为是大人之大，孔颖达言："非小人之所能"，胡瑗谓"必得大才大德之人，然后可以解天下之蹇。"亦有学者认为大是指伟大的效用之意，程颐说："济蹇之道，其用至大。"虞翻说："终则复始，以生万物，故用大矣。"皆指伟大的效用。

关于《大象》的取象，廖名春有一个总结，即《大象》基本是由上卦往下卦取象，而"象传"是由下卦往上卦。山上有水之象，汉人有一个说法，主要是陆绩的讲法，即山为险，水为陷，山上有水，险之又险，水本流行而不流，故难。但是，水本在下，今在山上，必终反下。另一方面，山上之积水，水多必溢。此象正与君子反身修德之象吻合，水必反下故反身。胡煦讲："不盈之性，上居于山，有余则去之，修德象。"

【讨论内容】
【难卦】

温海明：虽然几个难卦都举步维艰，但是难的程度不一样。

闫睿颖：蹇是说外界艰难险阻，但求内，大德有智有才，得到助力，所以能够待机择势而行，艰难中前行吗？

郑朝晖：是，不畏难且不妄行才能济之，不妄即为内德。险在前，是就卦位而言，在外为前。

王力飞：处蹇之道，吉凶全和行为有关。

汤兆宁：不妄行，君子的中和态度；有节制、态度和行为。

闫睿颖：是否可以理解为屯之难在万事开头，不要乱动要打好基础；蹇之难在不畏难，是可以在不妄动前提下，去动一动的？

郑朝晖："知"是一个关键词。杨简认为，一般人见险皆知止之，不能说是知。智者与一般人的不同在于，智者能够不受外在利害的左右，保持内在的明而不昏。耿南仲也主张，"智者与一般人的不同在于，一般人是迫险而止，而智者是远险而止。智者止而待时，相机而动。"

温海明：明而知止，才能建功立业。该停就停，该走就走。

闫睿颖：一般人是被动的止，智者是自明的心主动根据情况选择动静，走停。

裴健智：时止时行。

郑朝晖："其道穷"，是指止而不动，则最终无路可走。

温海明： 卦变是小过四到五。时势再难，也要挥洒自如。

姚利民： 蹇卦之要，在于知时而赴险，则可行济蹇之功。胡瑗说："必得大才大德之人，然后可以解天下之蹇。"蹇卦逼我们走险，困卦置之死地而后生。

闫睿颖： 坚守正道真好，如此艰难时刻也能转危为安。蹇卦和困卦的艰难有何不同？

郑朝晖： 困卦是力尽而困，蹇卦是见险而难进。

【"往得中"】

郑朝晖： "往得中"，比较常见的一种说法是，坤为西南，为平易，乾二之坤五，则为坎，坎中爻为九五，阳爻居五位为得中。一些学者说：解释得中时，不看坎卦，只看九五爻。意思是得中是好事，若讲到坎卦则是入险了。中是有两个，不过往就是指外卦了。

王力飞： 徙，则往蹇为赴险了。克难奋进。

张吉华： 跛之脚不便进，进则有凶，于是《大象》由此起义，说之以义理，曰之反身修德。

郑朝晖： 其实蹇之象，可想象成暗礁之象。如何应之而为大海舵手，很有意思。以之而思南海，或许有妙思。

【反身修德】

郑朝晖： 一般认为，反身是指自省其身有无过失，修德是指将反身所知之未善改之，反身无歉然则加勉。

温海明： 自我反省，不断提高。

郑朝晖： 反身修德是总说。反身有止意，修德有进意。"大"比"知"高，大者知止而时进。

温海明： 止而后进。

姚利民： 蹇卦提示：一止一进，众妙和合，方为正道。

王力飞： 勇于"往蹇，来连"，方能"大蹇，朋来"。我感觉往蹇是正能量。

张吉华： 正常人是不知蹇之味的。处蹇之时，为何要反身修德？

元　融： 《大象》："君子反身修德，其实主要是指心之蹇难。蹇有行之蹇，有心之蹇，人心之蹇，往往因修德不足而行心上难行之事，故需反身修德。"世人遇到蹇处，第一种是不信邪，撞南墙；第二种，推脱责任，怨天尤人；第三种，反身修德。蹇的现实意义非常巨大。

丰　铭： 山上有水，与反身修德有什么内在逻辑。

元　融： 蹇之义，取于下体之阳不能进，上体之阳也不能进，因为都是负阴而行。

（整理者：王璇　中国人民大学哲学院硕士生）

反身修德 相机而动
——蹇卦初六明解

时间：2016年07月12日21：30 — 22：39

【明解文本】

初六：往蹇，来誉。

《象》曰："往蹇来誉"，宜待也。

【讲课内容】

郑朝晖：本爻的白话解释如下：

初六：往东北走，崎岖难行。停下来经营西南（根据地），制造行路的车辆。

《象传》说："往蹇来誉"，是因为此时适宜等待。

冯国栋：蹇卦除二、五外皆有"往"与"来"的字样，否卦、泰卦也都有"往"和"来"，意思还是比较清楚的，往向外，来向内。大往小来，就是阳往阴来，阳在外，阴在内。小往大来就是阴在外，阳在内。

蹇卦其实可以与屯卦对看，蹇卦是"止乎险中"，而屯卦是"动乎险中"。动乎险中，所以君子要经纶、谋划；而止乎卦中的蹇，就不那么适合动，而应当止，但止不是不动，而是内的动，即"反身修德"。初爻位于艮初，也是整个卦的最下，所以应当以"止"为当，往则得咎，来则得吉，来者，反也，反身之义。《周易传义合订》："谨按：艮为足，初在下，足履地象，当蹇之时，往则足不能前而蹇矣。"蹇卦提示我们，知进退存亡而不失其正，即是智。

【讨论内容】

王力飞：历史上，各种各样的话太多了："明知不可为而为之，愚也"，这有他的道理；"挑战极限"，有他的意义。"避难就易"，从容易的地方下手，有他的道理；"克难奋进，勇于担当"，有它的意义……时物也。坤卦，原为顺卦，和自强不息相对，提醒的就是韬光养晦。遯，遇险而止，反身修德，还是韬光养晦。明夷要躲避，遯卦要逃避，履卦要防护，处处透露着明哲保身的意味。

元　融：不同形势不同选择，哪有按图索骥之理。

王力飞：避蹇反身，唯唯诺诺，大蹇之时，必无朋来。比如对诸葛亮，有人赞其忠义，鞠躬尽瘁，死而后已；有人恨其愚钝，扶阿斗傻蛋一个。放到《周易》里，有分歧也就正常了。学习《周易》，经常遇到与外界相感之事。海牙法庭一仲裁，巴基斯坦等国家站出来声援，是否为"大蹇，朋来"。倘若中国当初袖手旁观，不"往蹇"，则失道寡助了。往蹇，方有来连，方有"朋"来。

（整理者：张馨月 中国人民大学哲学院硕士生）

履正居中 志匡王室
——蹇卦六二明解

时间：2016年07月13日21：30—23：16

【明解文本】

六二：王臣蹇蹇，匪躬之故。

《象》曰："王臣蹇蹇"，终无尤也。

【讲课内容】

郑朝晖：六二爻的白话解读：

六二：西南之地经营稳固，作为王的忠臣，受到有德之君的感召，离开西南往东北，不畏崎岖道路，是为了辅助有德之君，共赴时艰。

《象传》说："王臣蹇蹇"，是因为心无怨言，甘愿赴难。

此爻较特殊。竹简易里，此爻有一点文字差异："王臣蹇蹇，非今之古"。也有将"蹇"字写作"謇"的。如此，爻义有很大的差别。王臣进言以辅君，是比较少见的理解。

"非今之古"，帛书《二三子》里有孔子的解释，"非言独今也，古以状也。"不过，学者们倾向于认为今是躬的同音字，将此句话拉回到今本的语境中。王臣，一般认为是六二应九五，故称王臣。"蹇蹇"，有四种不同的理解。第一种，王蹇臣亦蹇，此句话亦可因之改写成，往蹇来蹇。第二种理解，"蹇蹇"是指难之不已之意。第三种理解，"蹇蹇"是多难，很多困难的意思，重复是表示多得不得了的意思，应接不暇。第四种理解，以六二赴蹇难以济九五之蹇难。

冯国栋：也就是说，竹书的意思是"王臣蹇蹇"不但现在是这样，古代也是这样，即"非今之古"。王臣也有二解：王之臣；王与臣。

郑朝晖：冯老师，可以这么说。

冯国栋：因此，这句的今本，既可以解作"君、臣皆蹇"，也可以解作"臣解君之蹇"。

郑朝晖：这四种理解，与冯老师讲的，"王"与"臣"的关系有关。

【讨论内容】

【"王"与"臣"】

冯国栋：　"王"与"臣"可以并列，也可以是"王"修饰"臣"的。王弼、孔颖达认为是"王臣"是"王的臣"。

林文钦：　"王臣"可解为国王与臣子。

冯国栋：　对，"王"指九五，"臣"指六二。

郑朝晖：　终无尤也，与出于公心有关。但胡煦的解释，我觉得最有意思。

冯国栋：　王弼说六二："处难之时，履当其位，居不失中，以应于五。"这里有三个意思：一是六二当位，二是六二是中位，三是六二应于五。故六二不能退，只能进了。

郑朝晖：　胡煦说："初以不往为有誉，二以非躬为无尤，有位、无位之别也。"这与孟子的讲法相应，孟子认为"王召臣必应，王召民，则有不应之民在"。因此六二是往入蹇难，来亦有不忠之尤，故来亦蹇。

冯国栋：　程子不看好六二，说他是有心无力。但还是要赞扬他，这样可以"劝忠"，即激励忠臣。

郑朝晖：　对，六二不才而忠，故无尤。六二在朋来中还是出了力的。

汤兆宁：　六二、九五均为蹇，以蹇救蹇，难。不过臣心可鉴！

姚利民：　六二与九五隔水相望，上下"蹇蹇"，难也。

郑朝晖：　以蹇救蹇，虽难，但坚持正道，自有出蹇之日。

姚利民：　互坎（心），我们心意相通。

郑朝晖：　六二对九三的反亦是欢迎的。

【 "匪躬之故" 】

温海明： 六二上有两坎，险上加险，难上加难。

郑朝晖： 外坎，王蹇；互坎，臣蹇。"匪"，非也。"故"有释成原因的，大多数理解成事。

姚利民： 故为理与事，以理明事，以事证理。

汤兆宁： "躬"是自身的意思吧。"匪躬之故"：不是因为自己，而是为救九五，然力不足所以为"蹇"。

冯国栋： 其实"匪躬之故"，也可解作"并不是他自己的缘故（而是局势本身造成的）""并不是他自己造成的"。

郑朝晖： 六二进蹇退蹇，是因为其位之职责造成的。"进蹇"是自然态势，"退蹇"是社会责任，六二之身在退的状态下是无害的。

汤兆宁： 六二是不是太阴柔了，因为它是阴爻，没力气解救九五。

郑朝晖： 这样的话，可以引申到冯老师的解说，"朱震的说法似有此意"。

孙福万： 播个潘雨廷先生占卜的故事，他占到的正是此爻！"文革"时期，潘雨廷先生亦感不知所措，思想极乱，遂效法其师唐文治先生，拟卜一卦决疑。他想，自己一辈子又没有做错什么事，为什么会这样呢？就利用自己的特长，和了不少时间来卜算，结果是得"蹇之坎"，即二、三爻生变。蹇六二爻辞是："王臣蹇蹇，匪躬之故。"《小象》曰："王臣蹇蹇，终无尤（忧）也。"看到这里，他就知道，这不是他本身的缘故，于是心就安了一半；且云"终无尤也"，即最终是没有问题的。又想："此象于我之处境密合，我自己是不想做王的，故为王臣。然又为'王'之臣，非任何人可得而为臣，此合于理想，就是指我。"又思既云"蹇蹇"，或许还有祸事，不承想果然数月后，其父亲去世。蹇九三爻辞为："往蹇，来反。"《小象》曰："往蹇来反（返），内喜之也。"前指处境，后指出路。"往蹇"即不可前行也，"来反"即自动返回也。因思说："我现在的这些条件自己没有争取过，都是自然而然来的。内喜之也，尽管处境困难，自己心里是快活的。"后来他又说："这完全针对我的情况，事后我看全经三百八十四爻，没有其他爻比此爻更合我了。"而坎卦，他说，"自己是有意不过去的"。坎九二爻辞为："坎有险，求小得。"《小象》曰："求小得，未出中也。"六三："来之坎坎，险且枕。入于坎窞，勿用。"《小象》曰："来之坎坎，终无功也。"均入险境，此即"往蹇"也。故此潘先生尽管在"文革"中有很多机会可以出来做事，但他"均不出"，所谓"居易俟命"，此之谓也。

　　1986年2月26日，潘雨廷先生曾向其学生张文江详细叙述此事，并总结卜筮的灵验与否说："要处在四面困境，人确实无所施其力时去问它，它会指给你一条路，一定准。一般的事情，如归还房子，我完全用正常程序去

催。快就快、慢就慢，不肯用卜筮，卜也不会准，准也没有用。"（据张文江记述《潘雨廷先生谈话录》编）

郑　强：　心有忧疑，不能抉择，问己问人都不行的时候才问于神——占筮！

郑朝晖：　"匪躬之故"，学者的分歧较少，躬是身之意，即是说，王臣赴难主要是出于为国分忧，为王助功。所以胡瑗说，"上以为君，下以为民，救天下之蹇"。之所以称"王臣"，与相应有关，不相应则非王臣。不相应也就不能济"蹇"。

冯国栋：　"匪躬之故"，其实从语气上来看，应该是"并不是自己的原因"更合适，但因为要与九五互应，所以就有了"不是为了自己的事"的意义。

郑朝晖：　六二无力助九五的问题，有的学者有一个说法，即"臣贤于君，臣可救君之失，事有可成。君贤于臣，则臣无力扶君，事无可成"。

林文钦：　"王臣"亦可解为"身心"。身心矛盾冲突，所以才会"蹇蹇"。

姚利民：　练功到了走火入魔的关键时候，蹇也。

汤兆宁：　九五大概算心脏的位置了。

林文钦：　矛盾不在身而在心。

郑朝晖：　六二济九五，还有另外一个说法，即九五爻变变六五，上卦变坎为坤，则出蹇。

汤兆宁：　不过咸卦的心脏位置在九四，九五是心背部。

温海明：　反身修心的功夫可是真不容易。

郑朝晖：　所谓难，主要是公私交战吧！对于六二而言，他应九五，没什么难的。六二的"蹇蹇"是外在的。

林文钦：　人生之蹇源于身心不调。

姚利民：　面对水的纷争，兔子与鹰都不淡定，蹇也。

郑朝晖：　以蹇济蹇，所谓求仁得仁吧。尤者，怨也。无尤即无怨。

林文钦：　有怨就有蹇。人之蹇在于生怨，怨之生在心。

汤兆宁：　尤也解释为过错。"终无尤也"也被解释为没有过错。不过这里为何不用无咎呢？所以可能朝晖老师解释得更贴切："没有抱怨"。

郑朝晖：　总之，必须是王之臣，才需要忘身赴难。

姚利民：　王为心，臣为腹。今天我们讲命运共同体，西方人可能难以理解。

郑朝晖：　朱熹在福建，准备上书。后来占到了遁之家人，就老老实实烧了上书，在家教书了。因为他已非王臣了。程子说："中正之人为中正之君所信任，故谓之王臣。"上下信任，太难得了。

姚利民：　"中正之人为中正之君所信任，故谓之王臣"。

（整理者：黄仕坤　中国人民大学哲学院硕士生）

反身修德 得其所安

——蹇卦九三明解

时间：2016年07月14日21：00 — 22：48

【明解文本】

九三：往蹇来反。

《象》曰："往蹇来反"，内喜之也。

【讲课内容】

郑朝晖：本爻白话解释：

九三：往东北方走，道路太过崎岖，准备不足，回到西南（根据地）进行补充。

《象传》说，"往蹇来反"，是因为得到了（根据地）人民的衷心支持。

先儒多将"来"这个字，与"反"这个字联系起来解释，这样的话，似乎三爻就是"反反得正"了。但是显然，来之反与反身修德还是有一定的不同的。对于往蹇，大多数的理解是与坎有关，九三与坎为邻，进则入险，应当是说是较易理解的。但程颐的解法，九三与上六相应，上六是阴爻，"不足以为援"，也算是一种说法，此一爻似无多少争议。

重点在于"来反"之反，"反"的核心含意在于来则得位。得位的意思是指，回到自己本来的位子，以守其正。得位的好处则在于，得其所安。得其所安值得琢磨。九三爻归位之后，与二之间形成一个相互帮助的关系，形成一股合力。胡煦说："以比二为就二，三资二之中顺，二资三之刚健，可成济蹇之功。"这一点应当是对六二无力助九五的一个补充吧。视九三之反位为安，苏轼有一个较完整的说明。他说，凡是不可往者，不但往而无获，而且无获而返之后还会失掉原来的位子。失掉原来的位子，是因为轻身犯险，失败必为人所非议。现在九三爻能够保住原来的位子，是因初、二两爻不能自立，需要九三为他们出头，因而虚位以待其回归，九三归而得位，可谓幸运之至。九三的这个位子是个安身之地，但在有的学者看来，是稍安之地。稍安的原因，是因为九三毕竟离险很近，是迫险之地，也没有完全解决蹇的问题。

既然迫险，说明九三无先见之明，所以比不上初六，初六有誉，是因为有"独识先见"，九三则只言反的客观行为了。

《象传》说"往蹇来反，内喜之也。"一般的理解都是，三为下二阴所喜。二阴之所以喜三，有的学者说，是因为九三阳爻处阳位，所以二阴可以恃之而安，因此"喜之"。当然，也有的学者认为是阴阳有相得之象，二阴与阳之间形成一个正常的阴承阳、阳乘阴的关系，正好可成艮止之形，因此而喜其成止。

【讨论内容】

元　融：九三，一定要当止了。

汤兆宁：历史上不知道有没有"往蹇来反"的实际例子？

郑朝晖：比方日本关东军，诺门坎大败，老实回到亚洲战场，中国还是干不过他。中国打三八线，板门店停战。但这只是稍安之象。

汤兆宁：是暂时的有利。

郑朝晖：南海也是如此，中国退一退，位子还在那；打一打，可能位子就没了。要有耐心到五爻朋来，六爻吉。

汤兆宁：可是中国的朋友太少了。

郑朝晖：说明我们还要等。停下来，看一看、习工夫、办教育。要让下卦的山涨到海面，我们就有立足之地，蹇也就没了。经济之山、文化之山、政治之山，才是南海的真正基石。

汤兆宁：还有德行之山。

姚利民：让人家去着急、去失态。

郑朝晖：上三爻其实多有与下卦之三相连而成陆之意。

汤兆宁：所行不义，必自食其果。

郑朝晖：不过，中国的礁石能否长成山，也不是那么容易。关键在于有没有六二之王臣，九三之干臣，九五之王者。

姚利民：内治腐败，搞好经济，对外"一带一路"，希望朋来。

（整理者：李芙馥 中国人民大学哲学院博士生）

实位来连 济蹇能解

——蹇卦六四明解

时间：2016年07月15日21：30 — 23：09

【明解文本】

六四：往蹇来连。

《象》曰："往蹇来连"，当位实也。

【讲课内容】

郑朝晖：此爻的白话解释：

六四：往东北方走，道路崎岖难行。从西南（根据地）来的车辆往来不绝，物资充足。

《象传》说："往蹇来连"，是因为后方稳固，物资充足。

冯国栋：这一爻的爻辞一如既往的简单："往蹇来连"四字而已。"往蹇"，初、三，都已讲过，其实没什么分歧；六四处上坎之初，故"往蹇"，各家无甚差别，所以此爻关键在"来连"上，而重中之中又在"连"上，那么"连"究竟为何义？"连"的本义，《说文》说：连，就是人拉的车，就是人力车。

马融、郑玄，包括王弼都认为"连"与"蹇"同，都是"难"的意思。也就是说六四进退失据，上下皆难。为什么上下皆难？"往蹇"已经提过，向上难；退回来呢，乘刚，所以也是难。这是马、郑、王的理路。但这个理路其实和初、三的逻辑不一样，初、三都说前进不好，退回来好，见几而止好。这个六四就显得有点特殊了。

到了宋代，宋儒开始重新解释"连"的意思，首先是胡瑗，他说王弼、孔颖达都讲错了。《周易口义》："六四以阴居阴，得正者也。然而蹇难之世，坎险在前，冒昧而进，愈必有难而入于深险。若能知时之不可行，退而牵连下之三爻，止而自守，则得其安也。《注》《疏》读'连'字从上声，言四往来进退之间，皆有蹇难，而不利。夫蹇之时，其险在前，故君子止而不往，若退而守，不务其进，则复何蹇难之有？此《注》《疏》之失也。"胡氏的意思有二：一是"连"应该是"相连"的意思，不是"艰难"的意思。六四与下三爻"相连而止"，这就是处蹇之道。二是王弼把"连"当"艰难"讲，是错的。程颐《易》学于胡瑗，所以也就六四与下三相连而止，得处蹇之道上讲。强调的是"相连而止"。但朱子则更为积极，他说不但是相连而止，而且是"相连而济蹇"。

可见，一个连字，三种意思：上下皆难、相连而止、相连而济蹇。三种解释联系《象传》也都说得通，所以就影响到《象传》"当位实"的解释。按王弼的解释，"上下皆难"，因为六四上、下皆是阳爻，所以上下皆难。"上下皆阳"，就是象辞的"当位实"的意义。而按胡、程的解释，"当位实"就是以阴处阴，当位。几个意思皆可通，我本人觉得应该从整个卦来解，初、三既然都是向上不好，向下好，而《象传》也说应该知几而止，那么"连"作"相连而止"比较合整体卦义。当然"《诗》无达诂，《易》无达占"，大家也可各取所需。

【讨论内容】
【"连""实"】

姚利民：　六四与下三爻相连而止，这就是处蹇之道。

汤兆宁：　连通"辇"，用人拉的车。

郑朝晖：　六四当位，九三为实，这是从九三与六四相连，六四得九三之实，是所谓"附得其实"。

汤兆宁：　上下阳爻，作为"实"的凭据，感觉牵强。当位应该讲的是六四，阴居阴为正。

姚利民：　还好有四字，进而归连，有了下面礁石岩洞的支持依靠。

汤兆宁：　这个"相连"相对于"实"，也未尝不可。因为和之下众爻齐心合力，所以也可称为"实"。

郑朝晖：　"实"，有两种不同的解释，就爻象，阳实阴虚；就易理，阳虚阴实。当阴为实时，指其实力不济，故六四的连就是上难下难了。

郑　强：　六四虽当位，但才柔不足以济蹇，必连刚爻而济，四处九五与九三之间，连者，连九三与九五而共济蹇难也。

汤兆宁：　所以冯老师讲"相连而止"，是最符合象意的。

裴健智：　虞翻中张惠言注："在两坎之间，进则无应。"

姚利民：　蹇下为足，脚能往下落到实处（艮山），心里才踏实。

郑朝晖：　上为坎，下还有互坎。九三反了。

温海明：　您是说连着刚爻，冯老师是连着刚爻而止。

裴健智：　刚才没看到，往下就对了，往上有应呐。往和来分明是一个向上，一个向下啊。

郑朝晖：　应是蹇、反是喜，故九三取比。

姚利民：　六四真正进入八卦生死坎，每一步决定生死。

裴健智：　在小过卦为震动，到了蹇卦震象消失，只能跟着止了。

郑　强：　六四正处于九五与九三之间，当位，变而为阳爻，与上下二阳相连，阳为实，故"当位实也"。

汤兆宁： 《程氏易传》："又四居上位，而与在下者同有得位之正，又与三相比亲者也，二与初同类相与者也。"《程氏易传》讲的"连"，那是连了好多爻了。

裴健智： 这卦往来好多，只有六二没有往或者来。

汤兆宁： 《程氏易传》："来则与在下之众相连合也，能与众合，得处蹇之道也"。

郑　强： 蹇卦本身在蹇难中，行于难，又要济难，故行蹇济蹇。

汤兆宁： 初六的来指本位。

裴健智： 这样就和六四的理解稍微有点区别了。

郑　强： 四也是本位，所以称当位。

姚利民： 蹇卦本身在蹇难中，行于难，又要济难，故行蹇济蹇。

郑　强： 这卦就是见险而止，不进于险即是来。

裴健智： 王弼的解释就是进则入险，来则得位。

郑朝晖： 不往即来，不来即往。

汤兆宁： "来连"更像一个词。

郑朝晖： 六四为何来连九三，因为九三"当位实也"。

郑　强： 六四本身就当位，在其位而连上下二阳，阳为实，当位实也。

郑朝晖： 语言学中有一种理论，每一种语言都只说出了部分事实或真理，只有将他们合起来，才有可能说出更多的事实或真理。

裴健智： 《程氏易传》认为当位就是实。当位不曰正而曰实，上下之交，主于诚实，用各有其所也。

郑朝晖： 程颐说的是有德之言。

郑　强： 愚以为初爻的誉，是指二，二多誉。

【世事之蹇在于心】

林文钦： 世事之蹇在于心，心净一切皆净。王净臣也净，虽有蹇蹇，然得道者人助天助，朋必来，蹇能解。否则经常在形而上与形而下之间摇摆，就会蹇蹇。

　　这也是人智慧成长的过程，破茧才能达道。能达道就呈现天下莫能与之争。我读易喜欢从本体关照，然后分殊师，再分殊深入研探各时空之异象。就易理而言，先从整体卦象卦义去理解本卦之宗旨，然后就各爻义去分析，发现现象之缤纷，最终仍是百川归之大海。先掌握形而上之道，便能了解形而下之缤纷。形而上必须用心去体会，才能达道；形而下现象，必须用眼去看，才能体会。道家有神。《易经》艮卦即讲内照通神。观卦也讲内观及外观。佛教之止观即从《易经》观卦及艮卦而来。本为我所有却偏向他处寻。

　　我有因缘曾编过《佛光大藏经》，后来出入《道藏》，加上喜寻幽访胜，探访佛道高人，才有如此体悟，那只是我的一偏之见。现在明白您独特的思想渊源了。一偏之见容儒、释、道三家思维观点于一体。

崔　圣：　屯卦，蒙卦在《参同契》也提到了。

裴健智：　屯卦及鼎卦就是道家及密宗修行的重要法门。《易》为百学之源，诚不虚言。

林文钦：　到了禅宗，佛教才本土化完成。

元　融：　如何在定、慧间把握观止？要从观卦及艮卦入手。

崔　圣：　从本体出发，思量即是转识。不思善、不思恶，当下即现。

元　融：　由《易》入手，认为佛即是《易》，于分殊处，似过于忽略了。道家内丹、佛教
　　　　　止观、儒家静坐，外形都是坐，内观方法则差异甚大。大小周天，道家也；
　　　　　十二因缘，释教也。佛家禅观法门也甚多：数息、因缘、白骨、念佛都是禅
　　　　　观。佛教修行是超脱轮回，轮回六道乃是六凡，声闻、缘觉、佛、菩萨是超
　　　　　越轮回的四圣。性、命在不同的修学体系所指不同，常是名同而义不同。

林文钦：　佛不是《易》，《易》也不是佛，但佛与《易》可以会通。

元　融：　佛教可通《易》理，易理却不是佛理。

汤兆宁：　不顺应天道的人，练气功也不见得能解决根本问题。内心才最重要，不是气。

孙铁骑：　禅修性，但保不了命，从而入轮回，投胎转世，不知何时能尽性。道，性命
　　　　　双修是保命以修性，使此生可以有足够时间尽性。故言道修今生，佛修来
　　　　　世。此为佛道修行路径之别。就价值论承诺而言，二家同归，皆为尽性；就
　　　　　具体路径而言，道能今生尽性，则更可取。易言穷理尽性以至于命，则是儒
　　　　　道相通之明证。

元　融：　以《易》立心。性命双修，才是正途。《道德经》："营魄抱一，专气致
　　　　　柔，涤除玄揽"，已经把实修描述到了极致，有心的伙伴，可以细细参研。
　　　　　实地修证一入手，经典印心，即有感悟。

孙铁骑：　佛在未尽性前只能在六道轮回，其终极所求是超出六道，但无法保证此
　　　　　生脱轮回，唯再入六道。道修命以延生，保此生尽性，以出轮回，脱六
　　　　　道。路径不同，修行者当慎选。性命二字在儒释道的学理系统中修行方
　　　　　法与路径的不同，但终极所指是相同的。这是三教同流的本体论依据。

【德】

王力飞：　德通过言行来彰显。碰到困难的回头，可称"智"，未必关乎勇、义、德。
　　　　　如我口头说，我爱你，就是我对你仁义，彰显了我的德行吗？光说不动，何
　　　　　以观德？行是外在，体现内在，光说不练，不但不德，还不道德。学习感悟
　　　　　为内，在实践中检验为外，内外循环往复，即为修炼。能做到知行合一的，
　　　　　本就少而又少。考察干部的德，就是观其言、察其行。

万靖之：　子曰："精义入神，以致用也；利用安身，以崇德也。"这是德之本真定义。
　　　　　德者，得也。人最大的得，无非是生命之得，因为生命是人类推定的最宝贵
　　　　　的价值所在。远离生命而将所得定位于物质，这本身与德之本真内涵相去甚

远。有一本书叫《易道元贞》，其中的卷五对这个问题有阐述，大家可以一览。

林文钦： 争即伤人，不争不宜只落入文字表象，宜从心去体会不争之真义。能不争物我为"一"，还能不爱人呢？而能达到更高境界，所以老子才会强调不争。

汤兆宁： 人都有良知，有德之人行动，良心不会不安。《中庸》之"诚"不只是自我完善，还要推己及人。"不争"是不够的，还要"爱人"，也就是行仁。儒家不是纯自我的理论，儒家的价值观也不是只为自己。《周易》所说的一切，难道不也是如此吗。君子的遯也好，蹇也好，都和思索自己的德有关，蹇乃是反身修德。不是只求自己潇洒无执。只有反身修德者才可能有朋，因其德不孤必有邻，才可能化险为夷。

（整理者：秦凯丽 中国人民大学哲学院硕士生）

守节有信 难中有朋

——蹇卦九五明解

时间：2016年07月16日21：30 — 23：12

【明解文本】

九五：大蹇朋来。

《象》曰："大蹇朋来"，以中节也。

【讲课内容】

郑朝晖： 今晚的五爻是蹇卦的主爻，意义深远。九五爻的白话解释：

九五：有德之君带领大家往东北方走，崎岖难行，西南（根据地）的援军源源不断。

《象传》说，"大蹇朋来"，是因为有德之君在艰险之时，行为合乎节度。

"大蹇朋来"，虽然句式简单，但仍然值得琢磨。蹇卦皆言往来，唯六二、九五不明言。六二无往来二字，九五有来无往。当然，也可以改换句式，六二往蹇来蹇，九五往蹇来朋。但这种句式转换是否恰当，或者能否成立，显然与我们对此爻的理解相关。因此，我们先来对"大蹇朋来"作一个解读。

"大蹇"，基本有两种解读。一种是以"大"为名词：大为王、为阳，大蹇是王入蹇中。另一种是以"大"为形容词：非常大的蹇难。无论汉《易》或宋《易》，这两种解读均存在。

大的蹇难，是指天下未安、人民未治的乱世。程子很巧妙地将这两种理解糅合在了一起，"五居君位，而在蹇难之中，是天下之大蹇也。"君之蹇即是天下之蹇，按现在的话说，国之蹇即是天下之蹇。

朋来的"来"字，一般认为与下卦的"来"不同，是自下趋五之来。有学者认为，九五爻的特点，能任天下之大难，正位不动，无往无来，其他爻的来是不请自来。朋来的朋，似无争议，但细究起来，学者的看法亦不完全一致。理解成朋友，所谓同志曰友，同学曰朋的说法，较为多见。

胡煦的说法，"九五，凡爻或比、或应无不仰赖之。"六二应而来，"来反之三亦与俱来"；六四比而来，"所连之三亦与俱来"；"同德之三既来，而应三之上亦与俱来"。朱震以九三为中心构筑所有的关系，胡煦也是以九三贯穿全部关系，两者说法近似，但有区别。朱震的说法以九三为主爻，胡煦的说法只是以九三为联结点。

【讨论内容】
【"朋"】

汤兆宁：　朋，古代货币单位，五贝为一朋。一说两贝为一朋，也有说十贝为一朋的。

郑朝晖：　钱的理解，有这样的说法。但还有一种不太常见的说法，即杨简说，"朋来，当蹇难辐凑而来，其事众多也"。"大蹇朋来"，被解释为大蹇灾难不绝。队，班。可以理解为郑老师说的众多的意思。

汤兆宁：　简单地将"朋"理解成朋友的，多将"朋"视为六二，所谓六二朋来之助。

郑朝晖：　有的学者将朋理解成很多朋友的意思，有得道多助的含义在里面。

汤兆宁：　感觉讲的像是所有九五下面的爻。

郑朝晖：　将"朋"理解成团队的解释，有两种说法，这两种说法之间有细致差别，需要体会。朱震的说法，"阳与阳为朋，朋谓九三，五下应二，三来比之，朋来也。应二带来九三这个朋。然后九三外应上六，内为六二、初六所喜，六四牵连九三而进，五爻齐心，大家同心协力，可以济天下之难。"

汤兆宁：　那就是两个朋友，六二和九三。

郑朝晖：　九三是"朋来"的关健。

汤兆宁：　同为阳爻，同德。仰望君位的九五，所以"朋来"。

【"中节"】

郑朝晖： "以中节也"，此句话的理解，也有一些稍有不同的地方。

温海明： 九三应该是连接点比较好一些。

郑朝晖： 将"中节"理解成一个词组的，释之为中正之节，节是节操的意思。也有将"节"理解成动词的，即节制之意。如耿南仲说："中者其位也，节者其权也，居位而有其权，则何患哉？"

汤兆宁： 都符合这个爻德，既有节操也有节制。

郑朝晖： 杨简说："九五得中道，虽居大蹇朋至之中，如鉴照物，应酬交错，靡不适宜，自足以节制之。"意为九五能节制诸爻，形成合力。

汤兆宁： 我感觉《周易》经常用一字多义来更全面地表达爻辞的意思。

郑朝晖： 君有节，臣有节，故君可节制臣，亦无不可。

温海明： 以中位行节制之权，能够节制诸爻，形成朋友们都来的局面，讲得更具体了。

汤兆宁： 是的。君有德，则臣更敬君，愿意为之而节。君君臣臣之完美表达。

郑朝晖： 尽管"朋来"是多爻，但六二之应毕竟是关节点，六二是个尽心竭力之人。

温海明： 同意，六二是自己人啊。

郑朝晖： 不召自来。

温海明： 九三看上下都是九五的朋友，自然也就赶紧成了九五的朋友了。

汤兆宁： 是的，六二自知自己软弱阴柔，有德无位（居下卦二位），还是尽力去解救九五，其心可鉴。

郑朝晖： 同心协力，众志成城。

王力飞： 同去，同去。

郑朝晖： 何以同心，惟有中节。

裴健智： 九三为朋友合适，毕竟在小过卦里面相邻。

汤兆宁： 虽然是蹇卦，却有如此爱的沐浴。

温海明： 九三是老朋友啊，局势变了，当然继续支持。艰难时势，看出人情冷暖。

汤兆宁： 九三鼎力支持，阳爻嘛，讲义气。

温海明： 讲义气也是本来觉得是老朋友啊，老友升了官当然要继续支持。

郑朝晖： 九三居间串连，相邀而来，六二喜欢九三，值当。

汤兆宁： 沉浸在这美好的友谊里，患难之交、不舍不离。阴阳爻互相配合，《周易》之本。

冯国栋： 大蹇时来的"朋"是真正的"朋"。

温海明： 患难见真情，老师们的解读非常感人。

郑朝晖： 是的，患难见真情！

汤兆宁： 患难里见真心。如果没有平时的君爱臣、臣敬君，患难何能有此忠信。

郑朝晖： 感应之道，易之大义！

温海明：　当然，患难时候，朋友多，前提是位置还不错，做事又一直让人喜欢。

汤兆宁：　爱是一种付出。现实生活中，我们能做到其七分就已经很完美啦。

郑朝晖：　关键是"中节"，六二与九五之应，是中正之君与中正之臣相应，君臣中应自可节制之。

温海明：　再艰难都要付出，相信最后会有朋友的，六二其实是死党，所谓患难真情。

郑朝晖：　有大德者必得大位，所以中国古人给圣人立牌位。

汤兆宁：　郑老师所言极是，都是二五位，有德之人。

（整理者：孙世柳　中国人民大学哲学院硕士生）

志向在内　反身修德
——蹇卦上六明解

时间：2016年07月17日21：00——23：21

【明解文本】

上六：往蹇来硕，吉；利见大人。

《象》曰："往蹇来硕"，志在内也。"利见大人"，以从贵也。

【讲课内容】

郑朝晖： 今天的白话解读：

上六：有德之君带领大家往东北方走，崎岖难行，西南（根据地）不断扩大，前途一片光明，君之德润泽天下。

《象传》说："往蹇来硕"，是因为不断扩充西南（根据地）。"利见大人"，是因为天下皆追随有德之君。

冯国栋： 此爻没有太多难解之处。关键之处在于这个"硕"。"硕"的本义是"头大"，后引申为"大"。孔颖达言："硕，大也。"认为上六众难皆济，志大得也，可见"硕"为"大"义。程子则与孔颖达不同，程子认为，"硕"乃宽裕之义，宽裕可引申为困难得以舒缓，只是困难舒缓，并非志大得。因为，上六位置虽好，但毕竟是阴爻，柔弱之才，出蹇则可，济蹇则力不足。

无论是"舒缓"还是"大"，断句都没有差别。即"往蹇来硕，吉。"但杨万里却提出个新的断句方式，那就是"往蹇来硕吉"。他说："硕吉，大吉也。盖能一退，内则有九三刚阳之助，贵则有九五大君之见，是以吉且利也。"再来看象，"志在内也"，说上六志向在内，这个内指的就是九三、九五。"以从贵也"，贵就是九五。

冯国栋：蹇这一卦，其实有两个方面意义：一是如何处蹇，一是如何济蹇。在蹇这卦中，如何处蹇是首先的，所以《大象传》说：处蹇之道在于"反身修德"。六爻中有四爻告诫："往则有蹇，来则得喜、得誉。"但如果仅是退，来，则蹇终不可解，故还需要去济蹇，也就是解决蹇这个困境。那么，如何济蹇，如何解决蹇这个困境？经传给出的答案是"朋来"，是"大人"，是"连"。也就是处蹇难之时，一方面要反身修德，加强自身的修养；另一方面，要广交良朋，广结善缘。我在讲屯卦的时候讲过其实《周易》中的险卦很多，当然，大家占的时候也不愿意占得险卦。但生活中不如意者常八九，处险并不可怕；可怕的是处险之时，不知所措。我觉得《周易》的意义，在于险难时给人以希望；而处顺境之时，又给人以劝诫。

【讨论内容】
【"硕"】

冯国栋：　如何看待杨万里的新断句"往蹇来硕吉"？

元　融：　六四，"往蹇来连"；上六，"往蹇，来硕，吉，利见大人"；九五，"大蹇，朋来，以中节也"。上卦坎，蹇之中的情形，团结在九五周围，共度艰难。感觉往蹇、来誉、蹇蹇、来反、来连、朋来，来硕，相对较顺。

汤兆宁：　"硕吉"，我觉得不如断开好。如同冯老师所云，"上六阴爻，无力济蹇，何以硕吉？"

冯国栋：　硕果，"硕吉"，好像也能通。

汤兆宁：　其次，《周易》书里面，其他地方是否有"硕吉"一词。

元　融：　硕果不食，曾出现，不知是否有相同。

冯国栋：　对，剥卦剥到最后，也是个硕。在经传里，"硕"只出现过两次，一次是硕果，一个就是这个。

元　融：　吉，大吉，元吉，无有"硕吉"。

冯国栋：　其实，大家再看《小象传》："往蹇来硕，志在内也。"没有说"往蹇来硕吉"，说明起码在《小象传》的时代，没有像杨万里那么说。

汤兆宁：　冯老师推究的有道理。

元　融：　杨氏的说法应该是发挥。

冯国栋：　综合上面二位的意见，我们基本可以否定杨万里"硕吉"的说法。尽信书，不如无书。在信古人之前，也要先让古人给出理由。

元　融：　上六与九三有应，下卦为艮，为果蓏，故言，"往蹇，来硕"，有大西瓜可以去火！都有艮象，难道偶然？

汤兆宁：　是的，也是我想的。

元　融：　《易》是观象系辞。

汤兆宁：　众多解释，一定有更妥当的。老师推究很细，谢谢指出这些解释的差别以及提供分析。是的，爻辞、爻象、卦辞和系辞，一起看更好。

【济蹇】

元　融：　内功不足的时候，需要外力。也即是，蹇的境况，靠自己是很艰难的。

汤兆宁：　无德何以"朋来"，何以"来连"，何以"利见大人"？酒肉朋友在自己困境的时候，早就鸟兽散了。人走茶凉的事情太多，国外名著有很多，如"了不起的盖茨比"。

元　融：　临险知止，也是蹇卦给我们的启示。投资中，境况不明，危险临近，要知止损，才能全身。中国老祖宗在几千年前提出了。九五，中节之蹇，方有朋来；九五阳爻，代表正义的力量。

孙福万：　"惧以终始，其要无咎"，我觉得是《易》的主旨所在。

冯国栋：　就四险卦谈点不成熟的看法。屯卦最轻，困卦最重。

汤兆宁：　惧以终始。或顺境或逆境皆要惧呀！

冯国栋：　屯虽难，但未来、长远吉祥，险难是成长中的暂时困难。

元　融：　屯卦，刚柔始交而难生，一阳居下，动乎险中，宜建侯而不宁，是创业艰难。

汤兆宁：　屯卦，卦辞为"元亨利贞"。

冯国栋：　坎卦，《象传》说："王公设险以固其国"，也就是我们要善于用"坎"来保护自己。

元　融：　坎，习坎，有孚，维心亨。外凶险，内守正，方可无忧。

冯国栋：　如温老师之前解说习于坎险，则险将不险，险反成安。

温海明：　坎强调心正，意志刚强。蹇强调朋友帮忙，一内一外。

冯国栋：　蹇卦虽难，上六、九五、九三，合力济蹇，险难终将消除。

元　融：　蹇卦，临险知止；反身修德，知反，知止；"大蹇，朋来"。

汤兆宁：　坎和蹇都和"德""正"有关。

孙福万：　那就是困卦最厉害了？

冯国栋：　个人认为，困卦从整个卦象来看，最难，《大象传》说这时要"致命遂志"。

孙福万：　困卦："泽无水，困；君子以致命遂志。"凶险，只能当烈士了。

冯国栋：但困卦的爻却有"征吉""无咎"的断辞，说明困卦虽一卦很难，但每爻却不同，这就是《周易》的变化，"知进退存亡而不失其正"。

姚利民：有德之人，所在之处化险为夷。

冯国栋：但正如大家所言，越是险卦越要守正、修德。在经济不好的时候投资什么？投资自己吧。

汤兆宁：子曰"见利思义，见危授命，久要不忘平生之言，亦可以为成人矣。"

冯国栋：对，困卦时人的自由意志要比生命更可宝贵，肉体之身与义理之身，轻重立显。

温海明：交朋友也是自我投资的一种方式，因为艰难时，没有成本利害关系的朋友，才是真朋友。

冯国栋："三军可夺帅，匹夫不可夺志"（《论语·子罕》）。

元　融：困，亨，贞，大人吉。只要事业是正义的事业，遇到困难是好事，事业在解决问题中前进。大人之吉，刚爻居中，守正坚贞，为面临困境的必然选择。

元　融：致命遂志，命可以不要，为了心中的理想，只有此等气魄，才可以脱困。

孙福万：如果连"困"都能"亨"，那三个难卦，就更不可怕了。

元　融：成就大事的人，何尝不是如此。

冯国栋：艰难越大、成就越大，古来如此。

汤兆宁："故天将降大任于是人也，必先苦其心志，劳其筋骨，饿其体肤，空乏其身，行拂乱其所为，所以动心忍性，曾益其所不能"。（《孟子·告子下》）译文："所以上天将要降落重大责任在这样的人身上，一定要先使他的内心痛苦，使他的筋骨劳累，使他经受饥饿，以致肌肤消瘦，使他受贫困之苦，使他做的事颠倒错乱，总不如意，通过那些来使他的内心警觉，使他的性格坚定，增加他不具备的才能。"客观认识自己改变自己是最艰难的，也是必经的一条路。

孙福万：但有时困难太大，自己扛不住就得找朋友，朋友扛不住，就得找《易经》。

元　融：面临困难，不同情况，要有不同的选择。冯老师为大家开示了屯、坎、蹇、困的四种情况，大家细细体悟，片刻开悟，终生受益！审时度势，做好自己，积累善缘，静待天时。

孙福万：《易经》如果还扛不住，有人可能要找上帝。

汤兆宁：谢谢磨砖人冯老师！谢谢诸位老师授教，励志且温暖！

孙福万：事缓则圆，温良恭俭让，得缓之要。

温海明：困难时候特别需要万千福气，更需要像国家栋梁那样屹立不倒。

元　融：今日，在冯老师的带领下，我们把蹇难的境况，发挥成了一部励志大剧。太精彩了，功德无量！

（整理者：贡哲 浙江大学哲学系本科生）

（本卦校对：张云飞 中国人民大学艺术学院硕士生）

时　　间：2016年07月18日21：30 — 22：51
导读老师：于闽梅（中国青年政治学院副教授）
　　　　　张丰乾（中山大学哲学系副教授）
课程秘书：孙世柳（中国人民大学哲学院硕士生）

艰难化散　相机早动
——解卦卦辞明解

40 解卦

坎下震上

【明解文本】

解：利西南。无所往，其来复吉。有攸往，夙吉。

《彖》曰：解，险以动，动而免乎险，解。"解，利西南"，往得众也。"其来复吉"，乃得中也。"有攸往夙吉"，往有功也。天地解而雷雨作，雷雨作而百果草木皆甲坼。解之时大矣哉！

《象》曰：雷雨作，解。君子以赦过宥罪。

【讲课内容】

张丰乾： 先看几组和卦名、卦象、卦辞有关的文献：

"蹇者，难也。物不可以终难，故受之以解；解者，缓也。缓必有所失，故受之以损。"（《序卦传》）

"解，判也，从刀，判牛角（会意）。"（《说文·角部》）。"解，散也"（《广雅》）。

"世间之局，未有久蹇窒而不释散者。方其欲解，则贵刚柔相济，故利西南。及其既解，则大局已定，更何所往，唯来复于常道而已。设有所往，皆当审之于早，不审辄往，凶且随之，宁得吉乎？此如良将用兵，祗期归顺；良医用药，祗期病除；观心修证，祗期复性，别无一法可取着也。"（《周易禅解》卷五）

其卦象是"险以动""动而免乎险",自始至终,都面对"险"。

所以,"有攸往"之时,要抓住时机,及早行动。卦辞是动态的。"夙兴夜寐",则蹇难解除后得吉利。蹇难解除的两个条件:得到众人支持;并迅即采取行动。如以为蹇难解除而忘记初始的状态或拖拖拉拉,瞻前顾后,则难于脱于险。

《彖传》曰:"解,险以动;动而免乎险,解。'解,利西南',往得众也,'其来复吉',乃得中也。'有攸往,夙吉',往有功也。天地解而雷雨作,雷雨作而百果草木皆甲坼。解之时大矣哉!"

《彖传》曰:"往得众",接着讲"乃得中"。是否"得中",要看对于"时"的把握。"天地解"即"天地分"——天地的分判而雷雨交作。天地的分判与雷雨的交作是百果草木迸裂怒发的外在条件:历经蹇难,生机勃勃。"解"是蹇难的"解体""解散"和"化解",也是生机的"分解"和"解放"。"险以动"者,"险"转变成了"动"的增上缘。《象》曰:雷雨作,解。君子以赦过宥罪。孔颖达曰:"赦谓放免,过谓误失,宥谓宽宥,罪谓故犯,过轻则赦,罪重则宥,皆解缓之义也。"《象传》所言,对古代司法制度影响颇深。"天"之"解"表现为"雷雨","地"之"解"表现为"甲坼","人"之"解"表现为"赦过宥罪"。难之时,仍能知道动静之几而妙用,乃大智慧也!

于闽梅: "解"的原义是用刀将牛角切离。上震下坎,中存坎离,雷而雨作,日方欲明,内外皆陷,阴阳相搏,水泽通行,故险而能动,君子动而免险。解卦的总体思路:雷雨交作,"柔道致治",张老师说的"无为",我说有目的则往,无目的就回,都附合卦之总体意。

【讨论内容】
【"利西南"】
裴健智: 又是一个"利西南"。可是这一卦是雷水解,上一卦水山蹇也是"利西南"。

汤兆宁: 蹇卦利西南我理解为"蹇"或来,东北为艮或指"往"。

张丰乾: 文王八卦中,"坤"为西南之卦,寓意为"众"。"利西南"即"利得众"。讲"坤",是涉及到本卦与之卦的关系。朱骏声《六十四卦经解》卷五:"此二月惊蛰之卦也。雷以动之,雨以润之,日以暄之,万物生乎震也,利西南者,天地间惟阳光能散幽滞,太阳自秋分后至春分前,总在赤道西南。此半年中,宜就阳和之气,故利西南。"方其欲解,则贵刚柔相济,故利西南。

【"无所往,其来复吉"】
汤兆宁: 向光明的方向去,但又说"无所往,其来复吉",后再次反戈,"有攸往,夙吉"。

于闽梅: 虽"利西南"行,但若无确定目标,则不如返回吉利。若有确定目标,则早行吉利。

汤兆宁: 也许指"无所往,其来复吉",不动也解决了。

于闽梅： 坎水险在内，雷雨动在外。严冬天地闭塞，静极而动。万象更新，冬去春来，一切消解。

张丰乾： "无所往"和"有攸往"的结果都是"吉"，如释重负。"无所往"和"复吉"是什么关系呢？应该是塞难解除之后的应该采取的行为原则，"无所往"是"无为"的一种。

汤兆宁： 不动或动，都吉。不过动起来要早点，"有攸往，夙吉"。"夙"字很重要。

张丰乾： "解"非一蹴而就，而是来往反复。

姚利民： 时空来回往复转换，塞转至解。

【"赦过宥罪"】

温海明： 雷雨交加，万物复苏，大家都解放了，连罪犯也要松绑。

张丰乾： "雷电并至"多象征警示和惩戒。而雷雨发作则意味冰冻解除，万物复苏。

于闽梅： 万物并作，应是春雷春雨。

温海明： 春雷响了，大地苏醒，万物复苏，这时候可以出门做事，动了危险就小了。

（整理者：王璇 中国人民大学哲学院硕士生）

刚柔相应 柔辅刚主
——解卦初六明解

时间：2016年07月19日21：30—22：00

【明解文本】

初六：无咎。

《象》曰：刚柔之际，义无咎也。

【讲课内容】

张丰乾： 爻辞只说"无咎"，而《象传》则指出"刚柔之际"。"解则阴阳和矣，而以六居初，上应九四，适当其际，故义无咎。"（藕益智旭《周易禅解》卷五）恒卦九二"悔亡"、大壮卦九二"贞吉"。刚柔之际：初六以阴爻居阳位；初六与九四相应；初六与九二相接，似乎都说得通。爻辞并无"义"字。是不是"刚柔相应"之义？危难初解，当以柔弱处之，相应于刚，而没有咎害。《屯·象》："刚柔始交而难生"，解卦初六为"无咎"。但屯卦是初九应六四，而解卦是初六应九四。故前者生难而后者解难。

于闽梅： 应为"刚柔"相应之义。此爻为君臣、夫妇和济之象。初六与上卦的"九四"，阴阳相应，虽然不会大吉，也没有灾难。所以《象传》说："刚柔之际，义无咎也。"

于闽梅： 《象传》说：在"初六"与"九四"刚柔相应的状况下，应当不会有灾难。这一爻，说明当困难开始之初，就应当迅速解决。

张丰乾： "危难"之"解"，必以"无咎"为始，或免于追究，或本无过错。

【讨论内容】
【何以"无咎"】

　　裴健智： 虞翻用屯卦变化来解释。认为解卦是从临卦变化而来。此卦不当位，却"无咎"？始交就是因为卦变使得阴阳二爻得以相连。解卦初始，知道自己力量有限，所以好好配合阳爻发力，才能解难。

　　姚利民： 原来万事开头难？不求有功，但求"无咎"。这是初六的启示之一？

　　秦凯丽： 初六像个刚从塞难过来的小老百姓，得到九四阳爻的好领导，所以"无咎"？

　　元　融： 蹇是遇险知止的智慧；解卦，因险而动的智慧！

　　温海明： 有险该动，但配合九二动。

　　元　融： 初六上承九二，以柔承刚，故"无咎"！

　　于闽梅： 是的，但主要跟九四应。

【"义无咎"】

　　元　融： "义无咎"，前面还有"刚柔之际"：刚柔相交的分际之时，没有什么咎害。后面还要看事态的发展的。初六在解卦的下爻，坎卦之中，上震下坎，因坎而动，脱离险境。上下卦的能量是均衡的，与九四相应，故"无咎"。风险还是存在的，"无咎"，也只是没有咎害而已。

　　张丰乾： "义无咎"符合"刚柔相应，而柔辅刚主"之义，"故无咎"。"义无咎"内涵丰富。复卦六三，频复，厉，无咎。《象传》曰："'频复之厉'，义无咎也。既济初九爻辞"无咎"，其《象传》亦云"义无咎也。"既济六四、六二也与九二应、比。朱熹："《易》本为卜筮作。古人质朴，作事须卜之鬼神。孔子恐义理一向没卜筮中，故明其义。至如曰'义无咎也'，'义弗乘也'，只是一个义。"

秦凯丽： 做到他该做的，就"无咎"了。

张丰乾： "义"似乎可理解为"原则"。

元　融： 上承九二，与九四正应，解卦初爻，力量不显，这些都是原则。

张丰乾： 始于柔弱之原则；刚柔相应之原则；柔辅刚主之原则。

（整理者：张馨月 中国人民大学哲学院硕士生）

得乎理中 能全其正
——解卦九二明解

时间：2016年07月20日21：30—22：56

【明解文本】

九二：田获三狐，得黄矢，贞吉。

《象》曰：九二贞吉，得中道也。

【讲课内容】

张丰乾：《说文·犬部》曰："狐，妖兽，鬼所乘也，有三德，其色中和，小前大后，死则丘首，《易》曰：'田获三狐'"。《山海经》曰："青丘之国，有狐九尾。"《白虎通》曰："狐死首丘，不忘本也，九德至，则九尾能得其所，子孙繁息，于尾，明后当盛也。"田猎之中，"狐"为难得之物。王弼注："狐者，隐伏之物也。"其实，狐不仅善于隐伏，也善于出动，"田获三狐"，当是神射手。王弼曰："刚中而应，为五所任，处于险中。知险之情，以斯解物，能获隐伏也。"故曰："田获三狐也。"

王弼注指出了"田获三狐"的原因，属性："刚"；位置："中"；条件："为五所任"。"黄"，理中之称也；"矢"，直也。一出击理由正当，武器精良。"贞吉"：正直、坚定而吉利。如张载所言："险乱方解，不正自疑之阴，皆自归附而顺听也，故曰'田获三狐'，不以三狐自累，上合于五，则得黄矢之象也。"（《横渠易说·下经》）"获"不一定是消灭，也可能是指降服。"三狐"从卦象来看，指初六、六二与六五。

【讨论内容】

【"狐"】

汤兆宁： 朱熹认为"狐"为邪媚之象。九二为去邪媚而存中道之象。

元　融： 狐象何来？"田获三狐"却有弓箭之象。

张丰乾： 如孔颖达所言是"搜获欢尽"。

元　融： 九二为去邪媚而存中道之象。古人有此解，《象》中读不到，有演绎之嫌。

汤兆宁： 朱熹如是说。我对《象》不熟，但如从爻辞和九二位置来看，还是符合的。

张丰乾： 狐媚是比喻义。

元　融： 朱子把得"狐"解释成去狐媚小人，没有象的支持。

张丰乾： "狐"本身是田猎的对象。

汤兆宁： 狐为君子消灭的对象。

姚利民： 《屯·六三》曰："即鹿无虞，亦田也。"但屯称鹿，而解言狐，狐鹿皆兽，其情则殊，鹿易得而狐难获，今获三狐，足见功之不小。三犹众也。数称三者，多概指三以上，狐者坎之象。"以上取自《周易证释》。

【"三狐"】

元　融： "田获三狐"，坎为狐（未济之卦有类比）；坎取坤象，坤中得乾阳，故田有获，坤卦为田无禽。坤为三阴，为坎所获，故言"田获三狐"。

汤兆宁： "三狐"，被认为是三阴爻。

姚利民： "三狐"从卦象来看，指初六、六二与六五。三阴爻。

张丰乾： "六三不中不正，意欲乘我，象如三狐，我田猎而获除之。"（《周易禅解》卷五）单指六三，亦可通。"狐"比喻蹇难解除后时隐时显的祸患。"田获三狐"，时隐时现的多种祸患一举解除。

汤兆宁： 祸患时常是隐藏的。

张丰乾： "九二之所当得者六五也，近而可取者初六、六三也，此之谓'三狐'。三狐皆可取，而以得六五为'贞吉'也。此之谓黄矢，'黄'，中也；'矢'，直也，直其所当得也。是以六五为'黄矢'，释其所不当得之三狐，而取其所当得之一矢，息争之道也。"（《东坡易传》卷四）苏东坡的解释颇具慧眼。

【"得黄矢"】

元　融： 黄，取自坤象。坎为弓，离为矢。

张丰乾： "黄矢"远比"三狐"珍贵。

汤兆宁：　六五为黄矢？

温海明：　"得黄矢"，一说六五，一说卦变坤黄离箭。

张丰乾：　一狐指六五。

汤兆宁：　狐变成了中直之箭，这个很戏剧性。

温海明：　这个变化有点大，逻辑上怎么联系？

元　融：　九二之爻。"田获三狐"。坎为狐（未济卦有类比）；坎取坤象，坤中得乾阳，故田有获，坤卦为"田无禽"。坤为三阴，为坎所获，故言"田获三狐"。"黄"取自坤象！坎为弓，离为矢。这里会涉及卦变，从小过变化而来，故云得："得黄矢"。噬嗑卦，也有同样的取象。

张丰乾：　得狐，得黄矢都是"田"的结果，并非取代关系。

汤兆宁：　"田获三狐，得黄矢"。狐狸是"获"，黄矢是"得"。不同意义吧。

元　融：　九二，从下卦讲，有言"田获三狐"；从二三四爻来论，"得黄矢"。任何卦辞，爻辞，要有象的支撑，才能成立。

张丰乾：　如将军出征，战果累累，又得赠精良武器。

元　融：　九二之正，有收获。

汤兆宁：　六五可以被比喻成一狐（阴爻），也可以比喻成"黄矢"（中正）。

温海明：　取象不同，既可用箭射狐狸，又得金黄箭头。

张丰乾：　《象传》说"九二贞吉，得中道也"。"黄矢"也看作"中道"的象征。得黄矢，得中道。首先是九二刚正如矢，又得中道，上应于六五。"以刚中而上应六五，本自无可狐疑，六三不中不正，意欲乘我，象如三狐，我田猎而获除之，得与六五柔中相合，此正而吉者也，黄为中色，矢喻直道，得其中直之道，故除疑而应乎贞矣"。（藕益智旭《周易禅解》卷五）

汤兆宁：　这个解释象"黄矢"。比单指的六五好。《象传》曰："九二贞吉，得中道也。" 得中道可以对应爻辞的"得黄矢"。这个狐疑取自爻辞的"狐"。

温海明：　九二在卦变中从小过三位来到下卦中位，下卦变坎，坎为坤得乾中爻，故有下到田里狩猎之象，下卦三爻为九二所得，所以"田获三狐"。打了一堆狐狸，还捡到黄金箭头。

【"贞吉"】

张丰乾：　"田获"不是守株待兔，何况是"三狐"，此爻辞不是一般的吉利，是"贞吉"。

温海明：　不动都吉利无比，这是什么样的猎手？

张丰乾：　换言之，时隐时现的多种祸患，需要坚贞的德性，敏锐的目光，适中的位置，适宜的条件和锐利的武器才能彻底根除。而在这过程中，如何切和"中道"才是关键。

汤兆宁：　张老师所言甚有哲理。"时"和"德"很重要。

姚利民： 走正道虽蹇但必须解。

张丰乾： 技出于道，狙击手不守中道，就会成为狐狸精。

汤兆宁： 中道必须一以贯之。

张丰乾： "修行"如"田猎"，把狐媚疑虑一一去除。

温海明： 六二还是个待得住的狙击手，六三就是不守中道，一看就像狐狸精一样的狙击手。

（整理者：黄仕坤 中国人民大学哲学院硕士生）

邪佞张扬 自招其祸
——解卦六三明解

时间：2016年07月21日21：30—22：57

【明解文本】

六三：负且乘，致寇至，贞吝。

《象》曰："负且乘"，亦可丑也。自我致戎，又谁咎也？

【讲课内容】

张丰乾： 需卦九三因"刚"而致寇。需卦："六三，需于泥，致寇至。"王弼注："以刚逼难，欲进其道，所以招寇而致敌也，犹有须焉，不陷其刚。寇之来也，自我所招，敬慎防备，可以不败。"

六三的四个特征：阴柔、不中、不正、无所呼应。但它的目标是上下"通吃"，而不知背离了道义。藕益智旭的解释很生动："欲乘二，不知其非道也，是故二以为狐而田之，四以为拇而解之，五以为小人而退之，上以为隼而射之，不亦至可羞乎。六三背负重物，而又乘坐车辆，成为众矢之的。以至于招致贼寇的到来。王弼注："处非其位，履非其正，以附于四，用夫柔邪以自媚者也，乘二负四，以容其为寇之来也。自已所致，虽幸而免，正之所贱也。"

《周易·系辞下》："二与四同功而异位，其善不同，二多誉，四多惧，近也，柔之为道，不利远者，其要无咎，其用柔中也。三与五同功而异位，三多凶，五多功，贵贱之等也，其柔危，其刚胜邪。"

"附"和"媚"都是"阴柔"的具体表现。

孔颖达《周易正义》："六三，夫正应下，乘于二，上附于四，即是用夫邪佞，以自说媚者也。乘者，君子之器也，负者，小人之事也。施之于人，即在车骑之上，而负于物也。故寇盗知其非己所有，于是竞欲夺之。故曰：'负且乘，致寇至也'。'贞吝者'，负乘之人正其所鄙，故曰'贞吝也''盗亦有道'：寇盗知其非己所有，于是竞欲夺之。"

"贞吝者，负乘之人正其所鄙，故曰贞吝也。""贞吝"解说各异。

《新书·道术》："言行抱一谓之贞，反贞为伪。"《说文·口部》："吝，恨惜也。从口文声。《易》曰：'以往，吝'。"

"陈婴之不自立也，周市之不王魏也，其情均也，而周市贤矣。市曰：'天下昏乱，忠臣乃见。'义之所不敢出，害不敢自之而远。居尊以为天下不义之魁，'负且乘，致寇至'，灼然易见，而人不能知。非不知也，无志义以持其心，流俗之蛊之者进矣。陈婴非幸而有其母，亦殆矣哉！市之一言，所谓'大浸稽天而不溺，疾雷破山而不震'者乎！陈余自矜儒者，而不能守义以自王。周市虽死而如生。陈余碌碌以死，又何称焉？"（王夫之《读通鉴论》卷一）如王夫之所论："居尊以为天下不义之魁，'负且乘，致寇至'，灼然易见，而人不能知。"

【讨论内容】
【"贞吝"】

汤兆宁：　"吝"：本义为爱惜过分，当耗费的舍不得耗费，该使用的舍不得使用；吝，恨惜也。（《说文解字》）字亦作悋，作恡。言行不一者反贞，嘴上心里不一，口蜜腹剑。

张丰乾：　"贞吝"是否可以理解为"缺乏坚定"？或者"坚定性不足"？

元　融：　"贞吝"可否解释为不屑贞？

汤兆宁：　张老师分析得有一定道理，指六三的阴媚个性的一个部分。不屑贞，也像六三的价值观。

张丰乾：　"不屑"和"吝"的字义相去稍远。

姚利民：　因地不真果招迂曲。

汤兆宁：　小人居于君子之位，不愿意用正道。贞与不贞，结果已经有了。六三小人居刚位，使得寇来，怪谁呢？咎由自取。

【"负且乘，致寇至"】

温海明：《系辞上》："负且乘，致寇至。负也者，小人之事也；乘也者，君子之器也。小人而乘君子之器，盗思夺之矣。"

汤兆宁：小人拿了君子的器，强盗一看，就想来抢了。如果是君子拿器，强盗就不会来吧。不可意气，不可得意忘形，小人偷了东西还那么高调招摇。强盗下手前似乎也要看看是好人坏人。

张丰乾：因为想和需卦之九三"需于泥，致寇至"做一些对比，故而擅自提前开腔，也是"负且乘"了。

温海明：您这是故意为了引寇出洞，以便荡之。

【道德修养】

张丰乾：六三启示我们要荡心中寇。

汤兆宁：心中有寇，需正之。君子之为，一日三省，意诚慎独。心中有寇就诛之。

温海明：六三自己招来强盗，不能怪别人，是自己做得不好，还不知悔改，当然麻烦不断。

汤兆宁：六三不知道自己有问题，不自知。人贵有自知之明，知道了改了就好了。六三，"贞吝"。

温海明：把寇讲成心寇，有点高明，一切盗贼首先是心贼。六三心不正，才做得不好，心里有贼，天下当然有贼。要在心里做到天下无贼，磨掉心魔，不容易。

汤兆宁：的确很难。时常洁净内心，也多跟着眼光行走。靠着自己能制服心魔的，不多。

温海明：自己解开心魔，谈何容易，外在的执着都是心魔。

元　融：解卦，下卦从初爻到三爻。形势不知不觉发生来了变化，坎卦居内，艰险已经成型。解卦是从险而行，内因具备。

汤兆宁：欲望多了会负荷多。

闫睿颖：负了不合适的，应该放下了。最重要的事只有一件："朝闻道，夕死可矣。"（《论语·里仁》）

汤兆宁：六三的关键问题是不正，邪乎。

（整理者：李芙馥　中国人民大学哲学院博士生）

疏远小人　朋友自来
——解卦九四明解

时间：2016年07月22日21：30 — 22：56

【明解文本】

九四：解而拇，朋至斯孚。

《象》曰："解而拇"，未当位也。

【讲课内容】

张丰乾：《说文·手部》："拇，将指也。从手，母声"。"将指"指哪个指？段玉裁《说文解字注》："将指、谓手中指也……咸卦初六：'咸其拇'。马、郑、薛、虞皆云：'拇、足大指也。'合三经而言之。手以中指为将指、为拇。足以大指为将指、为拇。此手足不同称也。许谓手中指。"

　　"九四"以阳居阴，"初六"以阴居阳，位都不正；双方以不正相应，纠缠在一起。王弼注："失位不正，而比于三，故三得附之，为其拇也。三为之拇，则失初之应，故解其拇，然后朋至而信矣"。三个阶段：其一，三得附之；其二，失初之应；其三，解三之附如解拇之缚。朱骏声："四，体震，震为足。""朋至"指九二因九四解除六三的束缚而前来，与九四互相信任。此处的"朋"似为褒义。藕益智旭："三在四下，欲负于四，故四以三为拇，四未当位，不如九二刚中，故二自能田获三狐以从五，四必待二之至，始信拇之宜解也，二与四皆阳类，故名为朋。"强调"九二"之朋的重要性。根据《象传》，"解而拇"的原因是"未当位也"。

于闽梅："九四"与"初六"，位都不正；以不正相应。朱子认为这个大拇指的是前面相应的初六，要抛弃初六，朋友才至。九四喻君子，初六喻小人。算得此爻，须防小人，或防交友不慎。

【讨论内容】

【"解而拇"】

　　汤兆宁：足和拇，我感觉还是有别。

张丰乾： 九四为震之初，则为拇。

温海明： 另外震动，可以解开。

张丰乾： "险以动"者，先从足大指之动开始。足大指是脚部最灵活的部位。

汤兆宁： "九四为拇，震开了，解了。"这是一种说法，还有说初六是拇的。好像两种都有道理。

姚利民： 危险来临，险动将外力传至足部，再传至大地，全部化解，符合太极拳精神。

温海明： 大拇指可以动了，全身都动了。

张丰乾： 足大指也敏感。所以咸卦初六曰："咸其拇。"《象传》曰："'咸其拇'，志在外也。""解其拇"也可以理解为解除外部的束缚。

汤兆宁： 大拇指要是坏了，路也的确不能走。可见拇指虽小，却很关键呀，坏事容易坏细节上。

张丰乾： "而"是"你"，第二人称，似乎指向性很明确。"咸其拇"与"解而拇"相比，前者中的"其"指他人，后者中的"而"似乎指当事人自己。

温海明： 也有说虚指。

元　融： 九四，下险、上行，震为行，是迈腿的冲动。上卦的下爻，还要服从整体的安排，动象已备。

温海明： 冒险行动解难，必须从解放脚拇指头动起，全身发力。

张丰乾： "解而拇"，"拇"是关键所在。

姚利民： 连"拇"也要解脱，看来必须下决心了。

温海明： 你是说"去拇"指明行动之志？

姚利民： 有这个意思。小家与大家仔细掂量，下定决心。

于闽梅： 不能理解成去拇，而是解除大拇之束缚，更方便行动。

姚利民： 拇指为人生劫难，只有坦然应对、勇敢化解，才是正道。

【"朋至斯孚"】

汤兆宁： 九二中正，是九四的忠义好朋友。

于闽梅： 从《象传》的角度来说，口气是很惋惜的，我倾向于认为九四为了得到君子相助，需作重大牺牲。

汤兆宁： 没有失去，何来朋至。

温海明： 蹇卦九五："大蹇朋来。"

姚利民： 一个圆弧，方向一转，阴消九二朋友来助，拳劲发出。

温海明： 九四朋来，朋如果指九二，九二卦变中下来。这爻的解法很多，通顺的少。如果是解开初六，有点舍小家才有朋友的味道。可是不当位，朋友还不多。

张丰乾： "至"指九二因为九四解除六三的束缚而至。

温海明： 这样六三是拇，九二是朋，另说初六是朋。

【"未当位"】

元　融：　"未当位也"，九四临险而动，身处低位，还是要等候指示，方可前行。

温海明：　一说九四本来要缓解，被六三骚扰，一筹莫展。

于闽梅：　解除初六的拖累，迅速行动。

温海明：　初六像家里老婆孩子，跟九四心心相印，拉扯后腿，不让冒险行动。

（整理者：秦凯丽　中国人民大学哲学院硕士生）

君子之德　解于险难
——解卦六五明解

时间：2016年07月23日21：30 — 23：43

【明解文本】

六五：君子维有解，吉，有孚于小人。

《象》曰：君子有解，小人退也。

【讲课内容】

张丰乾：王弼："居尊履中而应乎刚，可以有解而获吉矣。以君子之道解难释险，小人虽间，犹知服之而怨矣。故曰：'有孚于小人也'。""维"是语气助词，表示感叹。说明"君子之解"来之不易。六五之"吉"来自"解"，但不仅仅限于解。难能可贵的是获得小人的信任。王弼所注"服之而怨"不太贴切。君子德之昭昭，感化小人，取得小人信任。获得解脱而体现出宽容，所以为小人所信任。六五是"柔中"，容易被人接受和信任。曼德拉被长期囚禁，获释之后提倡种族和解，看守他的狱卒也获邀参加总统就职典礼。这是一个比较贴切的例子。

　　孔颖达："君子维有解，吉者。六五居尊履中而应于刚，是有君子之德。君子当此之时可以解于险难。维，辞也。有解于难，所以获吉。故曰'君子维有解，吉也'。'有孚于小人者'，以君子之道解难，则小人皆信服之。故曰'有孚于小人也'。"《象》曰："君子有解，小人退也"孔颖达："小人，谓作难者。信君子之德，故退而畏服之。""畏服"之"畏"，似有增字解经之嫌。六五是柔中。

于闽梅： 这一爻吉利。小人泛指民众。取信于民众。

【讨论内容】

【"有孚"】

汤兆宁： 服之而怨，有怨气。然而，"有孚"应没有怨气。小人相对于君子，在六五这君位来说，也可以理解为君王和民众的关系。君子之道，厚德载物，宽容为怀。

温海明： 君子解困让小人心服口服。

姚利民： 六五下为互坎，坎为水，六五德行使水受感化能载六五也。

张丰乾： 所以，对待小人，也应以诚信宽容感化为上，哪怕小人曾经制造塞难。

姚利民： 九四朋友来了，六五互坎给美酒喝，同时德孚小人。

张丰乾： 需卦："有孚，光亨。贞吉，利涉大川。"《象传》曰："'需'，须也。险在前也，刚健而不陷，其义不困穷矣。'需，有孚，光亨，贞吉'，位乎天位，以正中也。'利涉大川'，往有功也。"同样是"有孚"，但需卦是刚健而不陷。

【君子小人】

温海明： 一说九四君子，六五小人。也有说六五有些是君子，有些是小人。

汤兆宁： 六五的爻辞是"君子维有解"，应该是君子。

张丰乾： 五爻居中位，六五在此处不是小人。但需要处理好和小人的关系，方能显示君子的德性和作风。

温海明： 六五为君子可以理解，小人变成虚指？

张丰乾：《象传》曰："君子有解，小人退也。"孔颖达："小人，谓作难者。信君子之德，故退而畏服之。"也不一定是虚指。

于闽梅： 君子居六五，不像九五那样可以强势出招，而是以德服小人民众。

张丰乾： 藕益智旭《周易禅解》："五与二为正应，而三且思乘二，则五不能无疑于二矣，赖九二之君子，刚而得中，决能解去六三，上从于我而吉，但观六三之退，则信九二之有解矣。"藕益大师此解最为精妙。

温海明： 六五君子，那小人应该是哪个爻？

汤兆宁： 九二和六五都是君子吧，都为中位，有德。

元 融： 此处的君子是四爻还是二爻？

张丰乾： 一刚一柔，所以有解。六三是小人。

于闽梅：　有四个阴爻，阴爻代表小人，其中只有"六五"在君位，是君子，但容易与其他三个阴爻的小人混淆。这一爻，说明君子势长，小人势消。

【"小人退"】

元　融：　"小人退也"，如何解释为好？

张丰乾：　"退"即不再纠缠和牵绊君子。既然"有孚于君子"，则是心甘情愿之"退"。小人之"退"，正是君子之"解"。

元　融：　这里的君子，二爻、四爻都可以，这样理解，可以吗？

张吉华：　君子解之日，则是小人退之时。上体之卦，九四主导。

张丰乾：　九四也是"解"与"孚"相呼应。

温海明：　义理理解没问题，《象》上一解是六五应该把尊位让给九四。

【赦罪出险】

秦凯丽：　同样是"有孚"，需卦是刚健而不陷。而解卦为何要赦过宥罪才能出险呢？

姚利民：　在危难中要团结一切可以团结的力量，组成广大统一战线，在民族大义前任何内部问题都可以先放放，赦过宥罪，出于这样的考虑，才能真正解决国难。

秦凯丽：　先对外，保民族。

张丰乾：　唐贞观六年（公元632年）十二月辛未日，唐太宗亲自检阅囚犯案卷，对判处死刑的囚犯非常怜悯，于是全部释放归家，让他们来年秋天自行归狱就死。次年九月，上年所纵天下死囚共三百九十人，全部如期自行归狱就死，无一人逃亡。唐太宗看到他们如此守信用，就全部赦免了他们的死罪。《资治通鉴》辑录的这件史实，就是传扬千古的唐太宗"纵囚"事件。

张吉华：　纵囚与解义，欲解故纵？人之改造也为一解。

温海明：　君子的宽容足以感化小人。

张吉华：　是否知道回来的结果，应是问题的关键。

汤兆宁：　回来本是继续受刑罚，但如同多了一年的生命。如果小人因此而感激，说明良心还未泯啊。因一年的存活而有信，回到监狱，王也因此而反之被感动。仁爱的感化真是相互的。

（整理者：孙世柳　中国人民大学哲学院硕士生）

极而后动 成而后举

——解卦上六明解

时间：2016年07月24日21：30 — 22：47

【明解文本】

上六：公用射隼于高墉之上，获之，无不利。

《象》曰："公用射隼"，以解悖也。

【讲课内容】

张丰乾：《礼记·王制》："王者之制禄爵：公、侯、伯、子、男，凡五等。""公"为人臣之极。

《易》曰："公用射隼于高墉之上，获之，无不利。"子曰："隼者，禽也；弓矢者，器也；射之者，人也。君子藏器于身，待时而动，何不利之有？动而不括，是以出而有获，语成器而动者也。"（《周易·系辞下》）隼是一种凶猛的鸟，很早就为人们所注意："有隼集于陈侯之庭而死。"《国语·鲁语》"子曰"的内容令人击节赞叹。目标、工具、主体、过程（藏器、待时）一应俱全。王弼注："初为四应，二为五应，三不应上，失位负乘，处下体之上，故曰'高墉'。'墉'非隼之所处，'高'非三之所履，上六居动之上，为'解'之极，将解荒悖而除秽乱者也，故用射之；极而后动，成而后举，故必获之而无不利也。"王弼以六三为隼，隼捕获猎物，在高墉之上，也是"负且乘"之象。

【讨论内容】

【待时而动】

姚利民：待时而动。

孙福万：每个人都要"藏器于身"、练好本领、"待时而动"，动则有获！

姚利民：地上猎狐，天空射雕，武功已成，自在而行。

温海明：一说小过为大鸟，为隼。

张丰乾：上六本为阴爻，但是属人臣之极，又是"解"之极，震卦之上，所以能捕获重要猎物。

温海明： 一说震为诸侯，为王公。

汤兆宁： 人臣之极。看来捕获大猎物也需要有"位"。王公也是有位的。

张丰乾： 极而后动、成而后举，时机成熟，有的放矢。

元　融： 解卦是蹇卦的倒像。蹇，见险知止的智慧；解卦，遇险而离的智慧。上卦为震、为行，九四是心动了，要远行；六五听从九四的建议，君子维有解，吉；上六公用射隼。解从小过而来，小过二三爻换位，有坎有离，搭弓射箭，射落隼象。上六在远处，远观形势的变化，也是指的内坎形成，"公用射隼"，对局势的变化了然于胸，以解悖也，总的原则是不要让自己陷入困境。

张丰乾： 林艾轩在行在，一日访南轩，曰："程先生《语录》，某却看得；《易传》，看不得。"南轩曰："何故？"林曰："《易》有象数，伊川皆不言，何也？"南轩曰："孔子说《易》不然。《易》曰：'公用射隼于高墉之上，获之无不利。'如以象言，则公是甚？射是甚？隼是甚？高墉是甚？圣人止曰：'隼者，禽也；弓矢者，器也；射之者，人也。君子藏器于身，待时而动，何不利之有！'"（《朱子语类》）《程氏易传》不讲象数，为时人所诟病。

温海明： 义理讲得好，很不简单，结合象数当然更好，象数更难，伊川跟王弼一样，懂但是不说。

【射掉心隼】

姚利民： 此卦有两个互坎（小鸟，小雕）。

张丰乾： "获之而无不利"。

温海明： "坎弓离矢为射"。

张丰乾： "隼之为鸟，宜在山林，隼于人家高墉，必为人所缴射。以譬六三处于高位，必当被人所诛讨。"孔颖达的独到贡献。

汤兆宁： 位不当，反而爬得高跌得重。

姚利民： "高墉"出头鸟。

温海明： 一举射之。一说上六联合六五做掉六三。

姚利民： 修行者心中都有出头妄想鸟，有人留之欣赏，祸福相随；有人心射之，飞行自在。

张丰乾： 上六之绝无情系——解难要排除情绪干扰，冷静果断。

温海明： 射掉心中之隼。

汤兆宁： 排除情绪干扰，冷静果断。非常人能行，是英雄所为。可谓有勇有谋了。

张丰乾： 藕益智旭总结，"观心释六爻者，六三即所治之惑，余五爻皆能治之法也，初以有慧之定，上应九四有定之慧，惑不能累，故无咎，九二以中道慧，上应六五中道之定，而六三以世间小定小慧，乘其未证，窃思乱之，故必猎退狐疑，乃得中直正道，六三依于世禅，资于世智，起慢起见，妄拟佛祖，故为正道之所对治，九四有定之慧固能治惑，以被六三见慢所负，且未达中道，故必待九二中道之慧，始能解此体内之惑，六五以中道定，下应九二中道之慧，慧能断惑，则定乃契理矣，上六以出世正定，对治世禅世智邪慢邪见，故无不利。"隼在高墉，惑在心头。

温海明：射隼百步穿杨，解心头之患之祸。

张丰乾：阳明先生"破心中贼"之意。

汤兆宁：自己是最大的敌人。

温海明：关键是自己心头之患必须要自己射、自己解。

姚利民：世界上所有问题，不是别人的问题，得先看看自己心中有雕否。

温海明：大家都得用百步穿杨的箭法把自己的心隼解决掉。

姚利民：自射自解结伴而行，交流箭法心得。

汤兆宁：人人都能反求诸己，这世界就会真的美好。

温海明：尽心知性知天，能射心隼就真的能弯弓射天上人间的大雕了。

汤兆宁：感受英雄之智谋和通天之心，十分爽快而豪迈！

（整理者：贡哲 浙江大学哲学系本科生）

（本卦校对：廖浩 中国人民大学哲学院硕士生）

时　　间：2016年07月25日21：30 — 23：33

导读老师：孙福万（国家开放大学教授）

　　　　　孙铁骑（白城师范学院政法学院副教授）

课程秘书：贡　哲（中国人民大学哲学院硕士生）

因损得益　有孚可吉

——损卦卦辞明解

41 损卦

兑下艮上

【明解文本】

损：有孚，元吉，无咎，可贞，利有攸往。曷之用？二簋可用享。

《彖》曰：损，损下益上，其道上行。损而有孚，元吉，无咎，可贞，利有攸往。曷之用？二簋可用享；二簋应有时。损刚益柔有时，损益盈虚，与时偕行。

《象》曰：山下有泽，损；君子以惩忿窒欲。

【讲课内容】

孙铁骑：天地之道有损有益，只有人能识此损益而自觉选择避损行益，这是损益二卦内含的天机。《易经》六十四卦、三百八十四爻都在指引着现实人生如何实现避损行益，天道顺行，生命由生而损，直至死亡，"损"卦却于此天之损道中揭示损中有益，教以人避损行益之道，故卦辞言"元吉，无咎"。也就是损道之中，也有人可以利用的增益之处，这是我们研究损卦的目的。

　　而如何才能于天道之损而得益呢？这就需要人明白生命的本质，知道生命之道的运用方式，而天道至诚无息，从而为人之道亦必须至诚无息，故损卦卦辞言"有孚"。得生命之正道，知道如何避损行益，方能为于世，行其所无事，故卦辞言"可贞，利有攸往"。具体说来，生命如何操作才能避损行益呢？《论语·学而》讲"君子务本，本立而道生"，抓住生命的根本，则一切问题自然解开。避损行益、损中有益，就是损去对生命无益有害之事，则意味着对生命有益。如生命修炼损去外时空盲动，则自然增益内时空修为，故言"曷之用？二簋可用享"，以"二簋"之薄祭，亦可得天地之佑护，则何必铺张？因祭祀在于至诚与否，而生命亦是如此，在于是否把握到了生命的至诚之本，而不在于外在的浮华与形式，一切皆当根据生命的本质需求与现实条件而定夺。如孔子之"用之则行，舍之则藏""无可无不可"，故《彖传》言"二簋应有时，损刚益柔有时。损益盈虚，与时偕行"。

天道上行为损，地道下行为益，故《彖传》辞言"损下益上，其道上行"即为损下行之益道而益上行之损道，从而是无益之损，使生命由益道而走向损道。故言"损下益上，其道上行"而成天道之"损"。

损卦上艮下兑，为上山下泽之象，泽在山下，不能润养山上之草木，故有损义。而如果清除阻挡泽气之障碍，亦可使之增长扩散，发挥滋养万物之功。君子以此理损去对生命有害之习气，自然使有益于生命的品质得到解放和成长。故《象传》辞取"山下有泽"之象，揭示君子以"损"卦之理"惩忿窒欲"，减损有害生命之忿欲，亦是在消极的意义上有益于生命的一种方式。

【讨论内容】

【"损"之本义】

孙福万： 关于损卦的涵义，我梳理了下，起码有以下几种解释：1. 一般认为，损卦是由泰卦而来，是损其下卦之三而益上卦之上，这就成了山泽损卦，昨天温老师也提到了。2. 换句话说，这也就是损下乾刚而益上坤柔。3. 以内外来看，则是损内益外。4. 再从卦体来看，则是损兑泽之深，以益艮山之高。

汤兆宁： 下卦为内卦，上卦为外卦。所以为损内益外。

孙福万： 从人事上说，"损下益上"，损内益外，有"剥民奉君"之意，故被称为"损"。这和益卦损上益下截然相反。"损"非人情所欲，故必损所当损，人须有孚信之心。所以《象传》专门提到"二簋应有时，损刚益柔有时"。所以"损"，就是我们平常说的舍。有舍才有得，所以叫"舍得"。大概可以通俗地这么理解。损己之德，以补别人之无德，必须应时。"损益盈虚，与时偕行"。当前流行的"与时俱进"一词，就出在这里！

【"损"之意义】

孙铁骑： 读损卦就是为了惩忿窒欲。

温海明： 通过损而生生，这是损卦核心。

孙福万：　我们经常听到的是损人利己，损卦却讲的是损己利己也利人。

孙铁骑：　损益皆为人为的价值论判断，皆在人情之中。其实每一卦都在求生生，因为生生之谓易，易以生生为本体。

孙福万：　嗜欲深者天机浅嘛，把自己的私欲损去，诚信增加了，即使祭祀的礼品薄点，又有什么不好？

朱高正：　忿与欲是众恶之源，治忿于已发之后，止欲于未发之前。

孙福万：　您的意思是，从少男的角度看少女？

温海明：　孙老师和你们的头像就是每天山上看泽，得天地生生之气，还看出爱意了。

孙福万：　那可能会看出问题来的。

汤兆宁：　兑下艮上，少男少女，这联想丰富了。

温海明：　爱就是生生之机，顺天地之爱而无欲则刚。

汤兆宁：　大自然充满爱意。

孙福万：　让我们就从爱意中结束吧。爱，就是要减少欲，增加情。

汤兆宁：　爱乃是大爱，来自天道之仁爱。

孙铁骑：　损、益二卦在帛书《易》卦序中具有重要地位，具有价值论意义，指引现实生命避损行益。

孙福万：　泰卦、否卦、损卦、益卦，这四个卦，历来被大家所重视。

孙铁骑：　易道核心就是生命的损益之道，帛书《易》载有孔子对损益二卦之慨叹。损卦揭示的是天道生生而有损，人道却要于此天道之损中求益。所以损卦六爻都在指引我们如何获益。

裴健智：　天之道，损有余以补不足。（《老子》）

孙铁骑：　说明损道亦可获吉。如何可获吉？损去有害于生命者则吉。

孙福万：　我们平常老觉得"损"不好，而《周易》却认为，损道可以获吉！

孙铁骑：　这就要先理解生命，什么是生命之正。也就是西哲说的"认识你自己"。所以是"可贞"，贞正于生命之道。知生命损益之理，才能避损行益。

汤兆宁：　自知之明者可以去除自我的糟粕。

孙铁骑：　而生命之道本于天，不知天无以知人，故"二簋可用享"，言以人合天也。具体说，天道顺行，生命由生而损，直至死亡。"损"卦却于此天之损道中揭示损中有益，教以人避损行益之道，故卦辞言"元吉，无咎"。

姚利民：　损益可变通，如太极行拳，阴阳转换。

张吉华：　有损之后再次用享？

温海明：　损己利人，越损越好。

王力飞：　减损忿和欲，于己有益。

孙福万：　"忿易发难制，故曰惩。惩者，惩于今而戒于后也。欲之起甚微，故曰"窒"。窒者，遏绝之使不行、思礼义以胜之也。君子观山之象以惩忿。盖忿之来其涌如山、况多忿如少男乎？故惩忿当如摧山。观泽之象以窒欲，盖欲之溺浸淫如泽，况多欲如少女乎？故窒欲当如防泽。忿之不惩，必至于迁怒。欲之不窒，必至于贰过。君子修身所当损者，莫切于此。"（引自陈梦雷《周易浅述》）

汤兆宁：　欲之不窒，必至二过。不阻止欲望的蔓延，同样错误还会再犯。

温海明：　从山上看大泽，风景如画，自然减损怒气和嗜欲。

【 "有孚" 】

孙福万：　"有孚"，陈梦雷说："损非人情所欲，故必损所当损，使人皆有孚信之心，则有乐从之吉、无贪鄙之咎，可垂诸万世而贞，可通行天下而利有攸往也。"

孙铁骑：　而要于此天之损道中得吉，必以中正诚信为先，故言"有孚"，如此方可得生命之正道而有为于当世，故言"可贞，利有攸往"。是故"君子务本"，生命本不需太多外在之支撑，如颜子"一箪食，一瓢饮"，却乐在其中，而外物缠身，有时恰为伤生障道。

孙福万：　是的，诚信，咱老祖宗经常讲的。

孙铁骑：　故损中有益，如果损去对生命无益有害之事，则意味着对生命有益。

孙福万：　陈梦雷又说："盖以损之事，本未能大善而吉，未必可固守，未必可有往。唯损所当损而至于有孚，则兼得之。故损，不可不慎也。"（《周易浅述》）

孙铁骑：　如生命修炼损去外时空盲动，则自然增益内时空修为，故言"曷之用？二簋可用享"，以二簋之薄祭，亦可得天地之佑护，则何必铺张？一切皆当根据生命的本质需求与现实条件而定夺，如孔子之"用之则行，舍之则藏"，（《论语·述而》）"无可无不可"（《论语·微子》），故《彖传》言"二簋应有时，损刚益柔有时。损益盈虚，与时偕行"。

秦凯丽：　只要有诚心，祭祀的物品也可以从简了。

孙福万：　所以《老子》讲"为学日益，为道日损"。但儒家恐怕不同意"损之又损"。

汤兆宁：　"时"字很重要，慎于把握"时"。

【 "损下益上，其道上行" 】

孙铁骑：　《彖传》辞之"损下益上，其道上行"何意呢？此"上""下"各有所指，在帛书《易》的天地损益六十四卦卦序中，以"恒"卦为界，向上展开由损道三卦"恒—既济—损"各统领十卦，加上"否""乾"二卦，共同构成的天之损道三十二卦。向下则以"坤""泰"二卦开始，由益道三卦"咸—未济—益"各统领十卦，共同构成地之益道三十二卦。故"上"指上行之损道，"下"指下行之益道。

孙福万：　这个解释独特！

孙铁骑：　"损下益上"意为损下行之益道而益上行之损道，从而是无益之损，使生命由益道而走向损道。故言"损下益上，其道上行"而成天道之"损"。

《象》辞取山下有泽之象，揭示君子以"损"卦之理"惩忿窒欲"，减损有害生命之忿欲，亦是在消极的意义上有益于生命的一种方式，如山下之泽，虽不能使山上之草木繁盛，却也能滋养山下之生众也。

孙福万：　如山下之泽，虽不能使山上之草木繁盛，却也能滋养山下之生众也！

孙铁骑：　由损卦可知，《易经》六十四卦都在指引人避损行益，以穷理尽性以至于命，解决生命问题。一卦之《大象传》，即为此卦之价值论承诺，为了解决什么人生问题，《象传》是孔子对卦辞的解释，所以解卦辞必以《象传》、彖辞为据。

【"二簋"】

孙福万：　"曷之用？二簋可用享。"曷，何也，问答之辞。言当损之时何所用乎。虽以二簋之薄，可用以享而无害于礼矣。

朱高正：　损道本就有违人情，必须以至诚为之，方能寡怨，所以才说"二簋可用享"。

温海明：　不能损生生之诚。

汤兆宁：　看来这卦诚字为重，"有孚"则吉。

孙铁骑：　同一件事，你认为损，我认为益，所以损益之道微妙玄通。

温海明：　损益皆一念之间，这是心、物一体之论。

汤兆宁：　我看了注解书，一般献祭用"六簋"。

孙福万：　还有"八簋"呢！"二簋"是简单的祭祀。周礼一直主张薄祭，如既济卦九五："东邻杀牛，不如西邻之禴祭，实受其福。"只要有诚信，祭祀薄一点没有关系的。

王力飞：　二和贰，曷与何有区别吗？簋贰，用缶。

孙铁骑：　就看谁判断准确，只有知天才能明损益之理，故以"二簋"寓之。

温海明：　应该是减损成为简单祭祀，可诚信反而增益了。

孙福万：　"二簋应有时、损刚益柔有时、损益盈虚、与时偕行。"做到"有时"，不容易！

温海明：　欲望要减少，生生之诚信自然增加。

【鞠曦易学及其他】

孙福万：　鞠曦先生的易研究有整体上的架构，理解起来可能要下一点功夫，我还没有真正理解，真需要铁骑老师好好介绍。

孙铁骑：　鞠易有一套系统哲学，叫形而中论，是易理的外化。《序卦传》是孔子对如何排卦序，及如何解卦的一个说明。《说卦传》就是解说卦是什么，卦是怎么来的，怎么排列，怎么用，怎么解。但内涵最深，是《易经》的纲领。要将损卦的卦辞、《象传》《大象传》一以贯之。

孙福万：　但铁骑老师有别解，是基于鞠曦易学来讲的。

孙铁骑：　司马迁《史记》中载《易经》只有《经》《系》《象》《说卦》《文言》，无《序卦》与《杂卦》。

温海明： 《说卦传》确实是解《易》的根本，需要认真研读。

朱高正： 《说卦传》在讲三画卦，《序卦传》则讲六画卦的排列。

孙福万： 金景芳先生也很重视《说卦传》。

孙铁骑： 具体分疏，需长篇大论，大家可于网上查长白山书院鞠曦先生论文。《大象传》是解卦的价值取向。

朱高正： 船山就主张以《大象传》代替《序卦传》。

汤兆宁： 各别易家还是有些不同侧重点的。

孙福万： 金先生说：《说卦传》是孔子为《周易》作传时，有意识地保留下来的《连山》《归藏》二易遗说。

朱高正： 以《象传》解卦辞没问题，但要将《大象》与卦辞结合那就有问题。

孙铁骑： 此言生命之道必以人合天，达于生生，才能避损行益。《大象》是指引卦辞与《象传》解释的方向标，不以《大象》为据，《象传》解释可能就跑了。

朱高正： 《大象》与《象传》无关，也与《小象》无关。

（整理者：王璇　中国人民大学哲学院硕士生）

损己利人　节制酌情
——损卦初九明解

时间：2016年07月26日21：30—22：52

【明解文本】

初九：已事遄往，无咎。酌损之。

《象》曰："已事遄往"，尚合志也。

【讲课内容】

孙铁骑： 生命的流逝，即为天道之损，其损已成，无法挽留，亦不必追悔，故言"已事遄往，无咎"。但已逝之生命为当下生命之基奠，故当"酌损之"而留下有益于当下与未来的生命积累，故言"尚合志也"。

孙福万："遄"，音船，就是快速的意思。"初九当损下益上之时，而以刚居刚，上应六四，故宜停下手头之事，速往以益四，则为无咎"。（陈梦雷《周易浅述》）六四爻辞"损其疾"，就是说六四有疾。初九和她相应，所以英雄救美，必须赶快停下自己的事，去救美。如果不赶快去救，六四就可能死了。去晚了不行啊，必须赶紧去。

汤兆宁：停下手里的事情快速去帮助六四。六四为上，初九为下卦，初九自己的事情也不做了，损己去益六四。

温海明："已事"多义，有已经，有办完，有停止、放下，有治病，有说自己开始减损，基本大同小异。

孙福万：是的。这里"已"字，和"遄"字，是关键。但损者，人情之难。把自己的事停下来，去帮助人家，其实不容易！大家想一想，是不是这样？皇帝都有几个穷亲戚，如果穷亲戚找上门来了，你愿意不愿意帮忙呢？而且那事还很急，比如得病了。而且，关键是你的能力也不一定那么强大。损当然要损，就是要送一笔钱啊，必须立即送过去。

温海明：非损不可就只好损自己。

【讨论内容】
【酌情】

汤兆宁：　初九应该还是救出了六四了。

孙福万：　但《易经》是很讲人情的，知道也不能太过分，后边就有个"酌损之"。

汤兆宁：　感觉这个六四好像地位比初九高，六四居上。

孙福万：　酌，现在还有酌情处理之说。

温海明：　六四招手让他损自己。

孙福万：　酌的本义，是取水的意思。喝酒也有酌量之说，还有斟酌。

温海明：　还是爻辞有点人情味。

汤兆宁：　是的，金景芳老师用了"斟酌"。

温海明：　看来六四蛮阴损的，初九身不由己。

孙福万：　因为你是初九，你在下位嘛，要去救上边的六四，不容易，自己能耐不够，只能酌情处理。

汤兆宁：　对，斟酌和酌情处理意思类似。

温海明：　六四那意思，管你有没有能耐，要你也快来。

汤兆宁：　初九本身也是一个刚爻啊，蛮喜欢帮助人的吧。

温海明：　初九感觉是奋不顾身的样子。

汤兆宁：　是的，刚爻的态度很积极。

孙福万： 按一般情况，虽然初九和六四相应，但无往从之意，但当损之时，没办法。因为大形势是损，不损不行。

温海明： 爻辞不提醒，六四一搭理，初九英雄救美可能把小命搭进去。

孙福万： 可能是过去欠了人情，也许是上辈子欠的，或者父辈欠的，不还账不行！有可能！我记得李光地说过，初九应六四的，往往结果不好。

温海明： 爱情就是损己利人。

汤兆宁： 不过这爻是"无咎"。命还是保住的。

孙福万： 是啊！有的动物，像螳螂，为了爱情，或者说繁殖下一代，连小命都不要了。据说交配完，雄的就被雌的吃掉了。"酌损之"，提醒得好！

汤兆宁： 雌性螳螂需要营养繁衍下一代，牺牲爱人了。

【"初九"之酌情】

孙福万： 现在看《小象传》："已事遄往，尚合志也。""尚"就是"上"，就是初九和六四两个，志向相合。

温海明： 损不能元气大伤，有时可能真得搭上生命元气，所以要酌情。

孙福万： 酌情！爱情之情，也要酌！美女的"危害"其实蛮大的。所以，古人认为，娶个丑妻，是一种福气。

温海明： 昨天说内心真诚，损点没事，今天要酌情。

孙福万： 但奇怪的是，诸葛亮，娶了丑妻，身体还是早早完蛋了！原因是，他对蜀国太衷情了！没有"酌"。

汤兆宁： 可能这个也是"时"的把握。

孙福万： 现在还是说《小象传》。初之志，欲往救四之疾，四也有求于初，是其志相合也。

温海明： 正是因为心意相通，所以要酌情。

王力飞： 我感觉，把自己的事办完再古道热肠方"无咎"，方"酌损之"，停下自己的事不顾一切帮别人，就不酌了。

汤兆宁： 付出多少根据每个人的内心决定。

温海明： 有说减损老百姓来增益统治者的，也不可以太过分。

王力飞： 初九做的是人生必要的减法。

（整理者：张馨月 中国人民大学哲学院硕士生）

不损务益 以中为志
——损卦九二明解

时间：2016年07月27日21：30 — 22：48

【明解文本】

九二：利贞，征凶；弗损益之。

《象》曰：九二"利贞"，中以为志也。

【讲课内容】

孙铁骑： 我先讲解爻的原则。一卦六爻是个整体。其规律是：动，齐，见，悦，劳，成终成始。一爻动；二爻齐之以理；三爻见之于外；四爻悦于所动；五爻劳于所悦；上爻成终始。故我连初爻一起讲。

"初九，已事遄往，无咎；酌损之。"生命的流逝，即为天道之损，其损已成，无法挽留，亦不必追悔，故言"已事遄往，无咎"。

但已逝之生命为当下生命之基奠，故当"酌损之"而留下有益于当下与未来的生命积累，故言"尚合志也"。

"九二，利贞，征凶；弗损益之。""利贞"就是要明白什么是生命之道，生命之道在内而不在外。而现实人生却往往奔逐于外，恰违背生命之道的本真，故言"征凶"。知道了什么是生命之道，就要执而不变，恒以一德，故言"弗损益之"，现实人生永在损益之中，但大道本身却不可损益。而在守此生命之道，根本在于一个"中"字，儒家讲"中庸"，"执两用中"，道家讲"守中"，都是具体的修身与修炼方法，故言"中以为志也"。

【讨论内容】

【"中以为志也"】

汤兆宁： 从"生命"这个特例角度来看损卦，有新意。

孙铁骑： 初爻为动，动而损去生命之累。尚合志，志于生命之道，以求避损行益。生命乃历程，损去累，留下益，故"酌损之"。

汤兆宁： 生命里也的确有必须"损"的事情，不是所有的事情都是有益的。

孙铁骑： 二爻为齐，齐之以生命之理。故言"利贞"，贞正于生命之道，才能知何者当损，何者当留。"征凶"，如果离开生命之道，盲目行动，必然凶险。

王立飞： 中不正。

汤兆宁： 是，九二阳爻在阴位，不算正，但有中德。那么这爻的爻辞强调的是存留"中德"。

孙铁骑： 贞正于道，守中不变，故言弗损益之。《小象》言"利贞"，即守住正道，人道为中，故言中以为志。即以"守中"为志。"守中"即生命修炼之道。老子言："多言数穷，莫若守中"，亦是此义。也就是说，于损中求益，仍然要以生命修炼为核心。

汤兆宁： 核心为"中德"？

孙铁骑： "中"即人，即生命之本。具体说，"九二，利贞，征凶；弗损益之。"人生欲避损行益，就应当立志寻得真道，如孔子"十有五而志于学"（《论语·为政》），故言"中以为志也"。如能得生命之正，自当择善固执，"拳拳服膺而弗失之"（《中庸》），故言"利贞""弗损益之"。如不识生命之正道，却自以为是，任意妄为，则必然受损，故警之以"征凶"。

温海明： 孙老师从生命、养生角度的解读很有新意。九二虽不当位，但利于保持中正不动，也就是不要损，或者该不动的时候，就不要动。

张吉华： 九二《象传》仅言"利贞"之义，中而以为其志。损益同道，损之于己，益之利他。《象传》言九二爻辞所说的利贞义，是指以中之为其志意。"中"应为动词？"中之"之志。

汤兆宁： "中以为志"，金景芳老师解释为"以中为志"。

【"征出""损益"】

姚利民： 九二震上原本应六五之约，但位置必须摆正，否则"征凶"。

汤兆宁： 损己害人的事情，有时候会一辈子内疚后悔。死者已逝，活着的人内心会受煎熬。一时冲动一辈子后悔。"征凶"后果。

张吉华： 损卦九二爻辞有点意思，"利贞"而"征凶"，"弗损"而"益之"，可贞而不可征，不损之益也？

汤兆宁： 不损之益，的确如此。益可能是益上卦，下卦的话本该损，但九二则不损。不损可能也算是一种益，因为是"弗损益之"。

（整理者：黄仕坤 中国人民大学哲学院硕士生）

阴阳对待　三则当损
——损卦六三明解

时间：2016年07月28日21：30 — 22：48

【明解文本】

六三：三人行，则损一人；一人行，则得其友。

《象》曰："一人行"，"三"则疑也。

【讲课内容】

孙铁骑： 我接着说三爻，三爻的本体论依据是见初爻动了，二爻齐以理，三爻见于外。初爻损生命之累，二爻守生命之正，三爻见于社会群体之中以见损益之理，三人行则损一人。六三爻在言损中之益与益中之损，"三人行"相较于"一人行"自然有其益处，但损卦却不言其益，而言其损，却"三人行，则损一人"。为何会"损一人"呢？因为"三则疑也"，这就是表象的益之中却内含着损的危机。而表象中似乎不利的"一人行"中，却内含着可能的益处，那就是"一人行，则得其友"，因为"一人行"，无待于外，自我圆满，真正独立自足，如此充实圆满之生命虽不求友而友必来，虽不求人而人必助。一人行则得其友，人生行事，贵在专一，择善固执，直道而行，从而"君子喻于义"，自然会"德不孤，必有邻""虽蛮貊之邦可行矣"（《论语·卫灵公》），故言"一人行，则得其友"。如立心无恒，丧其真我，心无定所，遇事不知何所当为，何所不当为，虽呼朋唤友，亦是以盲引盲。

孙福万： 铁骑老师有自己的解经套路。我再从常规角度说几句。此爻讲损，是从阴阳对待来谈的，这是《易经》的常道，很好理解。天地间阴阳对待，唯两而已，三则余其一，所以当损。

【讨论内容】

【"二"】

汤兆宁：　以盲引盲，这个比喻很形象。

孙铁骑：　群盲交汇，不过各逞其能、自以为是而已，难免见利而争，争而交绝，故"三人行，则损一人"。

汤兆宁：　铁骑老师以"守正道"为标杆来做此爻的分水岭。

孙铁骑： 也就是说，生命损益之道，在一己生命体证，于群体中恰是随波逐流，损多益少。自我修证，守死善道，虽天下一人，终会得其友朋，如孔子之孤独。

汤兆宁： 圣德者都是孤独的。

孙福万： 具体到象数上来，解释有很多。但主流观点还是：损卦由泰卦来，下卦本乾，损其上爻以益坤，即"三人行则损一人"也。一阳上而一阴下，即"一人行则得其友"也。上与三以刚柔相易而谓之损者，但言其减一也。

汤兆宁： 二最后合为一，三也有解释为"多"的。

孙福万： 只有阴阳相吸而致一，就像男女两人建立家庭，才能创造生命。

汤兆宁： 生命的由来来自二。

孙福万： 一分为二，合二为一。过去有争论。杨献珍因为主张"合二为一"，还受批判。庞朴先生讲"一分为三"，与方以智的那个"三"是不一样的。可惜这里没时间展开讨论。讲一分为二是革命啊，着重的矛盾。讲合二为一，就是阶级调和，所以被批判。

【"三人行"】

汤兆宁： 子曰："三人行，必有我师焉。择其善者而从之，其不善者而改之。"（《论语·述而》）这里有学善的，还有看到损友引以为鉴的。

孙福万： 《论语》中的"三人行"是另一回事。对《论语》中的"三人行"章，《朱注》："三人同行，其一我也。彼二人者，一善一恶，则我从其善而改其恶焉。是二人者，皆我师也。尹氏曰：'见贤思齐，见不贤而内自省，则善恶皆我之师，进善其有穷乎？'"唐文治《大义》："此夫子之设辞。三人同行，其一我也，其二人者，或此善而彼恶，或始善而终恶，或二人皆善，或二人皆恶，择之之道，在乎穷理精尔。"为什么《论语》和《周易》都提到"三人行"？这表明，"三人行"或为当时俗语，故《论语》和《周易》均有此记载也。但两者所表达的意思却有不同：前者强调的是"以人为师"，后者强调的则是"阴阳相吸、两两相偶"而"致一"。《周易》不是不强调"师"，但其所师者更为广大，不只人人可以为师，实则天地万物皆可为师也。另《系辞下》有云"无有师保，如临父母"，其中也谈到了"师保"（古代称呼教辅太子的官为"师保"，后亦代称老师）；但这里的意思是，假如老师和父母不在跟前，《周易》就可以作为我们的老师和父母，盖《周易》即天地万物之象征，故有此神力也。总之，此爻背后的原理就是《周易》一贯主张的"一阴一阳之谓道"。

裴健智： 同性为朋，异性为友，《周易》强调男女，而不是"小三"。

温海明： 这句沟通《论语》《周易》很典型。

孙福万： 《小象》说的也是此理，"孤阴不生，独阳不长"，而三人中的第三人就可疑了。

汤兆宁：　解释为"可疑"，三个人不容易和谐，这倒是的。

孙福万：　大家都知道诗人顾城，在新西兰想建"女儿国"，和妻子、情人三个人一起住，最后怎么样？居然把妻子杀了，自己也自杀了！他的情人叫英子，她写了本《魂断激流岛》的书，大家可以看看。

王力飞：　人活到一定程度，才能知道"减法"的意义，一减损，应酬少了，朋友少了，但最后会有很铁的一二知己，这就是损中的益。所以古人会感慨，"人生得一二知己，足矣"。太多了，就滥了。六三，对人性这方面阐释得非常清晰。

裴健智：　从象数讲的话，从泰卦过来，而泰卦是天地交的状态，天地相互可以交融啊，为何从象数上讲"三人行"，就是一个不好的现象呢？

王力飞：　泰卦说的是"太"和"汰"，用人的道理，正合"六三"。

汤兆宁：　天地所造，乃是一男一女为最好组合，多则损了。

孙福万：　不能永远是泰。

（整理者：李芙馥　中国人民大学哲学院博士生）

情物皆疾　损之则喜
——损卦六四明解

时间：2016年07月29日21：30 — 23：18

【明解文本】

六四：损其疾，使遄有喜，无咎。

《象》曰："损其疾"，亦可喜也。

【讲课内容】

孙铁骑：　人生最该损去的就是一切对生命有害的东西，损去对生命的损害就意味着对生命的有益，自然"有喜"。故观天之损道，君子当自觉损去有害于生命之言行，如此虽非主动增益生命，起码做到无伤于生命，此为珍爱生命者之底线，故言"损其疾，亦可喜也"，爻辞言"损其疾，使遄有喜，无咎"。

【讨论内容】
【"损其疾"】

孙福万：《系辞传》说："三多凶，四多惧。"这个六四，在《周易》中大部分情况不是太好。这里讲有疾，生病了。

孙世柳：一说相思。孔颖达讲的。

孙福万：害了相思病？

汤兆宁：想念初九之速来！

孙福万：六四和初九相应，是相思。我们知道初九，就是急着去救六四的。

汤兆宁：初九，已事遄往，"无咎"；"酌损之"。

孙福万：为什么生病？在《周易》的象学体系中，坎为加忧，为心病。

孙世柳：震为疾，六四在互震中。

孙福万：有的易学家说，这个六四如变，就形成了坎卦，所以为心病，所以有疾。

汤兆宁：这是一种理解，把"疾"理解成心病。

孙福万：你的解释也行，象的说法很多。

汤兆宁：关键是"损其疾"。

孙福万：损卦取损下益上之象，六四本在上卦，本不该说损了，何故又说"损其疾"呢？

汤兆宁：益上，为何损？

孙福万：因为全卦处于损之时，而六四又在上卦之下，且与刚（初九）相应，故能自损其阴柔之疾，以受阳刚之益。也就是说，这个损其疾，是在初九的帮助下损的。她自己损不了。

汤兆宁：是的。另外请问"损其疾"是否就是"益"呢？

孙福万："损其疾"，当然是益。

孙世柳：上山下泽，泽润山而灵秀。损下益上也。

孙福万：王弼说："以柔纳刚，能损其疾也。"女孩害了相思病，有个少男来爱他，病就好了。

孙世柳：一说即有初九之遄行，亦有六四阴得己位，皆有功。

汤兆宁：六四阴得己位。

孙福万：刘沅说："阴阳之偏为疾。"六四重阴（即以阴居阴），承乘皆阴，有偏柔之疾。乃虚己求益于初九，是能损其柔疾以受益于人。善用其柔，深喜其能自损也。刘沅强调的是"自损"。强调了六四之虚己，这都不容易。

汤兆宁：阴居阴，上有六五、下有六三，全是阴。知自己太阴柔，自谦待初九的刚爻来救自己。

孙福万：　《易经证释》也提到"少年男女之悦慕，其感动至易，损亦同体，故有相感迅速之用，初爻遄往，此遄有喜"。

汤兆宁：　这爻用来比喻少男少女的恋爱，倒是蛮形象的。爱和应来得很迅猛。

孙福万：　"以兑为说言，为悦泽皆心志之发于外者，心悦则貌亦喜，心感则情亦应，虽出乎本心而似有驱使之者，故曰使，以疾之去身，不觉心神轻快也。"这个分析也妙。

姚利民：　恋爱找到轻快的感觉。

孙世柳：　情意相合，妙悦也。

【"有喜"】

孙福万：　"今以疾既减而将瘳，故遄喜，皆情之所为，出于自然者也，以损卦损下益上，而六四在上卦，乃当受益之时，徒以全卦皆损，则益者亦必有所损，不过损其他为损，损其病则反损而成益矣，疾损则身康，心喜则神旺，则无往不宜，故占'无咎'，病既去，更何咎，但言'无咎'，明在损时原有咎，至六四则免矣，疾愈咎免，是即损备四德之旨，以亨利必由贞得，而功用必自损也。"

汤兆宁：　言则喜，心悦则应，动作也肯定快。

孙福万：　"损其病则反损而成益"。《象》曰："损其疾，亦可喜也。"这个《小象》，比较容易理解。疾本无可喜，能因人而损之，亦可喜也。关键是这个"亦"字。

汤兆宁：　六四开始"喜"了，真好。

姚利民：　想到和心爱的人在一起，心快要跳出来，想起当初谈恋爱的感觉。

孙世柳：　上段里"及时过境迁，阴反得养，神乃得安，阳能相守，气乃不浮"有感触，可联系儒家修养工夫，周敦颐在《通书》中讲的"主静"，也是中国古典文化的特色了。

汤兆宁：　这个"亦"字很奇怪。

孙福万：　《易》讲有喜的地方不少。但此处，此"喜"不主于我，而主于来益我者，故讲"亦可喜也"。"有喜"和"可喜"有区别。

【"可喜"】

汤兆宁：　"有喜"和"可喜"啥区别呢，是否是心境区别？

孙福万：　再转一段《易经证释》对《小象传》的解释："凡事物之损，皆有慊于心，惟疾损则弥见其快，果推而用之，视其他事物，亦如疾之喜损，则更何忿何欲哉，此《象传》惩忿窒欲，君子之行，而宜如六四之损疾可喜，不当以害己者视为利己也，忿之与欲，皆足以害身，正如六淫之为病也，推之则凡口腹之好，情感之邪，一切事物之失正者，何非疾也，何不乐其损，而就于安哉，故无贪得，勿求过。以损为志者，君子也，人生必需者，尚不可贪或过，况忿欲乎，情之失正，则害其性，物之失当，则害其命，皆疾也，惟求其损，则可喜矣。此六四爻辞之微旨，在读者推之而已。"

孙世柳：　疾损，方有喜？貌似强调损道的毫不犹豫，只有君子有此德也。

汤兆宁：　情或物都不可太贪，有贪念损之为益。

孙福万：　"有喜"大概是从己方说的，"可喜"大概是从彼方说的。

温海明：　身体病好了，自然开心，病都是身心一体的。自己有喜，对方可喜。

姚利民：　别来无恙是最好的问候关心。

汤兆宁：　您说的是，上面那段是说"以损为志者，君子也"。

温海明：　真无恙才有喜可喜。

汤兆宁：　"无恙"是一种好的状态，虽然平淡。

姚利民：　喜从损来，有喜自损。

孙福万：　或者，"有喜"更多强调的是主观感受，"可喜"还包括了带来此感受的原因。

汤兆宁：　《周易》用字真是费思索呀！"可喜"一部分是因为"带来喜的原因"。

王力飞：　初九，说把自己的事干完再迅速前去。六四的"疾"，可能跟速度有关。这样的遄方有益，有喜。故，"无咎"。跟"已事"再"遄往"有关。非犹豫，减少自己之损而已。比如，自己本就忙，别人一有事就急忙跑过去，于己则损了。

温海明：　《易》说损来双喜，一般都觉得要双方加上去才能喜。

汤兆宁：　也可能是看到六四的疾病而快速去解决。初九六四的爻辞里面应的关系写得非常明了。

温海明：　双方都很急，都热心助人，损己利人，也是有喜可喜的。

汤兆宁：　如果都是两位好心人，那肯定有喜的。六四如果从自谦的角度说，那六四也是好心人。初九损己利人，更自觉了。

孙福万：　六四在上位，又为重阴，她之损其疾，一定是动用柔术，如抛个媚眼，初九自然就来帮忙了。哪有少女咋咋呼呼求人关心的？特别是古代，看看林黛玉就知道了。

汤兆宁：　古代女子病恹恹地惹人爱，西施也是这样。

孙福万：　女性一定要善于用柔术，或者善于示弱，才招人疼。

郑　静：　男人怜香惜玉。

汤兆宁：　这方面真的需要学习，女孩太刚强了也不好。

孙福万：　姤卦讲得很清楚："女壮，勿用取女。"

汤兆宁：　是的，女生要学习坤卦的精神！柔顺，宽厚。

（整理者：秦凯丽　中国人民大学哲学院硕士生）

居尊自损　天人并助

——损卦六五明解

时间：2016年07月30日21：30—23：09

【明解文本】

六五：或益之，十朋之龟弗克违，元吉。

《象》曰：六五"元吉"，自上佑也。

【讲课内容】

孙福万：损去对生命有害的东西还只是一种消极意义上的益于生命，而要真正积极意义上的增益生命，就要明白生命的道理，知道如何修炼生命和操作生命，通过主动积极的生命修炼和操作直接增益生命。儒家的修身养性，道家的内丹修炼，都是持守生命之正道，主动修炼，夺天地之造化，"我命在我不在天"，增益生命，故言"或益之十朋之龟，弗克违，元吉"，而释以"自上佑也"，即以人合天，逆而修之，避损行益。

　　大家对《易经证释》很感兴趣，今天认真看了《易经证释》对损卦的解释。就用《易经证释》和大家讨论吧。《易经证释》对损卦的解释的确很妙。我摘录一些句子，先供大家参考。"有损始有益，若竟无损，将何益哉！"这句话对损、益之关系讲得很好。《易经证释》在解释九二《小象传》"中以为志"时说："中字不独指位，凡物皆有中，不偏不过之谓中"。"事之中者，无往不宜；物之中者，无行不利。此贵在得中也。"，"时而损则损为中，时而益则益为中，时乃天道。"此讲"时中"。"君子时中"，也是《中庸》里说的。也就是该损则损，该益则益。"以中为志，犹曰以时为宜耳。读者明此，则明损之大用矣。"这些话，对我们理解损卦，或有帮助。"中"，从位上讲，比较容易理解，而"时中"比较难理解。九二《小象传》讲"中以为志"，的确可以发挥"时中"之意。

汤兆宁：孔子为圣之时者，"时"为该损就损，该益就益，损的关键在于一个"时"。

孙福万："此损六五爻辞也。六五外卦中位，而以柔履刚，秉坤、艮之用，为受益之地，损下益上，六五上位之正，故爻辞有益之之语。三四五为坤，四五六为艮，所以说六五秉坤、艮之用。或益之者，以在下所损，乃大众所有，非一人所专，故曰或。"损卦初至四，都是受损的，尽管六四是损其疾，也是讲的损，五和上都是受益了。

孙福万：这里讲"损备四德"，是说损卦有"元亨利贞"四德。大家回顾一下损卦卦辞："有孚，元吉，无咎，可贞，利有攸往。曷之用，二簋可用享。"里边的确有"元亨利贞"四德。后边的"享"同"亨"。

现在再看《小象传》："六五元吉，自上佑也。""此申释爻辞之义也。六五柔居刚位，而属全卦主位之爻，有如后妃摄政之象，而内应九二却为刚爻，故其泽非自出，必有所承，如坤以顺承乾之志，六五所承，非在下之初二爻，乃最近之上九"。

"上九以一阳领二阴，四五二爻，皆被其德，六五尤明，以近而在中位也。上九之施，六五受之，是所益虽在下来，而所佑则从上至，故曰元吉之占，自上佑也，与大有自天佑之一义。"

"凡六五之卦，若其上为阳，则最易与近，阴乐近阳，而近者得福，此情志所感。损以艮兑之合，如咸善感，上下虽易，而情志不殊，故损下益上，非必损也，乐于从命，非必益也，因于得时，命也，时也，皆上主之，犹曰天也。"

"上九原出于乾，称上不称天者，以兑在下，有二阳，而间于三阴，由六三之损，乃成上九之益，时用所寄，即在上爻，而六五元吉之占，即由上九之佑也。天时所至，人事无权，上九所佑，六五何违，此爻辞'弗克违'三字，明其不得不尔，且因之而获元吉焉，可见六五之益，时所使也，全卦之损，势所至也，将何违哉。"

"损卦因本损下益上之义，故爻辞在下卦者多损，在上卦者多益，与益卦正相反，不过卦名损，即有所益，亦属损，此六四损其疾，虽有益人身，而仍称损也，至五上两爻则渐见益之用，以五得中位，而上为所益之爻，五近于上，得阳之庇覆，又居中位，虽柔履刚为失位，而其受益却宜，柔则善承，虚则善受，六五柔而虚，有其位，无其权，合于谦受益之道，且近于上九之阳，善承顺之，合于坤安贞之行，此其益已明。"

"坤爻至六五已终，其用已极，外有初二与上，三阳合而为乾，以包坤，动于外而安于内，分于刚而凝于柔，此损益二卦之大用，原相似也，惟阳主一切生化，在内多者，时宜藏育，在外多者，时宜发扬，此其异也。故损卦以损而益，而益卦以益而损，于中互复剥二卦，足以征之。损之六五为复上爻，亦即九二之应，一阳一阴，交成其用，九二之所培育，六五着其功焉，此明龟之加元吉之协，非无故也，况得上九之庇覆者哉。阴柔近阳，上九为主爻，故其所施必大，六五之益，亦时势所为，读者可细悟之。"

《易经证释》解得比较细！最后祝福我们："读者可细悟之"。内容较多，我在学习过程中，也很受益。但可能没有时间展开。《吕氏春秋察微》鲁国之法，鲁人为人臣妾于诸侯、有能赎之者，取其金于府。子贡赎鲁人于诸侯，来而让不取其金。孔子曰："赐失之矣。自今以往，鲁人不赎人矣。取其金则无损于行，不取其金则不复赎人矣。"子路拯溺者，其人拜之以牛，子路受之。孔子曰："鲁人必拯溺者矣。"孔子见之以细，观化远也。这个故事很有名。解释"时损则损，时益则益"也很好！

【讨论内容】
【"弗克违"】

孙福万： 这里讲"弗克违"，损者、受者都"弗克违"，尤妙。当然六五，是受益者。

汤兆宁： "弗克违"请问怎么解释。

孙福万： 就是不能违背。有时你处在那个位置，别人送你东西，你不接受还真不行。贪官受审时，不经常为此感到委屈吗？

王力飞： 不是拒绝，是不违逆。

汤兆宁： 是的。这个六五很坚定，因为有中德。千金难移其志。

孙福万： 白话文大概是：有人送来很多的财宝，尽管接受，不违背什么，大吉。接着看《易经证释》的解读。"以爻象言，六五坤爻，坤以西南得朋，损与咸同体，咸"朋从尔思"，皆用朋字，明其所得必偶，所合必众也。二人以上为朋，亦如贝龟之称数也，况六五柔爻，柔道从偶，偶则有合，是六五之益由于合，与初九上合志合字相应。

姚利民： 坦然接受四众进贡朝拜。

【"朋"】

孙福万： "朋，数也，古时无钱，以龟贝为币，记数两为朋，十朋，二十也，十朋之龟，所益颇多，犹后世巨万之金。以六五位正时宜，所受者非薄，虽曰十朋，亦概举耳。凡数满十，必属大数，龟贝之宝，非银钱可比，则十朋之龟，已可见其所益之多。而损与益，本宾主之辞，所益者多，所损者亦大，然损者、受者皆不能违，则以损下益上，为全卦之志，本乎时用，因乎事宜，则损、受皆不得有所违也。"

汤兆宁： 金景芳老师解释为："十朋之龟：最值钱的元龟，大龟。"

孙福万： "损"与"咸"同体，是说山泽为损，泽山为咸，两者同体，也都讲到"朋"。朋到底怎么解。合以噬嗑卦为例，其卦爻亦称得黄金，可见合必有利。

汤兆宁： 二人以上？

孙福万： 这里的"朋"，就是钱啊。《易经证释》说得很清楚，这里的朋，是钱的意思。和后来的"朋友"的"朋"，不是一回事。

温海明： 两贝为朋，价值十朋的珍贵宝龟。

孙福万： 六五与九二应，一内一外，一阴一阳，相得相合，故所益必多，而情志不相违也。

温海明： 坤为地为十。

裴健智： 泰卦的初九到上九，九二爻移动到初九，以此向下推。

秦凯丽： 六五得到的不仅是财宝，也可能是人才，人才带来的效用要远大于钱财。

孙福万： 人才也不错，对于君王六五来说，贤人才是最珍贵的财宝。

【变卦】

温海明： 泰初九到最上位，六五得上九之庇护。

秦凯丽： 是泰初爻到最上位？还是泰卦九三到最上位呢？

孙福万： 九三。

姚利民： 九三到上九，为益从下来，上六到六三，为上天佑之。

裴健智： 感觉从初九推移到上九，更能体现损下益上。

汤兆宁： 这段讲了六五的自谦。看来谦受益、满招损是永恒的真理。

（整理者：孙世柳 中国人民大学哲学院硕士生）

守生之正 避损行益

——损卦上九明解

时间：2016年07月31日21：30 — 22：54

【明解文本】

上九：弗损益之，无咎，贞吉，利有攸往，得臣无家。

《象》曰："弗损益之"，大得志也。

【讲课内容】

孙铁骑： 上爻是成终成始，一卦义理成终，他卦义理开始。"上九，弗损益之；无咎，贞吉，有攸往，得臣无家。"得生命之正道，修炼生命，固执之而不为外物所动，方能光大生命，故言"弗损益之，大得志也"，爻辞言"无咎，贞吉"。以此光大之生命立身行事，方能进退自如，随心所欲，如孔子"七十而从心所欲不逾矩"，故爻言"有攸往，得臣无家"。

孙福万： "五爻之劳"，在损卦六五这里，好像不太好理解。

孙铁骑： 咸、艮二卦都是生命修炼方法。

汤兆宁： 这是孙铁骑老师今天发的六五爻解释："六五，或益之十朋之龟，弗克违，元吉。"如能得生命之正道，知之修炼，则能夺天地之造化，增益生命，使"我命在我不在天"，故言"或益之十朋之龟，弗克违，元吉"，而释以"自上佑也"，即以人合天，逆而修之，避损行益。

孙铁骑： 按六位成效原理，五爻的效用就是劳。

王力飞： 六五和九二的"弗损益"之有区别吗？

孙铁骑： 六五、九二的"弗损益之"都指持守生命之道，如此就能无咎。贞吉，守此正道，方能获吉。《小象》解之以大得志也。于损之时如何大得志？

孙福万： 《系辞传》讲："其初难知，其上易知。"上爻，一般是比较容易理解的。

【讨论内容】
【"弗损益之"】

孙铁骑： 于损之时，只有守生命之正，才能避损行益。四爻是悦，五爻是劳。四爻因损其疾而有喜。五爻因劳于生命之修炼而获元吉。到上爻则当守住此生命修炼之道。故言"弗损益之"。不可乱改。

裴健智： "弗损益之"怎么理解？

孙铁骑： 对于生命之正道，不可再有损益。

汤兆宁： 正道是否指仁道。

裴健智： 有的断句为："弗损，益之。"

孙铁骑： 在《易》之中，正道是指益道。

裴健智： 因为《象传》讲"损下益上"。应是从初爻增益到上九，感觉"弗损，益之。"比较合理。

孙铁骑： 如此生命得益，才可有所为，助成他人之生命也实现避损行益。故说有攸往，得臣无家。具体说如下：得生命之正道，修炼生命，固执之而不为外物所动，方能光大生命，故言"弗损益之，大得志也"，爻辞言"无咎，贞吉"。以此光大之生命立身行事，方能进退自如，随心所欲，如孔子"七十而从心所欲不逾矩"，故爻言"有攸往，得臣无家"。这样六爻一体指引现实生命如何实现避损行益。

孙福万： 日本人新井氏对此的解释是：九二的"弗损益之"和上九的"弗损益之"辞同而意异。九二之"弗损"是损己，"益之"是益人，意思是：不损己而益人。上九之"弗损"是损人，"益之"是益己，意思是：不损人而益己。

汤兆宁：　铁骑老师的修炼生命，可能在于那句"不为外物所动"。

孙铁骑：　通过损卦义理达于惩忿窒欲之目的。六十四卦都是为了"穷理尽性以至于命"。每卦六爻也必须扣到生命安顿之上。

孙福万：　鞠曦先生抓住"穷理尽性以至于命"来解《易》，予人诸多启发！

汤兆宁：　铁骑老师的鞠曦思想似乎有道家和佛家思想组合，加上儒家，三合一。

孙铁骑：　损卦就是惩忿窒欲，损去害而获益。

汤兆宁：　怎么解释害呢？害是否是"外物"？

孙铁骑：　忿欲皆害。

孙福万：　我理解铁骑老师解释"弗损益之"的意思是，既不要再损，也不要再益了，要守住自己的生命之本。

汤兆宁：　忿欲皆害倾向于佛家，属于"去执"而得生命，不知道是否是这个意思。

孙福万：　九二的"弗损益之"，也是这样理解吗？

裴健智：　有点自身本自具足的味道，不需要再通过外界的损益来获得。

孙福万：　吾性自足！

【"得臣无家"】

秦凯丽：　"得臣无家"怎么理解呢？

孙铁骑：　得臣无家，内含重人轻物之义。以生命为本，外在为末，"有攸往"，目标在臣而非家。

王力飞：　以天下为家。

孙铁骑：　都如此解。

姚利民：　自己所有邪知邪见（包括真知真见）已经损去，突然发现，自己已经站在一个高山上，好像远处还有更高的山峰，目标非家，已经放眼天下了。

秦凯丽：　上九心系于天下，这种修养方法好。

孙福万：　是不是每一卦都按此规则解读呢？

温海明：　心已放眼天下，家都不看。

汤兆宁：　全天下就是家啊！

孙铁骑：　动、齐、见、悦、劳、成，称为六爻成效。

（整理者：贡哲　浙江大学哲学系本科生）

（本卦校对：曹海洋　中国人民大学哲学院硕士生）

时　　间：2016年08月01日21：30 — 23：29
导读老师：刘　震（中国政法大学哲学系副教授）
　　　　　刘增光（中国人民大学哲学院讲师）
课程秘书：王　璇（中国人民大学哲学院硕士生）

宜有所往　奋发有为

——益卦卦辞明解

42 益卦

震下巽上

【明解文本】

益：利有攸往。利涉大川。

《彖》曰：益，损上益下，民说无疆。自上下下，其道大光。"利有攸往"，中正有庆。"利涉大川"，木道乃行。益动而巽，日进无疆。天施地生，其益无方。凡益之道，与时偕行。

《象》曰：风雷，益。君子以见善则迁，有过则改。

【讲课内容】

刘　震：益卦是周易的上下经卦象的第四十二卦，与损卦构成一个组别，从卦象上看，山泽损卦与风雷益卦在卦象上是非覆即变——中覆卦的关系。除了损卦，个人觉得恒卦与益卦也有着一定关联，因为卦象上的相类。益卦卦辞所言"利有攸往"与"利涉大川"，从其内容上来看强调了益卦是有所收获的一个卦象，与益卦所对应损卦也是讲了收获，但是损卦与益卦在《象传》之中有着一个明显的区别，损卦讲的是损下益上，益卦讲的损上益下。

刘增光：还有人说，益卦与否卦有关联，否卦的初六和九四换位置，就是"益"。就是损上益下。

刘　震：所以个人觉得《象传》所涉及的是一个处理关系的意思。上下对应的就是主客。

刘增光：确实是关系，尤其是上下关系。

刘　震： 变卦肯定是有的，但是要看如何变，如果卦象一对一，还是有所关联的；但如果是变化多端，恐怕有牵强之意。从卦象上看，损卦是九二对应六五，所以所谓损下益上讲的是九二上行，六五降位，象征君子贤良，君王谦虚，这是从传统的君臣之义类比一下。

刘增光： 看到一种解释就说，益卦，所益之主就是六二。

刘　震： 当然，也有人将九二与六五对应比喻为少年天子对应贤良老臣，上面说的是损卦。

【讨论内容】

【"民说无疆"】

刘　震： 益卦九五对应六二，就好像一个正位的君王面对贤良的臣子，所以损卦、益卦两卦有一个九二上升九五的意味。益卦讲的是君王正位。突出君王的首要付出。只有君王懂得付出，才能够"民悦无疆"。

裴健智： 按照老师的讲法，损益二卦是互相变过来的。虞翻认为损益二卦是从泰卦否卦变来。

刘增光： 君王正位，也就是孔子说的正名的含义之一，君要是真正的君。

刘　震： 我理解是这样的，损益是相互转化的，但这样的转化不是卦象，而是损益的状态，损有了正确的态度就会益，益有了错误的方式就会损。这个和您说的损益来自于泰否小有区别。虞翻是从卦变的角度而言，我这个是从卦辞而言。

【"木道乃行"】

刘　震： 在《象传》之中，还有几处值得我们玩味："木道乃行"，古人解释认为有木方可"利涉大川"，我认为这个可能与五行有关。在五行之中，震与巽都是与木相关的，这句话可能是当时五行思想在易学当中的直接体现。我简单的说一下五行与《周易》，就是易学的筮法与五行关系密切。《象传》与筮法有所关联，自然对于五行有所涉猎，但是因为《象传》的主旨来自于周文化体系，强调卦象判断，所以主要并非五行判断。我个人认为通过清华竹简，我们发现易学的占筮体系有两个方向：一个是商文化；一个是周文化。商文化重视五行，周文化重视卦象，五行强调自然，卦象联系人事。

刘增光： 这样的话，五行思想就起源非常早了。

刘　震： 通过目前的清华竹简，我们发现五行干支这些概念很早就与易学有了密切关联。注意，我说的是《象传》，并非卦辞。

裴健智： 王弼注："木者，以涉大川为常而不溺者也。以益涉难，同乎'木'也。"以木来比喻木轻可以浮于水面，涉川无害。应该是比喻损上益下的功效，才能达到"利涉大川"的目的。

刘　震： 王弼的这个解释可以这样理解"木"涉大川是有其规律的，我们就要效法这样的规律，才能够得益。所以获得天地之益，首要是尊重规律，遵从规律。

秦凯丽：　巽卦在五行属木，有说"木道"就是"巽道"。

刘增光：　涉大川，这在古代是很难的事情。就像大禹治水一样。所以，"木道乃行"，是非常大的"利"，"利涉大川"。

刘增光：　看来，很多后世成系统的观念是有渊源的。

孙世柳：　也可能是演变补充的说法。

姚利民：　"木道乃行"，愚认为志向高远，高高山头立，但行事需低调才行。

【"益动而巽，日进无疆"】

刘　震：　《彖传》的具体成型不早，思想来源可能比较早。"益动而巽"，古人多数是解读为"动"代表震卦，"巽"自然是巽卦，"动而巽"是益卦卦象的体现，"动"代表行动，"巽"代表一种谦逊的态度。

刘增光：　益卦为震下巽上。"益动而巽"，就是动而"下下"，谦逊。

秦凯丽：　"巽"有"入"的意思吗？

刘增光：　入，那就是"到人民群众中去"。

刘　震：　这实际表明了益卦的主旨思想，那就是有合理行动与正确态度就是增益之道。"日进无疆"，"日进"讲的是乾，"无疆"讲的是坤，对应后面的天与地，而在《周易》看来，最大的益就来自于天地，天地有好生之德，生生之谓易，讲的都是这样的一个道理。

刘增光：　《彖传》的"天施地生"，正对应于此。

裴健智：　《彖传》有讲乾坤（天地）的话，可能真和否卦有关系，正好否卦里面包含天地乾坤。

刘增光：　天覆地载，是最无私的"益"，最合道的"益"。

刘　震：　就天地，乾以美利利天下，不言其利，这就是"益"的最高境界了。

刘增光：　今天讲"公益"，其实就出自益卦，对于一己有利的益那不是益，而是私。

孙世柳：　大益者，众施天下。

【筮法】

张吉华：　"利涉大川，木道乃行"。木者风也，风之行也。《彖传》是从卦象角度说"益"的。

裴健智：　只有木象？最早追溯到《尚书·洪范》？商代不是龟占吗？

刘　震：　《彖传》实际有两者融合的痕迹，以周文化为主导，《彖传》将对于天地自然的崇拜过渡到了"时"的观念。

姚利民：　五行强调自然，卦象联系人事。

秦凯丽：　到周朝，更重视天子的德行了，以德配天。

刘　震：卜筮向来并行，我个人认为学习周易筮法必须要掌握，因为易学的核心理念离不开占筮，它的思维模式更离不开筮法。

裴健智：刚看到程颐的："阳变而为阴者，损也。阴变而为阳者，益也。"不知道是否符合损益二卦从二爻和五爻的互换？

秦凯丽：筮法主要是关于象数的吗？

刘　震：也可以这样理解，但是这样的理解容易限定阳就是益，阴就是损。筮法并非等于象数，象指的是卦象，是理解《周易》文辞的一种角度。数包括筮法，但也有着其他的内容，筮法也有义理的成分，因为筮法的判断不排除理智分析。

秦凯丽：是的，《系辞》里面讲的筮法已经用到了现在的数学运算。

张丽丽：大家一般不承认筮法的义理性，但西方很多学者却一直在这条路上探索。

（整理者：王璇　中国人民大学哲学院硕士生）

认清自位　尽职不越
——益卦初九明解

时间：2016年08月02日21：30 — 23：07

【明解文本】

初九：利用为大作，元吉，无咎。

《象》曰："元吉无咎"，下不厚事也。

【讲课内容】

刘　震：这里的"大作"古人一般解释为农业生产，这个在古代中国有着举足轻重的地位。同时，初爻处于天地人之中的地，所以初爻应该与农业、大地有关。当然，从哲学来说，"大作"也可以泛指大的行动。"元吉"指的是开始顺利，"无咎"则表明最后结果也较为理想。但需要说明的是"元吉"不同于"终吉"。"元吉"一般指的是开始行动，有利于开始行动。我理解"元吉"只是开始好，不保证结果。

《周易》是一部卜筮之书，所以在其文字中多有断辞，在这些断辞之中，我们按照人们追求的顺序可视其为：吉、悔、无咎、吝、凶。显然吉祥是我们最喜爱的，凶险自然无人问津。我们的生活不可能只是一帆风顺，更不可能只是吉祥如意，这就涉及到我们如何面对危险，面对错误，因为危险往往直接来源于错误。

"无咎者，善补过也。"因此所谓的改过，实际就是最好的趋吉避凶。有种说法是，初九和六四相应，所以才能"大作"。所以，初爻有一个好的开始，但是如果不能尊重规则，也不能保证好的结果。再结合《象传》对于初爻的解读，所谓下不厚事了。古人的解读多数集中在爻位上，例如王弼解释为："夫居下非'厚事'之地，在卑非任重之处。"此处所讲的道理在于我们需要重视"大作"，但是不可以因为重视而忽略事情自身的规律。就像农业生产一样，态度固然十分重要，但是也需要尊重其自身的规律，如果因为态度而违反了规律，那么恐怕最终只会适得其反。

【讨论内容】
【"大作"】

裴建智：　一般初爻不是不要有大的行动吗？应该是戒慎的吧？这爻一反常态啊。

王昌乐：　初九在下，潜为主，"大作"何在？

裴健智：　"元"应该是始的意思吧，开始吉。

刘增光：　还有一种说法说，"大作"是指大兴土木。

孙世柳：　有四爻相应，其实也是引申的大有作为义。

裴建智：　初爻大兴土木，很少有这样的吧？

刘　震：　这里强调的是开始，大的意味倒是次之，所谓大理解为重要。

刘增光：　李零的说法，是可以指营建城邑，《尚书》中有"大作"这个词。

刘　震：　我个人认为不必要十分具体的表述，因为《周易》的意象十分重要。

刘增光：　而且也与后面所说的迁国有关联。所以也有道理。

裴建智：　感觉"大作"理解为从事农业生产，"厚事"理解为重税，比较合理。

刘　震：　"大作不厚事"强调态度端正，尊重规律；超越规律，就要出现问题。

【"元吉无咎"】

刘　震：　"元吉"对应的是"无咎"。表明并非开始吉利就一定结果也必须理想，实际《周易》中好的是终吉，例如"劳谦君子有终吉"。

刘增光：　"元吉"和"无咎"是并列的还是因果关系啊？

刘　震：　"元吉"与"无咎"并列。

孙世柳： 有的说"元吉"是个条件，所以初爻才会大有作为。

裴健智： 王弼和程颐都把"元吉"理解为一个条件。

刘　震： 而其中的关键在于《大象》，《大象传》注意的则是人伦，主要突出的是学习优良，改善错误，这与《论语》之中的夫子之教如出一辙。

刘增光： 但终吉是否是：过程可能不好，但结果是好的？而"元吉"就是大吉？所指不同？

裴建智： 似乎这样解释，"元吉"到"无咎"是一个过程，从"元吉"到遇到困难，到迁善，也就是到"无咎"。

刘增光： 迁善改过，太重要了。刚看到金景芳的说法：周易中凡言"无咎"，意思都是说得吉而后可以无咎，这一条爻辞尤为著名。

裴建智： 初爻不可以"大作"，所以必须有"元吉"的条件才能达到"无咎"，似乎从王弼开始特别注重阴阳相应还有爻位的问题，"无咎"的解释很多。

王昌乐： 如何"大作"，才能"元吉无咎"？对待下就是不能为私、为公，不然要出问题了。

裴建智： 规律就是要符合当前的位置和时机吧。

刘　震： 我认为损卦的上爻是说"得臣无家"与"弗损益之"对应益卦的初爻，损卦讲的是君王要恪守君王之道，有对待臣子的正确态度，方可得臣，得臣态度在于无家。同样的，臣子的态度在益卦初爻有所表示那就是认清自身的位置，尽职而不越位。因此，益卦初爻具体到做事，指的是重视开始，在过程之中尽量避免错误，终会有一个较为理想的结果；具体到做人上，则有所行动的同时，也要注重行为与地位的相一致，不要越位。

刘增光： 马恒君的一个说法挺有意思。他说"下不厚事"，是说百姓不用交太多赋税，这就是所谓的上之益下。

孙世柳： 这个说法比较普遍吧，损上益下，君王少收点。

刘　震： 对应君臣关系，则是君王要爱惜百姓，尊重臣子，才可以获得百姓爱戴。

刘增光： 统治者实行了优惠的农业政策。

刘　震： 事实上，我国早期的治国体系也是民主式的。君臣之间相互尊重，才能够和谐相处，如果你用十分自私的态度去对待臣子，那么恐怕难以服众。

刘增光： 看了很多解释，没有跟益联系起来，倒是马恒君的联系上了。

裴建智： 马恒君主要是从卦变的系统讲的，初爻从否卦上九过来，损上益下，比喻统治者对百姓很谦卑，少收税。

刘　震： 损卦讲的无家，指的就是不要以自私的态度来对待百姓，我们中国后世实际背离的先秦的这种贵族共制体系，逐步变成了独裁性质。

刘增光： 这个不必非要和卦变联系。

姚利民： 初九时空位置好棒，初心纯正，往上走大地，因地正，果无咎。

【"厚事"和"大作"】

刘　震：　　"厚事"与"大作"恐怕还是有点区别，"厚事"指的是承担大的责任。

刘增光：　　"大作"和"厚事"不同，否则就矛盾了，爻辞说"可大作"，但《象传》说"下不厚事"。

刘　震：　　"大作"也指去做大事，两者意思上有接近，但指向不同，"大作"强调应为，"厚事"强调事情与位置的不对应。

孙世柳：　　有的把大与乾卦联系起来，把作与坤联系。

裴建智：　　也就是初爻"大作"却"不厚事"。

姚利民：　　"大作"，非大作，名大作也。

王昌乐：　　"大作"，可指大可作为，也可指进行农业生产。"不厚事"，有讲不加厚百姓负担。

刘　震：　　初爻"大作"不厚事，讲得好。

刘增光：　　那就是怎样才是"无咎"呢？只有初九不越过本分才行。

汤兆宁：　　《说文》："作，起也。事，职也。"

刘增光：　　我也倾向于理解为条件，也就是"无咎"的前提。构成因果关系，看来我们今天讲作事，有点乱说了，作和事区别这么大，更不能造作了。

汤兆宁：　　"大作"似乎是指事业的开始。

刘增光：　　刚才刘老师说了，"大作"是大事，尤其是农事。

姚利民：　　"大作"为深作，将地基打好；又如树根，深入地下。基础好，又有外应，又有亲比，大事何愁不成。

（整理者：张馨月　中国人民大学哲学院硕士生）

居益之中 享帝之美
——益卦六二明解

时间：2016年08月03日21：30 — 23：16

【明解文本】

六二：或益之十朋之龟，弗克违。永贞吉。王用享于帝，吉。

《象》曰："或益之"，自外来也。

【讲课内容】

刘增光： 六二爻挺复杂的，大家一起探讨。有人赐予十朋之龟，无法辞谢。凡卜问均吉祥。王用来享祀上帝，也吉祥。

上面是翻译。下面我们来解释这句话。

"十朋之龟"，古时龟甲可用为钱币。以及用于卜筮。李零说："'益之'读'赐之'。'赐'作'益'，是为了与益的卦名保持一致。"十朋之龟"，朋字像两串贝，每串五枚，共十枚。汉儒又有两贝为朋说和五贝为朋说，王国维正为十贝为朋。商周货币包括金银铜玉、贝、皮、帛等不同材质。《周礼》六币还包括马。古代与财货有关的字多从贝。所有货币，贝币最古老。当时的货币……贝以朋计。朋是十个贝，很贵。'龟'，软壳曰鳖，硬壳为龟。中国有龟灵崇拜，龟用于卜，有些品种很贵重。随葬古玉，常见玉龟壳。《论语·季氏》'龟玉毁于椟中'，龟玉也可能是玉龟壳。"这是我看到的对"十朋之龟"作的最详细可靠的解释。"或益之"的"或"也是有很多种说法。"或"，可以是"有人"，也可以是有很多人。这是在解释者们的解释中可以看到的。

【讨论内容】
【"十朋之龟"】

裴建智： 这一爻与损卦的六五有很多相似之处。

王昌乐： 是的，和损卦的六五爻的爻辞很相似。

裴健智： 王弼把"朋"解释为朋党。

刘增光： 二者都是以阴居中位。没有吧？没看到王弼这样的解释。

裴健智：损卦的六五有这样的解释："朋，党也。"孔疏也有一定的补充。马恒君从象上解，认为从九五到初九为大离卦为龟，互坤为十，故为十朋之龟。《小象传》的外来，可能也是初九。个人的猜测。从象上讲的话，可能有人是初九，从否卦上九下来，应该是贵人，有龟比较合适。

刘增光：王弼的解释说："朋，党也。"然后，从孔颖达的疏来看，"朋"就是"群才"。"龟"则是决疑之物。这样的话，群才和龟卜放在一起，也就是所谓的"人谋"和"龟谋"相合。这大概是王弼和孔颖达要表达的意思。是人谋和鬼谋，不是龟谋。马恒君认为是初九是那个"或人"。但是这也有个问题。"或人"，很可能是指九五爻的九五之尊。

裴健智：鬼谋用龟来占？

刘增光：对，是鬼谋。鬼就是神。阴阳不测之谓神。

裴健智：九五为外卦，也可以解释"自外来"。

汤兆宁：金景芳老师解释："或为包括九五（应六二）在内的许多人。"

刘增光："自外来"正与此对应。

裴健智：马恒君有从损卦解释之意，初九即为损卦的上九。确实从九五解释较清晰。

刘增光：《系辞传》："人谋鬼谋，百姓与能。"

汤兆宁：损益卦如果对照起来看，损卦也是类似的爻辞。"十朋之龟"是否应该在两卦里面的意思类似。

刘增光：关于"十朋之龟"，我还是觉得李零的说法很可靠。但是还有一个问题就是，"十朋之龟"不一定是"实指"，而有可能是引申的意思，比如"十朋之龟"指的是"位置"。

裴健智："位置"？

刘增光：九五之尊赐给六二以大宝龟，什么样的人才能有大宝龟，必定是"有位之人"。

裴健智：可是损卦的六五也是"十朋之龟"，就不能这么解释了，损卦六五是自己拥有吗？

刘增光：六五是以阴爻居阳位，从王弼的解释来看，这就是一个谦虚的统治者。所以是"江海处下，百谷归之，足以尽天人之助也"。一个好的统治者，是天下人皆来益之，连鬼神都益之，爻位不同，意思会发生很大变化。

汤兆宁：可能还是刘老师一开始解释的"十朋之龟"的意思比较符合，意指钱币。

刘增光：益卦的六二显然不能是君。所以后面说"王用享"。

汤兆宁：对，六二位卑。

【"永贞吉"】

刘增光："永贞吉"，这三个字主要是两种解释。一种说：凡是占问，都吉祥。一种说：要永远持贞正，才能吉祥。这样的话，就有两种断句。对于第二种说法，其理由是，六二以阴居阴，所以要保持贞正才能吉祥。

裴健智：　与昨天的"元吉无咎"的理解方法有点类似。

【"王用享于帝，吉"】

刘增光：　"王用享于帝"。一种说是，王于此时祭祀上帝。一种说是，王用"十朋之龟"祭祀上帝。我觉得前一种合理些。享帝的话，一般就是郊祀了。所以朱熹就是这样解释的。损的六五和益的六二爻辞相同，唯一的不同是写作"永贞吉"还是"元吉"。金景芳说："柔以虚受。"所以是前者，而刚则是刚可固守。

裴健智：　王弼把帝用《易传》中的"帝出乎震，齐乎巽"来解释。

汤兆宁：　是的，六二阴居阴，怕他太阴柔了，意志不坚。

裴健智：　按照前后的逻辑，既有天谋又有人谋，都不违背自己的心意，凡是占问，都吉祥。这样也可以通。

刘增光：　王弼的解释很精彩，但我总觉得读不清楚。孔颖达的理解不知道是不是王弼所要表达的。

裴健智：　王弼和郭象的解释都是直接切入义理，没有对具体文字的梳理，很难理解，只能借助孔疏。

【"自外来也"】

刘增光：　我们先看下《象传》。《象》曰："或益之，自外来也。"王弼说："益之者自外来，不召而至也。"《象传》的解释正突出了"益"是自上下下。

王力飞：　王弼一说，估计龟是九五给的。

刘增光：　能有什么人能有那么贵重的龟。

汤兆宁：　君王吧。

王力飞：　个人认为，"外"或许是指的"或"，指外人。

裴健智：　龟自己才有。

汤兆宁：　或者说是一种比喻就是给再贵重的珍宝也不违背意愿。

刘增光：　对，有一种解释就是这样。而另一说则认为，"天下人都来益之，纵然给六二以最值钱的十朋之龟，六二也不会拂逆众意。"（金景芳）

温海明：　讲卦变是外卦来的，大离为大龟。

刘增光：　是的，卦变的说法还是直接能把易象表达出来。

王昌乐：　此正说明了益卦之一、二爻受益。

汤兆宁：　和另外一种解法认为是有人给了这么贵重的财宝的意思有所不同。

王力飞：　我认为，"不克违"指内心的诚信，和"王用享于帝"在强调同样的东西。

王昌乐：　对，十互坤得之，龟，大离得之。

姚利民：　民从位置来看，窝已经做好，宝龟可进巢了。

王昌乐：　因为六二与九五应，上下一心，益民之道。

刘增光：　内心的诚信。讲得好。六二，居中位，有其位当有其财。

汤兆宁：　指内心的诚信。

姚利民：　民六二，帝出乎于震，尽情享受用九五带来的荣耀庇护。

【"益"与"损"】

王力飞：　包括损卦的卦辞，二簋可用享，还有不如西邻之薄祭，当有相同的意思。

郑　静：　六二，帝出乎于震，与九五正应。

王昌乐：　内心诚信是九五认为六二可以为民，六二也不能辜负九五信任，要益民。作为远臣，受大益，处理不好，很危险。

汤兆宁：　于此时用六二这般的诚信祭奠上帝。

刘增光：　程颐："六二处中正而体柔顺，有虚中之象。人处中正之道，虚其中以求益，而能顺从天下，孰不愿告而益之？孟子曰：'夫苟好善，则四海之内，皆将轻千里而来，告之以善。'夫满而不受，虚则来物，理自然也。故或有可益之事，则众朋助而益之。十者，众辞。众人所是，理之至当也。龟者，占吉凶、辨是非之物，言其至是，龟不能违也。"（梁伟铉）

汤兆宁：　虚心而中正，位子虽然低但是众人来益之，神也不违背他。

王昌乐：　六二可不是太阴，而是得位柔顺居中得正。

汤兆宁：　看来虚心真是非常重要。

王力飞：　不克违，为不能够违背的意思。

刘增光：　益卦和损卦的道家意味非常浓，这个从王弼的解释中尤其体现得明显。

汤兆宁：　是的，六二居中。

刘增光：　"克"的意思就是胜，能。

姚利民：　六二由初九阳化于阴，内心中正强大，但行事开始低调。

刘增光：　金景芳说："为什么损下益上曰损，损上益下曰益？上与下利害本来相关，下为上之本，损下则伤本。损下益上，实际上是下损上亦损，上下通一损，故曰损。益下则本固，本固则枝荣。损上益下，实际上是下益上亦益。"

王力飞：　六二说的是助益就实实在在助益，"不克违"，可能指不作违背诚心之事。

王昌乐：　六二得益，也要益民，所以要"永贞吉"。

刘增光：　所谓不违，当必须是出自内心的，否则就不是不违，而是表面不违内在违。

王力飞：　就跟祭祀上帝一样，指望从上帝那儿捞点什么，就是心不诚，克违了。

刘增光：　王昌乐先生说的损卦。

王昌乐：　益的同时也伴随损，六二要尽心尽力为民，这样才可以行大益之道。

汤兆宁：　君要损己利民，结果是君也是受益者。

王力飞： 从这个角度来看，六二不是别人送他东西他拒绝不了，而是他实实在在在送人龟。"永贞吉"，指永远保持这种"益不克违"的行为，吉祥。

刘增光： 从根本上来说，益是公益。从益卦的解释来看，一种益是对天下之民皆利。一种则强调的是君子之修身得益，也即内在德性的益。

汤兆宁： 爱人者人爱之，益人者人也益之。

王昌乐： 九五明君与六二正应，"送十朋之龟"，其目的是让六二尽益民之道。

王力飞： 六二是臣，九五是王，臣进贡让王用。益之用凶事，我就理解为雪中送炭。

王昌乐： 王做的益民之道，当然受益，文王就是受益上帝。

王力飞： 臣让王受益，臣也受益。

汤兆宁： 互益的关系。

王昌乐： 此卦上下一心，益道大行。

汤兆宁： 行仁道，上帝爱之。文王还能通晓神意解释周易这本天书。这是天赐的智慧。

王昌乐： 作为远臣，受大益，必须坚守益民之道才可以吉。而六二其自身中正柔顺上应九五，是可以受益更可以益民。

（整理者：黄仕坤 中国人民大学哲学院硕士生）

行中用益 以御凶险
——益卦六三明解

时间：2016年08月04日21：30 — 23：05

【明解文本】

六三：益之，用凶事，无咎。有孚，中行，告公用圭。

《象》曰：益"用凶事"，固有之也。

【讲课内容】

刘 震： 在六三爻辞的文字之中是"益之用凶事"，而《象传》则是"益用凶事"。显然《象传》是简化了卦辞的文字。古人多数强调"益"在此是动词意味，例如王弼曰："以阴居阳，求益者也，故曰益之。"按照这样的理解，"益"表明增益，我个人觉得这样的解释也是合理的。但是如果理解为名词，即保持增益的态度与方法，换言之即"益的法则"，可能更能帮助我们。所以我在此将其理解为一种从卦辞贯穿以来的规范性，即我们在生活中趋吉避"凶"，止损增益的原则，以"益的法则"来应对凶险的事情，就不会有大的风险。

在《周易》之中有曰"三多凶"，对应此处的益卦三爻也讲到了凶。三爻多凶，三爻对应的是上爻，而在益卦之上九爻辞之中也提到了"凶"，而且在六个爻位中只有三爻与六爻提到了所谓的凶。这个也与三爻与六爻相对应有关系。

【讨论内容】
【"凶事"】

刘增光：　"凶事"，该如何理解呢？马王堆帛书作"工事"。

刘　震：　卦辞之中后面的文字则解读了何为"益的法则"，即有孚。中行、告公、用圭则共同构成了所谓的"有孚"。"工"与"凶"是可以通假的，我见过有人按照工事将其解读为具体的工程，我觉得这样的解释也可以，但是有点太过具体了。

刘增光：　李零就是这么解释的。

刘　震：　在帛书《易传》中有曰"益以兴礼"，可见益卦本身有礼法的含义。

【"中行"】

刘　震：　我觉得"中"对应二五爻是受到占筮的影响，因为占筮往往是从上下不同的卦象分析，这样就有了二五居中的形象，而卦爻辞一般是整体性的。

王力飞：　"六三，即鹿无虞，惟入于林中，君子几不如舍，往吝。"屯卦。"九二，在师中，吉，无咎，王三锡命。"师卦，坎之中。"九二，包荒，用冯河，不遐遗。朋亡，得尚于中行。"泰卦，下卦为乾卦。"六四，中行独复。"复卦，一连五个阴爻的中间。"六二，无攸遂，在中馈，贞吉。"离卦的中间。家人卦，下为离卦。夬卦的九五，和益卦的六三六四，比较特殊。丰卦的中，说的是"日中"。

刘　震：　推荐一本书给大家：《周易辞海》（巴蜀书社），对于每一个字在经传中的出现都有所记录。

王昌乐：　六三正因为也不中，不得位也凶，所以要益，必须具备"有孚，中行"。这个是自身要努力的，外在条件要找人救凶，"告公用圭"，不知可否？

姚利民： 《中庸》有言，"莫见乎隐，莫显乎微。故君子慎其独也。"慎独便为"允执厥中"，便是要把握这独一无二之真心，体悟这天人合一的境界。

刘　震： 这些"中"有一些是中间的含义，有一些有中庸的意味，大家要加以区别。"中"读作一声一般是上面两个含义，读作四声则是行为合理，《中庸》也有名词与动词之分。

刘增光： "有孚"是内在的诚信，而"中行"则是外在的行为，看起来，益以兴礼和此处的"中行"相对应。

裴健智： "中行"在六四也有，在象中应该就是指三爻四爻为卦的中间吧。

刘　震： 一般来说《周易》讲到"中"往往与二爻与五爻相关联，但需要注意的是二五爻与"中"的观念联系在一起实际是在《易传》之中才较多出现的，在卦爻辞的文字里面所涉及的"中"并非都是二爻或者五爻。例如复卦六四爻有曰："中行独复。"益卦则是三爻与四爻两个爻位都有所谓的中行，泰卦二爻讲到了"得尚于中行"，夬卦五爻讲到"中行无咎"。"中行"的含义实际就是行中，就是在行为上遵守规则的含义。此处的"中"应该是读作四声，意味着行为上的合理性。

【"有孚"】

刘　震： "有孚"讲的是诚信，这个信包含着信天与信人两个方向，"告公"强调的是信人，"用圭"强调的是信天，圭在古代最早适用于敬天理政的礼器，在《周易集解》中引用《九家易》解释道："天子以尺二寸玄圭事天，以九寸事地也。上公执桓圭九寸；诸侯执信圭七寸；诸伯执躬圭七寸；诸子执谷璧五寸；诸男执蒲璧五寸。五等诸侯，各执之以朝见天子也。"圭本身作为礼器就有着沟通神人的作用，所以这里的"圭"讲的是人对于天道的一种效法与尊重。

刘增光： 六二爻说到的"享帝"非常明确地涉及礼制，六三的"告公用圭"也是。

王昌乐： 信，实也，人言为信，实事求是。

刘　震： 《周易》之中讲的信，多数包含着天人合一的意味。例如《系辞传》解释大有卦上爻的自天佑之的时候就讲到："天之所助者顺也，人之所助者信也。履信思乎顺，又以尚贤也。是以自天佑之，吉，无不利也。"这与此处益卦所讲的"益的法则"如出一辙。因此，我们可以这样理解，我们秉持信人与信天的规范，就掌握了信的真谛，由此也就明了"益"的法则，以此对应凶险，自然逢凶化吉。

汤兆宁： 《说文》："信，诚也。"《中庸》的"意诚"看来和信也有关。

【"告公用圭"】

刘　震： "告公"与"用圭"可以分开看。

刘增光：　"公"似乎是诸侯国的国君，六三以阴居阳，多凶之地，所以需要保持诚信中行，可能有这个意思。

汤兆宁：　金景芳老师认为"公"指六四也就是近君的大臣。诸侯国的国君也符合"公"的地位，天子之下。

裴健智：　程颐云："圭者，通信之物也。"礼云："大夫执圭而使，所以申信也。"

刘　震：　"公"在此应该是大的诸侯国，诸侯国有不同的级别。

裴健智：　有些诸侯国是附庸，《左传》中可以看到有些附庸国。

刘增光：　从益卦的这几爻的爻辞看看，与为政治国紧密相关。

刘　震：　礼法的目的肯定是治国的。

刘增光：　对，让我想到了"允执厥中"。

刘　震：　"有孚""中行"，都是在"公"这个层次所必须的治国要则。

刘增光：　古人以玉礼天。基本有六玉。前段时间参观首都博物馆的商代妇好墓展览，里边就展示了很多。这里还有个问题，六三爻说的是"告公"，不是礼天。

【"小象之义"】

刘　震：　《小象》的文辞含义，以益卦的法则来抵御凶险，是我们应该坚持的正确方向。大衍筮法的问题不在于算法，而在于如何剖析结果，固在此解释为坚持，"贞"解读为正而固，"固"就是坚持的含义。

王昌乐：　艮为小石，巽为入，山石来入，故曰"固"。"固"能否解释为固定下来？

刘　震：　有这个含义。

（整理者：李芙馥　中国人民大学哲学院博士生）

六四中行 益己益民

——益卦六四明解

时间：2016年08月05日21：30 — 22：47

【明解文本】

六四：中行，告公从，利用为依迁国。

《象》曰："告公从"，以益志也。

【讲课内容】

刘　震： 今天我们介绍的是六四爻："中行，告公从，利用为依迁国。"《象》曰："告公从"，以益志也。这与三爻十分相像，但是从卦象上来看，六三爻是失位，六四爻是正位，所以六四没有提到凶事。这一爻的文辞，从卦象上分析比较容易理解。在益卦之中，初爻有"利用"，四爻也有"利用"，这说明四爻与初爻相对应的关系。四爻提到了"迁国"，古代的迁国一般指的是都城位置的变动，例如周代就曾经迁都。《周易正义》中在谈到这里时就提到："迁国，国之大事，明以中行，虽有大事，而无不利。"可见在此"益的法则"是中行，只有秉承中行之道，才能确保"迁国"的顺利当然，"迁国"是一个具象，我们可以由此引申为重大事宜。

【讨论内容】

【王与公】

刘　震： 我觉得《周易》的魅力就在于从具象出发，变化无穷，引申性质的比喻层出不穷。古人有的讲九五是王，也有的讲九五是公，各有不同。

裴健智： 这一卦是否九五可以讲为公？

刘　震： 就这一卦而言，古人比较多的是将九五视为公。

裴健智： 从卦变中否卦中的下卦坤为国，移动到了互坤卦，故为"迁国"。

刘　震： 六四的主要工作在于告公，即向公（诸侯之主）传达百姓的意愿，从卦象上来看，六四爻下有初九爻相应，上有九五爻相比，同时，从六三可能的危机之中获得了警示，这些客观上促使六四爻有中行的可能。

裴健智： 六三和六四都有告公的资格。

刘　震：　六四强调：顺应自己的位置，上传下达，合理将民意传达给君王，增益天下之志。古时称职的臣子，须懂得为君王"戴过避功"，讲的大概就是这个含义。其与初九相应，表明在带领百姓的过程中，六四表现出谦谦君子之行，损上益下。《周易正义》中讲道："在上应下，卑不穷下，高不处亢。"

裴健智：　马恒君认为，"公"指初九，"志"一般指对应讲的。

刘　震：　这样有了合乎"中"的行为与准则，这样即使不在中位，也得中位之吉。

【"中行"与"告公"】

裴健智：　"公"理解为初九，一般很少吧？

刘　震：　这只能算是一家之言，古代几乎没有这样的理解。

裴健智：　这样六三没法解释了，是否可以把三四爻理解为卦的中间，这样中行就容易解释。

刘　震：　且，在六爻体系中，有时二、三、四、五四个爻位会再构成一个小的体系。

裴健智：　朱熹也是理解为，三四皆不得中，故以中行为戒，两种都可以。并且他认为是迁国之吉占。

刘　震：　但是也有从全卦的角度分析，认为三四是六爻之中的，三四皆不得中，而皆言中行。虽非二五之中，亦全卦之中也。还有这样的解读：三四皆公候之位，三告公用圭，四告公不用圭，何哉？六三位不当，而去君远，故告公必用圭，以致信。六四当位当又居近君之地，故告公即从，而不用圭也。

裴健智：　这个解释把为何六三告公用圭，而六四不用解释出来了，可能六四是公身边的大臣，而六三则是边远的小官。

刘　震：　以上介绍来自俞琰《周易集说》。古人认为下卦代表民众阶层，上卦代表贵族阶层。二者在先秦是等级森严的。

裴健智：　两者是不是很难流通？

姚利民：　如以二三四五为体系，六四相当于剥卦六五，官人宠，无不利。

刘　震：　是在春秋之后才逐渐打破了二者之间的鸿沟。还有一种解释，比较冷门，是认为六四是阴爻，居于阴位，是双重柔弱，因此缺乏独立生存的能力，因此"迁国"是从自己家搬到九五处，依附于九五。

裴健智：　程颐："迁国为依，依附于上也。"迁国，顺下而动也，既依附于公，又了解百姓，不容易，可是这一爻毕竟是当位，依附于九五可以理解，不过六四也是身居高位。

【阴阳】

刘　震：　个人觉得，因为阴并非就等于柔弱，实际在先秦，阴阳表述更多的是事物的不同状态，并没有强弱高下之分。

裴健智： 在先秦，阴阳表述更多的是事物的不同状态。

王昌乐： 阴不是好与不好，而是一种状态，一种兼具两种属性。

刘　震： 在汉代之后，在政治与学术结合之下，阴阳的地位有所失衡，逐渐变成了阳尊阴卑。天尊地卑，但是天不是纯阳，地也并非纯阴。我个人理解，天尊地卑讲的是一种具象，一种自然客观的环境表述。

裴健智： 天应是最大的阳，地是最大的阴，可能是为了表达人事而上推的一种现象。

王昌乐： 老阳也不是纯阳啊。

刘　震： 真正《周易》中的阴阳，是交融在一起，阴中有阳，阳中有阴的，老阳，所老在于变，所变在于阳中有阴。

裴健智： 孤阴不生，孤阳不长。

刘　震： 纯阴纯阳的范畴，类似西哲柏拉图的理念说，是一种具有指导意义的哲学表述。

王昌乐： 阴阳一体，互为动静，主者为阳，从者为阴。相互转化。有讲变者为阳，化者为阴。

（整理者：秦凯丽　中国人民大学哲学院硕士生）

弘德益物　得志天下
——益卦九五明解

时间：2016年08月06日21：30—22：56

【明解文本】

九五：有孚惠心，勿问，元吉。有孚惠我德。

《象》曰："有孚惠心"，勿问之矣。"惠我德"，大得志也。

【讲课内容】

刘增光："九五：有孚惠心，勿问，元吉。有孚惠我德。"先大概翻译一下：心怀诚信，有惠利人民之心，无须问，肯定大吉。人民也会以诚信感惠我的德行。"孚"，在

《周易》中就是诚信。关于"勿问"，后来的儒家和道家都说"不言而信"。儒道二家都极为重视信德。这一爻的爻辞有个问题，如何理解有"孚惠心"和有"孚惠我德"的关系？

和这个有关系的就是如何理解"勿问元吉"，从卦象上看，九五爻与六二爻相应，九五阳刚中正，而六二也是中正。而这种相应关系就直接体现在了这两爻的爻辞中，六二爻说的"王用享于帝，吉"中的"王"大概就是指九五。而九五爻说的"有孚惠我德"也是涉及到六二。"勿问元吉"的"勿问"非常值得注意。可以说是超越了一般信的"大信"。而这样的大信，就像王弼说的"为益之大，莫大于信。为惠之大，莫大于心"。这个爻涉及到的是九五之尊和天下百姓的关系。九五能以上下下，以诚信恩惠下民，而天下人也能以忠信事其主上，这就是君与民交信，心志相通。

《论语》中说："恭宽信敏惠""民无信不立"。而此爻的"有孚""惠心"就分别对应。儒家所讲的仁政正是如此。王弼说："为益之大，莫大于信。为惠之大，莫大于心。"这正是要讲德治。治理天下应当是"道之以德，齐之以礼"。《大学》讲齐家治国平天下之前先要"诚意正心"。诚意就是信。程颐的解释正发挥了这一层意思："人君……苟至诚益于天下，天下受其大福，其元吉不假言也。"

从益卦来看，九五爻和上九爻都出现了"心"字，可以想象儒家所受《周易》的影响。再补充下"勿问元吉"的问题。关于"勿问"，后来的儒家和道家都说"不言而信"，儒、道二家都极为重视信德。"天何言哉，四时行焉，百物生焉"，这就是大信。"有孚惠心"则不须问，是因为心心相印，所以不用问。《老子》"信者不辩，辩者不信"。《周易集解》中引崔憬注，训问犹言，认为"不问"指的是"不言以以彰己功"。这个说法很有道理。不言以彰己功。多了一个以字。用《中庸》的话说："诚者，天之道，诚之者，人之道。而唯至诚为能经纶天下之大经，立天下之大本。"这样的至诚之人，就是与天合一的圣人，也就是此处的九五之尊的德位合一的圣王——周文王！

【讨论内容】
【"有孚"】

汤兆宁：　看来益和信有非常直接的关系，大信则大益。信又来自心。的确很特别。信者的内心有感应，如同孔子知其天命，不需要问吉利与否。

张吉华：　"勿问"与"元吉"是否应断开？

王昌乐：　有讲"不问吉凶"，我更认同这个。

王力飞：　我也赞同连起来不需问。

汤兆宁：　"勿问元吉"应是一体，如断开"勿问，元吉"，那"勿问"没有前后文。

刘增光：　诸家的解释基本都是不需问，而大吉。勿问，不存在缺少前后文的问题。

汤兆宁：　把"不问元吉"放到了最后，我看还是放前面好，信者不是知道民能惠我而不问元吉的，而是只是单纯付出自己的信，不问元吉。放中间更是大信。

刘增光：　人与人的交往，如果没有信，肯定不会有益，只会吃亏受骗。

汤兆宁：　益也是长期的一种表现，一时的益转眼即逝，不能算益只能算利。

王昌乐：　心心相通。

温海明：　九五之尊，损上益下，诚信惠民。

刘增光：　舍己为人，往往是表现诚意的很好方式。

裴健智：　君对民有诚信，民对君也有诚信呐。

王昌乐：　益损圆通。"益"：道和器。"损"：器与欲。益之时必损之道。这一增一减天道啊！道德经有好的解释，损之又损+益之又益=玄之又玄。

张吉华：　信，实也，人言为信，实事求是。《论语》信以成之。损益之道，主客之道，占卜断语，有哲学思维。

王昌乐：　祸福吉凶心田自耕。

王力飞：　九五总结只管耕耘，莫问收获。

【"心"与"志"】

温海明：　九五达到了心志通天的圣人之境。

刘增光：　益卦的一个特殊处，是九五和上九都说到"心"。可以推测《象传》中的"志"就是与此相对应的。我们看下《象传》。《象》曰：有孚惠心，勿问之矣。惠我德，大得志也。这句话中，"大得志"值得关注。其中有"达则兼济天下"的意思。孟子说过："得志，泽加于民。"上下交信，心志相通，这就是"大得志"，因为天下之志都与他相通。这样才是《象传》所说的"其道大光"。

汤兆宁：　上下交信，心志相通。是不是一种互惠或互信的心志呢？

刘增光：　志简单地说就是理想。王与民对于国家社会的期望都是一致的。王的想法和策略能获得人民的认同和支持。

汤兆宁：　"志"：从心，士声。战国文字，从心之，之亦声。意为心愿所往。本义志气，意愿心之所向，未表露出来的长远而大的打算。《说文》："志，意也。"

刘增光：　朱熹：心之所之谓之志。马恒君解释大得志说："心志得到极大满足。"

赵　薇：　"志"：意是阴阳运动的主观化状态。

刘增光：　儒家最重"志"。孔子自道，十有五而志于学。《礼记》中说离经辨志。小时的"志"定了那以后就会不一样。

汤兆宁：　是的，刚才上面的解释是"心之所向"，和刘老师讲的"心之所之"差不多。这一爻里面讲了两次"心"，《周易》爻辞里面很少见讲心的。

刘增光：　另外提一下朱熹，朱熹的解释颠倒了第二句和第三句的顺序，他说："上有信以惠于下，则下亦有信以惠于上矣。不问而元吉可知。"

温海明： 另外《象传》和爻辞顺序一样。

王力飞： 益卦很有意思，六三，用凶事，在帮助别人，接着说要"中行"，讲究形式，到九五，进入内心了。

姚利民： 有时看到自己小孩的成长（与小孩子相处），感觉自己也在成长。

王昌乐： 只管心在，勿问吉凶。

王力飞： 从帮助人的角度，是可以贯通的。不问也是吉的，但不一定大吉。

裴健智： 互相信任。

王昌乐： 此心是与天地通，你我通，君民通。

刘增光： 其实，感觉朱熹也不算颠倒，中间加个联词"因为"。

【"元吉"】

刘增光： 九五是阳爻居阳位，有阳刚中正之德，此为诚信。

汤兆宁： 元吉，大概和"信"（孚）有关。

孙世柳： 得天下信任。

裴健智： 这个"元吉"与初九的"元吉"一样？

张吉华： 中行、中正、中庸，应是一路之思维。

刘增光： 勿问元吉，因为百姓也以诚信感惠其德。这样就不算颠倒了。

汤兆宁： 中到底，不要问也是吉利的。

裴健智： 这一爻除了初九和上九都是中。

刘增光： 不问最好不要理解为不占。占在《周易》里边是贞，不是占。

王力飞： 爻辞中多处出现"大吉"，和"元吉"是有区别的。

王昌乐： 如果大世将沉，心在，凶也要有舍我其谁的大志，此之大志永恒。

张吉华： 是有区别，毕竟字词都不同，但思维逻辑是一样的。

汤兆宁： "元吉"是否指人类最初的吉利就是来自互信？

王力飞： "勿问元吉"，是否可以理解为别问吉否？

王昌乐： 行中有智慧，方法得当分寸合理。有讲不问自是吉的。

王力飞： 只要有"孚惠心"，就会"惠我德"。

王昌乐： 道在精神上的表达，其一就是信。

张吉华： "有孚惠心"故勿问，因其"元吉"而"有孚惠我德"？

王力飞： 人人为我的前提是我为人人，"有孚惠我德"的前提是"有孚惠心"，两厢助益，天下大同。

（整理者：孙世柳 中国人民大学哲学院硕士生）

独唱莫和 益极必损

——益卦上九明解

时间：2016年08月07日21：30 — 22：50

【明解文本】

上九：莫益之，或击之。立心勿恒，凶。

《象》曰："莫益之"，偏辞也。"或击之"，自外来也。

【讲课内容】

刘增光：我们一起看下益卦的最后一爻，没有人增益，却有人打击。居心不安，不能立志守恒，有凶险。上九以阳居阴，外阴内阳，有亢盛贪求躁动之象。求益之极则必损，故凶。看了一下诸家的解释，基本上延续了王弼的解释。所以，我们把王弼的解释搬过来看下。王弼："处益之极，过盈者也。求益无已，心无恒者也。无厌之求，人弗与也。独唱莫和，是偏辞也。人道恶盈，怨者非一，故曰或击之也。"王弼的解释会让人想到道家。还有谦卦的《象传》："天道亏盈益谦，地道变盈流谦，鬼神害盈福谦，人道恶盈好谦。"不论是儒家，还是道家，都以谦虚为美德。或者说是此卦中所说的中行。

接着看《象传》。《象》曰："莫益之"，偏辞也。"或击之"，自外来也。孔颖达本王弼之意说："偏辞者，此有求而彼不应，是偏辞也。自外来者，怨者非一，不待召也，故曰自外来也。"道家喜欢讲的一个词是"应而不唱"，所以"独唱"而无应是大忌。其实，这里的"自外来者"就表明。上九并不是没有应，但是它是招来了相反的应。本来是求益，却损了。本来想让人呼应增益他，反而却被人打击了。可以想象，这样的一个众叛亲离的人，大概就是儒家所说"独夫民贼"，下场悲惨，但这都是咎由自取。

益卦的一个特殊处，是其中两次说到心。一个是九五爻，一个是上九爻。所以，其中就包含了明显的道德的意涵。从益卦的整体来看，上九爻是益卦中所树立的反面典型。上九爻辞中的"凶"与初九的"元吉"、六二的"吉"、九五的"元吉"构成了鲜明的对比。而其他的本来处在多凶多惧位置的六三、六四反而却未凶，都写着"中行"，要么是"无咎"，要么是"利用"。这就更显出了上九之凶。另外，先前说到，公益就是出自益卦。儒家讲义利之辨，其实就是公利和私利的区分，而毫无疑问，能够做到公益之极致的人，只能是天下之主，即天子，或者说是圣王。关于王心，补充一条：我一直觉得益卦所说的就是对最高统治者说的。九五和上九说的"心"就是"王心"。《说苑·敬慎》记载，孔子读《易》至损益两卦，感叹说："自损者益，自益者损。"而这也正与《老子》对应，《老子》第四十二章说："道生一……故物，或损之而益，或益之而损。"《淮南子·人间训》则记载孔子说："益，损者，其王者之事与！或欲以利之，适足以害之；或欲害之，乃反以利之。利害之反，祸福之门户，不可不察也。"

【讨论内容】
【上九之凶】

温海明：　既然连王做公益都蛮难把握好心的分寸，就不要说你我啦。

裴健智：　上九是危险之地啊，被暴露在外。

温海明：　做公益确实需要很多条件啊，发点公心，努力增加点公共利益可不是容易的事情。

刘增光：　我们老家话说：出头的椽先烂。还是不要当老大，老大的压力太大了。

裴健智：　高处不胜寒。上九就是这个样子，而且和下面的群众关系不好，百姓不但不帮助他，还要农民起义，推翻他。九五和六四六三算是和下面的百姓沟通多的，了解百姓疾苦。上九好像就高高在上了。

温海明：　了解民生很重要，跟下面心连心才能做公益。

汤兆宁：　做公益如果不益民，那就不能是公益了。

朱高正：　上九居一卦之上，过于高亢，违反益卦损上益下的卦义，故凶。

汤兆宁：　"立心勿恒"。

裴健智：　当极则变，反而损下以自养。朱熹："大抵损益二卦，诸爻皆换。损好，益却不好。如损六五却成益六二。损上九好，益上九却不好。"（《朱子语类》）

【"外来"】

刘增光：　六二和上九多说"自外来"，大家有什么想法？

汤兆宁：　不过，也有些情况，比如孔子，是否也能说是九五？"自外来"，是否指除了本爻的其他爻？

温海明：　从卦变来说，是上九在外卦待着不舒服，急着要下来。

刘增光：　上九"断崖式下跌"。

裴健智：　否卦上九下来到益卦初九，使得九五莫名其妙地移动到了上九，也可以算是从外来吧。

姚利民： 上九完全脱离下五爻，脱离群众。

温海明： 或者是否卦的上九下来导致了上九不爽。

裴健智： 跟初九有很大关系。

刘增光： 卦变说解释得挺好。

温海明： 《系辞下》：子曰："君子安其身而后动，易其心而后语，定其交而后求。君子修此三者，故全也。危以动，则民不与也；惧以语，则民不应也；无交而求，则民不与也；莫之与，则伤之者至矣。《易》曰：'莫益之，或击之，立心勿恒，凶。'"

刘增光： 《系辞》说得真好！

温海明： 即使君王做公益也需要先让人安身安心，否则公益也做不成。

（整理者：贡哲 浙江大学哲学系本科生）

（本卦校对：孙纯明 中国人民大学哲学院硕士生）

时 间：2016年08月08日21：30 — 22：55
导读老师：张国明（沈阳市孔学会易经讲习所所长）
　　　　　翟奎凤（山东大学儒学高等研究院教授）
课程秘书：张馨月（中国人民大学哲学院硕士生）

刚断决去 危而有光

——夬卦卦辞明解

43 夬卦

乾下兑上

【明解文本】

夬：扬于王庭，孚号有厉；告自邑，不利即戎；利有攸往。

《彖》曰：夬，决也，刚决柔也。健而说，决而和。"扬于王庭"，柔乘五刚也。"孚号有厉"，其危乃光也。"告自邑，不利即戎"，所尚乃穷也。"利有攸往"，刚长乃终也。

《象》曰：泽上于天，夬。君子以施禄及下，居德则忌。

【讲课内容】

张国明：我先重点从象上谈点看法。"夬"，先从卦名开始。"夬"，音怪，不常用。但决、抉、快、缺等字常用，夬字义恐与这几个字均有关联。从卦象看，有缺象，好比十三十四的圆月，还差一点点就圆满了。有决象，泽上于天，高位之泽必下润，水之就下，无可阻挡，用孟子言："犹水之就下，沛然孰能御之？"这个与益卦有关，益多了就变成了溢，溢会成决象。

有抉象，五阳对一阴，力量对比上阳方已占绝对优势，力抉结果已然确定。

有快象，虽未圆满，但离圆满已非常接近，谁都知道：这个游戏马上就结束了，快了。从象看，夬说的是一种态势，一种已然确定的占有绝对优势的态势，这种态势充满了阳刚之气，带威猛之风。类比：降龙十八掌已练成了十五掌的郭靖。这个阳刚占绝对优势的态势可以有很多类比！

再说下卦象与卦辞的关系。辞系象出，辞以明象，上兑下乾，兑为口为言为说，下乾为天为王为公为刚为阳。联想一下，像不像一群男人在仰天长啸？

在宣扬什么？在哪里宣扬呢？人间之天不就是王庭吗？扬于王庭，君王与群臣金殿议事之象。乾为有力兑为言说，大声说不就是呼号吗？"孚"字何来？孚者诚也信也，无妄语。

"孚号有厉"，其危乃光也。胜而不忘危，前景光明。尚，推崇之意。"利有攸往"，刚长乃终也。这个好理解，刚长是必然趋势，阳升乃阳爻本性使然。

不虚即孚，乾卦正为纯阳无虚之象。有厉，厉者危也。危而砥砺，砥砺则志愈坚，有如决战之最后，虽胜负已定，然毕竟未得终竟，危险毕竟还在，好在大局已定时，仍持一定危戒之心。亦是必要。"孚号有厉"，依然是在强有力的慷慨激昂之讲说。

再来看"告自邑"。自邑，自家兄弟自家邦国之意。哪里来的自邑？与五君爻相同之四阳爻，同声相应同气相求，五兄弟一条心，五阳自成一家。虽说一心，但不同位置决阴的心态和方法亦是不同。收尾之关键时刻，统一思想亦是必要。

兄弟中的急性子必有主张武力决阴者，即戎，诉诸武力之意。兄弟中分两派：利即戎、不利即戎，即今日所说的军事手段和外交谈判，在王庭之上高声争论。显然，在阳方绝对占优之态势下，通过威吓，晓对方以利害，为决阴之上策，但不承诺弃武，视对方情况继续推进。不战而胜，最好。劝孤敌和平起义。

此夬本义即：在占据绝对军事优势前提下，发公告提和谈给对方一线生机！故象辞有"决而和"之辞。

"扬于王庭，柔乘五刚也"。乘者，凌刚之意！在阴方处绝对劣势前提下，还保有高高在上顽抗到底的姿态。

【讨论内容】

张吉华：卦象有缺，五阳对一阴。泽水决而下之？

温海明：泽水在天上决而下。

姚利民：接着益上九。

温海明：益至极而溢出如天水冲决而下。

汤兆宁：阳方占绝对优势，结果已然确定。

温海明：勇猛刚决，阳刚而有分寸。

汤兆宁："决而和"，符合君子之准则。

张　静："泽上于天"，逆行也。返躬于本，顺天也。

汤兆宁：　五阳爻同夬一阴爻，还不能掉以轻心，这阴爻实在够"阴"。

张吉华：　不战而胜之，义理精彩。

汤兆宁：　见机行事，掌握"时"。

张国明：　如二战后期的《波茨坦公告》，敦促日本无条件投降。无论日本是否接受，
　　　　　向前推进是必然的，无可阻挡，结果也一定有利，即"利有攸往"。

元　融：　"夬"，五阳决阴之象。比的兵力，基本可以打歼灭战了。"扬于王庭"，
　　　　　哀嚎是必然的，有凶险之象。

张国明：　健为乾，悦为兑，悦通说。文辞好理解。

张吉华：　健而说，决而和。老师在释这"和"字。

汤兆宁：　这阴爻十分顽固，因这阴爻有位。

张吉华：　一阴虽小，但乘于五刚之上。

张国明：　如《孟子》言："苗七八月之间旱，则苗槁矣；天油然作云，沛然下雨，
　　　　　苗则渤然而兴矣。天雨泽地苗，生机顿显，此天象也。"观此天象，有
　　　　　德又有位的君子该如何法天而行呢？推恩于外，"施禄及下"。若自享厚
　　　　　禄，则违天理。

张吉华：　居者不动？

张国明：　禄，俸禄，也称薪水，薪水、泽水很有关联。

张吉华：　雨沛而下，推恩施禄。

张国明：　孟子日知日用之，老及人老。语出《孟子·梁惠王上》第七章，原文曰：
　　　　　"老吾老以及人之老，幼吾幼以及人之幼。天下可运于掌。"推恩施禄看似
　　　　　损失，实则对上位的君子更为有利。

温海明：　泽水必下，该下就下吧，有恩泽和生机要赶紧与大家分享。

张国明：　正所谓推恩足以保四海，不推恩无以保妻子。

温海明：　敛财的基本是不推恩的。

张国明：　推恩施禄，说明君子有德，下层百姓亦会感恩戴德。

王昌乐：　施禄及下，小人自消。可达到和的目的。

张国明：　然而如果以居此德为功，坦然受之，甚至要求百姓歌功颂德，则会走向
　　　　　反面！

元　融：　乾为大明，夬为其危乃光。明解群到了爬坡阶段，大家要齐心努力，共同度
　　　　　过艰难，光明在前。

（整理者：王璇　中国人民大学哲学院硕士生）

力微躁动　不慎失几

——夬卦初九明解

时间：2016年08月09日21：30—22：55

【明解文本】

初九：壮于前趾，往不胜，为咎。

《象》曰：不胜而往，咎也。

【讲课内容】

翟奎凤： 趾：噬嗑卦初九"屦校灭趾，无咎"。

贲卦初九："贲其趾，舍车而徒。"

大壮卦初九："壮于趾，征凶，有孚。"

夬卦初九："壮于前趾，往不胜为咎。"

鼎卦初六："鼎颠趾，利出否，得妾以其子，无咎。"

艮卦初六："艮其趾，无咎，利永贞。"

南宋沈该《易小传》："壮于前趾，不量力也；不胜为咎，戒于初也。趾下体之微者也，初处于下，力至微也，而刚躁妄动，是以壮于趾也。一阴虽寡，犹居于上，当以至公与众决之，而刚躁妄动，不量其力，是以不胜也。决在上之小人，至难也，不慎于始则失其几，一失其几则小人势张，君子气丧，能不长乱乎？是以为咎也。盖初乾体也，以德居下而恃壮以往，不量力也。变而为巽，巽为进退，趾用以行，亦可以止，可行可止，尚可戒也。卦变大过，大过本末弱也，往而不胜其任，则有败桡之凶，不胜为咎之象也。"

张国明： 初爻壮字何来？有的可能想到了大壮卦。大壮卦与夬卦确是很相似，而且都有羊象。羊通阳。有角的公羊很威猛。再有即重刚为壮。又是乾卦之爻，壮意明显。前趾之象何来？爻位之象决定的。初爻为足，为趾。趾与足跟相比较弱。爻言前趾壮，足见力道之强。可参看大壮初爻，亦是征凶。类似本卦壮于前趾，足之动。

翟奎凤： 宜曰："夬由大壮变，且肖之，故初三言壮，初为趾，前者往决意，变巽象。"（《周易时论合编》）

张国明：这个初爻，无位，是下民，尤如人之足。类比下面的百姓知处夬决之时，力主即戎，往战。

翟奎凤：宋耿南仲《周易新讲义》卷一："趾在下而行者也，初九有刚健上行之才，则壮于前趾者也。夫上六之罪虽著，有可决之势，亦必位足以胜之，然后可往。初九在下，则其咎必矣，故不胜而往，咎也。"《周易新讲义》卷一："《象》曰'泽上于天，夬，君子以施禄及下，居德则忌'。一柔而能乘五刚，有怙终之恶，则去之亦未易也，必五刚协比而后能有功焉。然则，决小人之功，乃众人之所共致也。夫与众同力而不与众同德，则众人之所忌，故曰君子施禄及下，居德则忌也。"

张国明：初爻所以不胜也是因为地位悬殊，不在决策层，知道的信息有限。

【讨论内容】

张国明：初爻盲动，多有凶咎之辞。

秦凯丽：应该是一意孤行，发挥不了作用。

张吉华：既然是五阳夬其一阴，则初九应是最先发力者？人发力始于足？

汤兆宁：有孚，初九有信。

张吉华：力在基层，智在上层。领导说了算。这些民众抱着发财的梦想，对敌方情况本不了解，自身又不懂军事。结果可想而知，大多数死于非命。

王昌乐：此爻行为不明智，其心决吗？

张国明：心决。很急，把事情想得很简单！

汤兆宁："壮于趾"是否指力量不足，还是地位悬殊。

张国明：有点类似古代民众中部分好战分子。

王昌乐：初九此人心怎样？

汤兆宁：初九有孚。初九有信，但无位，力量也不足；力量不足则无以决高位的阴爻。

秦凯丽：应该有小范围的团体，但不成熟且没谋略。

张国明：初爻所以不胜，只知脚腿有力，不知成事须用心智；无心智，虽可日行千里，有用乎？

汤兆宁：还要用智慧。

王昌乐：性子急、做事鲁莽、力量弱、没有人援助，可心存正义，上决志，故只说咎也。

姚利民：初九应正视自己的位置。

张国明：前趾适于抓地站桩练基本功，走路反危。

汤兆宁：那这个阴爻一定要五个阳爻一起合力才能决它。

王昌乐：我觉得初九还是团结的对象，并且有正确的指导，将发挥大用。

汤兆宁：看来位子还是非常重要的，如同孔子的"正名"。

王昌乐：位不同，作用不一，不能只强调高位。

张国明：　五阳之壮，发于初九，但不一定成于初九？

汤兆宁：　是的！似乎如果没有初九，更决不了这个阴爻，五阳爻不能够缺一个。

王昌乐：　初九的作用不可忽视。在那个位置，那样的社会环境，能做那样的决定不易。

汤兆宁：　乾卦，必须天行健，必须有担当的。

秦凯丽：　五阳爻同心决上六，初九作用不可忽视。但若初九单独行动，无智无谋，不可取。

（整理者：张馨月　中国人民大学哲学院硕士生）

居健履中　审已不疑
——夬卦九二明解

时间：2016年08月10日21：30—23：02

【明解文本】

九二：惕号，莫夜有戎，勿恤。

《象》曰："有戎勿恤"，得中道也。

【讲课内容】

张国明：昨天我们学习了初爻，了解了在群阳决阴的大形势下一个下层民众或下层士兵的刚性选择：急于拔足前往。结果：不胜而得咎。今晚共研二爻。按爻位，二爻可借喻为基层军官，这个基层军官在决阴的大形势下会做出怎样的抉择呢？

选择一："惕"，戒惧警惕。何以有"惕"象？有想到乾九三爻之"夕惕"的吗？面对绝对优势，初爻盲动向前，二爻戒惧警惕。显然"惕"比"往"更为合理，盖初爻处潜位，二爻处见位。二爻比初爻了解更多情况，了知非盲动可以解决，须多一分警惕。"惕"，正是乾动之象。

选择二："号"。告知号令众人。将自己的担忧戒惕告知他人。"号"，为了让更多的人有所戒惧。号象从兑来，二与五应，五处兑卦之中。且卦辞中本有"号"字。"号"与往相对，往直接付诸行动，号则从语言上提醒。"莫"，通暮。莫夜即暮夜。

翟奎凤： 宋耿南仲撰《周易新讲义》卷六："上六虽柔而逆乘五刚，其势未易去也。五刚方以胜之为事，而九二反处柔焉，才力不足以胜之，故惕惧不已，又至于号也，如此则阴益盛，有莫夜之象焉。阴盛则害之所伏，故有戎，虽阴盛而有戎，然我得中道，非自我致戎，而又众则方以决之为事，则可以'勿恤'矣，故曰'有戎，勿恤'也。"

沈该《易小传》："惕号，五惊惧也；莫夜有戎，疑上寇也；勿恤，二不疑也。一阴居上，五切近之，是以惊惧也。阳将决阴，疑阴寇己，是以疑上寇也。疑惧而号，望二应也，二得中道，明断不疑，灼知小人，其数已穷，不能为害，不为忧恤，已显其应，心同迹晦，是以勿恤也，辅至尊决小人而善藏其用者也。小人之为乱常乘衰晚之势，因暧昧之时，其阴机以审其巧，故以莫夜为言也。盖爻变为离，离为甲兵。卦变为革，革则变，故有戎之象也。上为寇者也而居兑极，兑正西，日入之所，莫夜有戎之象也。乾而为离，健而明也。既健且明，刚断不惑，是以勿恤也。"

林文钦： 道教对此卦另有解法，可供参考。

"夬"，决也。刚决柔，阳决阴。修道很重要在决阴，决自身之阴。决阴在通过魔考。一般人也可能有魔考。

"惕"，为警惕，戒惧之意。修道者遇此关头脑中常出现凶神、恶鬼以及怪兽等幻觉，因而思想中有了危机感，所以容易发出带有警惕性话语的喊叫。

"莫"，即暮。因夜晚阴气盛，会使面临魔考者心虚胆怯益甚。但不必担心，此种情况只要不予理睬，即会自行消失，故言"勿恤"。佛、道二家认为修行中之所以出现幻觉，是为心魔障碍较重之故。因而主张在定中不论出现何种听、视方面的幻象，均应以修观对治，以艮止对治。所以艮卦对止观是很重要之法门。

不论所现幻象是令人恐怖的还是欢喜的，均应以道法的观点来加以分析，即所有幻象的生起，无非是寂定时意识中所现的幻觉，无其实体，绝不可当真。恰如《清静经》所说："惟见于空。观空亦空。空无所空。所空既无。无无亦无。无无既无。湛然常寂。寂无所寂。欲岂能生。欲既不生。即是真静。真常应物。真常得性。常应常静。常清静矣。"于定中不为幻象所动，见怪不怪，则其怪自败。故曰："勿恤。"

【讨论内容】

【"莫夜"】

张国明：　乾卦为天，何以有夜象？

汤兆宁：　因为是内卦吗？

张国明： 盖乾卦为天行，天行者昼夜之道也。

张吉华： 天行者昼夜之道也。

张国明： 乾卦九三亦有"夕"惕之辞。

姚利民： 动静转换，离卦兵戈出现。

张国明： 日为乾行，夜亦为乾行。"有戎"，戎者兵戈之事也！何以有戎？八卦之中
离为兵戈甲胄。二爻动则变离，取爻动而变之象。这个"有戎"有争议！一
为虚指一为实指。暮夜有戎，夜战或偷袭之象。

汤兆宁： 真的动了刀兵？是出于戒惕的设想之可能？还是得到了外面传来的情报、消
息？我个人倾向于因二爻戒惧警惕，告知众人的一种设想之可能性。

汤兆宁： 《象》是君子因为警惕而想象的可能。

张国明： 因戎来自离卦，而离卦是爻变而来！

元　融： 是否可以参研《大象》，上下卦，五阳决阴之象。

张吉华： 心之惕，非已成之事实。

【"勿恤"】

张国明： 正如乾之九三："夕惕若厉"，一样。如戒惕若此，即使真有刀兵，亦无忧
也。故：勿恤。

张吉华： 因有惕而无忧也。

张国明： 何谓中道？贸然前往一端，不作备战又一端！作充分的军事准备，可谓两端
之间的中道。

姚利民： 演习为政治外交对外声明的另一种宣告。

张国明： 这个基层军官做得很不错。既然做了正确的选择，自然会有"勿恤"之果。

张吉华： 心有惕焉，行有号告，即便有昼夜兵戎之可能，也无恤忧也！

张国明： 虽结局不错，但过程艰险。何以如此？

汤兆宁： 是因为居二位太柔了吗？

张国明： 盖二爻虽中，然失正，上又无应。确实面临一些不利的因素，只能做最坏的
打算。

汤兆宁： 或者还是因为没有位。

张国明： 邻亦失比，地位又低。

汤兆宁： 无比无应，也没位子，难办。

张吉华： 失正无应，而有所作为，只能是心之惕，口之号也。

（整理者：黄仕坤　中国人民大学哲学院硕士生）

独行其志 决之不疑
——夬卦九三明解

时间：2016年08月11日21：30 — 22：44

【明解文本】

九三：壮于頄，有凶。君子夬夬，独行，遇雨若濡。有愠，无咎。

《象》曰："君子夬夬"，终无咎也。

【讲课内容】

张国明：今天是第三爻了。乾主动阳刚外，乾三爻更是如此。"頄"，面之颧骨。颧骨高的人，命硬，有主见。遇事敢拍板，敢独行。敢闯。何以有頄象？盖乾为天，在人为头，故乾卦本有头面之象。三爻处下卦之极，初爻为足，二爻为心，三爻为面。"壮于頄"，帅男，男子气足！有凶，何以"有凶"？阳爻刚位，失中，三多凶。命以柔为上为吉，反之为凶。三爻相比初、二，已处中层，会有更多的信息，更大的权力！相当于中级军官，团职干部了。初选择往，二选择惕，三爻又会做何选择呢？居贞还是往行？往行，是停停走走，还是一往无前呢？一往无前，是与人协商还是独自作主呢？

【讨论内容】
【九三动向】

温海明：　去拯救还是制裁？

王昌乐：　我倾向于拯救。

张国明：　应该是独自作主，故有"夬夬、独行"之词。"夬夬"，下定决心义无返顾。"独行"，即使无同伴也要走。

温海明：　乾为面、为首。怒形于色。命又硬又凶。

张国明：　九三是唯一有应的爻！三爻的性质、爻位决定了他坚决前往，有应决定了他必须前往！

姚利民：　九三，不二不四，成单独行，难啊，需要非凡勇气。

王力飞：　我理解为自作主张。

温海明：　那就是同情小人，治病救人。

张国明： 何以如此坚决而义无返顾呢？

张吉华： 五阳之中，九三有应，似责任在身？

姚利民： 为了上六的女伴。

张国明： 我认为是去拯救。阳阴相应，异性相吸。其他阳爻均视上爻为恶，唯九三爻对上爻有情。

王昌乐： 决的目的不是毁灭，也不是制裁，而是回正，能度化大恶之人，功德无量。

张吉华： 有情还愠？其实所谓的邪恶亦是相对的，所谓的坏人未必心中无善。

【夬 决】

林文钦： 此为以阳退阴之卦。

张国明： 九三一心拯救会遇到什么情况呢？上六会被这位义无返顾的独行侠打动吗？

张吉华： 阳去阴为夬决之义。夬决于和，是为追求。

张国明： 九三感应上六遇雨，是本卦决而和的关键！若无九三之有情而决行，恐以决而裂收场！

【"遇雨"】

张国明： 路上遇雨，若濡。遇到大雨，湿了衣衫。雨象何来？

温海明： 兑泽上天，下雨之象。

张国明： 雨为何落于九三上？正因二者有应！泽落为雨，则泽化为无，乾天圆满之象。

张吉华： 应而才遇雨。雨后天晴。

张国明： 上爻可能为九三真情所动，化雨为牺牲自我之象。

张吉华： 五阳夬决一阴之结果是六爻皆阳的乾大卦。

王昌乐： 独行夬决，雨必将至，以洗心思过。上为众阳所决，其推动作用不可小视。

【"愠"】

张国明： 九三遇雨湿衣，前行受阻，自然略有不满，而愠之象。

姚利民： 九三不虚此行。上六泪雨流下。

张国明： 九三冒着凶险前往，一心赶路，遇雨而阻，心中有愠。然终得上六感应。亦无咎也。

张吉华： 愠于路上之九四、九五之阻？而非上六不与之应。

张国明： 《象传》曰："'君子夬夬'，终无咎也。"九四九五受上六之凌，正是设阻之人。然而九三明白：决上阴已无可避免。

姚利民： 九三必竟有人的三情六欲，虽愠而往。修行之路从来不是平坦的，要不然，何有九九八十一难。

王昌乐： 雨湿衣服，不改其心，人之不知虽愠终不改其行。

张国明： 夬夬之行本有凶险，得无咎之终亦算圆满了！

【修道】

林文钦： 夬者，决也。卦体一阴居于五阳之上，阳将纯而阴将尽，卦德健而和，和以行健，健而不猛，均有以阳去阴之义，故谓夬。如刘一明："以进阳退阴，以正气而退客气也。客气者，识神所招，欲退客气，莫若先去识神。人自交于后天，识神用事，酒色迷真，财气乱性，情欲俱发，思虑纷生，心君迷惑，习于性成，非一朝一夕之故，岂能斩然决去哉！"不能斩然决去，必须从容行事，随时下手，终必识灭，灭而元神复，人心化而道心全，重见本来乾元面目矣。但此识神为人心所恋，欲去识神，莫若先明其心。心若一明，则道心现，而识神易去，故夬扬于王庭也。王庭者，心君所居之处，乃分辨邪正之地。心明邪正，则心不为识神所迷，易于去之。如何决阴？卦德健而和，从容不迫，待时下手，其即决阴之妙诀所在。刘一明："九三，刚躁太过，急欲成功，壮气现之于頄，宜有凶道，幸其以正去邪，为君子夬夬之决，但嫌其独刚不柔，其行遇雨，若濡不能遽遂其志而有愠。然行既遇濡，始虽不能刚决，终必和决之，亦可无壮頄之咎矣。此刚而速于决阴者也。"

修道者为加强自己的功力，会出现走火现象，面颊部出现暗红色，看似红润，其实已偏差矣。谓之"壮于頄"。頄，按《灵枢·经筋》记载："足太阳之筋……其支者，为目上网，下结于頄。"张景岳注为："目下曰頄，即颧也。"故頄之狭义指颜面的颧部，后亦泛指面颊部。如此走火现象而不自知，更无明师提点，称为"君子夬夬，独行"。"夬夬"，指非常地危险；"独行"，独自一人，指无师友之关照。"遇"雨，表意为遭遇风雨，喻指经过明师益友之指点，或因缘具足自行觉悟。修道者在独自修行的生活历炼中，通过反省除去内心阴邪而逐渐悟解了生命的内在含义，心田好似受到了雨露的濡润，从而恼恨自己先前追求的名与利的做法，因此才会纠正自己错误的思想与行为，即"涤除玄览"，使恢复正常，不再偏失。故称"若濡，有愠，无咎"。"濡"，沾湿，润泽；"愠"，怒，怨恨。

此即《清静经》所说："众生所以不得真道者，为有妄心，既有妄心，即惊其神，既惊其神，即着万物，既着万物，即生贪求，既生贪求，即是烦恼，烦恼妄想，忧苦身心，便遭浊辱，流浪生死，常沉苦海，永失真道，真常之道，悟者自得，得悟道者，常清静矣。"

张国明： 如此走火现象而不自知，更无明师提点。称为"君子夬夬，独行"。"夬夬"，指非常地危险；"独行"，独自一人，指无师友之关照。独行确实危险！

（整理者：李芙馥 中国人民大学哲学院博士生）

居柔不决 其害大矣

——夬卦九四明解

时间：2016年08月12日21: 30 — 23: 15

【明解文本】

九四：臀无肤，其行次且。牵羊悔亡，闻言不信。

《象》曰："其行次且"，位不当也。"闻言不信"，聪不明也。

【讲课内容】

张国明：昨天见识了一个独行侠，为了拯救与己有应的上六，无视凶险，义无返顾，为实现决而和做出了重要贡献，虽凶险而无咎。今晚我们的学习进入了一个新的层次。上卦之始。上卦与下卦差异很大，下卦均为中下层官民，上卦则非高官则必显贵。四爻位一般认为是诸侯之位，有位置的人，开会时前排留座的。这个有位之人在决阴的大环境下又会如何抉择呢？会不会像九三那样义无反顾呢？

地位尊贵的人有担当是一面，但同时也有屁股决定脑袋的时候。四爻位是什么样的位置？惧位。所谓二多誉、四多惧。

按理四爻更近高层，掌握了更多的信息，了解更多的内幕，应更明白如何行动。但如果依理而行，则位置不一定稳坐，君王还没表态，如此必会坐立难安。

【讨论内容】

【"臀无肤"】

张国明： "臀无肤"，何意？诸家分歧较大。我认为是坐位不稳之意。很瘦的人会有体会，臀无肉肤，肉少骨多，坐着不舒服！

张吉华： 无肤之臀不便落座？

张国明： 不便落座，亦是夬决之卦决定的。那只能行走。

张吉华： 也就是说，九四非夬决之爻？

张国明： 有了惧，行动必犹豫不决。"次且"：行动犹豫不果之态。

姚利民： 坐也不是，立也不是，行也不是，卧也不是，为官至此好变态。

张国明： 君不见今日亦有某些高官此状态乎？解其意，还须明其象。臀象何来？

张吉华：　上半身之底？

张国明：　下层见上层，下层往往站着，上层则安然而坐。上半身之底？

王昌乐：　上体之下。

张吉华：　上层则安然而坐。

张国明：　"无肤"之象何来？

姚利民：　九四甘愿雌伏于九五，故阳变阴。

张国明：　我说个简单的象解。阳为骨，阴为肉。四爻为阳爻且上下皆阳爻，阳多骨壮，肉肤不多也。

温海明：　皮开肉绽，走路艰难。

张国明：　还有从夬卦旁通剥卦"剥床以肤"来解的。

林文钦：　或许是否也可以从卦象变化这个角度来思索九四爻变。其上卦为坎，坎为"沟渎"，所以有"臀"之象；其下互卦为兑，兑为毁折，兑金毁折其臀，这就是"臀无肤"之象。

张国明：　从爻变解，可备一说。四变为坎，坎为水为生殖系统为臀部。离与坎对，离为心，坎为肾。

【"牵羊悔亡"】

张国明：　"牵羊悔亡"，有的版本写作"丧羊悔亡"。羊象简单，四爻已进了兑卦，兑为羊。

张吉华：　九四为羊之脚，牵之象。

张国明：　九四亦可看作羊之臀，跟在羊后面走。四五皆阳，五爻牵，四爻随，则悔亡。闻言不信。闻象何来？变为坎，坎为耳，耳听闻。言，兑为言。不信，心疑也。何来？坎为加忧，为心痛。兑亦有毁折象。

张吉华：　兑为言，九四闻之，非己之牵，不闻也罢。

张国明：　非耳病，心病也。听得聪，而心不明也。心何以不明？见坎不见离也。总论：九四惜位，处惧位，当决不决！坐位不安，行动观望，闻言又心中孤疑不信！

【道心与人心】

林文钦：　道心为人心所累。

张国明：　道心，决阴也；人心，保位也。

张吉华：　道心为客观主观化？人心为主观客观化？

林文钦：　本来无一物，何处惹尘埃，道心也。时时勤擦拭，不使惹尘埃，人心也。此爻在修道者来讲，隐喻道心为人心所累，如臀无肤，其行次且而决阴不果。

王昌乐：　阳之在心，阴之在位，明知上六，不知何从，趋阳心不足，趋阴心不从，决六有忧虑，不决又不行，心之动听难从。

林文钦： 然修道者毕竟道心未泯，能以牵引阳气而增长，本可能有悔而当下勒马悬崖则悔可亡。其所以会"其行次且"，因其不信决阴之言而决阴不果，道心中犹杂人心耳，道心为人心所缚。此刚为柔所伤，以致"其行次且"，荒腔走板。当乔峰知其身世之后，其行为之变化正如此爻所形容，其本可以以更高的境界化解恩仇，但他沉沦可惜。段誉其心如水。

张国明： 其心如水，水几近道。无可无不可！

林文钦： 道心在就能果断决阴。有道心就能见空，空就能无碍。

闫睿颖： 道心是不是更理性些，能够把控调节情？

林文钦： 《大禹谟》说："人心惟危，道心惟微，惟精惟一，允执厥中。"这四句十六字，在中国固有文化中，是被称誉为道统、心传的。人心、道心、执中，扼要地表达了中国文化的特质。这一特质，不仅是儒家的，也是道家、佛家的，说是儒、道、释诸子所共同的。朱子以人心为人欲，道心为天理，而执中为人欲净尽，天理流行。阳明以为：人心与道心，只是一心，而有真心与妄心的别异；这当然也归于尽妄存真。

宋明理学灭人欲而存天理，尽妄心而显真心。"危"是形容人心的；"微""精""一"是形容道心的。依人心以向道心，顺于道心，与道心相应，体见于道；体道见道而又不违（不碍）人心，这就是允执其中。发于气性（感性）者，为人心，发于理性者，为道心。凡人都有人心，又有道心。人心危而不安，道心微而难见。人心属气，道心属理，赤子之时，性本圆明；知识一开，有一分习染，就蔽一分良知；日子一久，愈蔽愈晦，尽落一片情欲矣。"道"代表世间法则。所谓"道心"就是追求世间法则至理之心。

（整理者：秦凯丽　中国人民大学哲学院硕士生）

以尊敌卑 中行无咎
——夬卦九五明解

时间：2016年08月13日21：30 — 23：09

【明解文本】

九五： 苋陆夬夬，中行无咎。

《象》曰： "中行无咎"，中未光也。

【讲课内容】

张国明： 之前见识了一个心怀惧疑，行动不果的诸候，现在五爻已位及至尊。四爻位的选择是且行且观，且听且疑。阳盛则行。则果行，则夬行。夬夬而行。决阴的时刻到了。若阳是羊，阴是什么？成吉思汗曾把蒙古大军比作群羊。那敌人比作什么？青草。"苋陆"，何也？

温海明： 像秋风扫落叶那样除草。

林文钦： 九五爻以阳爻居君位，至中至止，至刚至尊。从道教的观点：本爻借以比喻修道者此时所处极度危险的生命状态，犹如苋陆被采摘一样容易夭折。怎么危险状态？修道者不可执着于元气的强大而修炼神通异能，不可被功中的美好幻象所迷而偏执于修静，应动静适度，不着于相，必须沿着中道而行，才能免除灾祸的到来，故言"中行，无咎"。

【讨论内容】
【羊吃草】

张吉华： 五爻，夬决之刽子手？

姚利民： 难道青草取自苋陆？

温海明： 一说羊，一说草，哪个好些？

张国明： 木根草茎，刚下柔上之草植也。苋，苋菜。

张吉华： 地上之菜。

张国明： 取草更好些？因五爻变而为震，震为木为植物。

温海明： 好比除草一般。

张国明： 震之卦形，正在是刚下而柔上。

姚利民： 因五爻变而为震，震为木为植物。

张国明： 决阴之最后，就好比羊吃草一样容易。中行，比较好理解。行是重阳之必然
选择。

温海明： 羊吃草，全卦又像一个细角山羊。

张国明： 羊吃草，羊大壮。

秦凯丽： 为什么取象马齿草呢，一种生命力极强的植被。

张国明： 夬卦一阴在五阳之上，故为生命力极强的草。姤卦一阴在下，即言女壮！
九四变坎，坎为马，兑为口为齿，九五变震卦，震为草，故马齿草。

温海明： 小肥羊吃草，吃得好肥。

王昌乐： 坎为棘，羊吃路上草。

张国明： "苋陆夬夬"。意为这种草被决了。草为阴，阴被决。决阴成功。

王昌乐： 见陆有苋，就在旁边。

元　融： 夬卦，五阳决阴的象。夬夬，全力一击之象。夬卦，又有细角山羊之象，凶
狠无比，力大无穷！

林文钦： "苋陆"又名马齿苋，是一种生命力极强的植物，非连根拔起不能根除。
"苋陆夬夬"象征君子在与小人决断时必须坚决果断，像清除苋陆草那样斩
草除根，毫无保留。

温海明： 小肥羊努力吃马齿苋草都明解得非常细致。

【"中行"】

张国明： 如何行？初、三、五，行动都比较坚决。二、四行动则相对谨慎。五爻也一
定是坚决行动派。夬夬而行。但五爻最近上爻，对情况了解最清，知道行动
的分寸！比起三之独果行、四之次且行，应是中行。

张吉华： 中行之中？

张国明： 一击则中，大口朵颐，吃得肥又壮，而且吃的是带露珠的苋草。若上爻为
泽，五爻是尽享泽下之人。泽禄有五爻独享之嫌。

温海明： 九五你得兑现当年说的有福同享有难同当。

张国明： 江山是五兄弟共同打下的，现在老大尽享泽？共打江山，至少是头羊享优先
权。故虽决阴成功，然未光大也，故象辞言：君子当思施禄及下也。

张吉华： 为何决阴，决阴后又怎样？

张国明： 自己先吃个够。就比如攻下了敌人的首都，先冲进皇宫尽享之。决阴乃时势
必然，以中行决之，无咎。

王昌乐： 文，即纹。九五率众决阴，刚健中正。

张吉华： 被夬之阴爻，有时是要号啕一下。

林文钦： 爻辞主张采用比较中和的方式，既能根除小人势力，又防止其狗急跳墙，这
样做就不会有灾祸。

元　融：　九四是山羊站立，臀无肤，是此羊站立；九五，夬夬，高扬起犄角，做出迅猛一击之象！

【"无咎"】

秦凯丽：　"中行无咎"是《周易》作者告诫九五的吧，怕他出错，不走正道。

张吉华：　应动静适度，不着于相，必须沿着中道而行。

王昌乐：　羊做一击，必做准备，蓄力看准找虚位，中行。

林文钦：　这也是修行者最怕走火的重要因素，尤其达到最高境界时，怕位置不保，便有偏邪之行为表现。金庸小说中如东邪西毒者流。

张国明：　这么看，中道太难！谁能不执于元气的强大？谁能顶住神通异能的诱惑？中道难！

温海明：　一念出偏，就走火入魔。

姚利民：　老师说得好，善恶都是一念之间。

林文钦：　或如刘一明所说："切近上阴，阴尊阳卑，道心为人心所瞒，贪恋识神，或决或不决，如觅陆夬夬。一时不能决断其根然。"

元　融：　一阳初动之时，正是分水岭。

林文钦：　最主要讲道心不要被人心所迷惑。

元　融：　道心，人心，指引了不同的路径。修行，就是转人心为道心。

张吉华：　道教功，讲顺其自然；自然而然，则中道而行。

张国明：　上爻极具魅惑力，兑为少女，为银铃之声，为言辞欢快，为笑容灿烂，为青春貌美，为出身尊贵。

林文钦：　回归贲无色也。

（整理者：孙世柳　中国人民大学哲学院硕士生）

阴尽势孤 刚柔并济

——夬卦上六明解

时间：2016年08月14日21：30—22：59

【明解文本】

上六：无号，终有凶。

《象》曰："无号"之"凶"，终不可长也。

【讲课内容】

张国明： 昨晚我们见证了九五发挥领头羊的威力一举决下了苋陆，吃了个饱。今天学习上爻，面临五爻进逼之势，面对王庭发出的孚号，上爻之阴会作如何选择呢？应，还是不应？接受孚号意味着投降，不接受意味着负隅顽抗？柔乘五刚，凭借占据宗庙重地，拒不响应王庭之孚号，使王庭之孚号无法实施，即"无号"。

大凶之终已迫近了，号之象依然源于兑卦。"无号"，盖变为乾，兑终无。凶终之局，乃理之必然。如用羊解释，也是通的。

林文钦： 本卦强调是刚决柔，阳除阴。保阳气，益阴精。保养阳气和补益阴精，这是中医的一条重要原则。

上六处上卦之极，上卦为兑为毁折为口为说，而有"号"之象。上六"乘"九五，而有抵抗"阳长"之象。因处在"夬"卦时中其阴必变，其爻变而兑"号"消失，这就是"无号"之象。

上六之阴居于六爻的终端位置，且处在"阳长阴消"的必然趋势中，所以有"终有凶"之象。

上六的地位决定了阴气已"消"到了极点，阴尽势孤，大势已去，"终不可长"，采取任何手段也将无济于事。

世上一切阴邪势力只能一时得逞，而决不能长久得势。坚持正义的人对此一定要保持坚定的信念。同时，应妥善地采取有效的手段与各类"阴邪"作拼搏斗争。

【讨论内容】

元　融：　柔乘五刚，如何面对？初二、三爻蓄势一击，四爻反水，五爻紧逼，六爻该
　　　　　如何是好？

温海明：　大势已去。

元　融：　君子施禄及下，居德则忌，此时六爻孤家寡人，反思是肯定的。

张吉华：　上六爻位为宗庙之地。变为乾，阴消。

元　融：　夬卦，从阳爻角度，审势，谋划，布局，预备役，主攻全力以待。阴爻角
　　　　　度，束手以待，无号而终。阴居高位，隐忍蓄势，号，反失其道。

温海明：　保养阳气的分寸不易。

【阴阳之理】

林文钦：　万物之生由乎阳，万物之死亦由乎阳。人之生长壮老，皆由阳气为之主，精
　　　　　血津液之生成，皆由阳气为之化，所以，"阳强则寿，阳衰则夭"。

张国明：　保阳气、益阴精如何区分呢？比如闭目养神，是保阳还是益阴？

林文钦：　元气分阳元与阴元，阴元俗称阴精，是力的根源。如果运气不好，很可能是
　　　　　你的阳气不足了，导致阴盛阳衰，从而霉运多多。"阳气者，若天与日，失
　　　　　其所，则折寿而不彰；故天运当以日光明，是故阳因而上卫外者也"（《黄
　　　　　帝内经·素问·生气通天论》）。《黄帝内经·素问》里说："阳者卫外而
　　　　　为固也"，就是指人体有抵御外邪的能力，这种能力就是阳气。在中医里又
　　　　　叫"卫阳""卫气"。卫就是卫兵、保卫的意思。阳气好比人体的卫兵，它
　　　　　们分布在肌肤表层，负责抵制一切外邪，保卫人体的安全。任何人，只要阳
　　　　　气旺盛，就可以百病不侵。古人把阳气比作天空与太阳的关系，如果天空没
　　　　　有太阳，那么大地就是黑暗不明的，万物也不能生长。所以天地的运行，必
　　　　　须要有太阳。而人身的阳气，要调和才能巩固它的防护功能，不然就会招致
　　　　　病邪的侵入。《黄帝内经》说："阳气者，若天与日，失其所，则折寿而不
　　　　　彰"，所以，养护阳气是养生治病之本。所以此爻对道教修炼者具有深沉的
　　　　　意义。

张吉华：　阴精一转便为阳气。关于阳气之论很到位。

林文钦：　上六，在决之终，群阴退尽，只有识神一阴未消。

张吉华：　识神为阴。练功入静，最后识神也消。

林文钦：　其时当决，其势必灭，阳气一进，阴气即化，是以"无号（无作为，无能为
　　　　　力）、终有凶（指上六）"。阴气之"无号"，即阳气之孚号，阴气之终
　　　　　凶，即阳气之终吉。

张国明：　是啊，变而为乾。大圆满结束。

林文钦：　沛然正气充塞于身。

陈鹏飞： 我对夬卦的一点儿体会：五阳对一阴，占尽优势，胜券在握，因此务须注意留有余地，不可赶尽杀绝，以不战而屈人之兵为上策，过刚而不知蓄德难以长远。

林文钦： 此时阳气纯全，阴气悉化之为阳所决也。

张国明： 浩然正气充塞于天地之间。富贵不能淫，贫贱不能移！大丈夫也！

陈鹏飞： 只有这样，才能达到沛然正气充塞于身。

林文钦： 然则决阴之道，不可太刚，不可太柔。柔则无益，刚则走火。

叶秀娥： 决阴之道，分寸好难。

林文钦： 进一分阳，退一分阴，阳气进全，阴气自化。

叶秀娥： 夬卦有两个层面的意义：就大象来说，是五阳判决一阴；其次是就二体来说，泽上于天，泽以润下，泽水满溢而下，决断的吉道则在于"健而说"，就是内有刚健果决的决心，外有圆融的手腕以达到皆大欢喜。如此则能有长远的利益。

林文钦： 若不知急缓运用，速欲成功，反助阴气，有伤阳气，阴气终不能退。

张吉华： 进一分阳，退一分阴，阳气进全，阴气自化。我谓之以"阳进阴退"是也。阳夬阴怎么决？阴阳相交而转化也。

林文钦： 必须刚中有柔，柔中有刚，渐次而决。

陈鹏飞： 对，刚柔并济。

张吉华： 这就是刚柔相济之道。

林文钦： 故退阴之道，须要深明"火候"耳。

张吉华： 练功讲火候，易卦讲时位。

林文钦： 夬卦深黯火候之理。

叶秀娥： 难在刚柔之道如何分际。

林文钦： 要知进火与退火之道。即进阳火退阴符也。"中行无咎"，此之谓也。

张国明： 人之私念私欲皆为阴火。私念私欲不决，阴火难退也！

林文钦： 进阳退阴有节奏，最高境界彼此无伤。所以说："中行无咎。"

陈鹏飞： 从历史上看，凡是在夬阴过程中刚柔处理得当的英雄都会有好的结果，如宋太祖善待后周皇帝，唐太宗尊父亲为太上皇，民国元勋礼遇清廷等。而五代十国的丧失伦常的篡位都难以长久。

张吉华： 人之私念私欲皆为阴火。私念私欲不决，阴火难退也！

林文钦： 阴阳殊途，刚决柔道心坚定。然决之术宜有智慧，如杯酒释兵权。

（整理者：贡哲 浙江大学哲学系本科生）

（本卦校对：孙纯明 中国人民大学哲学院硕士生）

"周易明解"群64卦导读老师（2024年5月）

1. 林文钦（前台湾高雄师范大学国文系教授）

2. 章伟文（北京师范大学哲学学院中国哲学与文化研究所所长、教授）

3. 孙福万（国家开放大学教授、中国传统文化研究中心主任）

4. 李尚信（山东大学易学与中国古代哲学研究中心常务副主任、教授）

5. 曾凡朝（齐鲁师范学院教授）

6. 余治平（上海交通大学哲学系教授）

7. 谢金良（复旦大学中国语言文学系教授）

8. 何善蒙（浙江大学哲学学院教授）

9. 冯国栋（浙江大学古籍研究所教授）

10. 郑朝晖（广西大学国学研究中心主任、人文学院教授）

11. 史少博（西安电子科技大学教授）

12. 梅珍生（湖北省社会科学院哲学研究所所长、二级研究员）

13. 黄忠天（台湾清华大学兼任教授，台湾高雄师范大学经学研究所前所长）

14. 刘　震（中国政法大学人文学院副院长、哲学系主任、教授）

15. 赵建功（华中科技大学哲学系副教授）

16. 张国明（沈阳大学文法学院副教授）

17. 辛亚民（中国人民大学国学院副教授）

18. 于闽梅（中国社会科学院大学文学院副教授）

19. 张文智（山东大学易学与中国古代哲学研究中心副主任、教授）

20. 张克宾（山东大学易学与中国古代哲学研究中心教授）

21. 张丰乾（西安外事学院教授）

22. 蒋丽梅（北京师范大学哲学学院教授）

23. 翟奎凤（南京大学哲学系教授）

24. 刘增光（中国人民大学哲学院副教授）

25. 谷继明（同济大学人文学院副院长、哲学系主任、教授）

26. 宋锡同（华东师范大学哲学系教授，党群佛教文化研究所研究员）

27. 刘正平（杭州师范大学人文学院副院长、教授）

28. 孙铁骑（吉林师范大学马克思主义学院副教授）

29. 孙钦香（江苏省社会科学院哲学与文化研究所副研究员）

30. 吴　宁（中山大学博雅学院副教授）

31. 寇方墀（河北美术学院老庄文化研究中心教授）

32. 尚　旭（独立学者，拂镜台文化创始人）

33. 温海明（中国人民大学哲学院教授）

"周易明解"群64卦导读安排

上经

2015年

一	乾	10月12日—10月18日	张克宾	辛亚明
二	坤	10月19日—10月25日	何善蒙	翟奎凤
三	屯	10月26日—11月01日	冯国栋	章伟文
四	蒙	11月02日—11月08日	刘 震	刘增光
五	需	11月09日—11月15日	曾凡朝	赵建功
六	讼	11月16日—11月22日	林文钦	刘正平
七	师	11月23日—11月29日	张国明	余治平
八	比	11月30日—12月06日	何善蒙	刘增光
九	小畜	12月07日—12月13日	张克宾	郑朝晖
十	履	12月14日—12月20日	冯国栋	吴 宁
十一	泰	12月21日—12月26日	刘 震	于闽梅
十二	否	12月27日—01月03日	曾凡朝	章伟文

2016年

十三	同人	01月04日—01月10日	张文智	余治平
十四	大有	01月11日—01月16日	何善蒙	寇方墀
十五	谦	01月17日—01月23日	余治平	刘增光
十六	豫	01月25日—01月31日	林文钦	章伟文
十七	随	02月01日—02月14日	张国明	孙福万

十八	蛊	02月15日—02月21日	张克宾	寇方墀
十九	临	02月22日—02月28日	张文智	刘正平
二十	观	02月29日—03月06日	赵建功	吴 宁
二一	噬嗑	03月07日—03月13日	冯国栋	郑朝晖
二二	贲	03月14日—03月20日	张国明	于闽梅
二三	剥	03月21日—03月26日	曾凡朝	赵建功
二四	复	03月28日—04月03日	何善蒙	辛亚明
二五	无妄	04月04日—04月10日	曾凡朝	章伟文
二六	大畜	04月11日—04月17日	张文智	孙铁骑
二七	颐	04月18日—04月24日	张国明	孙福万
二八	大过	04月25日—05月01日	林文钦	孙钦香
二九	坎	04月02日—05月08日	张丰乾	刘正平
三十	离	05月09日—05月15日	赵建功	于闽梅

下经

三一	咸	05月16日—05月22日	何善蒙	孙钦香
三二	恒	05月23日—05月29日	张克宾	尚 旭
三三	遁	05月30日—06月05日	寇方墀	翟奎凤
三四	大壮	06月06日—06月12日	张文智	辛亚明
三五	晋	06月13日—06月19日	李尚信	余治平
三六	明夷	06月20日—06月26日	曾凡朝	蒋丽梅
三七	家人	06月27日—07月03日	张国明	赵建功
三八	睽	07月04日—07月10日	孙福万	刘正平
三九	蹇	07月11日—07月17日	冯国栋	郑朝晖
四十	解	07月18日—07月24日	张丰乾	于闽梅
四一	损	07月25日—07月31日	章伟文	孙铁骑
四二	益	08月01日—08月07日	刘 震	刘增光
四三	夬	08月08日—08月14日	张国明	翟奎凤
四四	姤	08月15日—08月21日	何善蒙	辛亚明
四五	萃	08月22日—08月28日	章伟文	孙钦香
四六	升	08月29日—09月04日	林文钦	余治平

四七　困　　09月05日—09月11日　　寇方墀　于闽梅
四八　井　　09月12日—09月18日　　张克宾　孙铁骑
四九　革　　09月19日—09月25日　　赵建功　吴　宁
五十　鼎　　09月26日—10月02日　　谷继明　孙钦香
五一　震　　10月03日—10月09日　　李尚信　刘正平
五二　艮　　10月10日—10月16日　　孙福万　张文智
五三　渐　　10月17日—10月23日　　冯国栋　宋锡同
五四　归妹　10月24日—10月30日　　郑朝晖　辛亚民
五五　丰　　10月31日—11月06日　　谢金良　蒋丽梅
五六　旅　　11月07日—11月13日　　张国明　史少博
五七　巽　　11月14日—11月20日　　张丰乾　曾凡朝
五八　兑　　11月21日—11月27日　　林文钦　孙铁骑
五九　涣　　11月28日—12月04日　　张文智　于闽梅
六十　节　　12月05日—12月11日　　余治平　黄忠天
六一　中孚　12月12日—12月18日　　寇芳墀　赵建功
六二　小过　12月19日—12月25日　　梅珍生　章伟文
六三　既济　12月26日—01月01日　　何善蒙　孙福万

2017年

六四　未济　01月02日—01月08日　　张国明　张克宾

《明解周易的当代意义》学术研讨会暨
"周易明解"群线下聚会

　　2017年1月8日，《明解周易的当代意义》学术研讨会暨"周易明解"群线下聚会在中国人民大学逸夫会议中心第一会议室召开，国际易学联合会荣誉会长王国政先生、国际易学联合会俄罗斯籍副会长安德烈先生、国际易学联合会副会长、北京大学马克思主义学院执行院长孙熙国教授、国际儒学联合会秘书长牛喜平先生、山东大学易学研究中心常务副主任李尚信教授、国际易学联合会会长助理樊沁永博士、四海孔子书院院长冯哲先生、华夏出版社副社长陈振宇先生先后发表讲话。会议由国际易学联合会秘书长、中国人民大学哲学院温海明教授主持。

《明解周易的当代意义》学术研讨会暨"周易明解"群线下聚会
2017.1.8·中国人民大学

　　国际易学联合会荣誉会长王国政先生代表现任会长孙晶先生表示，易学联合会要走国际化和联合当代易学界的发展路线，"周易明解"这个学术共同体做出了很好的尝试，因为大家都正在努力处理好三个关系：一是古代经典与当代诠释的关系，二是易学义理与术数之间的关系，三是国内易学推广与国际易学传播的关系。来自俄罗斯远东科学院的安德烈副会长表示，很高兴看到中国的中青年易学家们聚在一起讨论当代易学的发展，也请大家关注俄罗斯易学界对《周易》和太极拳的最新研究。孙熙国副会长认为，"周易明解"群如此聚集当代易学界的顶级学者一起解读卦爻辞，可能是具有历史意义的论学盛会，而且将来的成果也很可能具有划时代的价值，从论学之初，"周易明解"学术共同体试图打通古今各家注本，经传互证，侧重易学义理的诠释，没有神秘主义倾向，在处理易学与哲学的关系方面，诸位学者做出了有益的尝试。国际儒联秘书长牛喜平先生指出，易学的国际化与儒学的国际化密不可分，所以国际儒联和国际易联应该携手并进推进易学与儒学的国际化，也应该加强易学与儒学之间的交流与对话。山东大学《周易》研究中心李尚信教授作为参与导读的学者认为，该学术共同体高手云集，俨然占有当代易学界的半壁江山，而且群里师友彼此切磋，大家共同进步，非常受益，很多解释通俗晓畅，对易学史上很多聚讼纷争的问题做出了当代的回应，无论是从结果上还是从方法上都有超越。该群培育了一批易坛新秀，为易学界的发展注入了新鲜血液，为下一步易学的发展打下了坚实的基础。国际易学联合会会长助理樊沁永博士致谢与会专家的参与及提交的学术论文，希望学界一起为办好《国际易学研究》辑刊而努力。四海书院院长冯哲先生认为《周易》是中国传统文化的源代码，他乐见"周易明解"群首轮导读的圆满结束，希望下一步能够帮助"周易明解"群落地，进一步推动经典传播和文明对话，推进这一件既有现实意义也有历史意义的事情。华夏出版社副社长陈振宇先生回顾了之前多年支持国际易联出版《国际易学研究》辑刊的历程，期待与易联进一步合作，并带来该社出版的马恒君《周易》著作分赠与会代表。

在上午的专家发言中，复旦大学谢金良教授指出，"周易明解"群是当代易学研究的新高地，为易学界带来了全新的气象，他指出"周易明解"学术共同体做到了《周易》研究界的很多"前所未有"：比如线上线下同时讲课，讨论学习，各个不同的易学门派摒除门户之见共同参研，连续坚持四百多个日日夜夜，从未间断，当代几乎从未有这么多教授一起解读《周易》，而且讲稿正在编辑整理，有望出版。他觉得明解的"明"妙就妙在可解与不可解之间，期待苟非其人，道不虚行，大家一起把明解群实现的责任感和担当感继续下去。浙江大学何善蒙教授也讲到，没想到明解群能够延续到今天，成为当代易学界最有趣和有意义的学术高地之一。山东大学《周易》研究中心的张文智教授推崇《易经证释》，认为《周易》就是一门改命的学问，古人学习《周易》真诚感天，今天我们学习《周易》也要有这样的诚敬才行。齐鲁师范大学曾凡朝教授感叹明解群虽然坚持一年多很不容易，但大家还是一起坚持下来了，对于学习《周易》的学术共同体的建立是一个里程碑式的事件，培育了一批能够担当易学传播使命感的老师和学生，培养当代人通过学习经典，领悟大道而成就自己的小我成为大我，实现"各美其美，美美与共"的境界。广西大学郑朝晖教授回顾了历代《周易》注疏和哲学思想发展之间的关系，他指出，每隔一千年左右，对《周易》的新诠释必将带动中国哲学的新发展，第一个千年是商周文化融通，第二个千年是道家文化与儒家文化的融通，第三个千年是中国哲学与佛教思想的融通，第四个千年是中国哲学与西方思想的融会贯通。所以我们这个时代需要新的诠释思路、新的方法论和新的经典系统，我们需要有能力和魄力担当文化诠释与传承的新一代传道者，而"周易明解"群无疑是为播种文化传承的慧苗做出了历史性的贡献。长白山师范学院的孙铁骑老师说，明解群运用现代技术手段，汇集学术界和民间的易学家们一起学习64卦，对于帮助大家明解《周易》哲理，为人们生活造福都有贡献。

在下午的专家发言中，青年政治学院的于闽梅教授认为《易》可以晚一点接触，要在玩中学《易》，要义理、象数并重，注重同时代的文献资料。沈阳大学的张国明教授接着上午老师关于"明解"的"明"继续说，太明不好，明是过程不是结果，1月8日最后一天讲《未济》上九爻，说明解释仍将无穷无尽。明解群能够坚持下来，与应合乾卦创生之本，赋予乾阳之气的温老师的坚持很有关系，他能够为而不宰，甘当捧人角色，"见群龙无首吉"。明解群推崇百家争鸣，不崇"看齐意识"，符合"天德不可为首"的道理。比大师更重要的是一大批如饥似渴的学《易》学生团队，体现出"坤厚载物，德合无疆"的德性。明解群的明解符合《周易》的思维方式，"寂然不动，感而遂通"，"寂然"是乾坤的完美结合，充满无限能量。国家开放大学的孙福万教授指出，《易经》是哲学，有独特的思维方式，独特的人文精神。《易经》介乎罗素所谓"哲学、宗教、科学"三者之间，更多的是哲学。他主要谈了"变通明玩"四个字，并提出感想与建议，认为明群应该坚持学术本位，回答社会关切，经世致用，可以做点事情，比如考虑如何落地的问题。在中国人民大学刘增光老师谈了自己学习《周易》的经历和体会之后，来自北京的寇方墀老师认为，对于明群的发展，方向比速度更重要。《周易》是拿来用的，可以帮助人们找到时位作决策，能够明体达用，经世致用，解决困惑。有时候不以个人吉凶祸福去做，所以要有担当精神，今天我们面临国学的全面复兴，要从卜筮或宗教、哲学、历史、科学等角度来理解《周易》，作为现代学《易》者，大家应轻装上阵，"明"解《周易》。来自北京的尚旭老师也谈了自己的学《易》经历，以及自己从事《周易》实践的经验等。

国际易联常务副秘书长庞薇、群友郑静、萧金奇、赵安军、张弛弘弢等先后发言，对"周易明解"群的发展提出了很多中肯的建议。本次线下聚会是与国际易学联合会和中国人民大学孔子研究院联合举办的，是在侯川、林正焕、尚旭、傅爱臣、陶安军、黄胜得、赵薇、程姝、瞿华英、刘娜、元融、闫睿颖、陈鹏飞、刘久红、姚利民、张倩、张楚歌、陈佳红、刘京华、张静、靳君、罗仕平、王眉涵、刘世猛、陈沅、臧永志、石彩霞、李永红、刘云、李云、黄汉礼、常会营、施星辉、王鹏、郑智力、王鉴石、乔蓓、柴方吕、苏伯亚、柯仁昌、许超哲、徐东、郑强、韩毅、王力飞等几十余位热心群友的支持下才得以成功举办的，群友们的热心支持也是对诸位学界前辈公益讲学的诚挚表达。

【聚会花絮】

1月8日线下聚会最后在多位导读老师和群友们的热心参与之下圆满结束。导读老师寇方墀填曲一首：

《山坡羊·读未济卦》

临河回顾，波翻云聚，当年鬼方知何处？

曳其轮，濡其尾，漫漫浮沉求济路。

风雨怎堪成险阻？

难，心不移；易，志更笃！

聚会之际，有太一道院院长黄胜得先生祝福：

周易明解精修群。

为国为民培菁英。

以易以明教群伦。

众英得理布四海。

以理服人行天下。

理正气神显道光。

道光普照万物祯。

学生孙世柳（孙百心）有《学易词》：

四百日夜群芳聚，众明易夕惕若厉。

先师往去拜今师，慕后生何等福气。

自壮求学路漫漫，朝夕一爻通周易。

恩师诱导启来路，有朝中华惊天地。

复旦大学谢金良教授发表了一篇联名诗，以金玉良言话群英，得到聚会群友普遍点赞：

旭日东升天微明，

元融宁静护易行。

胜得内丹传福万，

恒君正宗立门庭。

少博命理启文智，

善蒙良言见金奇。

朝晖增光德正焕，

铁骑安军傅爱臣。

熙国喜平安德烈，

凡朝尚信哲利民。

张弛力飞曾振宇，

奎凤未至先克宾。

丽梅闽梅寇芳墀，

庞薇赵薇瞿华英。

候川昌乐王国政，

明群久红樊沁永！

奉天承运，国明福成，元亨利贞，保定永红。

谢教授又和多位老师一起和诗一首：

海内存知己，明群共利贞，

温温伏羲易，存存炎黄情。

蒙蒙探赜隐，静静待国明，

燕山已远去，复旦重光明。

良言即真金，蒙正自成善，

正蒙有张子，明解待诸公。

诸位师友解读和赋诗幽默风趣，才华横溢，给明解群的聚会增色不少。